"十二五"国家重点图书出版规划项目
航空航天精品系列

光学习题课教程

Recitation Courses in Optics

郑植仁　刘伟龙　孙恩伟　编著

哈尔滨工业大学出版社

内 容 提 要

本书是与哈尔滨工业大学出版社出版的《光学》配套的习题教材。本书归纳了光学的基本概念和公式,总结了光学问题的基本类型和基本解题方法,给出了《光学》书中的全部习题和10套研究生入学考试模拟试题的解答。

本书是高等学校本科物理及其相关专业光学习题课的教材,也可作为相关专业教师教学和学生自学的参考书,还是很好的研究生入学考试参考书。

图书在版编目(CIP)数据

光学习题课教程/郑植仁,刘伟龙,孙恩伟编著. —哈尔滨:哈尔滨工业大学出版社,2015.10(2024.7重印)
ISBN 978-7-5603-5131-5

Ⅰ.①光⋯ Ⅱ.①郑⋯②刘⋯③孙⋯ Ⅲ.①光学-高等学校-教材 Ⅳ.①O43

中国版本图书馆 CIP 数据核字(2015)第 228626 号

策划编辑　许雅莹
责任编辑　张秀华
封面设计　高永利
出版发行　哈尔滨工业大学出版社
社　　址　哈尔滨市南岗区复华四道街10号　邮编150006
传　　真　0451-86414749
网　　址　http://hitpress.hit.edu.cn
印　　刷　哈尔滨圣铂印刷有限公司
开　　本　787 mm×960 mm　1/16　印张 17.5　字数 370 千字
版　　次　2015年10月第1版　2024年7月第3次印刷
书　　号　ISBN 978-7-5603-5131-5
定　　价　38.00元

(如因印装质量问题影响阅读,我社负责调换)

前　言

　　学习任何一门知识都应当作到既明白道理又能够解决问题，也就是既要学懂弄通所学知识的基本概念和原理，又要学会运用基本概念和原理解决相关问题的方法，《光学习题课教程》正是基于这个思想编写的。书中系统地总结讲述了解决光学问题的基本方法，力图通过光学习题课的教学，让学生深入理解光学的基本概念和原理，切实提高独立分析和解决光学问题的能力。

　　本书配合《光学》教材的前五章，编写了八次习题课的讲授内容，分别是：

1. 单球折反射面逐次成像的计算方法。
2. 薄透镜逐次成像的计算方法和作图方法以及光学仪器和光阑问题的解题方法。
3. 光波在两种各向同性均匀介质分界面上反射和折射的偏振态、能流和相位突变问题的解题方法。
4. 两光束和多光束干涉问题的计算方法和矢量图解方法。
5. 等倾和等厚干涉以及时空相干性问题的解题方法。
6. 菲涅耳衍射问题的解题方法。
7. 夫琅禾费单缝和多缝衍射问题的解题方法。
8. 偏振光的产生、检验和偏振光干涉问题的解题方法。

　　具体内容是，归纳《光学》教材中讲述的基本概念、原理和基本公式，给出了需要解决的光学问题和解题方法，并通过典型例题详细讲述求解各类光学问题的思路和步骤。

　　后五章的习题不多，解题方法比较简单，重点放在总结归纳相应的基本概念、原理和基本公式上，而解题方法不作为重点。

　　本书给出了《光学》教材中所有习题的解答，最后还给出《光学》教材中 10 套研究生入学考试模拟试题的解答，是很好的研究生入学考试参考书。

　　教学中，每当光学课后，可留几部分作业题，让学生独立完成，从中发现一些问题。

　　光学习题课上可以先复习相关的基本概念、原理和基本公式，再给出需要求解的典型例题。简单一些的可以先让学生解答，然后由老师总结归纳。较难的和作业中的难题，首先老师与学生一起讨论解题思路，然后由学生具体解答，最后老师再详细讲解。通过有针对性地讲解典型例题，归纳出求解各类光学问题的基本方法。对于典型例题通常采用几种方法进行解答。

　　光学习题课教学的目的不是仅仅给出一些光学习题的解答，主要是让学生学会各类光学问题的分析解答方法。光学习题的数量很多但是类型不多，只有掌握各类光学问题的分析解答方法,作到举一反三、触类旁通,才能顺利求解各种光学问题。这也是我们编著出版《光学习题课教程》的目的。

实践证明,开展光学习题课教学的效果很好,不少学生反映,通过光学习题课的学习自己进步很大,学会并掌握了解决光学问题的基本方法,能够独立分析解答很多光学问题。

本书由哈尔滨工业大学的郑植仁编著第2,3章,刘伟龙编著第1,4,5章,孙恩伟编著第6~10章和研究生入学考试模拟试题的解答;全书由郑植仁统稿定稿。本书列入"十二五"国家重点图书出版规划项目。

由于作者的水平所限,尽管付出很大的努力,仍然难免有不当之处,恳请读者不吝赐教。

编著者
2015 年 8 月

目　　录

第1章　几何光学 ……………………………………………………………… (1)

1.1　单球面成像 ……………………………………………………………… (1)
1. 基本概念 ……………………………………………………………… (1)
2. 基本公式 ……………………………………………………………… (2)
3. 判断像的倒正、放缩、虚实和物的虚实的方法 ………………………… (3)
4. 成像的符号法则 ……………………………………………………… (3)
5. 需要求解的问题 ……………………………………………………… (3)
6. 逐次成像的计算方法 ………………………………………………… (3)
7. 凹面镜成像的直观图解和成像规律列表 ……………………………… (4)
8. 凸面镜成像的直观图解和成像规律列表 ……………………………… (4)
9. 典型例题 ……………………………………………………………… (5)

1.2　薄透镜成像 ……………………………………………………………… (10)
1. 基本概念 ……………………………………………………………… (10)
2. 基本公式 ……………………………………………………………… (11)
3. 判断像的倒正、放缩、虚实和物的虚实的方法 ………………………… (12)
4. 符号法则 ……………………………………………………………… (12)
5. 需要求解的问题 ……………………………………………………… (12)
6. 逐次成像的计算方法 ………………………………………………… (12)
7. 逐次成像的作图方法 ………………………………………………… (13)
8. 凸薄透镜成像的直观图解和成像规律列表 …………………………… (13)
9. 凹薄透镜成像的直观图解和成像规律列表 …………………………… (14)
10. 典型例题 …………………………………………………………… (14)

1.3　光阑和光学仪器 ………………………………………………………… (17)
1. 基本概念 ……………………………………………………………… (17)
2. 基本公式 ……………………………………………………………… (18)
3. 需要求解的主要问题 ………………………………………………… (18)
4. 求解孔径光阑和视场光阑的步骤 ……………………………………… (18)
5. 求解孔径光阑和视场光阑的作图方法和计算方法 …………………… (19)
6. 典型例题 ……………………………………………………………… (19)

  1.4 习题解答 ……………………………………………………… (21)
第 2 章 光的波动性和偏振性 ……………………………………… (48)
  2.1 光的波动性和偏振性 …………………………………………… (48)
    1. 基本概念 …………………………………………………………… (48)
    2. 基本公式 …………………………………………………………… (49)
    3. 偏振态随初相位差变化的另一种表示方法 …………………………… (53)
    4. 需要求解的光的波动性的主要问题 …………………………………… (55)
    5. 需要求解的光的偏振性的主要问题 …………………………………… (55)
    6. 典型例题 …………………………………………………………… (55)
  2.2 习题解答 ………………………………………………………… (59)
第 3 章 光的干涉 ……………………………………………………… (72)
  3.1 两光束和多光束干涉 …………………………………………… (72)
    1. 基本概念 …………………………………………………………… (72)
    2. 基本公式 …………………………………………………………… (72)
    3. 需要求解的干涉问题 ……………………………………………… (73)
    4. 干涉问题的基本类型 ……………………………………………… (73)
    5. 求相干光强分布的方法 …………………………………………… (73)
    6. 两光束干涉问题的求解方法 ……………………………………… (74)
    7. 两光束干涉条纹特征的求解方法 ………………………………… (74)
    8. 平行两点光源连线平面上的干涉条纹特征 ……………………… (75)
    9. 垂直两点光源连线平面上的干涉条纹特征 ……………………… (75)
    10. 两束平行光的干涉条纹特征 ……………………………………… (75)
    11. 多光束干涉问题的求解方法 ……………………………………… (75)
    12. 典型例题 …………………………………………………………… (76)
  3.2 干涉装置 ………………………………………………………… (80)
    1. 基本概念 …………………………………………………………… (80)
    2. 基本公式 …………………………………………………………… (81)
    3. 需要求解的干涉装置问题 ………………………………………… (83)
    4. 典型例题 …………………………………………………………… (84)
  3.3 习题解答 ………………………………………………………… (87)
第 4 章 光的衍射 ……………………………………………………… (110)
  4.1 光的衍射 ………………………………………………………… (110)
    1. 基本概念 …………………………………………………………… (110)
    2. 基本公式 …………………………………………………………… (111)

3. 需要求解的衍射问题 …………………………………………………… (113)
　　4. 求解衍射的复振幅和光强分布的方法 ………………………………… (113)
　　5. 典型例题 ……………………………………………………………… (114)
　4.2　多缝夫琅禾费衍射 ……………………………………………………… (119)
　　1. 基本概念 ……………………………………………………………… (119)
　　2. 基本公式 ……………………………………………………………… (120)
　　3. 需要求解的夫琅禾费衍射问题 ………………………………………… (121)
　　4. 基本方法 ……………………………………………………………… (121)
　　5. 典型例题 ……………………………………………………………… (121)
　4.3　习题解答 ………………………………………………………………… (125)
第 5 章　光的偏振 ……………………………………………………………… (149)
　5.1　偏振光的产生、检验和偏振光的干涉 ………………………………… (149)
　　1. 基本概念 ……………………………………………………………… (149)
　　2. 基本公式 ……………………………………………………………… (150)
　　3. 附加相位差的另一种表示方法 ………………………………………… (151)
　　4. 单轴晶体的惠更斯原理作图方法 ……………………………………… (153)
　　5. 入射光通过波晶片后偏振态的检验方法 ……………………………… (153)
　　6. 圆偏振光和椭圆偏振光的产生方法 …………………………………… (153)
　　7. 五种偏振光的鉴别方法 ………………………………………………… (154)
　　8. 左旋和右旋圆偏振光的鉴别方法 ……………………………………… (154)
　　9. 需要求解的主要偏振问题 ……………………………………………… (154)
　　10. 偏振光干涉问题的求解方法 …………………………………………… (154)
　　11. 典型例题 ……………………………………………………………… (155)
　5.2　习题解答 ………………………………………………………………… (163)
第 6 章　光的吸收、色散和散射 ……………………………………………… (187)
　6.1　光的吸收、色散和散射 ………………………………………………… (187)
　　1. 基本概念 ……………………………………………………………… (187)
　　2. 基本公式 ……………………………………………………………… (188)
　6.2　习题解答 ………………………………………………………………… (189)
第 7 章　光的量子性 …………………………………………………………… (195)
　7.1　光的量子性 ……………………………………………………………… (195)
　　1. 基本概念 ……………………………………………………………… (195)
　　2. 基本公式 ……………………………………………………………… (197)
　7.2　习题解答 ………………………………………………………………… (198)

第8章 激光 ……………………………………………………………… (204)
8.1 激光 ……………………………………………………………… (204)
1. 基本概念 ……………………………………………………… (204)
2. 基本公式 ……………………………………………………… (207)
8.2 习题解答 ………………………………………………………… (208)

第9章 光学信息处理和全息照相 ……………………………………… (216)
9.1 光学信息处理和全息照相 ……………………………………… (216)
1. 基本概念 ……………………………………………………… (216)
2. 基本公式 ……………………………………………………… (218)
9.2 习题解答 ………………………………………………………… (219)

第10章 非线性光学 …………………………………………………… (228)
10.1 非线性光学 …………………………………………………… (228)
1. 基本概念 ……………………………………………………… (228)
2. 基本公式 ……………………………………………………… (230)
10.2 习题解答 ……………………………………………………… (230)

研究生入学考试模拟试题与解答 ……………………………………… (235)
模拟试题一与解答 ………………………………………………… (235)
模拟试题二与解答 ………………………………………………… (240)
模拟试题三与解答 ………………………………………………… (243)
模拟试题四与解答 ………………………………………………… (247)
模拟试题五与解答 ………………………………………………… (252)
模拟试题六与解答 ………………………………………………… (256)
模拟试题七与解答 ………………………………………………… (259)
模拟试题八与解答 ………………………………………………… (261)
模拟试题九与解答 ………………………………………………… (265)
模拟试题十与解答 ………………………………………………… (269)

第 1 章 几何光学

1.1 单球面成像

1. 基本概念

1) 光的直线传播定律:在各向同性均匀介质里光沿直线传播。
2) 光路可逆性原理:传播方向相反时光将沿相同路径反向传播。
3) 光程:光经过的实际路径长度与所在介质折射率的乘积。
4) 费马原理:光沿光程取平稳值的路径传播。平稳值是常数值、极小值或极大值。
5) 同心光束:各条光线或其延长线相交于同一点的光束,交点称为同心光束的中心。
6) 理想球面光学系统:能够保持光束同心性的光学系统。
7) 共轴理想球面光学系统:由球面曲率中心在同一条直线上的折射和反射球面组成的理想球面光学系统,简称理想光学系统。
8) 光轴:理想光学系统中通过各个折射和反射球面曲率中心的直线。
9) 成像:物点发出的入射同心光束通过共轴理想球面光学系统后转化成出射同心光束后会聚为像点的过程。
10) 物点:入射同心光束的中心;像点:出射同心光束的中心。确定物点或像点时必须首先指明是相对哪个光学系统而言的。
11) 实物点:发散的入射同心光束的会聚点;虚物点:会聚的入射同心光束的会聚点。
12) 实像点:会聚的出射同心光束的会聚点;虚像点:发散的出射同心光束的会聚点。
13) 物方空间:所有实物点和虚物点的集合构成的空间;像方空间:所有实像点和虚像点的集合构成的空间。
14) 物方折射率:物点及其相应入射光线所处空间介质的折射率;像方折射率:像点及其相应出射光线所处空间介质的折射率。
15) 虚光程:折射(或反射)点到相应的虚物(或虚像)点之间的光线延长线的几何长度与该光线所在介质折射率之积取负值,称为该虚物(或虚像)点对应的虚光程。
16) 虚光线所处空间的折射率:与虚光线相连的实际光线所处空间介质的折射率就是虚物点或虚像点及其相应光线的延长线(虚光线)所处空间介质的折射率。正确确定物(像)点尤其是虚物(像)点及其相应虚光线所处空间介质的折射率才能正确求解理想光学系统的成像问题。

17) 物像共轭:互相对应的一对物点和像点称为物像共轭点,相应的光线称为物像共轭光线。

18) 物像之间的等光程性:物点和像点之间的各条光线的光程都相等。

19) 本书规定:r 表示球面的曲率半径,是代数量;曲率半径的绝对值称为半径。

2. 基本公式

1) 光的反射和折射定律　　$i'_1 = i_1$,　$n_1 \sin i_1 = n_2 \sin i_2$

2) 全反射临界角　　$i_c = \arcsin(n_2/n_1)$

其中,n_1 是入射光线所在空间介质的折射率,$n_1 > n_2$。

3) 光速、折射率、频率和波长的关系式　　$n = \dfrac{c}{v}$,　$c = \nu\lambda$,　$v = \nu\lambda_n$,　$n = \dfrac{\lambda}{\lambda_n}$

其中,c 和 λ 是真空中的光速和波长;v 和 λ_n 是介质中的光速和波长,ν 是光的频率,n 是介质的折射率。

4) 三棱镜的最小偏向角公式　　$\dfrac{n}{n'} = \dfrac{\sin\dfrac{\alpha + \delta_m}{2}}{\sin\dfrac{\alpha}{2}}$

其中,δ_m 是最小偏向角,α 是三棱镜的顶角,n 和 n' 是三棱镜的折射率和周围介质的折射率。

5) 光楔的偏向角　　$n' = 1$ 时,　$\delta_m = (n - 1)\alpha$

6) 费马原理的表示式　　$\delta[L(QP)] = \delta\left[\int_{(l)Q}^{P} n(l)\,\mathrm{d}l\right] = 0$

7) 单球面折射成像公式

物像距公式　　$\dfrac{n'}{s'} + \dfrac{n}{s} = \dfrac{n' - n}{r}$,　$\dfrac{f'}{s'} + \dfrac{f}{s} = 1$

焦距公式　　$f = \dfrac{nr}{n' - n}$,　$f' = \dfrac{n'r}{n' - n}$,　$\dfrac{f}{f'} = \dfrac{n}{n'}$

横向放大率公式　　$V = -\dfrac{ns'}{n's}$

8) 单球面反射成像公式

物像距公式　　$\dfrac{1}{s'} + \dfrac{1}{s} = -\dfrac{2}{r}$

焦距公式　　$f = f' = -\dfrac{r}{2}$

横向放大率公式 $V = -\dfrac{s'}{s}$

9) 多次成像的总放大率公式 $V = V_1 V_2 V_3 \cdots$

10) 多次成像的过渡关系式 $s_{m+1} = d_{m(m+1)} - s'_m$

3. 判断像的倒正、放缩、虚实和物的虚实的方法

1) $V > 0$,正立像;$V < 0$,倒立像。

2) $|V| > 1$,放大像;$|V| < 1$,缩小像。

3) $s' > 0$,实像;$s' < 0$,虚像;$s > 0$,实物;$s < 0$,虚物。

4. 成像的符号法则

入射光从左向右传播,计算起点为单球折射面顶点 O 时,规定:

1) 若物点 Q 和物方焦点 F 在顶点 O 左方,则 $s > 0$ 和 $f > 0$;若 Q 和 F 在 O 右方,则 $s < 0$ 和 $f < 0$。

2) 若像点 Q'、像方焦点 F' 和球心 C 在顶点 O 左方,则 $s' < 0, f' < 0$ 和 $r < 0$;若 Q'、F' 和 C 在 O 右方,则 $s' > 0, f' > 0$ 和 $r > 0$。

3) 入射光由右向左传播时,符号法则与上述规定相反。

4) 各个量在图中均用绝对值标示,即若某个量是负值,则要在这个量的符号前面添加"-"号。

5) 成像系统是单球反射面时,Q' 和 F' 在单球反射面顶点 O 左方,则 $s' > 0$ 和 $f' > 0$;Q' 和 F' 在 O 右方,则 $s' < 0$ 和 $f' < 0$。其余规定与单球折射面成像的符号法则相同。

6) 物(像)在光轴上方,$y(y') > 0$;物(像)在光轴下方,$y(y') < 0$。

5. 需要求解的问题

通过计算,熟练求解单球折(反)射面逐次成像的问题。

6. 逐次成像的计算方法

1) 画出理想光学成像系统的光路图,确定第一次成像的入射光线方向及其计算起点;

2) 确定第一次成像的各个已知量的正负和大小;

3) 代入相应成像公式计算;

4) 检查计算结果是否正确;

5) 利用过渡关系等公式求出下次成像的物距等未知量值,重复如上步骤逐次成像,直至得到最终的成像结果。

其中步骤 2) 是正确计算成像问题的关键。由符号法则正确确定已知的物距或像距的大小和正负及其相应的物方和像方折射率的大小,尤其要正确确定虚物点和虚像点及其虚光线所在空间介质的折射率,才能正确求解光学系统的逐次成像问题。

7. 凹面镜成像的直观图解和成像规律列表

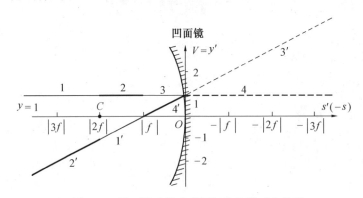

图 1.1　凹面镜成像直观图解的物像对应关系

表 1.1　凹面镜成像规律列表

凹面镜	s	s'	V	成　像　性　质
第一区间	$+\infty \sim \mid 2f \mid$	$\mid f \mid \sim \mid 2f \mid$	$0 \sim -1$	倒立、缩小、实像
第二区间	$\mid 2f \mid \sim \mid f \mid$	$\mid 2f \mid \sim +\infty$	$-1 \sim -\infty$	倒立、放大、实像
第三区间	$\mid f \mid \sim 0$	$-\infty \sim 0$	$+\infty \sim +1$	正立、放大、虚像
第四区间	$0 \sim -\infty$	$0 \sim \mid f \mid$	$+1 \sim 0$	正立、缩小、实像

8. 凸面镜成像的直观图解和成像规律列表

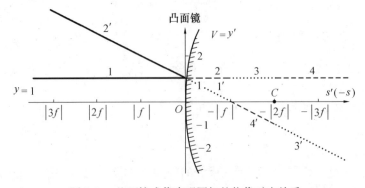

图 1.2　凸面镜成像直观图解的物像对应关系

表1.2　凸面镜成像规律列表

凸面镜	s	s'	V	成像性质
第一区间	$+\infty \sim 0$	$-\|f\| \sim 0$	$0 \sim +1$	正立、缩小、虚像
第二区间	$0 \sim -\|f\|$	$0 \sim +\infty$	$+1 \sim +\infty$	正立、放大、实像
第三区间	$-\|f\| \sim -\|2f\|$	$-\infty \sim -\|2f\|$	$-\infty \sim -1$	倒立、放大、虚像
第四区间	$-\|2f\| \sim -\infty$	$-\|2f\| \sim -\|f\|$	$-1 \sim 0$	倒立、缩小、虚像

9. 典型例题

例题 1　利用费马原理推导傍轴条件下如图1.3所示的单球面反射成像公式。

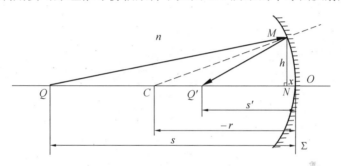

图1.3　单球面反射成像光路

解题的基本思路：
（1）写出任意一条或两条光线的光程表示式；
（2）将光程表示式作泰勒展开，取其一级近似值；
（3）对等光程表示式求导或建立两条光线等光程的关系式，整理化简后得到结果。

具体求解：
（1）如图1.3所示，曲率中心为 C 的单球反射面 Σ 与光轴交于顶点 O，由光轴上的物点 Q 发出的任意光线 QM 由左向右传播，入射到单球反射面 Σ 上，反射后的出射光线 MQ' 会聚于光轴上的像点 Q' 处。

设物方空间介质的折射率为 n，则像方空间介质的折射率也为 n，单球反射面 Σ 的半径 $\overline{OC} = -r$，物距 $\overline{QO} = s$，像距 $\overline{OQ'} = s'$。由几何关系可以得到轴上光线 QOQ' 的光程为

$$L(QOQ') = ns + ns'$$

轴外傍轴光线 QMQ' 的光程为

$$L(QMQ') = n\overline{QM} + n\overline{MQ'}$$

如图 1.3 所示，作 $MN \perp CO$，交点为 N，设 $\overline{ON} = x$ 和 $\overline{MN} = h$

$$h^2 = (-r)^2 - (-r-x)^2 = -x(2r+x)$$

$$\overline{QM} = \sqrt{(s-x)^2 + h^2} = \sqrt{s^2 - 2x(s+r)}$$

$$\overline{MQ'} = \sqrt{(s'-x)^2 + h^2} = \sqrt{s'^2 - 2x(s'+r)}$$

(2) 在傍轴条件下，$x \ll s, s', |r|$，将上面两式作泰勒展开，略去高阶小量，得

$$\overline{QM} \approx s\left[1 - \frac{x(s+r)}{s^2}\right], \quad \overline{MQ'} \approx s'\left[1 - \frac{x(s'+r)}{s'^2}\right]$$

(3) 由物像等光程性 $n\overline{QM} + n\overline{MQ'} = ns + ns'$，得

$$ns\left(1 - \frac{x(s+r)}{s^2}\right) + ns'\left(1 - \frac{x(s'+r)}{s'^2}\right) = ns + ns'$$

即

$$\frac{s+r}{s} + \frac{s'+r}{s'} = 0$$

稍加整理即可得到单球反射面的傍轴成像公式为

$$\frac{1}{s'} + \frac{1}{s} = -\frac{2}{r}$$

根据焦点和焦距的定义，由上式可以得到物（像）方焦距公式为

$$f = f' = -\frac{r}{2}$$

上式显示，单球反射面成像系统的两个焦距的数值相等、符号相同，因此物方和像方的两个焦点 F 和 F' 重合。

这个题的数学推导过程使用了忽略高阶小量的泰勒展开方法。在探索物理现象、揭示物理规律和解决物理问题时，这类近似方法被广泛应用。近似处理是物理学研究中经常使用的基本方法。

近似处理方法突出了问题的本质，从关键之处入手去解决问题，可以排除干扰因素，能够让最本质的特征凸显出来。忽略了一些次要问题和干扰因素后，主要因素之间的关系就会变得明朗，有利于主要矛盾和本质问题的解决。

一般来说，近似处理结果的近似程度由问题本身的性质和所采取的近似方法决定。即使是同一个因素，在研究 A 问题时可以忽略，在研究 B 问题时可能就不应该舍去。对于同一个问题，进行不同的近似处理可以得到不同的近似结果。实际科研工作中常常出现由于不适当的近似处理导致研究工作进行不下去的情况。因此，在对实际物理问题进行近似处理时，要根据研究对象的客观情况仔细研究，恰当确定哪些因素应该舍去、哪些因素应该保留。

我们一定要学会近似处理的方法，作到善于近似处理，在科学研究中才能收到事半

功倍的效果。

例题2 如图1.4所示,光楔(顶角很小的三棱镜)的顶角为α,折射率为n,在其左前方距离a处放置物点Q。求物点Q经过光楔折射成像的像点位置。

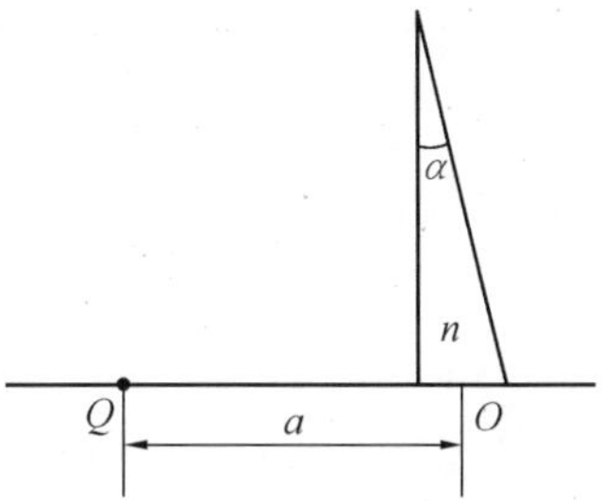

解法一

如图1.5所示,从物点Q发出且垂直光楔第一个平面的光线QO折射后不改变方向,成像的像点Q'也在这条直线上、处于玻璃中,可以通过单球面成像公式求出像点位置为

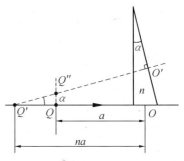

图1.4 光楔的成像结构

$$\frac{1}{a} + \frac{n}{s_1'} = \frac{n-1}{\infty}, \quad s_1' = -na$$

第一次成像的像点位于图1.5所示的点Q'处。

过点Q'作光楔第二个平面的垂线$Q'O'$,点Q'经过光楔第二个平面再次折射后的像点O''位于$Q'O'$直线上、处于空气中。通过单球面成像公式可以求出像距为

$$\frac{n}{na} + \frac{1}{s_2'} = \frac{1-n}{\infty}, \quad s_2' = -a$$

最后成像在如图1.5所示的点Q''处,即像点Q''近似位于过点Q且垂直光轴QO的直线$Q''Q$上。

由几何关系可知最后像点Q''的位置坐标为

$$x = -a, \quad y = (na-a)\alpha = a(n-1)\alpha = a\delta$$

其中$\delta = (n-1)\alpha$是光楔的偏向角。

图1.5 光楔成像第一种解法的图示

最终像点Q''的位置坐标为$[-a, a(n-1)\alpha]$。

解法二

经常使用的解题方法是利用成像公式和偏向角公式求解。

如图1.6所示,首先画出入射光线QO经过光楔折射后的出射光线$Q''O$,这条光线满足光楔的偏向角条件,即$\delta = (n-1)\alpha$,而且最终的像点Q''一定位于斜线$Q''O$上。

把光楔的两个面近似看成两个平

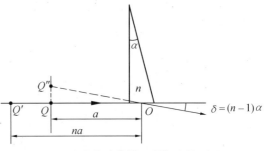

图1.6 光楔成像第二种解法的图示

行平面,重复上述的两次成像过程,求出最终的像点Q''对应的像距为$s_2' = -a$。

由图1.6可以看出,像点Q''位于直线$Q''O$和垂线$Q''Q$的交点处,像点Q''的水平坐标

为 $x = -a$,高度为 $y = a\delta$,最终的像点 Q'' 的位置坐标为 $[-a, a(n-1)\alpha]$。

例题 3 如图 1.7 所示,在焦距为 11.5 cm 的反射球面里注入一些液体,液面高度为 $h = 0.5$ cm,将物点 Q 置于光轴 QO 上,光轴与液面的交点为点 P,已知 $\overline{QP} = 15.9$ cm,最终的像点 Q' 恰与物点 Q 重合,求液体的折射率。

解 如果按照单球面光学系统逐次成像方法解题会很麻烦,但是若采用如下的特殊方法求解就很简单。

特殊解法的关键是通过分析题意,找到"最终的像点 Q' 恰与物点 Q 重合"的成像光路的特殊性,由此出发可以得到特殊解法。

本题共有三次成像过程:折射成像、反射成像和再次折射成像。既然最终的像点 Q'(第三次成像的像点)与最初的物点 Q 重合,根据光路可逆性原理可知,第二次反射成像的物点(第一次折射成像的像点)必须与第二次反射成像的像点(第三次折射成像的物点)重合。要让第二次成像的物点和像点重合,则第二次成像的入射和反射光路必须重合。由单球面反射成像的特殊性可知,只有通过反射球面曲率中心 C 的成像光线才具有这样的特点,如图 1.8 所示。由此可知,此时第一次折射成像的像点位于球心 C 处,第一次折射成像的像距 $\overline{CP} = -s_1'$ 与球面半径的关系为

$$-s_1' = |r| - h = 2f - h$$

因此由

$$|r| = 2f = 2 \times 11.5 \text{ cm} = 23 \text{ cm}$$

可以得到

$$s_1' = -(23 - 0.5) \text{ cm} = -22.5 \text{ cm}$$

将 $s_1 = 15.9$ cm,$n = 1$ 和 $s_1' = -22.5$ cm 代入第一次平面折射成像公式中,即

$$\frac{1}{15.9} + \frac{n'}{-22.5} = 0$$

可得液体的折射率为

$$n' = \frac{22.5}{15.9} \approx 1.415$$

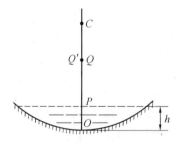 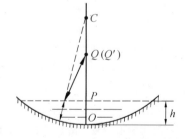

图 1.7 注入液体的凹面镜的成像结构　　图 1.8 注入液体的凹面镜的成像光路

通过这个题的求解使我们认识到，深入分析题意，寻找成像的特殊性，常常可以简化解题过程，收到事半功倍的效果。

例题 4 如图 1.9 所示，置于空气中的薄凸透镜的半径分别为 20 cm 和 15 cm，折射率为 1.5，后表面镀铝反射膜，高度为 1 mm 的小物体置于薄透镜左方 40 cm 处的光轴上。求物体最后成像的位置和高度，以及像的倒正、放缩和虚实情况。

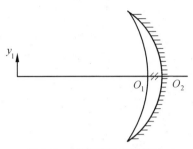

图 1.9　薄透镜的成像结构

解 使用单球折反射面成像方法解题，共有三次成像过程。

第一次折射成像，入射光线从左向右传播，计算起点为顶点 O_1。

由题意可知 $s_1 = 40$ cm，$n_1 = 1$，$n_1' = 1.5$，$r_1 = -20$ cm，$y_1 = 1$ mm，将相应量代入折射成像公式

$$\frac{1.5}{s_1'} + \frac{1}{40} = \frac{0.5}{-20}$$

得 $s_1' = -30$ cm。将相应量代入放大率公式得

$$V_1 = -\frac{-30}{1.5 \times 40} = 0.5, \quad y_1' = 0.5 \text{ mm}$$

成正立缩小的虚像。

第二次反射成像，入射光线从左向右传播，计算起点为顶点 O_2。

已知 $r_2 = -15$ cm，$d_{12} = 0$，可得 $s_2 = d_{12} - s_1' = 30$ cm，$y_2 = y_1' = 0.5$ mm，将相应量代入反射成像公式

$$\frac{1}{s_2'} + \frac{1}{30} = -\frac{2}{-15}$$

得 $s_2' = 10$ cm。将相应量代入放大率公式得

$$V_2 = -\frac{1}{3}, \quad y_2' = -\frac{1}{6} \text{ mm}$$

成倒立缩小的实像。

第三次折射成像，入射光线从右向左传播，计算起点为顶点 O_1。

已知 $r_3 = 20$ cm，$n_3 = 1.5$，$n_3' = 1$，$y_3 = y_2' = -1/6$ mm，$s_3 = -s_2' = -10$ cm，将相应量代入折射成像公式

$$\frac{1}{s_3'} + \frac{1.5}{-10} = \frac{-0.5}{20}$$

得 $s_3' = 8$ cm。将相应量代入放大率公式得

$$V_3 = -\frac{1.5 \times 8}{-10} = 1.2, \quad y_3' = -0.2 \text{ mm}$$

成正立放大的实像。

总的成像结果为

$$s' = s_3' = 8 \text{ cm}, \quad V = V_1 V_2 V_3 = 0.5 \times (-1/3) \times 1.2 = -0.2, \quad y' = y_3' = -0.2 \text{ mm}$$

最后成像于薄凸透镜左方 8 cm 处，像高 0.2 mm，成倒立缩小的实像。

1.2　薄透镜成像

1. 基本概念

1) 薄透镜：中心厚度趋于零的透镜。

2) 正（或会聚）薄透镜：焦距大于零的薄透镜；负（或发散）薄透镜：焦距小于零的薄透镜。

3) 凸薄透镜：中央厚、边缘薄的薄透镜；凹薄透镜：中央薄、边缘厚的薄透镜。

4) 正（负）薄透镜：薄透镜介质的折射率大于物像方介质的折射率时，凸薄透镜为正（或会聚）薄透镜，凹薄透镜为负（或发散）薄透镜；反之，凸薄透镜为负（或发散）薄透镜，凹薄透镜为正（或会聚）薄透镜。

5) 主光轴：通过薄透镜的两个单球面曲率中心的直线。

6) 光心：主光轴与薄透镜中心的交点。

7) 副光轴：通过光心的倾斜直线。

8) 物像方主平面：$V = \dfrac{y'}{y} = +1$ 的一对物像共轭平面。

9) 物像方主点：物像方主平面与光轴的交点，记为 H 和 H'。

10) 物像方倾角：轴上物点发出的近轴光线与光轴所夹锐角为物方倾角 u，其共轭光线与光轴所夹锐角为像方倾角 u'。

11) 物像方节点：$\gamma = \dfrac{u'}{u} = +1$ 的一对物像共轭点，记为 N 和 N'。

物像方介质的折射率相等时，薄透镜的物像方主点、物像方节点和光心 O 重合。

12) 焦面性质：物像方介质的折射率相等时，从物方焦面上的轴外点发出的同心光束折射后平行出射，该出射平行光束与通过光心的光线平行；入射的倾斜平行光束折射后会聚在通过光心的平行光线与像方焦面的轴外交点上。

2. 基本公式

1) 焦距公式 $f' = \dfrac{n'}{\dfrac{n_0 - n}{r_1} + \dfrac{n' - n_0}{r_2}}$, $f = \dfrac{n}{\dfrac{n_0 - n}{r_1} + \dfrac{n' - n_0}{r_2}}$, $\dfrac{f}{f'} = \dfrac{n}{n'}$

其中 n_0 为薄透镜的折射率，周围介质折射率 $n = n'$ 时

$$f = f' = \dfrac{1}{\left(\dfrac{n_0}{n} - 1\right)\left(\dfrac{1}{r_1} - \dfrac{1}{r_2}\right)}$$

$n = n' = 1$ 时

$$f = f' = \dfrac{1}{(n_0 - 1)\left(\dfrac{1}{r_1} - \dfrac{1}{r_2}\right)}$$

2) 高斯成像公式和放大率公式

$$\dfrac{f'}{s'} + \dfrac{f}{s} = 1, \quad V = -\dfrac{ns'}{n's} = -\dfrac{fs'}{f's}$$

$f = f'$ 时 $\quad \dfrac{1}{s'} + \dfrac{1}{s} = \dfrac{1}{f}, \quad V = -\dfrac{s'}{s}$

3) 牛顿成像公式 $\quad xx' = ff', \quad s = x + f, \quad s' = x' + f', \quad V = -\dfrac{f}{x} = -\dfrac{x'}{f'}$

4) 多次成像的总放大率公式 $\quad V = V_1 V_2 V_3 \cdots$

5) 多次成像的过渡关系公式 $\quad s_{m+1} = d_{m(m+1)} - s'_m$

6) $s = 0$ 时, $s' = 0$, $V = +1$, 此时成等大正立像。由此可以认为，物体本身可以自身成像，而且所成像与其本身重合。

7) 物像方主点位置 $\quad x_H = \overline{FH} = -f, \quad x'_{H'} = \overline{F'H'} = -f'$

8) 角放大率公式 $\quad \gamma = \dfrac{u'}{u} = -\dfrac{s}{s'}, \quad V\gamma = \dfrac{f}{f'}$

9) 物像方节点位置 $\quad x_N = \overline{FN} = -f', \quad x'_{N'} = \overline{F'N'} = -f$

10) 拉格朗日 – 亥姆霍兹关系式 $\quad nyu = n'y'u' = n''y''u'' = \cdots$

11) 光焦度的一般定义式 $\quad P = \dfrac{n}{f} = \dfrac{n'}{f'}$

$n' = n = 1$ 时, $\quad P = \dfrac{1}{f} = \dfrac{1}{f'}$, 单位：$\text{m}^{-1}$。

12) 薄透镜的光焦度公式 $\quad P = \dfrac{n_0 - n}{r_1} + \dfrac{n' - n_0}{r_2}$

$n' = n = 1$ 时 $\qquad P = (n_0 - 1)(\dfrac{1}{r_1} - \dfrac{1}{r_2})$

13）单球折射面的光焦度公式 $\quad P = \dfrac{n' - n}{r}$

14）单球反射面的光焦度公式 $\quad P = -\dfrac{2n}{r}$

3. 判断像的倒正、放缩、虚实和物的虚实的方法

1）$V > 0$,正立像；$V < 0$,倒立像。

2）$|V| > 1$,放大像；$|V| < 1$,缩小像。

3）$s' > 0$,实像；$s' < 0$,虚像；$s > 0$,实物；$s < 0$,虚物。

4. 符号法则

1）入射光由左向右传播,计算起点为光心 O 时,与单球折射面成像的符号法则相同。

2）入射光由左向右传播,计算起点为物方和像方焦点 F 和 F' 时：

(1) 若物点 Q 在物方焦点 F 左方,$x > 0$；若 Q 在 F 右方,$x < 0$。

(2) 若像点 Q' 在像方焦点 F' 左方,$x' < 0$；若 Q' 在 F' 右方,$x' > 0$。

(3) 其余与单球折射面成像的符号法则相同。

3）物方和像方光线倾角（u、u'）的符号法则：逆时针从光轴转到光线方向所成锐角为正,顺时针从光轴转到光线方向所成锐角为负。

5. 需要求解的问题

通过计算和作图熟练求解薄透镜逐次成像的问题。

6. 逐次成像的计算方法

1）画出已知共轴理想光学成像系统的光路图,确定第一次成像的入射光线方向以及计算起点；

2）确定第一次成像的各个已知量的正负和大小；

3）代入相应成像公式计算；

4）检查计算结果是否正确；

5）利用过渡关系求出下次成像的物距,重复如上步骤逐次成像,直至得到最终的成像结果；

其中,步骤2）是正确计算成像问题的关键步骤。

7. 逐次成像的作图方法

1）逐次成像的作图步骤

（1）根据已知条件按比例画出成像装置图，在图中标出已知量，画出已知光线；
（2）第一次成像时利用特殊光线作图方法作图成像；
（3）以后各次成像通常用一般光线作图方法作图成像；
（4）按照比例测量成像后的各个待求量的值；
（5）每次画图后均应检验作图成像的结果，确认结果正确后，再进行下一次作图成像。

2）特殊光线作图方法

（1）物像方介质的折射率相等时，通过光心的入射光线折射后方向不变；
（2）通过物方焦点的入射光线折射后平行光轴出射；
（3）平行光轴的入射光线折射后通过像方焦点。

3）一般光线作图方法

（1）先画一条与一般入射光线平行或者通过一般入射光线与物方焦面交点的特殊光线；
（2）然后画出特殊入射光线的折射光线；
（3）再画出与特殊折射光线平行或者通过特殊折射光线与像方焦面交点的一般折射光线。

8. 凸薄透镜成像的直观图解和成像规律列表

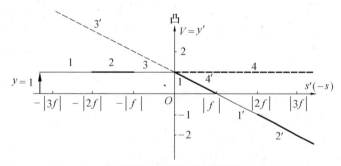

图 1.10　凸薄透镜成像直观图解的物像对应关系

表 1.3　凸薄透镜成像规律列表

凸薄透镜	s	s'	V	成　像　性　质
第一区间	$+\infty \sim \|2f\|$	$\|f\| \sim \|2f\|$	$0 \sim -1$	倒立、缩小、实像
第二区间	$\|2f\| \sim \|f\|$	$\|2f\| \sim +\infty$	$-1 \sim -\infty$	倒立、放大、实像
第三区间	$\|f\| \sim 0$	$-\infty \sim 0$	$+\infty \sim +1$	正立、放大、虚像
第四区间	$0 \sim -\infty$	$0 \sim \|f\|$	$+1 \sim 0$	正立、缩小、实像

9. 凹薄透镜成像的直观图解和成像规律列表

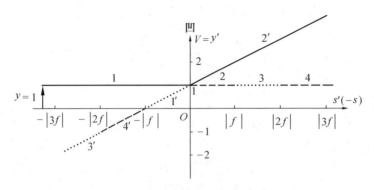

图 1.11　凹薄透镜成像直观图解的物像对应关系

表 1.4　凹薄透镜成像规律列表

凹薄透镜	s	s'	V	成 像 性 质
第一区间	$+\infty \sim 0$	$-|f| \sim 0$	$0 \sim +1$	正立、缩小、虚像
第二区间	$0 \sim -|f|$	$0 \sim +\infty$	$+1 \sim +\infty$	正立、放大、实像
第三区间	$-|f| \sim -|2f|$	$-\infty \sim -|2f|$	$-\infty \sim -1$	倒立、放大、虚像
第四区间	$-|2f| \sim -\infty$	$-|2f| \sim -|f|$	$-1 \sim 0$	倒立、缩小、虚像

10. 典型例题

例题 1　如图 1.12 所示,置于空气中的薄凸透镜的半径分别为 20 cm 和 15 cm,其折射率为 1.5、后表面镀铝反射膜,高度为 1 mm 的小物置于薄凸透镜左方 40 cm 处的光轴上。求物体最后成像的位置和高度,以及像的倒正、放缩和虚实情况。

解　利用薄透镜成像方法解题,共有三次成像过程。

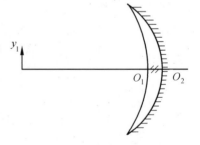

图 1.12　凸薄透镜的成像结构

1) 首先求出薄透镜的焦距

$$n = n' = 1, \quad n_0 = 1.5, \quad r_1 = -20 \text{ cm}, \quad r_2 = -15 \text{ cm}$$

$$f = \frac{1}{(1.5-1)\left(\frac{1}{-20} - \frac{1}{-15}\right)} = 120$$

2) 第一次成像

$$f_1 = 120 \text{ cm}, \quad s_1 = 40 \text{ cm}, \quad y_1 = 1 \text{ mm}$$

$$\frac{1}{s_1'} + \frac{1}{40} = \frac{1}{120}, \quad s_1' = -60 \text{ cm}, \quad V_1 = -\frac{s_1'}{s_1} = -\frac{-60}{40} = 1.5, \quad y_1' = 1.5 \text{ mm}$$

成正立放大的虚像。

3) 第二次反射成像

$$s_2 = -s_1' = 60 \text{ cm}, \quad r_2 = -15 \text{ cm}, \quad y_2 = 1.5 \text{ mm}$$

$$\frac{1}{s_2'} + \frac{1}{60} = -\frac{2}{-15}, \quad s_2' = 60/7 \text{ cm}$$

$$V_2 = -\frac{s_2'}{s_2} = -\frac{1}{7}, \quad y_2' = -\frac{3}{14} \text{ mm}$$

成倒立缩小的实像。

4) 第三次折射成像

$$s_3 = -s_2' = -60/7 \text{ cm}, \quad f_1 = 120 \text{ cm}, \quad y_3 = -\frac{3}{14} \text{ mm}$$

$$\frac{1}{s_3'} + \frac{1}{-60/7} = \frac{1}{120}, \quad s_3' = 8 \text{ cm}, \quad V_3 = -\frac{8}{-60/7} = \frac{14}{15}, \quad y_3' = -0.2 \text{ mm}$$

成正立缩小实像。最后的成像结果为

$$s_3' = 8 \text{ cm}, \quad V = V_1 V_2 V_3 = 1.5 \times (-1/7) \times (14/15) = -0.2, \quad y_3' = -0.2 \text{ mm}$$

最后成像于薄透镜左方 8 cm 处,像高 0.2 mm,成倒立缩小的实像。

5) 讨论

比较这个题的单球折反射面三次成像过程和薄透镜三次成像过程可知,薄透镜的三次成像相当于五次单球折反射面成像,因此两种方法的中间成像结果不同。由于单球折反射面的五次成像过程中的第二次成像过程和第四次成像过程正好是一次会聚过程和一次发散过程,成像效果互相抵消,最终的薄透镜三次成像过程等效于单球折反射面的三次成像过程,虽然两种成像方法的中间过程不同,但是最终结果是相同的。

例题 2 如图 1.13 所示,凸薄透镜 L_1 和凹薄透镜 L_2 的焦距分别为 20 cm 和 40 cm,L_2 在 L_1 右方 40 cm 处,傍轴小物体置于 L_1 左方 30 cm 处。分别利用计算方法和作图方法求该装置最后成像的位置和高度,以及成像的倒正、放缩和虚实情况。

解 1) 计算方法

第一次是凸薄透镜成像,光线从左向右传播,计算起点为 O_1,则

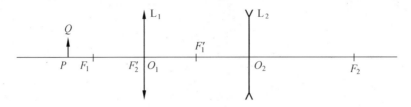

图 1.13　凸凹薄透镜成像装置的结构

$$s_1 = 30 \text{ cm}, \quad f_1 = 20 \text{ cm}, \quad \frac{1}{s_1'} + \frac{1}{30} = \frac{1}{20}, \quad s_1' = 60 \text{ cm}, \quad V_1 = -\frac{s_1'}{s_1} = -2$$

成放大倒立的实像。

第二次是凹薄透镜成像，光线从左向右传播，计算起点为 O_2，则

$$s_2 = d_{12} - s_1' = 40 - 60 = -20 \text{ cm}, \quad f_2 = -40 \text{ cm}$$

$$\frac{1}{s_2'} + \frac{1}{-20} = \frac{1}{-40}, \quad s_2' = 40 \text{ cm}, \quad V_2 = -\frac{s_2'}{s_2} = +2$$

成放大正立的实像。

总的成像结果是

$$s' = s_2' = 40 \text{ cm}, \quad V = V_1 V_2 = -4, \quad y' = -4y$$

最终成像于凹薄透镜右方 40 cm 处，成倒立放大 4 倍的实像。

2）作图方法

第一次是凸薄透镜成像，利用特殊光线作图成像。

（1）过物点 Q 和光心 O_1 画光线 QO_1，交凹薄透镜于点 H；

（2）过物点 Q 和物方焦点 F_1 画光线 QF_1，交凸薄透镜于点 M，然后过点 M 画平行光轴的光线 MN，交凹薄透镜上一点 N；

（3）O_1H 和 MN 光线延长线的交点 Q' 就是物点 Q 经过凸薄透镜折射后的第一次成像的像点。测量像距得 $s_1' = 60 \text{ cm}$，是实像，测量像高得 $y' = -2y$，是倒立的放大像，如图 1.14 所示。

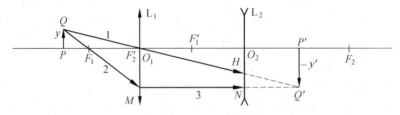

图 1.14　利用特殊光线作图方法成像的光路

第二次是凹薄透镜成像，通常利用一般光线作图成像。

（1）由于光线 MN 平行光轴，所以是一条特殊光线，因此可以再次利用折射后出射光

线通过像方焦点 F_2' 的特殊光线作图,即过焦点 F_2' 和点 N 画虚直线 $F_2'N$;

(2) 过光心 O_2 画 QO_1H 光线的平行虚线 O_2G,交凹薄透镜像方焦面上点 G 处,过点 G 和点 H 画虚直线 GH;

(3) 虚直线 $F_2'N$ 和虚直线 GH 的延长实线分别是光线 MN 和光线 O_1H 通过凹薄透镜的折射光线,其交点 Q'' 就是物点 Q' 成像的像点。测量像距得 $s_2' = 40$ cm,是实像,测量像高得 $y'' = 2y'$,是正立的放大像。

因此,最后成像于凹薄透镜右方 40 cm 处,像高 $y'' = -4y$,成倒立放大的实像,如图 1.15 所示。

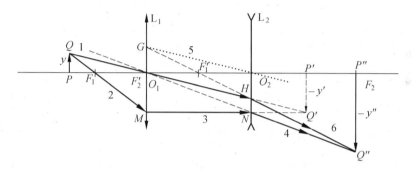

图 1.15 利用一般光线作图方法成像的光路

1.3 光阑和光学仪器

1. 基本概念

1) 光阑:光学系统中的光学器件的边框和特别设置的带孔的屏。
2) 孔径光阑(有效光阑):对成像光束的孔径(立体角或者发光截面)限制最多的光阑。
3) 入射光瞳:孔径光阑在物方的共轭像,直接限制入射光束的孔径。
4) 出射光瞳:孔径光阑在像方的共轭像,直接限制出射光束的孔径。
5) 入射孔径角:轴上物点与入射光瞳边缘连线相对光轴所张的锐角。
6) 出射孔径角:轴上像点与出射光瞳边缘连线相对光轴所张的锐角。
7) 主光线:由物点发出的通过入射光瞳、孔径光阑和出射光瞳中心的光线。
8) 视场光阑:对轴外物点的主光线限制最多的光阑(即对成像的物面范围(视场)限制最多的光阑)。
9) 入射窗:视场光阑在物方的共轭像,直接限制发出主光线的轴外物点的范围(即直接限制成像的物面范围)。
10) 出射窗:视场光阑在像方的共轭像,直接限制接收主光线的轴外像点的范围(即直接限制成像的像面范围)。

11) 入射视场角：入射光瞳中心与入射窗边缘连线相对光轴所张的锐角。

12) 出射视场角：出射光瞳中心与出射窗边缘连线相对光轴所张的锐角。

13) 渐晕现象：像面边缘以外区域的成像亮度较暗，并且越往外越暗的现象。

14) 注意

(1) 孔径光阑和视场光阑的位置与不同的轴上物点(或物点范围)有关。

(2) 一个完整的光学系统既有孔径光阑又有视场光阑。

(3) 孔径光阑和视场光阑不能由同一个光学器件兼任。

2. 基本公式

1) 明视距离 $s_0 = 25$ cm

2) 视角 $\omega = \dfrac{y}{s}$，最大视角 $\omega_0 = \dfrac{y}{s_0}$

3) 人眼的最小分辨角 $1' = 2.9 \times 10^{-4}$ rad

4) 视角放大率定义式 显微镜 $M = \dfrac{\omega_0'}{\omega_0}$，望远镜 $M = \dfrac{\omega'}{\omega}$

其中 ω_0' 和 ω_0 是像和物分别处于明视距离处时的视角，ω' 和 ω 分别是入射和出射平行光束相对光轴的张角。

5) 放大镜的视角放大率 $M = \dfrac{s_0}{f}$

6) 显微镜的视角放大率 $M = V_O M_E = -\dfrac{\Delta s_0}{f_O f_E}$

7) 望远镜的视角放大率 $M = -\dfrac{f_O}{f_E}$

3. 需要求解的主要问题

1) 求解光学系统的孔径光阑和视场光阑方面的问题。

2) 求解光学系统的视角放大率方面的问题。

4. 求解孔径光阑和视场光阑的步骤

1) 首先明确相对轴上哪个物点(或物点范围)确定系统的孔径光阑和视场光阑；

2) 把光学系统中所有的光学器件(光阑)作为物，逐个地相对轴上物点所在的物方空间成像，如果光阑的前方有多个成像器件，就应当多次成像；

3) 由轴上物点向每个像的边缘连直线，其中与主光轴所张的最小锐角即为入射孔径角 u_0，对应的像即为入射光瞳，入射光瞳对应的共轭物即为孔径光阑；

4) 孔径光阑向轴上物点的最终像所在的像方空间成像，所成的像即为出射光瞳，轴上的最终像点向出射光瞳边缘连线与主光轴所张的锐角即为出射孔径角 u'_0；

5) 由入射光瞳中心向轴上物点所在物方空间的每个像的边缘连直线，其中所张的最小锐角称为入射视场角 ω_0，对应的像即为入射窗，入射窗对应的共轭物即为视场光阑；

6) 视场光阑向轴上物点最终像点所在的像方空间成像，所成的像即为出射窗，出射窗的边缘与出射光瞳中心的连线与主光轴所张的锐角即为出射视场角 ω'_0。

5. 求解孔径光阑和视场光阑的作图方法和计算方法

1) 作图方法

按照孔径光阑和视场光阑的求解步骤，通过作图和测量，逐步给出问题的解答。

2) 计算方法

按照孔径光阑和视场光阑的求解步骤，通过计算，逐步给出问题的解答。

6. 典型例题

例题 如图 1.16 所示，置于空气中的凹薄透镜和凸薄透镜的焦距分别为 $f'_1 = -3a$ 和 $f'_2 = 4a$，口径均为 $D_1 = D_2 = 2a$，两个透镜相距 $d = 2a$，在凹薄透镜左方 $s_1 = 4a$ 处的光轴上放置物点 Q。分别用作图方法和计算方法求该光学系统的孔径光阑、入射光瞳、出射光瞳、视场光阑、入射窗和出射窗。

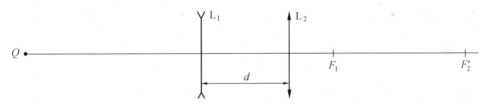

图 1.16 光学成像装置的结构

1) 作图方法

如图 1.17 所示，首先将凸薄透镜 L_2 作为物，通过凹薄透镜 L_1 向轴上物点 Q 所在的物方空间成虚像为 L'_2。由于凹薄透镜 L_1 左方没有成像透镜，可以认为是自身成像，所成像 L'_1 与自身重合。

通过物点 Q 分别向物方空间的两个像 L'_1 和 L'_2 的边缘连线，其中物点 Q 与像 L'_2 的边缘连线所张锐角最小，称这个角 u_0 为入射孔径角，相应的像 L'_2 即为入射光瞳。入射光瞳 L'_2 的共轭物 L_2 即为孔径光阑。由于孔径光阑 L_2 的右方没有成像透镜，因此向其后方系统所成像 L''_2 与自己重合，像 L''_2 即为出射光瞳，或者说，作为孔径光阑的凸薄透镜 L_2 兼作出射光瞳。过入射光瞳中心 O 分别向两个像 L'_1 和 L'_2 的边缘连线，其中与像 L'_1 的边缘连线所张锐角最小，称这个角 ω_0 为入射视场角，相应的像 L'_1 即为入射窗，入射窗 L'_1 对应的

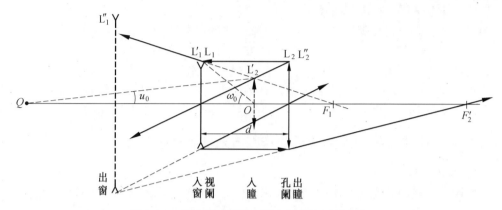

图 1.17 作图确定孔径光阑和视场光阑的光路

共轭物 L_1 即为视场光阑。由于像 L_1' 与其共轭物 L_1 重合,也可以说,作为视场光阑的凹薄透镜 L_1 兼作入射窗。视场光阑 L_1 通过凸薄透镜所成的虚像 L_1'' 即为出射窗。

2) 计算方法

(1) 凸薄透镜 L_2 相对凹薄透镜 L_1 成像 L_2'

$$\frac{1}{s'} + \frac{1}{2a} = \frac{1}{-3a}, \quad s' = -6a/5, \quad V = 3/5, \quad D_2' = 6a/5$$

凹薄透镜 L_1 相对自身成像 L_1',与自己完全重合(即若 $s = 0$,则 $s' = 0$,且 $V = +1$)。

(2) 求孔径角

从轴上物点 Q 向像 L_1' 的边缘连直线,相应孔径角为

$$u_1 = \arctan \frac{a}{4a} \approx 14.04°$$

从点 Q 向像 L_2' 的边缘连直线,相应孔径角为

$$u_2 = \arctan \frac{3a/5}{(4 + (6/5))a} = \arctan \frac{3}{26} \approx 6.58°$$

(3) 确定入射光瞳、孔径光阑和出射光瞳

由于 $u_2 < u_1$,因此,入射孔径角为 $u_0 = u_2 \approx 6.58°$,入射光瞳为凸薄透镜的像 L_2',孔径光阑即为凸薄透镜 L_2。凸薄透镜 L_2 右方没有成像透镜,可以自身成像,其像 L_2'' 即为出射光瞳,或者说凸薄透镜 L_2 兼作出射光瞳。

(4) 求视场角

从入瞳中心点 O 向凹薄透镜的像 L_1' 的边缘连直线,视场角为

$$\omega_1 = \arctan \frac{a}{6a/5} = \arctan(5/6) \approx 39.8°$$

从入瞳中心点 O 向凸薄透镜的像 L_2' 的边缘连直线,视场角为 $\omega_2 = 90°$。

(5) 确定入射窗和视场光阑

由于 $\omega_1 < \omega_2$，因此，入射视场角为 $\omega_0 = \omega_1 \approx 39.8°$，入射窗为凹薄透镜自身所成的像 L_1'，或者说，凹薄透镜兼作入射窗，视场光阑为凹薄透镜 L_1。

(6) 确定出射窗

凹薄透镜 L_1 相对凸薄透镜 L_2 成像 L_1''

$$\frac{1}{s'} + \frac{1}{2a} = \frac{1}{4a}, \quad s' = -4a, \quad V = 2, \quad D_1' = 4a$$

像 L_1'' 就是出射窗。

1.4 习题解答

1.1 题 1.1 图所示是一种有趣的酒杯，空杯时看不见底部有任何画面，倒入酒后就会看到杯底有一条小金鱼，试讨论这种酒杯的成像情况。

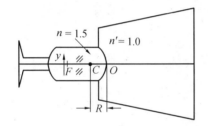 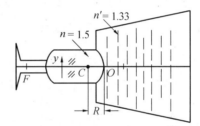

题 1.1 图　空酒杯和满酒杯的结构

解　如题 1.1 图所示，酒杯的杯底是一个 $n = 1.5$ 的圆柱形玻璃棒，圆柱形玻璃棒中的物 y 是一条小金鱼的画面，右侧折射球面的半径为 R。物经过右侧折射球面折射成像，成像公式为

$$\frac{f'}{s'} + \frac{f}{s} = 1, \quad f = \frac{nr}{n'-n}, \quad f' = \frac{n'r}{n'-n}$$

解得

$$s' = \frac{sf'}{s-f}$$

空杯时 $n' = 1.0$，有

$$f = \frac{1.5 \times (-R)}{1 - 1.5} = 3R, \quad f' = \frac{1.0 \times (-R)}{1 - 1.5} = 2R$$

杯中有酒时，$n' = 1.33$，有

$$f \approx \frac{1.5 \times (-R)}{1.3 - 1.5} = 7.5R, \quad f' \approx \frac{1.3 \times (-R)}{1.3 - 1.5} = 6.5R$$

将小金鱼的画面置于物距为 $3R < s < 7.5R$ 的区域内,$s > 0$,$f > 0$,$f' > 0$。空杯时,小金鱼位于 $f = 3R$ 的焦点 F 的外侧,$s' > 0$,通过右侧单球面折射成放大实像,看杯底时看不见杯底有图像。杯中倒入酒后,小金鱼的画面处于 $f = 7.5R$ 的焦点 F 的内侧,$s' < 0$,通过右侧单球面折射成正立放大的虚像,就可以看到杯底有一条小金鱼了。

1.2 将水注入杯中,杯底看起来向上升高了 1 cm,水的折射率为 4/3,求杯中水的深度。

解 设水深为 h,杯底经过水和空气的分界面折射成像,则
$$s = h, \quad s' = -(h-1), \quad n = 4/3, \quad n' = 1, \quad r = \infty$$
$$\frac{4/3}{h} + \frac{1}{1-h} = \frac{1-4/3}{\infty} = 0$$

解得 $h = 4$ cm。

1.3 空气中钠黄光的波长为 589.3 nm,求其频率和在折射率为 1.5 的玻璃中的波长。

解 (1) $\nu = \dfrac{c}{\lambda} = \dfrac{2.9979 \times 10^8}{589.3 \times 10^{-9}}$ Hz $\approx 5.09 \times 10^{14}$ Hz

(2) $\lambda_n = \dfrac{\lambda}{n} = \dfrac{589.3}{1.50}$ nm ≈ 392.9 nm

1.4 若光在折射率为 1.60 的玻璃中的波长为 600 nm,求其频率。

解 $\nu = \dfrac{v}{\lambda_n} = \dfrac{c}{n\lambda_n} = \dfrac{2.9979 \times 10^8}{1.60 \times 600 \times 10^{-9}}$ Hz $\approx 3.12 \times 10^{14}$ Hz

1.5 如题 1.5 图所示,一条光线通过折射率为 n、厚度为 h 的平行平面玻璃板时,出射光线方向不变,但是产生侧向平移,设入射角 i_1 很小,证明出射光线的平移量为 $\Delta x = \dfrac{n-1}{n}hi_1$。

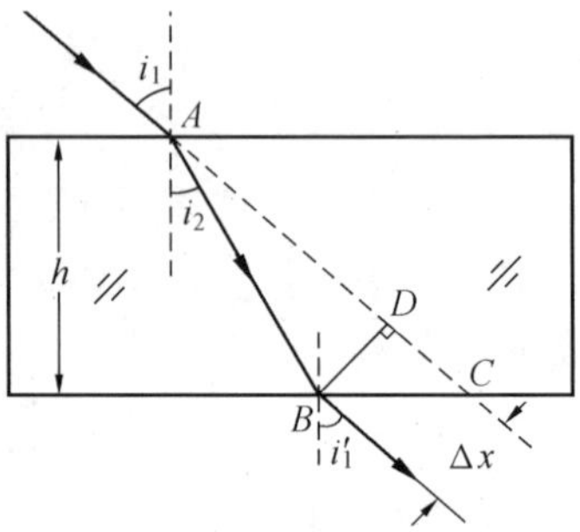

证明 如题 1.5 图所示,对平行平面玻璃上下表面分别运用折射定律可得
$$\sin i_1 = n\sin i_2, \quad \sin i'_1 = n\sin i_2$$

其中角 i'_1 是最后出射光线与玻璃表面法线之间的夹角。显然 $i_1 = i'_1$,即最后出射光线与初始入射光线的方向一致。

题 1.5 图　平行平面玻璃板的折射光路

根据几何关系,可得最后出射光线相对初始入射光线的侧向平移量为
$$\Delta x = \overline{BC}\cos i_1, \quad \overline{BC} = h(\tan i_1 - \tan i_2)$$

在 i_2 和 i_1 均很小的条件下,取小角度近似得
$$\cos i_1 \approx 1, \quad i_1 \approx ni_2, \quad \tan i_1 \approx i_1, \quad \tan i_2 \approx i_2$$

于是有
$$\Delta x \approx h(i_1 - i_2) = hi_1\left(1 - \frac{i_2}{i_1}\right) = \frac{n-1}{n}hi_1$$

1.6 已知棱镜顶角为 $50°$，测得最小偏向角为 $30°$，求棱镜的折射率。

解 根据最小偏向角公式可知棱镜的折射率为
$$n = \frac{\sin\frac{\alpha + \delta_m}{2}}{\sin\frac{\alpha}{2}} = \frac{\sin\frac{50° + 30°}{2}}{\sin\frac{50°}{2}} \approx 1.521$$

1.7 顶角为 $50°$ 的三棱镜的最小偏向角是 $30°$，求将三棱镜置于折射率为 1.33 的水中时的最小偏向角。

解 当三棱镜处于空气中时，最小偏向角 δ_m 为 $30°$，由此可得
$$n = \frac{\sin\frac{50° + 30°}{2}}{\sin\frac{50°}{2}} \approx 1.52$$

当三棱镜置于水中（即 $n' = 1.33$）时，最小偏向角 δ'_m 满足
$$\sin\frac{\alpha + \delta'_m}{2} = \frac{n}{n'}\sin\frac{\alpha}{2} = \frac{1.52}{1.33} \times \sin 25° \approx 0.483$$
$$\frac{\alpha + \delta'_m}{2} = \arcsin 0.483 \approx 28.88°$$

因此棱镜放在水中的最小偏向角为
$$\delta'_m \approx 7.76°$$

1.8 如题 1.8 图所示，设光导纤维玻璃芯和外套的折射率分别为 n_1 和 n_2（$n_1 > n_2$），垂直端面外侧的介质折射率为 n_0。试证明能使光线在纤维内发生全反射的入射光线的最大孔径角 θ_0 满足公式 $n_0\sin\theta_0 = \sqrt{n_1^2 - n_2^2}$（$n_0\sin\theta_0$ 称为光纤的数值孔径）。

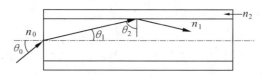

题 1.8 图　确定光导纤维数值孔径的光路

证明 由折射定律得
$$n_0\sin\theta_0 = n_1\sin\theta_1 = n_1\cos\theta_2 = n_1\sqrt{1 - \sin^2\theta_2}$$

光线在玻璃芯和外套的界面处发生全反射的条件为

$$\sin\theta_2 \geqslant \frac{n_2}{n_1}$$

所以，光线在光纤内发生全反射时，数值孔径满足如下条件

$$n_0 \sin\theta_0 \leqslant \sqrt{n_1^2 - n_2^2}$$

1.9 极限法测液体折射率的装置如题 1.9 图所示，ABC 是直角棱镜，已知其折射率为 n_g，将待测液体涂在 AB 表面上，然后覆盖一块毛玻璃，用扩展光源以掠入射方式照明，用望远镜观察从棱镜 AC 面的出射光线，边旋转望远镜的轴线方向边观察，当望远镜的视场中出现恰好一半明一半暗的明暗分区时，测得望远镜的轴线方向与 AC 面法线的夹角为 i'。证明待测液体的折射率为 $n = \sqrt{n_g^2 - \sin^2 i'}$，用这种方法测量液体折射率的测量范围有什么限制。

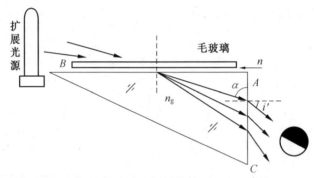

题 1.9 图　极限法测量液体折射率装置的结构和光路

证明 毛玻璃的作用是增加散射，使待测液体上表面处处为散射源。在 AC 面以折射角的下限（最小的折射角）i' 出射的光线在 AB 面的共轭入射光线对应的入射角为 $90°$。正是由于 AC 面上出射光线的最小折射角为 i'，望远镜视场中才会出现半明半暗区。

根据折射定律，对在 AC 面以最小折射角 i' 出射的光线而言，其对应的共轭入射光线在 AB 面和 AC 面折射时分别满足

$$n\sin 90° = n_g \sin\alpha, \quad n_g \sin(90° - \alpha) = \sin i'$$

其中 α 为 AB 面上入射光线以 $90°$ 入射角入射时的折射角。故待测液体的折射率为

$$n = n_g\sqrt{1 - \cos^2\alpha} = n_g\sqrt{1 - \frac{\sin^2 i'}{n_g^2}} = \sqrt{n_g^2 - \sin^2 i'}$$

由于视场中能够出现半明半暗区时对应的最小折射角 i' 的取值范围为

$$0° < i' < 90°$$

故使用这种方法测量液体折射率时的适用范围为

$$\sqrt{n_g^2 - 1} < n < n_g$$

1.10 如题 1.10 图所示,将两个相邻表面曲率相同的薄透镜密接在一起,形成密接复合薄透镜,已知两个薄透镜的焦距分别为 f_1 和 f_2。求密接复合薄透镜的焦距和光焦度。

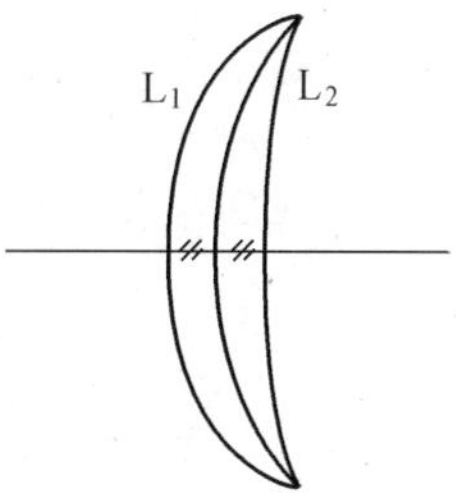

解 设小物经过透镜 L_1 和 L_2 两次成像的公式分别为

$$\frac{1}{s_1'} + \frac{1}{s_1} = \frac{1}{f_1}, \quad \frac{1}{s_2'} + \frac{1}{s_2} = \frac{1}{f_2}$$

其中 $s_2 = -s_1'$,解得

$$\frac{1}{s_2'} + \frac{1}{s_1} = \frac{1}{f_1} + \frac{1}{f_2}$$

题 1.10 图　密接复合薄透镜的成像结构

$s = s_1, s' = s_2'$,则得

$$\frac{1}{s'} + \frac{1}{s} = \frac{1}{f} = \frac{1}{f_1} + \frac{1}{f_2}$$

其中 f 为复合薄透镜的焦距,因此有

$$f = \frac{f_1 f_2}{f_1 + f_2}$$

密接复合薄透镜的光焦度 P 为

$$P = \frac{1}{f} = \frac{1}{f_1} + \frac{1}{f_2} = P_1 + P_2$$

1.11 如题 1.11 图所示,平行平面玻璃板的折射率为 n、厚度为 h,点光源 Q 发出的傍轴光线经过前表面反射成像于点 Q_1' 处,该光线经过前表面折射后再从后表面反射,然后从前表面折射成像于点 Q_2' 处,求这两个像点之间的距离。

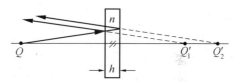

题 1.11 图　平行玻璃板的成像光路

解 (1) 点 Q_1' 是物点 Q 经过平行玻璃板前表面的反射像,满足

$$s' = -s$$

即点 Q_1' 位于平行玻璃板前表面右侧 s 处。

(2) 点 Q_2' 是物点 Q 经过前表面折射后再从后表面反射,然后从前表面折射的像点。

第一次折射成像　　$\dfrac{n}{s_1'} = -\dfrac{1}{s_1}, \quad s_1 = s, \quad s_1' = -ns$

第二次反射成像　　$s_2 = -s_2', \quad s_2 = h - s_1' = h + ns, \quad s_2' = -(h + ns)$

第三次折射成像　　$\dfrac{1}{s_3'} = -\dfrac{n}{s_3}, \quad s_3 = h - s_2' = 2h + ns,$

$$s_3' = -s_3/n = -(2h + ns)/n$$

即

$$s'_3 = -\left(s + \frac{2h}{n}\right)$$

则点 Q'_2 位于平行玻璃板前表面右侧 $\left(s + \frac{2h}{n}\right)$ 处。

因此两个像点 Q'_1 和 Q'_2 之间的距离为

$$\overline{Q'_1 Q'_2} = s' - s'_3 = \frac{2h}{n}$$

1.12 如题 1.12 图所示,一束会聚于点 Q'_1 处的入射光通过插入光路的折射率为 1.5 的平板玻璃后,会聚点右移至点 Q'_2 处,右移距离为 $\Delta s = 5$ mm,求玻璃平板的厚度。

解 点 Q'_2 是虚物点 Q'_1 经过玻璃平板的前后表面两次折射后会聚成的实像点。前后表面两次折射成像的物像距公式分别为

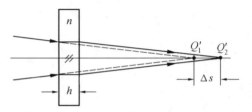

题 1.12 图　会聚光束通过平板玻璃后会聚点移动的光路

$$\frac{n}{s'_1} = -\frac{1}{s_1}, \quad \frac{1}{s'_2} = -\frac{n}{s_2}, \quad s_2 = h - s'_1$$

则有

$$s'_2 = -\frac{ns_1 + h}{n}$$

所以物点和像点之间的距离为

$$\overline{Q'_1 Q'_2} = \Delta s = (s'_2 + h) - (-s_1) = \frac{n-1}{n}h$$

故玻璃平板的厚度为

$$h = \frac{n}{n-1}\Delta s = 15 \text{ mm}$$

1.13 折射率为 1.5 的玻璃棒两端抛光成半径均为 10 cm 的双凸球面,在前表面左方 20 cm 处的光轴上放置物点,求最后的像点位于何处。

解 轴上物点经玻璃棒(即双凸厚透镜)前后球面两次折射成像。

第一次折射成像,$s_1 = 20$ cm,$n' = 1.5$,$n = 1$,$r_1 = 10$ cm,代入成像公式

$$\frac{1.5}{s'_1} + \frac{1}{20} = \frac{1.5 - 1}{10}$$

解得 $s'_1 = \infty$。

第二次折射成像的入射光为平行光,最后成像于厚透镜右方球面的像方焦点处,则 $s_2 = \infty$,$n' = 1$,$n = 1.5$,$r_2 = -10$ cm

$$\frac{1}{s'_2} + \frac{1.5}{\infty} = \frac{1 - 1.5}{-10}$$

$$s_2' = 20 \text{ cm}$$

最后成像于玻璃棒后表面右方 20 cm 处的光轴上。

1.14 如题 1.14 图所示,半径为 R、折射率为 1.5 的玻璃球后半球面镀铝反射膜,平行光轴的细光束入射到玻璃球上,求光束最后会聚点的位置。

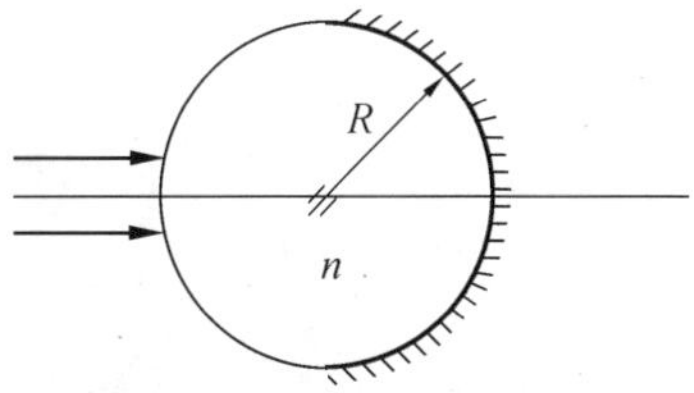

解 这是三次成像问题,即入射光首先经过玻璃球前表面折射,折射光被后表面反射后再次通过玻璃球前表面折射。

第一次折射成像,$s_1 = \infty$,$n_1 = 1$,$n_1' = 1.5$,$r_1 = R$

$$\frac{1.5}{s_1'} + \frac{1}{\infty} = \frac{1.5 - 1}{R}$$

题 1.14 图 玻璃球面的成像结构和入射光路

解得 $s_1' = 3R$。

第二次反射成像,$s_2 = d - s_1' = -R$,$r_2 = -R$

$$\frac{1}{s_2'} + \frac{1}{-R} = -\frac{2}{-R}$$

解得 $s_2' = \frac{R}{3}$。

第三次折射成像,$s_3 = d - s_2' = \frac{5R}{3}$,$n_3 = 1.5$,$n_3' = 1$,$r_3 = -R$

$$\frac{1}{s_3'} + \frac{1.5}{5R/3} = \frac{1 - 1.5}{-R}$$

解得 $s_3' = -\frac{5}{2}R$。

平行光束最后会聚在玻璃球后表面右方 $R/2$ 处的光轴上。

1.15 折射率为 1.5 的双凸厚透镜前后表面的半径均为 10 cm、中心厚度为 5 cm,高度为 6 mm 的小物体置于距前表面 50 cm 处的左侧光轴上,求最后成像的位置和高度,以及像的倒正、放缩和虚实情况。

解 本题是两次单球面折射成像问题。

第一次折射成像,$s_1 = 50 \text{ cm}$,$n_1 = 1$,$n_1' = 1.5$,$r_1 = 10 \text{ cm}$

$$\frac{1.5}{s_1'} + \frac{1}{50} = \frac{1.5 - 1}{10}$$

解得 $s_1' = 50 \text{ cm}$。

第二次折射成像,$s_2 = d - s_1' = 5 - 50 = -45 \text{ cm}$,$n_2 = 1.5$,$n_2' = 1$,$r_2 = -10 \text{ cm}$

$$\frac{1}{s_2'} + \frac{1.5}{-45} = \frac{1 - 1.5}{-10}$$

解得 $s_2' = 12$ cm。

横向放大率分别为

$$V_1 = -\frac{n_1 s_1'}{n_1' s_1} = -\frac{2}{3}, \quad V_2 = -\frac{n_2 s_2'}{n_2' s_2} = \frac{2}{5}$$

总横向放大率和像高分别为

$$V = V_1 V_2 = -\frac{4}{15}, \quad y' = Vy = (-6 \times \frac{4}{15}) \text{mm} = -1.6 \text{ mm}$$

最后成像于透镜后表面右方 12 cm 处,像高 1.6 mm,成倒立缩小的实像。

1.16 如题 1.16 图所示,折射率为 1.5 的玻璃半球的球面半径为 5 cm,平面镀铝反射膜,高度为 1 mm 的小物置于球面顶点 O 左方 10 cm 处的光轴上,求最后成像的位置和高度,以及像的倒正、放缩和虚实情况。

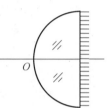

解 本题是三次单球面折射成像问题。

第一次折射成像

$s_1 = 10$ cm, $r_1 = 5$ cm, $n_1 = 1$, $n_1' = 1.5$, $y_1 = 1$ mm

题 1.16 图　玻璃半球的成像结构

$$\frac{1.5}{s_1'} + \frac{1}{10} = \frac{1.5 - 1}{5}, \quad s_1' = \infty$$

第二次反射成像

$$s_2 = 5 - s_1' = -\infty, \quad r_2 = \infty, \quad s_2' = \infty$$

第三次折射成像

$$s_3 = 5 - s_2' = -\infty, \quad r_3 = -5 \text{ cm}, \quad n_3 = 1.5, \quad n_3' = 1$$

$$\frac{1}{s_3'} + \frac{1.5}{-\infty} = \frac{1 - 1.5}{-5}, \quad s_3' = 10 \text{ cm}$$

总放大率和像高分别为

$$V = V_1 V_2 V_3 = \left(-\frac{n_1 s_1'}{n_1' s_1}\right)\left(-\frac{s_2'}{s_2}\right)\left(-\frac{n_3 s_3'}{n_3' s_3}\right) = -1$$

$$y' = y_3' = yV = y_1 V = -1 \text{ mm}$$

最后成像于原物位置,像高 1 mm,成倒立等大的实像。

1.17 凹面镜的半径为 50 cm,物体放在何处成放大两倍的实像?放在何处成放大两倍的虚像。

解 由成像公式和横向放大率公式

$$\frac{1}{s} + \frac{1}{s'} = -\frac{2}{r}, \quad V = -\frac{s'}{s}$$

解得

$$s = \frac{(1-V)r}{2V}$$

其中 $r = -50$ cm。由凹面镜成像规律可知，成放大两倍像的物必为实物，即 $s > 0$。

$V = 2$ 时（成放大两倍的虚像），可得 $s = 12.5$ cm；

$V = -2$ 时（成放大两倍的实像），可得 $s = 37.5$ cm。

物体放在凹面镜左前方 12.5 cm 处，成放大两倍的虚像；物体放在凹面镜左前方 37.5 cm 处，成放大两倍的实像。

1.18 高度为 5 mm 的小物置于半径为 50 cm 的凸面镜左方 20 cm 处的光轴上，求凸面镜的焦距、成像的位置和高度，以及像的倒正、放缩和虚实情况。

解 由题意知

$$s = 20 \text{ cm}, \quad r = 50 \text{ cm}, \quad \frac{1}{20} + \frac{1}{s'} = -\frac{2}{50}$$

则像距为 $s' \approx -11.1$ cm。凸面镜的焦距为

$$f = f' = -\frac{r}{2} = -25 \text{ cm}$$

凸面镜的横向放大率为

$$V = -\frac{s'}{s} \approx \frac{11.1}{20} \approx 0.56$$

像高为

$$y' = Vy = 0.56 \times 5 \text{ mm} = 2.8 \text{ mm}$$

凸面镜的焦距为 -25 cm，成像在凸面镜右方 11.1 cm 处，像高 2.8 mm，成正立缩小的虚像。

1.19 将凹面镜浸没在折射率为 1.33 的水中，小物置于镜前 30 cm 处的光轴上时成像在镜前 10 cm 处，求凹面镜的半径和光焦度。

解 由题意知

$$s = 30 \text{ cm}, \quad s' = 10 \text{ cm}, \quad \frac{1}{30} + \frac{1}{10} = -\frac{2}{r}$$

解得 $r = -0.15$ m，即凹面镜的半径为 0.15 m。

光焦度为

$$P = -\frac{2n}{r} = -\frac{2 \times 1.33}{-0.15} \text{ m}^{-1} \approx 17.7 \text{ m}^{-1}$$

1.20 如题 1.20 图所示，半径为 R、高度为 $h = 3R/4$ 的两个相同的凹面镜相对叠合，在上面的凹面镜中心处开一个圆孔形通光窗口，一个小物置于下面的凹面镜表面，构成魔镜，求小物先后经过上下凹面镜两次反射后成像的位置和大小，以及像的倒正、放缩和虚实情况。

解 第一次反射成像，$s_1 = 2h, r_1 = -R$

$$\frac{1}{s_1'} + \frac{1}{2h} = -\frac{2}{-R}$$

解得

$$s_1' = \frac{2hR}{4h-R} = \frac{3}{4}R$$

横向放大率为

$$V_1 = -\frac{s_1'}{s_1} = -\frac{1}{2}$$

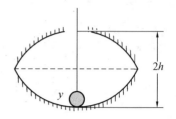

题 1.20 图　魔镜的成像结构

第二次反射成像，$s_2 = 2h - s_1' = \frac{3}{4}R, r_2 = -R$

$$\frac{1}{s_2'} + \frac{1}{3R/4} = -\frac{2}{-R}$$

解得

$$s_2' = \frac{3}{2}R = 2h$$

横向放大率为

$$V_2 = -\frac{s_2'}{s_2} = -2$$

总的横向放大率为

$$V = V_1 V_2 = 1$$

小物最后成像于通光窗口处，成等大正立的实像。如果装置的底部放置一个立体的动物模型，在通光窗口处就可以看见动物模型的实像，称此装置为魔镜。

1.21 高度为 6 mm 的实物经过反射镜成像后，在距离此物 100 cm 处得到高度为 2 mm 的实像，求反射镜的凸凹情况和焦距。

解 因为 $y = 6$ mm，$|y'| = 2$ mm，而且是实物成缩小实像，因此

$$s > 0, \quad s' > 0$$

由成像规律可知，凸面镜不能成缩小的实像，因此，成像面镜必为凹面镜。

由凹面镜的成像规律可知，实物成缩小实像的物距范围为 $\infty > s > 2f$，像距范围为 $f < s' < 2f$，而且必为倒立像。因此必有

$$y' = -2 \text{ mm}, \quad s - s' = 100 \text{ cm}$$

代入放大率公式，解得

$$V = -\frac{s'}{s} = \frac{y'}{y} = -\frac{1}{3}, \quad s = 150 \text{ cm}, \quad s' = 50 \text{ cm}$$

再代入面镜成像公式，解得

$$\frac{1}{50} + \frac{1}{150} = -\frac{2}{r}, \quad r = -75 \text{ cm}$$

因此焦距为

$$f = f' = -\frac{r}{2} = 37.5 \text{ cm}$$

1.22 如题 1.22 图所示,在半径为 30 cm 的凹面镜顶点 O 的左侧 10 cm 处放置凸薄透镜,物点 Q 置于凹面镜曲率中心点 C 的右侧 10 cm 处的光轴上,若分别经过凸薄透镜和凹面镜成像的最后像点 Q' 与物点 Q 重合,求薄透镜的焦距。

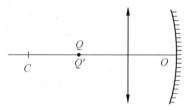

题 1.22 图　凸薄透镜和凹面镜组成的成像装置的结构

解 若要经过凸薄透镜和凹面镜最后成像的像点 Q' 与物点 Q 重合,物点 Q 经过薄透镜第一次成像的像点必须在凹面镜的曲率中心点 C 处或在凹面镜顶点 O 处,即

若 $s = 10$ cm, $s' = -20$ cm 时,代入成像公式得

$$\frac{1}{10} + \frac{1}{-20} = \frac{1}{f}, \quad f = 20 \text{ cm}$$

若 $s = 10$ cm, $s' = 10$ cm 时,得

$$\frac{1}{10} + \frac{1}{10} = \frac{1}{f}, \quad f = 5 \text{ cm}$$

薄透镜的焦距为 20 cm 或 5 cm。

1.23 如题 1.23 图所示,半径均为 R 的凸面镜和凹面镜顶点之间的距离 $\overline{O_1 O_2} = 2R$,在两个面镜之间的光轴上放置点光源 Q,若该点光源发出的光束先经过凸面镜反射、再经过凹面镜反射成像的像点 Q' 在点光源 Q 处,求点光源 Q 应当放置在光轴上的什么位置。

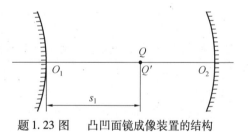

题 1.23 图　凸凹面镜成像装置的结构

解 第一次经过凸面镜成像

$$r_1 = R, \quad \frac{1}{s_1'} + \frac{1}{s_1} = -\frac{2}{R}$$

第二次经过凹面镜成像

$$r_2 = -R, \quad s_2 = 2R - s_1', \quad s_2' = 2R - s_1, \quad \frac{1}{2R - s_1'} + \frac{1}{2R - s_1} = \frac{2}{R}$$

求解上面的联立方程组得

$$2s_1^2 - 2Rs_1 - R^2 = 0$$

根据题意知 $s_1 > 0$，故有 $s_1 \approx 1.366R$。

点光源 Q 应当放置在凸面镜顶点 O_1 右方 $1.366R$ 处的光轴上。

1.24 题1.24图是显微镜中牛顿物镜的成像结构，在半径为 8 cm 的凹面镜中心开一个小孔，在距凹面镜中心点 O_1 右侧 2 cm 处的光轴上放置小平面镜，再在距凹面镜中心点 O_1 左侧 1 cm 处的光轴上放置高度为 1 mm 的小物，求小物经过这个装置两次成像后的位置和高度，以及像的倒正、放缩和虚实情况。

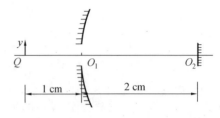

题1.24图 显微镜中牛顿物镜的成像结构

解 小物先经过平面镜第一次成像，$s_1 = 3\text{ cm}$，$r_1 = \infty$，代入成像公式得

$$s_1' = -3\text{ cm}, \quad V_1 = +1, \quad y_1' = y_1 V_1 = 1\text{ mm}$$

成等大正立虚像。

再经过凹面镜成像

$$s_2 = d - s_1' = 5\text{ cm}, \quad r_2 = -8\text{ cm}, \quad \frac{1}{s_2'} + \frac{1}{5} = -\frac{2}{-8}$$

得

$$s_2' = 20\text{ cm}, \quad V_2 = -\frac{s_2'}{s_2} = -4, \quad y_2' = y_1' V_2 = -4\text{ mm}$$

最后成像于凹面镜中心点 O_1 右方 20 cm 处的光轴上，像高 4 mm，成倒立放大的实像。

1.25 体温计的成像结构如题1.25图所示，玻璃的折射率为 1.5，水银柱 Q 位于圆柱面顶点 O 左侧 2.5 mm 处的光轴上，求将水银柱放大 6 倍的圆柱面半径。

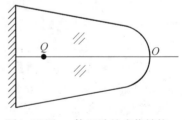

题1.25图 体温计的成像结构

解 由题意可知 $s = 2.5\text{ mm}, n = 1.5, n' = 1, V = +6$，代入成像公式和横向放大率公式

$$\frac{1}{s'} + \frac{1.5}{2.5} = \frac{1-1.5}{r}, \quad V = -\frac{1.5s'}{2.5} = 6$$

解得

$$s' = -10\text{ mm}, \quad r = -1\text{ mm}$$

折射圆柱面的半径为 1 mm。

1.26 若物与像的距离为 1 m，物高是像高的 4 倍，求凹面镜的半径。

解 由 $V = -\frac{s'}{s} = \pm\frac{1}{4}$，得 $s = \pm 4s'$，由凹面镜成像规律可知，成缩小像时必有 $s' > 0$，

又已知 $|s-s'|=100$ cm。

若 $s=4s'$, $s-s'=100$ cm,则有 $s'\approx 33.3$ cm, $s\approx 133.3$ cm,代入成像公式

$$\frac{1}{33.3}+\frac{1}{133.3}=-\frac{2}{r}$$

得 $r\approx -53.3$ cm。

若 $s=-4s'$, $s-s'=-100$ cm,则有 $s'=20$ cm, $s=-80$ cm,代入成像公式

$$\frac{1}{20}+\frac{1}{-80}=-\frac{2}{r}$$

得 $r\approx -53.3$ cm,即凹面镜的半径为 53.3 cm。

1.27 将折射率为 1.5 的薄透镜置于空气中时焦距为 10 cm,求置于折射率为 4/3 的水中时的焦距。

解 当物像方介质的折射率相同时,薄透镜焦距为

$$f=\frac{1}{\left(\dfrac{n_0}{n}-1\right)\left(\dfrac{1}{r_1}-\dfrac{1}{r_2}\right)}$$

其中 n 为薄透镜周围介质的折射率,n_0 为薄透镜介质的折射率。

设该透镜在空气和水中的焦距分别为 f_1 和 f_2,则有

$$\frac{f_2}{f_1}=\frac{n_0-1}{\dfrac{n_0}{n}-1}=\frac{1.50-1}{\dfrac{3}{4}\times 1.50-1}=4$$

由题意知 $f_1=10$ cm,可得薄透镜放在水中时的焦距为

$$f_2=40\text{ cm}$$

1.28 置于空气中的折射率为 1.5 的双凸薄透镜的焦距为 12 cm,前后表面的半径相等。(1) 求其半径;(2) 让一个面处于空气中,半径不变,另一个面浸泡在折射率为 1.33 的水中,若通过改变浸泡在水中的球面半径,让光线从空气入射到薄透镜上时保持物方焦距仍为 12 cm,求浸泡在水中的球面半径。

解 (1) 已知 $n_0=1.5$, $|r_1|=|r_2|=r$,双凸薄透镜周围介质的折射率为 $n=1$ 时,有

$$f=\frac{1}{(1.5-1)\left(\dfrac{1}{r}-\dfrac{1}{-r}\right)}=12\text{ cm}$$

解得 $r=12$ cm,即半径为 12 cm。

(2) 令前表面曲率半径为 r_1,浸泡在水中的后表面曲率半径为 r_2,透镜前后介质的折射率分别为 n 和 n',薄透镜的物方焦距公式为

$$f = \frac{n}{\dfrac{n_0 - n}{r_1} + \dfrac{n' - n_0}{r_2}}$$

由题意知,$n = 1$,$n' = 1.33$,$n_0 = 1.5$,$r_1 = 12 \text{ cm}$,$f = 12 \text{ cm}$,将这些数据代入上式求解,可得浸泡在水中的球面的曲率半径为

$$r_2 \approx -4.08 \text{ cm}$$

即半径为 4.08 cm。

1.29 折射率为1.5的双凸薄透镜前后表面的半径依次为 1 m 和 0.5 m,若后表面镀铝反射膜。物点置于前表面左方 2 m 处的光轴上,求最后成像的像点位于何处。

解 (1) 利用单球折反射面成像公式和过渡关系公式求解
仿照题 1.14 的解题过程求解。
(2) 利用薄透镜和反射镜成像公式求解
首先计算薄透镜的焦距,由于 $n_0 = 1.5$,$r_1 = 1 \text{ m}$,$r_2 = -0.5 \text{ m}$,则

$$f = \frac{1}{(1.5 - 1)\left(\dfrac{1}{1} + \dfrac{1}{0.5}\right)}$$

解得 $f = \dfrac{2}{3}$ m。

第一次折射成像

$$s_1 = 2 \text{ m}, \quad \frac{1}{s_1'} + \frac{1}{2} = \frac{1}{2/3}$$

解得 $s_1' = 1$ m。

第二次反射成像

$$s_2 = -s_1' = -1 \text{ m}, \quad r_2 = -0.5 \text{ m}, \quad \frac{1}{s_2'} + \frac{1}{-1} = -\frac{2}{-0.5}$$

解得 $s_2' = 0.2$ m。

第三次折射成像

$$s_3 = -s_2' = -0.2 \text{ m}, \quad \frac{1}{s_3'} + \frac{1}{-0.2} = \frac{1}{2/3}$$

解得 $s_3' = \dfrac{2}{13}$ m。

最后成像于薄透镜左方 (2/13) m 处的光轴上。

1.30 置于空气中的平凸薄透镜的光焦度为 2 m^{-1}、折射率为1.5,求薄透镜的焦距和凸球面的半径。

解 由光焦度的定义式 $P = \dfrac{1}{f} = 2 \text{ m}^{-1}$,得 $f = 50$ cm,已知 $r_2 = \infty$,$n_0 = 1.5$,代入焦

距公式

$$f = \frac{1}{(1.5-1)\left(\frac{1}{r_1} - \frac{1}{\infty}\right)} = \frac{r_1}{0.5} = 50 \text{ cm}$$

则透镜的焦距和凸面的曲率半径分别为

$$f = 50 \text{ cm}, \quad r_1 = 25 \text{ cm}$$

1.31 薄透镜 L_1 对物体成横向放大率为 -1 的实像,将另一个薄透镜 L_2 紧贴在薄透镜 L_1 后面时,看见物体向薄透镜移近了 20 cm,放大率变为原来的 3/4,求两个薄透镜的焦距。

解 第一个薄透镜成像为

$$\frac{1}{s_1'} + \frac{1}{s_1} = \frac{1}{f_1}, \quad V_1 = -\frac{s_1'}{s_1} = -1$$

得 $s_1 = s_1', f_1 = s_1/2$。

第二个薄透镜 L_2 紧贴在第一个薄透镜 L_1 上时形成密接复合透镜,总焦距为

$$\frac{1}{s} + \frac{1}{s'} = \frac{1}{f} = \frac{1}{f_1} + \frac{1}{f_2}, \quad V = -\frac{s'}{s} = \frac{3V_1}{4} = -\frac{3}{4}, \quad s = s_1, \quad s' = s_1' - 20$$

解得 $s_1' - 20 = \frac{3}{4}s_1$,即

$$s = s_1 = 80 \text{ cm}, \quad f_1 = 40 \text{ cm}, \quad s' = 60 \text{ cm}, \quad f = (240/7) \text{ cm}, \quad f_2 = 240 \text{ cm}$$

薄透镜的焦距分别为 $f_1 = 40 \text{ cm}, f_2 = 240 \text{ cm}$。

1.32 凸薄透镜将实物成倒立实像,像高为物高的一半,将物体向薄透镜移近 10 cm,则得到等大倒立的实像,求凸薄透镜的焦距。

解 由 $V_1 = -\frac{s_1'}{s_1} = -0.5$,得 $s_1' = 0.5s_1$,代入成像公式得

$$\frac{1}{s_1} + \frac{1}{s_1/2} = \frac{1}{f}, \quad s_1 = 3f$$

再由 $s_2 = s_1 - 10, V_2 = -\frac{s_2'}{s_1 - 10} = -1$,得 $s_2' = s_1 - 10$,代入成像公式得

$$\frac{1}{s_1 - 10} + \frac{1}{s_1 - 10} = \frac{1}{f}, \quad s_1 = 2f + 10 = 3f$$

因此得 $f = 10 \text{ cm}$。

1.33 平凸薄透镜的焦距为 30 cm,后表面为镀铝反射膜的平面,在其左侧 60 cm 处的光轴上放置高度为 3 mm 的小物体,求最后成像的位置和高度,以及像的倒正、放缩和虚实情况。

解 第一次成像 $s_1 = 60 \text{ cm}, f = 30 \text{ cm}$

$$\frac{1}{s_1'} + \frac{1}{60} = \frac{1}{30}, \quad s_1' = 60 \text{ cm}, \quad V_1 = -\frac{s_1'}{s_1} = -1$$

第二次反射成像 $s_2 = -s_1' = -60 \text{ cm}, r_2 = \infty$

$$\frac{1}{s_2'} + \frac{1}{-60} = -\frac{2}{\infty}, \quad s_2' = 60 \text{ cm}, \quad V_2 = -\frac{s_2'}{s_2} = 1$$

第三次成像 $s_3 = -s_2' = -60 \text{ cm}, f = 30 \text{ cm}$,可得

$$\frac{1}{s_3'} + \frac{1}{-60} = \frac{1}{30}, \quad s_3' = 20 \text{ cm}, \quad V_3 = -\frac{s_3'}{s_3} = \frac{1}{3}$$

总横向放大率和像高分别为

$$V = V_1 V_2 V_3 = -\frac{1}{3}, \quad y' = Vy = -1 \text{ mm}$$

最后成像于薄透镜左方 20 cm 处,像高 1 mm,成倒立缩小的实像。

1.34 如题 1.34 图所示,折射率为 1.5 的薄透镜的前后球面的半径分别为 1.5 cm 和 5 cm,其后表面镀铝反射膜,求该薄透镜的成像相当于什么类型、半径多大的球面反射镜的成像。

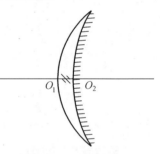

题 1.34 图　薄透镜的成像结构

解　薄透镜初始物距与最后成像的像距应该满足反射球面镜的物像距公式。

薄透镜三次成像的物像距公式分别为

$$\frac{1}{s_1'} + \frac{1}{s_1} = \frac{1}{f}, \quad \frac{1}{s_2'} + \frac{1}{s_2} = -\frac{2}{r_2}, \quad \frac{1}{s_3'} + \frac{1}{s_3} = \frac{1}{f}$$

其中 $s_2 = -s_1', s_3 = -s_2'$。

由第一次和第二次成像得

$$\frac{1}{s_1} + \frac{1}{s_2'} = \frac{1}{f} - \frac{2}{r_2}$$

将上式与第三次成像公式联立求解得

$$\frac{1}{s_3'} + \frac{1}{s_1} = \frac{2}{f} - \frac{2}{r_2}$$

薄透镜的焦距公式为

$$f = \frac{1}{(n_0 - 1)\left(\frac{1}{r_1} - \frac{1}{r_2}\right)}$$

其中,$n_0 = 1.5, r_1 = 1.5 \text{ cm}, r_2 = 5 \text{ cm}$,解得 $f = \frac{30}{7} \text{ cm}$。

与球面反射镜的成像公式比较

$$\frac{1}{s'}+\frac{1}{s}=-\frac{2}{r}=\frac{2}{f}-\frac{2}{r_2}=-2\times\left(\frac{1}{5}-\frac{7}{30}\right)$$

解得 $r = -30$ cm。

因而，该薄透镜的成像相当于半径为 30 cm 的凹面镜的成像。

1.35 在焦距为 50 cm 的薄透镜左方 100 cm 处放置高度为 1 cm 的小物体，在其右方 200 cm 处再放置平面反射镜，求小物体最后成像的位置和高度，以及像的倒正、放缩和虚实情况。

解 本题有三次成像过程，将 $s_1 = 100$ cm, $f = 50$ cm, $s_2 = d - s_1'$, $s_3 = d - s_2'$, $d = 200$ cm，分别代入三次成像公式

$$\frac{1}{s_1'}+\frac{1}{100}=\frac{1}{50},\quad \frac{1}{s_2'}+\frac{1}{d-s_1'}=0,\quad \frac{1}{s_3'}+\frac{1}{d-s_2'}=\frac{1}{50}$$

解得

$$s_1' = 100 \text{ cm}, s_2 = 100 \text{ cm}, s_2' = -100 \text{ cm}, s_3 = 300 \text{ cm}, s_3' = 60 \text{ cm}$$

三次成像过程对应的横向放大率分别为

$$V_1 = -\frac{100}{100} = -1,\quad V_2 = -\frac{-100}{100} = 1,\quad V_3 = -\frac{60}{300} = -0.2$$

总的横向放大率和像高分别为

$$V = V_1 V_2 V_3 = 0.2,\quad y' = Vy = 0.2 \times 1 \text{ cm} = 2 \text{ mm}$$

最后成像于薄透镜左方 60 cm 处，像高 2 mm，成正立缩小的实像。

1.36 如题 1.36 图(a)所示，会聚薄透镜 L_1 的焦距为 5.0 cm，发散薄透镜 L_2 的焦距为 10.0 cm，L_2 在 L_1 右方 5.0 cm 处，在 L_1 左方 10 cm 处的光轴上放置高度为 5 mm 小物体，用计算方法和作图方法分别求这个成像装置最后成像的位置和高度，以及像的倒正、放缩和虚实情况。

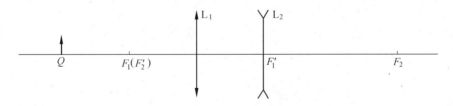

题 1.36 图(a) 凸凹薄透镜组成的成像装置的结构

解 $s_1 = 10$ cm, $f_1 = 5$ cm, $s_2 = 5 - s_1'$, $f_2 = -10$ cm，代入成像公式

$$\frac{1}{s_1'}+\frac{1}{10}=\frac{1}{5},\quad \frac{1}{s_2'}+\frac{1}{5-s_1'}=\frac{1}{-10}$$

解得 $s_1' = 10$ cm, $s_2 = -5$ cm, $s_2' = 10$ cm。

两次成像的横向放大率分别为

$$V_1 = -\frac{s_1'}{s_1} = -1, \quad V_2 = -\frac{s_2'}{s_2} = 2$$

总横向放大率和像高分别为

$$V = V_1 V_2 = -2, \quad y' = Vy = -2 \times 5 \text{ mm} = -10 \text{ mm}$$

最终成像于凹薄透镜右方 10 cm 处，像高 10 mm，成倒立放大的实像。

利用作图方法成像的过程如题 1.36 图(b) 所示。

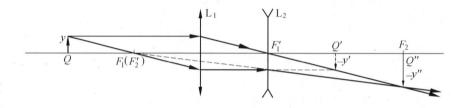

题 1.36 图(b)　凸凹薄透镜组的成像光路

1.37　如题 1.37 图(a) 所示，在焦距为 10 cm 的会聚薄透镜 L_2 左方 $(\overline{O_1 O_2}) = 5$ cm 处放置顶角为 1°、折射率为 1.5、厚度可以忽略的光楔 L_1，若在光楔左方 $(\overline{QO_1}) = 10$ cm 处的光轴上放置物点 Q，求最后成像的像点位置和虚实情况。

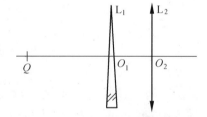

题 1.37 图(a)　光楔和薄透镜组成的成像装置的结构

解　(1) 如题 1.37 图(b) 所示，入射光线 QO_1 经过光楔折射后的最终出射光线 $Q''O_1$ 相对入射光线 QO_1 偏转的角度满足最小偏向角条件，即

$$\delta = (n-1)\alpha$$

把光楔的两个面近似看成两个平行平面，进行两次平面折射成像。

第一次成像，$\dfrac{1}{a} + \dfrac{n}{s_1'} = \dfrac{n-1}{\infty}$，解得 $s_1' = -na$；

第二次成像，$\dfrac{n}{na} + \dfrac{1}{s_2'} = \dfrac{1-n}{\infty}$，解得 $s_2' = -a$。

最终的像点 Q'' 与 O_1 的距离 $s_2' = -a = -10$ cm。

根据光线 $Q''O_1$ 相对入射光线 QO_1 偏转的角度 δ 可知，像点距离光轴 QO_1 的高度为

$$y = a\tan\delta \approx (n-1)a\alpha \approx 0.087 \text{ cm}$$

(2) 再经过薄透镜成像时，物高 $y = 0.087$ cm，物距 $s_3 = d - s_2' = (5+10)$ cm $= 15$ cm，代入成像公式

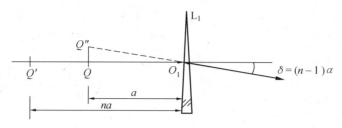

题 1.37 图(b)　光楔的成像光路

$$\frac{1}{s_3'} + \frac{1}{15} = \frac{1}{10}, \quad s_3' = 30 \text{ cm}$$

经过 L_2 成像后的横向放大率和像高分别为

$$V = -\frac{s_3'}{s_3} = -2, \quad y' = Vy \approx -2 \times 0.087 \text{ cm} \approx -0.174 \text{ cm}$$

最终成实像点,位于薄透镜右方 30 cm 远的光轴下方 0.174 cm 处。

1.38　三个焦距均为 20 cm 的双凸薄透镜组成成像装置,两个相邻薄透镜之间的距离都是 30 cm,高度为 1 cm 的物体放置在第一个薄透镜左方 60 cm 处的光轴上,求最后成像的位置和高度,以及像的倒正、放缩和虚实情况。

解　已知 $s_1 = 60$ cm, $s_2 = 30 - s_1'$, $s_3 = 30 - s_2'$, $f = 20$ cm,代入成像公式

$$\frac{1}{s_1'} + \frac{1}{60} = \frac{1}{20}, \quad \frac{1}{s_2'} + \frac{1}{30-s_1'} = \frac{1}{20}, \quad \frac{1}{s_3'} + \frac{1}{30-s_2'} = \frac{1}{20}$$

解得

$$s_1' = 30 \text{ cm}, \quad s_2 = 0 \text{ cm}, \quad s_2' = 0 \text{ cm}, \quad s_3 = 30 \text{ cm}, \quad s_3' = 60 \text{ cm}$$

三次成像的横向放大率分别为

$$V_1 = -\frac{s_1'}{s_1} = -\frac{1}{2}, \quad V_2 = 1, \quad V_3 = -\frac{s_3'}{s_3} = -2$$

总的横向放大率和最终成像的像高分别为

$$V = V_1 V_2 V_3 = 1, \quad y' = Vy = 1 \times 1 \text{ cm} = 1 \text{ cm}$$

因此,最终成像在第三个薄透镜右方 60 cm 处,像高为 1 cm,成正立等大的实像。

1.39　用作图方法确定如题 1.39 图(a)所示的成像装置相对轴上物点 Q 的孔径光阑、入射光瞳和出射光瞳,以及视场光阑、入射窗和出射窗。

解　如题 1.39 图(b)所示。
(1) 以 L_2 为物通过 L_1 成像于 L_2'。
(2) 由轴上物点 Q 向 L_1 和 L_2' 边缘引直线,其中与

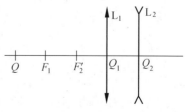

题 1.39 图(a)　凸凹薄透镜组成的成像装置的结构

主光轴所夹的最小锐角即为入射孔径角 u_0，L_1 即为入射光瞳和孔径光阑。

(3) 将孔径光阑 L_1 通过 L_2 向其后方系统成像，这个像即为出射光瞳 L_1'。

(4) 由入射光瞳 L_1 中心 O_1 向 L_1 和 L_2' 的边缘引直线，其中与主光轴所夹的最小锐角称为入射视场角 ω_0，对应的像 L_2' 即为入射窗，入射窗对应的共轭物 L_2 即为视场光阑。

(5) L_2 兼作出射窗。

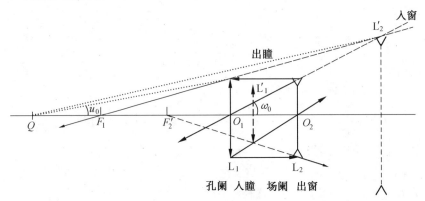

题 1.39 图(b)　确定凸凹薄透镜组成的成像装置光阑的光路

1.40　如题 1.40 图(a) 所示，两个相同的凸薄透镜 L_1 和 L_2 的焦距均为 $2a$、间距为 a，轴上物点 Q 置于 L_1 物方焦点 F_1 的左方，用作图方法求成像装置的孔径光阑、入射光瞳、出射光瞳、视场光阑、入射窗和出射窗。

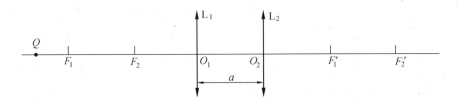

题 1.40 图(a)　两个凸薄透镜组成的成像装置的结构

解　如题 1.40 图(b) 所示。

(1) 以 L_2 为物通过 L_1 成虚像为 L_2'。

(2) 由物点 Q 分别向 L_1 和 L_2' 边缘连线，其中物点 Q 向 L_1 边缘连线与光轴所夹锐角较小，因此 L_1 是孔径光阑兼作入射光瞳。

(3) 以 L_1 为物通过 L_2 成虚像 L_1'，L_1' 即为出射光瞳。

(4) 由入射光瞳 L_1 的中心 O_1 分别向 L_1 和 L_2' 边缘连线，其中中心点 O_1 向 L_2' 边缘连线与光轴所夹锐角较小，因此 L_2' 是入射窗，其共轭物 L_2 为视场光阑兼作出射窗。

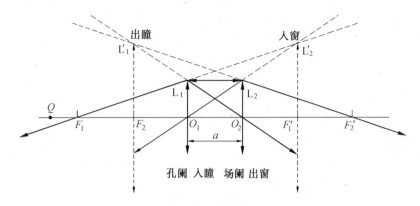

题1.40 图(b)　作图求两个凸薄透镜组成的成像装置光阑的光路

1.41　如题1.41图所示,望远镜的物镜口径为 5 cm、焦距为 20 cm,目镜口径为 1.0 cm、焦距为 2.0 cm,求望远镜的孔径光阑、入射光瞳和出射光瞳的位置和口径。

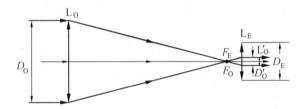

题1.41 图　望远镜的成像结构和光路

解　如题1.41图所示,限制光束孔径的光阑是物镜的边框,即孔径光阑为物镜 L_O,其口径为 $D_O = 5$ cm。入射光瞳也是物镜 L_O,口径也是 5 cm。出射光瞳为物镜 L_O 经过目镜 L_E 所成的像 L'_O,有

$$s_O = 22 \text{ cm}, \quad f_E = 2 \text{ cm}, \quad \frac{1}{s'_O} + \frac{1}{22} = \frac{1}{2}$$

解得 $s'_O = 2.2$ cm,则出射光瞳位于目镜右方 2.2 cm 处。横向放大率为

$$V_O = -\frac{s'_O}{s_O} = -0.1$$

出射光瞳的口径为

$$D'_O = D_O |V_O| = 5.0 \times 0.1 \text{ cm} = 0.5 \text{ cm}$$

1.42　在口径为 4 cm、焦距为 5 cm 的凸薄透镜左方 3 cm 处放置口径为 2 cm 的光阑,相对于薄透镜左方 20 cm 处的轴上物点,用计算方法求孔径光阑、入射光瞳和出射光瞳的位置和口径。

解　从物点向圆孔形光阑和薄透镜的边缘连线、与光轴的夹角分别为

$$u_1 = \arctan\frac{1}{20-3} \approx 3.37°, \quad u_2 = \arctan\frac{2}{20} \approx 5.71°$$

$u_1 < u_2$，因此孔径光阑和入射光瞳是口径为 $D = 2\ \text{cm}$ 的圆孔形光阑，出射光瞳为圆孔形光阑经过薄透镜所成的共轭像。

将 $s = 3\ \text{cm}, f = 5\ \text{cm}$ 代入薄透镜成像公式解得 $s' = -7.5\ \text{cm}$，横向放大率为

$$V = -\frac{s'}{s} = 2.5$$

出射光瞳的口径为

$$D' = D|V| = 2 \times 2.5 = 5\ \text{cm}$$

出射光瞳位于凸薄透镜左方 $7.5\ \text{cm}$ 处，其口径为 $5\ \text{cm}$。

1.43 如题 1.43 图所示，两个间距为 $5\ \text{cm}$ 的凸薄透镜 L_1 和 L_2 的焦距依次为 $9\ \text{cm}$ 和 $3\ \text{cm}$，口径依次为 $6\ \text{cm}$ 和 $4\ \text{cm}$。在两个凸薄透镜之间且与 L_2 相距 $2\ \text{cm}$ 处放置口径为 $2\ \text{cm}$ 的圆孔形光阑 D，相对 L_1 左方 $12\ \text{cm}$ 处的轴上物点 Q。用计算方法求成像装置的孔径光阑、入射光瞳和出射光瞳的位置和口径。

题 1.43 图　两个凸薄透镜和光阑组成的成像装置的结构

解　L_2 经过 L_1 成像 L_2'，已知

$$s = 5\ \text{cm}, \quad f_1 = 9\ \text{cm}$$

则 L_2' 的像距为

$$s' = \frac{sf_1}{s - f_1} = \frac{5 \times 9}{5 - 9}\ \text{cm} = -11.25\ \text{cm}$$

其横向放大率和 L_2' 的半径分别为

$$V = -\frac{s'}{s} = 2.25, \quad r_2' = r_2|V| = 2 \times 2.25\ \text{cm} = 4.5\ \text{cm}$$

D 经过 L_1 成像 D'，已知

$$s = 3\ \text{cm}, \quad f_1 = 9\ \text{cm}$$

则 D' 的像距为

$$s' = \frac{sf_1}{s - f_1} = \frac{3 \times 9}{3 - 9}\ \text{cm} = -4.5\ \text{cm}$$

其横向放大率和 D' 的半径分别为

$$V = -\frac{s'}{s} = 1.5, \quad r'_3 = r_3 \mid V \mid = 1 \times 1.5 \text{ cm} = 1.5 \text{ cm}$$

比较 L_1、L'_2 和 D' 对轴上物点 Q 的张角 u_1、u_2 和 u_3 的大小

$$u_1 = \arctan \frac{r'_1}{12} = \arctan \frac{3}{12} \approx 14.04°$$

$$u_2 = \arctan \frac{r'_2}{12 + 11.25} = \arctan \frac{4.5}{12 + 11.25} \approx 10.95°$$

$$u_3 = \arctan \frac{r'_3}{12 + 4.5} = \arctan \frac{1.5}{12 + 4.5} \approx 5.19°$$

其中张角 u_3 最小,因而圆孔形光阑 D 是孔径光阑,其口径为 2 cm。

它在轴上物点的物方空间的共轭像 D' 是入射光瞳,位于 L_1 右方 4.5 cm 处,其口径为 3 cm。

出射光瞳为 D 经由 L_2 的成像 D''。

由 $s = 2$ cm, $f_2 = 3$ cm,可得 D'' 的像距为

$$s' = \frac{sf_2}{s - f_2} = \frac{2 \times 3}{2 - 3} = -6 \text{ cm}$$

其横向放大率和 D'' 的半径分别为

$$V = -\frac{s'}{s} = 3, \quad r''_3 = r_3 \mid V \mid = 1 \times 3 = 3 \text{ cm}$$

则出射光瞳 D'' 位于 L_2 左方 6 cm 处,其口径为 6 cm。

1.44 如题 1.44(a) 图所示,开普勒望远镜的物镜焦距为 100 cm、口径为 5 cm,目镜焦距为 20 cm、口径为 2 cm,物镜和目镜相距 120 cm,在物镜像方焦点处放置口径为 1.6 cm 的圆孔形光阑 D。求开普勒望远镜的孔径光阑、入射光瞳、出射光瞳、视场光阑、入射窗和出射窗的位置和口径,以及物方视场角和像方视场角。

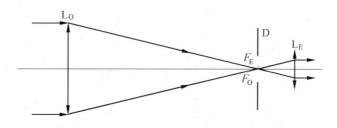

题 1.44 图(a) 开普勒望远镜成像装置的结构和光路

解 (1) 确定孔径光阑、入射光瞳和出射光瞳

如题 1.44 图(a) 所示,对入射光的孔径限制最多的光阑为物镜 L_0 的边框,即物镜是

孔径光阑和入射光瞳,其口径为 $D_0 = 5$ cm。

出射光瞳为 L_O 经由目镜 L_E 的成像 L'_O,如题 1.44 图(b)所示,将
$$s = 120 \text{ cm}, \quad f_E = 20 \text{ cm}$$

代入成像公式,解得 $s' = 24$ cm。

横向放大率为
$$V_E = -\frac{s'}{s} = -0.2$$

出射光瞳的口径为
$$D'_0 = D_0 |V| = 5 \times 0.2 \text{ cm} = 1 \text{ cm}$$

则出射光瞳位于目镜右方 24 cm 处,其口径为 $D'_0 = 1$ cm。

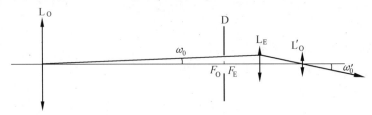

题 1.44 图(b)　确定开普勒望远镜光阑的光路

(2) 确定视场光阑、入射窗、出射窗、物方视场角和像方视场角

目镜 L_E 和圆孔形光阑 D 的边缘相对入射光瞳中心的张角 ω_1 和 ω_2 分别为
$$\omega_1 = \arctan\frac{1}{120} \approx 0.48°, \quad \omega_2 = \arctan\frac{0.8}{100} \approx 0.46°$$

则 $\omega_2 < \omega_1$,即圆孔形光阑 D 在系统物空间所成的像相对入射光瞳中心的张角,小于目镜 L_E 在系统物空间所成的像相对入射光瞳中心的张角,因而圆孔形光阑 D 为视场光阑,其口径为 1.6 cm,物方视场角 ω_0 为
$$\omega_0 = \omega_2 = \arctan\frac{1}{125} \approx 27.5'$$

如题 1.44 图(b)所示,由于圆孔形光阑位于物镜像方焦点和目镜的物方焦点处,因而入射窗和出射窗均位于无穷远处。

像方视场角 ω'_0 为
$$\omega'_0 = \arctan\left(\frac{120\tan\omega_0}{24}\right) = \arctan\left(\frac{120}{24 \times 125}\right) \approx 2°17'$$

1.45　如题 1.45 图所示,L_1 和 L_2 是两个会聚薄透镜,Q 是物点,D 是光阑,$f_1 = 2a$,$f_2 = a$,图中标示的各个量的值分别为 $s = 10a$、$l = 4a$ 和 $d = 6a$;薄透镜的半径与光阑半径的比值为 $r_1 = r_2 = 3r_3$。求成像装置的孔径光阑、入射光瞳、出射光瞳、视场光阑、入射窗和出射窗的位置和半径。

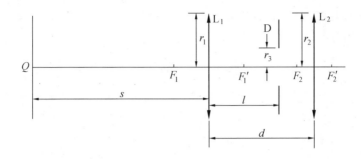

题 1.45 图 两个凸薄透镜和光阑组成的成像装置的结构

解 （1）确定孔径光阑、入射光瞳和出射光瞳

求 L_2 经由 L_1 的成像 L_2'，$s = d = 6a$，$f_1 = 2a$，则 L_2' 的像距为

$$s' = \frac{sf_1}{s - f_1} = \frac{6a \times 2a}{6a - 2a} = 3a$$

其横向放大率和 L_2' 的半径分别为

$$V = -\frac{s'}{s} = -0.5, \quad r_2' = r_2 \mid V \mid = \frac{r_2}{2} = \frac{3r_3}{2}$$

求 D 经由 L_1 的成像 D'，$s = l = 4a$，$f_1 = 2a$，则 D' 的像距为

$$s' = \frac{sf_1}{s - f_1} = \frac{4a \times 2a}{4a - 2a} = 4a$$

其横向放大率和 D' 的半径分别为

$$V = -\frac{s'}{s} = -1, \quad r_3' = r_3 \mid V \mid = r_3$$

比较 L_1、L_2' 和 D' 对轴上物点 Q 的张角 u_1、u_2 和 u_3 的大小

$$\tan u_1 = \frac{r_1}{s} = \frac{r_1}{10a} = \frac{3r_3}{10a}, \quad \tan u_2 = \frac{r_2'}{10a - 3a} = \frac{3r_3}{14a}, \quad \tan u_3 = \frac{r_3'}{10a - 4a} = \frac{r_3}{6a}$$

$u_3 < u_2 < u_1$，因而圆孔形光阑 D 是孔径光阑，位于 L_1 右方 $4a$ 处，其半径为 r_3，它在物空间的共轭像 D' 是入射光瞳，位于 L_1 左方 $4a$ 处，D' 的半径与 D 的半径相同，也是 r_3。

出射光瞳为 D 经由 L_2 的成像 D″。$s = d - l = 2a$，$f_2 = a$，则 D″ 的位置为

$$s' = \frac{sf_2}{s - f_2} = \frac{2a \times a}{2a - a} = 2a$$

其横向放大率和 D″ 的半径分别为

$$V = -\frac{s'}{s} = -1, \quad r_3'' = r_3 \mid V \mid = r_3$$

则出射光瞳位于 L_2 右方 $2a$ 处，半径大小与 D 的半径相同，也是 r_3。

(2) 确定视场光阑、入射窗和出射窗

L_1 和 L_2' 相对入射光瞳 D' 中心的张角 ω_1、ω_2 分别为

$$\tan\omega_1 = \frac{r_1}{4a} = \frac{3r_3}{4a}, \quad \tan\omega_2 = \frac{r_2'}{4a-3a} = \frac{3r_3}{2a}$$

$\omega_1 < \omega_2$，则 L_1 即为视场光阑、兼作入射窗，位于 D 左方 $4a$ 处，其半径为 $r_1 = 3r_3$。

出射窗为 L_1 经由 L_2 的成像 L_1''。由 $s = 6a, f_2 = a$，解得 $s' = 1.2a$。

其横向放大率和 L_1'' 的半径分别为

$$V = -\frac{s'}{s} = -0.2, \quad r_1'' = r_1 |V| = 0.2r_1 = 0.6r_3$$

则出射窗位于 L_2 右方 $1.2a$ 处，其半径为 $0.6r_3$。

1.46 放大镜的焦距为 5 cm，求其视角放大率；若虚像成在该放大镜左方 25 cm 处，求物距和放大镜的横向放大率。

解 (1) 放大镜的视角放大率为

$$M = \frac{s_0}{f} = \frac{25}{5} = 5$$

(2) 由 $s' = -25$ cm, $f = 5$ cm，得

$$\frac{1}{-25} + \frac{1}{s} = \frac{1}{5}$$

解得

$$s = \frac{25}{6} \text{ cm} \approx 4.17 \text{ cm}$$

放大镜的横向放大率为

$$V = -\frac{s'}{s} = -\frac{-25}{25/6} = 6$$

1.47 眼睛紧靠焦距为 5 cm 的放大镜观察物体，看到物体在 30 cm 处。求物体与放大镜之间的距离和放大镜的视角放大率。

解 由 $f = 5$ cm, $s' = -30$ cm，得

$$\frac{1}{s} + \frac{1}{-30} = \frac{1}{5}, \quad s = \frac{30}{7} \text{ cm} \approx 4.3 \text{ cm}$$

即物体与放大镜之间的距离为 4.3 cm。

由 $f = 5$ cm 和 $s_0 = 25$ cm，得其视角放大率为

$$M = \frac{s_0}{f} = \frac{25}{5} = 5$$

1.48 显微镜的物镜焦距为 1 cm，目镜焦距为 3 cm，两镜间距为 20 cm。求(1) 该显微镜的视角放大率；(2) 物体置于何处才能最终成像在目镜左方 25 cm 处；(3) 显微镜的

第 1 章 几何光学

横向放大率。

解 （1）$f_0 = 1$ cm, $f_E = 3$ cm, $s_0 = 25$ cm。两镜间距 $d = 20$ cm，因此光学筒长为 $\Delta = d - f_0 - f_E = 16$ cm。代入公式解得

$$M = -\frac{s_0 \Delta}{f_0 f_E} = -\frac{25 \times 16}{1 \times 3} \approx -133.3$$

（2）$s_2 = d - s_1' = 20 - s_1'$, $s_2' = -25$ cm，代入成像公式

$$\frac{1}{s_1'} + \frac{1}{s_1} = 1, \quad \frac{1}{-25} + \frac{1}{s_2} = \frac{1}{3}$$

解得

$$s_2 = \frac{75}{28} \text{ cm} \approx 2.68 \text{ cm}, \quad s_1' = \frac{485}{28} \text{ cm} \approx 17.32 \text{ cm}, \quad s_1 = \frac{485}{457} \text{ cm} \approx 1.06 \text{ cm}$$

故物体应该放在物镜左方 1.06 cm 处。

（3）两次成像过程对应的横向放大率分别为

$$V_1 = -\frac{s_1'}{s_1} \approx -16.32, \quad V_2 = -\frac{s_2'}{s_2} \approx 9.33$$

因而，显微镜系统的横向放大率为

$$V = V_1 V_2 \approx -152.3$$

1.49 伽利略型望远镜的物镜和目镜相距 16 cm，若视角放大率 $M = 5$，求物镜和目镜的焦距。

解 由 $M = -\dfrac{f_0}{f_E} = 5$, $d = f_0 + f_E = 16$ cm，解得

$$f_0 = \frac{M}{M-1} d = 20 \text{ cm}, \quad f_E = -\frac{d}{M-1} = -4 \text{ cm}$$

1.50 显微镜的物镜焦距为 4 mm，中间像成在物镜像方焦点右方 160 mm 处，若目镜的视角放大率为 20 倍，求显微镜的视角放大率。

解 已知 $s_0' = 160$ mm, $f_0 = 4$ mm，得

$$V_0 = -\frac{s_0'}{f_0} = -40$$

视角放大率为

$$M = V_0 M_E = -40 \times 20 = -800$$

第 2 章　光的波动性和偏振性

2.1　光的波动性和偏振性

1. 基本概念

1) 光强:光的平均能流密度,或者光通过单位面积的平均光功率。

2) 初相位:$t=0$ 时刻光波在观察点(r)处的初相位;初始相位:光波在光源处或坐标原点处($r=0$)的初相位。

3) 超前与落后:初相位越大(或者越正)振动越落后;初相位越小(或者越负)振动越超前。

4) 偏振片:对入射光具有选择吸收特性、使出射光成为线偏振光的器件。

5) 偏振片的透射方向:光束沿偏振片的这个方向的振动分量几乎全部透过。

6) 起偏器:任何偏振态的入射光从该器件出射后都变成线偏振光的偏振器件。检偏器:检查入射光偏振态的偏振器件。

7) 五种偏振光的定义

线偏振光(平面偏振光或全偏振光):光束只有一个振动矢量,振动方向不随时间变化,振动矢量的瞬时值不断变化,振动轨迹是一条直线。

圆偏振光:光束只有一个振动矢量,矢量的大小不变,振动方向匀速转动,振动矢量的端点描绘出圆形轨迹。

椭圆偏振光:光束只有一个振动矢量,矢量的大小不断变化,振动方向不断旋转,振动矢量的端点描绘出椭圆形轨迹。

自然光:光束在每个方向都有频率相同的线偏振光的振动矢量,平均看来各个方向的振动幅度均相等,形成轴对称的均匀振幅分布,各个线偏振光的初始相位彼此独立、互不相关。

部分偏振光:光束在每个方向都有频率相同的线偏振光的振动矢量,平均看来不同方向的振动幅度不相等,形成椭圆形振幅分布,各个线偏振光的初始相位彼此独立、互不相关。

8) 半波损:光波在两种各向同性均匀介质分界面上反射或折射时光程没有变化,振

动相位突然改变 π，由此引起 $\pm\lambda/2$ 的附加光程差。

2. 基本公式

1) 波矢　　真空中 $\boldsymbol{k} = k\hat{\boldsymbol{k}}, k = \dfrac{2\pi}{\lambda}$；

$$\text{介质中 } \boldsymbol{k}_n = k_n\hat{\boldsymbol{k}}, k_n = \dfrac{2\pi}{\lambda_n}; k_n = nk$$

2) 光强　　$I = \overline{S} = \dfrac{n}{2c\mu_0}E_0^2, \dfrac{I_1}{I_2} = \dfrac{n_1 E_{01}^2}{n_2 E_{02}^2}$

若 $n_1 = n_2$，相对光强（简称光强）　$I = E_0^2$

3) 球面波和平面波的波函数　　$E(r,t) = E_0(r)\cos[(n\boldsymbol{k}\cdot\boldsymbol{r} + \varphi_0) - \omega t]$

若 $n = 1$，则
$$E(r,t) = E_0(r)\cos[(\boldsymbol{k}\cdot\boldsymbol{r} + \varphi_0) - \omega t]$$

其中，$E_0(r)$ 是振幅，$\varphi(r) = n\boldsymbol{k}\cdot\boldsymbol{r} + \varphi_0$ 是初相位，φ_0 是初始相位，ω 是圆频率。

球面波的特点　　$E_0(r) = \dfrac{a}{r},\quad \boldsymbol{r} = \overrightarrow{QP} = r\hat{\boldsymbol{r}},\quad \boldsymbol{k}\cdot\boldsymbol{r} = \pm kr$

$$\varphi(r) = \boldsymbol{k}_n\cdot\boldsymbol{r} + \varphi_0 = n\boldsymbol{k}\cdot\boldsymbol{r} + \varphi_0 = \pm nkr + \varphi_0$$

正（负）号分别表示是发散（会聚）球面波的表示式。

平面波的特点　　$E_0(r) = E_0,\quad \boldsymbol{r} = \overrightarrow{OP} = r\hat{\boldsymbol{r}},\quad \boldsymbol{r} = r\hat{\boldsymbol{r}} = x\hat{\boldsymbol{x}} + y\hat{\boldsymbol{y}} + z\hat{\boldsymbol{z}}$
$$\boldsymbol{k} = k\hat{\boldsymbol{k}} = k_x\hat{\boldsymbol{x}} + k_y\hat{\boldsymbol{y}} + k_z\hat{\boldsymbol{z}} = k(\cos\alpha\hat{\boldsymbol{x}} + \cos\beta\hat{\boldsymbol{y}} + \cos\gamma\hat{\boldsymbol{z}})$$
$$\varphi(r) = n\boldsymbol{k}\cdot\boldsymbol{r} + \varphi_0 = nkr\cos\theta + \varphi_0$$
$$\varphi(r) = nk(x\cos\alpha + y\cos\beta + z\cos\gamma) + \varphi_0 = n(k_x x + k_y y + k_z z) + \varphi_0$$

注意，球面波的计算起点为光波的源点 Q，平面波的计算起点为坐标原点 O。

4) 光程表示式　　$L(r) = n\hat{\boldsymbol{k}}\cdot\boldsymbol{r}$

球面波的光程　　$L(r) = \pm nr$

平面波的光程　　$L(r) = nr\cos\theta = nl = n(x\cos\alpha + y\cos\beta + z\cos\gamma)$

5) 初相位与光程的正比关系　　$\varphi(r) = n\boldsymbol{k}\cdot\boldsymbol{r} + \varphi_0 = kL(r) + \varphi_0$

注意，讨论或处理问题时，若未明确光波所在介质的折射率，则均按 $n = 1$ 处理。

6) 光波复振幅的一般表示式　　$\widetilde{E}(r) = E_0(r)\mathrm{e}^{\mathrm{i}(\boldsymbol{k}\cdot\boldsymbol{r} + \varphi_0)}$

（1）傍轴条件　　$z_0^2 \gg \rho^2 = x^2 + y^2$

（2）满足傍轴条件时球面波的复振幅

轴上点光源　　$r \approx z_0\left(1 + \dfrac{\rho^2}{2z_0^2}\right),\quad \widetilde{E}(x,y) = \dfrac{a}{z_0}\mathrm{e}^{\mathrm{i}\left[k\left(z_0 + \frac{\rho^2}{2z_0}\right) + \varphi_0\right]}$

轴外点光源　　$r \approx z_0 + \dfrac{x_0^2+y_0^2}{2z_0} + \dfrac{x^2+y^2}{2z_0} - \dfrac{x_0 x + y_0 y}{z_0} = r_0 + \dfrac{x^2+y^2}{2z_0} - \dfrac{x_0 x + y_0 y}{z_0}$

$$\widetilde{E}(x,y) = \dfrac{a}{z_0} e^{i\left[k\left(r_0+\frac{x^2+y^2}{2z_0}-\frac{x_0 x+y_0 y}{z_0}\right)+\varphi_0\right]}$$

注意,球面波复振幅的相位因子是坐标的二次函数。

(3) 平面波的复振幅

$$\widetilde{E}(r) = E_0 e^{i(\bm{k}\cdot\bm{r}+\varphi_0)} = E_0 e^{i(kr\cos\theta+\varphi_0)}$$

$$\bm{k}\cdot\bm{r}+\varphi_0 = k(x\cos\alpha+y\cos\beta+z\cos\gamma)+\varphi_0 = (k_x x + k_y y + k_z z) + \varphi_0$$

注意,平面波复振幅的相位因子是坐标的一次函数。

7) 光强的复振幅表示式　　$I = \widetilde{E}(r)\widetilde{E}^*(r)$

8) 马吕斯定律　　$I = I_0 \cos^2\theta$

9) 线偏振光、圆偏振光、椭圆偏振光、自然光和部分偏振光均可以分解为等效代替这束光的两束线偏振光。

(1) 分解后的两束线偏振光波函数的分量式为

$$\bm{E} = E_x \hat{\bm{x}} + E_y \hat{\bm{y}}, \begin{cases} E_x = E_{0x}\cos(0-\omega t) = E_{0x}\cos(-\omega t) \\ E_y = E_{0y}\cos(\delta-\omega t) \end{cases}$$

其中初相位差 δ 是 E_y 振动分量相对 E_x 振动分量的相位落后(或延迟)量。

(2) 分解后的两束线偏振光的振动方向任意,但是必须互相垂直。

(3) 分解后的两束线偏振光的光强、振幅和初相位差:

(a) 若由光强为 $I_0 = E_0^2$ 的线偏振光分解成两束线偏振光,则光强关系为

$$I_0 = I_x + I_y = E_{0x}^2 + E_{0y}^2$$

振幅关系为

$$\begin{cases} E_{0x} = E_0 \mid \cos\theta \mid \\ E_{0y} = E_0 \mid \sin\theta \mid \end{cases}$$

分解成的 E_y 与 E_x 分量的初相位差为 $\delta = 0(\pm\pi)$。

线偏振光随两个分量初相位差变化的偏振态如图 2.1 所示。

(b) 若由光强为 I_0 的圆偏振光分解成两束线偏振光,则光强关系为

$$I_0 = E_{0x}^2 + E_{0y}^2 = 2E_0^2$$

振幅关系为

$$E_{0x} = E_{0y} = E_0$$

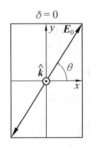
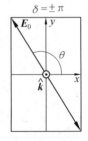

图 2.1　线偏振光随初相位差变化的偏振态

分解成的两个分量的初相位差为 $\delta = \pm \dfrac{\pi}{2}$。圆偏振光随两个分量初相位差变化的偏振态如图 2.2 所示，《光学》P65 中给出了 $\delta = \dfrac{\pi}{2}$ 时圆偏振光左旋的证明。

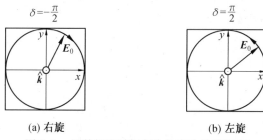

图 2.2　圆偏振光随初相位差变化的偏振态

（c）若由光强为 I_0 的椭圆偏振光分解成两束线偏振光，则光强关系为

$$I_0 = I_x + I_y = E_{0x}^2 + E_{0y}^2$$

振幅关系为

$$\sqrt{I_m} \leqslant E_{0x}(E_{0y}) \leqslant \sqrt{I_M}$$

I_M 和 I_m 为沿椭圆长轴和短轴方向分解的两束线偏振光的光强，对应的椭圆方程式为

$$\dfrac{E_x^2}{E_{0x}^2} + \dfrac{E_y^2}{E_{0y}^2} - \dfrac{2E_x E_y}{E_{0x} E_{0y}}\cos\delta = \sin^2\delta$$

椭圆偏振光随两个分量之间初相位差变化的偏振态如图 2.3 所示。

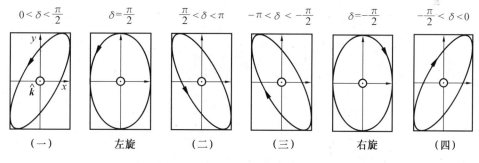

图 2.3　椭圆偏振光随初相位差变化的偏振态

（d）若由光强为 I_0 的自然光或部分偏振光分解成两束线偏振光，则由自然光分解成的两束线偏振光的光强与自然光总光强 I_0 的关系为 $I_x = I_y = I_0/2$，由部分偏振光分解成的两束线偏振光的光强分别为 I_x 和 I_y，自然光或部分偏振光总光强 I_0 为

$$I_0 = I_x + I_y$$

注意，由自然光或部分偏振光分解成的两束线偏振光之间的初相位差随时间变化

($\delta = \delta(t)$)、没有确定值。

10) 偏振度 $P = \dfrac{I_M - I_m}{I_M + I_m}$

其中 I_M 和 I_m 分别为光束透过偏振片的互相垂直的极大光强和极小光强。

11) 振幅反射率和透射率

$$r_p = \frac{\widetilde{E}'_{1p}}{\widetilde{E}_{1p}} = \frac{n_2 \cos i_1 - n_1 \cos i_2}{n_2 \cos i_1 + n_1 \cos i_2} = \frac{\tan(i_1 - i_2)}{\tan(i_1 + i_2)}$$

$$r_s = \frac{\widetilde{E}'_{1s}}{\widetilde{E}_{1s}} = \frac{n_1 \cos i_1 - n_2 \cos i_2}{n_1 \cos i_1 + n_2 \cos i_2} = \frac{\sin(i_2 - i_1)}{\sin(i_1 + i_2)}$$

$$t_p = \frac{\widetilde{E}_{2p}}{\widetilde{E}_{1p}} = \frac{2 n_1 \cos i_1}{n_2 \cos i_1 + n_1 \cos i_2} = \frac{2 \cos i_1 \sin i_2}{\sin(i_1 + i_2) \cos(i_1 - i_2)}$$

$$t_s = \frac{\widetilde{E}_{2s}}{\widetilde{E}_{1s}} = \frac{2 n_1 \cos i_1}{n_1 \cos i_1 + n_2 \cos i_2} = \frac{2 \cos i_1 \sin i_2}{\sin(i_1 + i_2)}$$

12) 光强反射率和透射率

$$R_p = \frac{I'_{1p}}{I_{1p}} = |r_p|^2, \quad R_s = \frac{I'_{1s}}{I_{1s}} = |r_s|^2$$

$$T_p = \frac{I_{2p}}{I_{1p}} = \frac{n_2}{n_1} |t_p|^2, \quad T_s = \frac{I_{2s}}{I_{1s}} = \frac{n_2}{n_1} |t_s|^2$$

13) 能流反射率和透射率及其关系式

$$\mathscr{R}_p = \frac{W'_{1p}}{W_{1p}} = R_p, \quad \mathscr{R}_s = \frac{W'_{1s}}{W_{1s}} = R_s$$

$$\mathscr{T}_p = \frac{W_{2p}}{W_{1p}} = \frac{\cos i_2}{\cos i_1} T_p, \quad \mathscr{T}_s = \frac{W_{2s}}{W_{1s}} = \frac{\cos i_2}{\cos i_1} T_s$$

$$\mathscr{R}_p + \mathscr{T}_p = 1, \quad \mathscr{R}_s + \mathscr{T}_s = 1$$

14) 自然光入射时的反射率和透射率关系式

$$\mathscr{R} = R = \frac{W'_1}{W_1} = \frac{1}{2}(\mathscr{R}_p + \mathscr{R}_s) = \frac{1}{2}(R_p + R_s)$$

$$T = \frac{I_2}{I_1} = \frac{1}{2}(T_p + T_s)$$

$$\mathscr{T} = \frac{W_2}{W_1} = \frac{1}{2}(\mathscr{T}_p + \mathscr{T}_s) = \frac{1}{2}(T_p + T_s)\frac{\cos i_2}{\cos i_1} = T\frac{\cos i_2}{\cos i_1}$$

15）垂直入射时的反射率和透射率关系式

$$r_p = \frac{n_2 - n_1}{n_2 + n_1} = -r_s, \quad t_p = t_s = \frac{2n_1}{n_2 + n_1}$$

$$\mathscr{R}_p = \mathscr{R}_s = R_p = R_s = \left(\frac{n_2 - n_1}{n_2 + n_1}\right)^2$$

$$\mathscr{T}_p = \mathscr{T}_s = T_p = T_s = \frac{4n_1 n_2}{(n_1 + n_2)^2}$$

16）布儒斯特角（全偏振角或起偏角）

若 $r_P = 0$，则入射角 $i_1 = i_B$，$i_B = \arctan\dfrac{n_2}{n_1}$，其中 n_1 和 n_2 分别是入射光和折射光所在介质的折射率，而且：

（1）折射角 $i_2 = i'_B$，$i'_B = \arctan\dfrac{n_1}{n_2}$，$i_1 + i_2 = i_B + i'_B = 90°$。

（2）反射光的传播方向与折射光的传播方向垂直。

（3）反射光是振动方向垂直入射面的线偏振光（即反射光仅有 s 分量）。

17）斯托克斯倒逆关系 $\quad r^2 + tt' = 1, r' = -r$

对 p、s 分量均适用。

18）有半波损时光程差的表示式 $\quad \Delta L' = \Delta L \pm \lambda/2$

其中 ΔL 为实际光程差；$\pm\lambda/2$ 为附加光程差；$\Delta L'$ 为等效光程差。

19）反射光和透射光与入射光之间的半波损

（1）光束从光疏介质向光密介质正入射和掠入射时，反射光与入射光之间均有半波损。

（2）光束从光密介质向光疏介质正入射时，反射光与入射光之间无半波损。

（3）正入射和掠入射时，无论光束从光疏介质还是从光密介质入射，透射光与入射光之间均没有半波损。

20）平行平面透明均匀介质板的前两束反射光或前两束透射光之间的半波损

$n_1 > n_2 < n_3$ 或 $n_1 < n_2 > n_3$ 时，前两束反射光之间有半波损，前两束透射光之间没有半波损；

$n_1 < n_2 < n_3$ 或 $n_1 > n_2 > n_3$ 时，前两束反射光之间没有半波损，前两束透射光之间有半波损。

3. 偏振态随初相位差变化的另一种表示方法

1）这是初相位的超前量表示方法，即在 xy 直角坐标系中将偏振光的振动矢量 E 分解成如下形式的两束等效线偏振光

$$E = E_x\hat{x} + E_y\hat{y}, \begin{cases} E_x = E_{0x}\cos(\omega t) \\ E_y = E_{0y}\cos(\omega t + \Delta) \end{cases}$$

上式中的初相位差 Δ 是 E_y 振动分量相对 E_x 振动分量的初相位超前量。

在这种表示下，线偏振光的偏振态随初相位差变化的关系是：$\Delta = 0$ 时对应一三象限的线偏振光，$\Delta = \pm\pi$ 时对应二四象限的线偏振光；圆偏振光的偏振态随初相位差变化的关系是：$\Delta = \pi/2$ 时对应右旋圆偏振光，$\Delta = -\pi/2$ 时对应左旋圆偏振光；椭圆偏振光随初相位差 Δ 变化的偏振态如图 2.4 所示。

应当特别注意的是，为了使波函数的实数表示与复数表示的含意一致，本书采用初相位的落后量表示方法，即在 xy 直角坐标系中将偏振光的振动矢量 E 分解成两束等效线偏振光形式，即

$$E = E_x\hat{x} + E_y\hat{y}, \begin{cases} E_x = E_{0x}\cos(0 - \omega t) \\ E_y = E_{0y}\cos(\delta - \omega t) \end{cases}$$

上式中的初相位差 δ 是 E_y 振动分量相对 E_x 振动分量的初相位落后量，与初相位超前量表示法中初相位差 Δ 的含义相反。

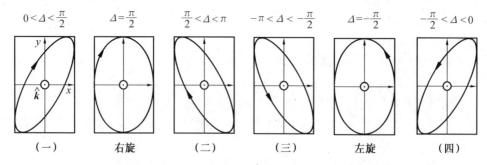

图 2.4　椭圆偏振光随初相位差 Δ 变化的偏振态

2）试用另一种初相位差 Δ 表示方法证明，若圆偏振光的初相位差为 $\Delta = \pi/2$，则该圆偏振光是右旋圆偏振光。

证明：若 $\Delta = \pi/2$，则圆偏振光的分量表示式可以写为

$$\begin{cases} E_x = E_0\cos(\omega t) \\ E_y = E_0\cos(\omega t + \dfrac{\pi}{2}) \end{cases}$$

就有：

$t = 0$ 时刻，$E_x = E_0$，$E_y = 0$，光振动矢量 E 与图2.5 所示的 x 轴重合。

$t = \Delta t$ 时刻，$E_x < E_0$，$E_y < 0$，光振动矢量 E 处于

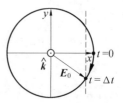

图 2.5　$\Delta = \pi/2$ 对应右旋圆偏振光

图 2.5 所示的竖直虚线与圆周相交的下方位置。

由图 2.5 可以明显看出,光矢量 E 从 $t=0$ 时刻旋转到 $t=\Delta t$ 时刻是右旋运动,说明若 $\Delta = \pi/2$ 则圆偏振光是右旋圆偏振光。若 $\Delta = -\pi/2$ 则圆偏振光是左旋圆偏振光的证明与此类似。

4. 需要求解的光的波动性的主要问题

1) 求解球面波或平面波的复振幅或初相位分布。
2) 求解球面波或平面波的光程差。

5. 需要求解的光的偏振性的主要问题

1) 求解入射光透过偏振片后的光强。
2) 求解振幅、光强和能流反射率和透射率。
3) 求解反射光或透射光的偏振度。
4) 求解反射光或透射光的偏振态。

6. 典型例题

例题 1 只用两个偏振片,如何放置才能使一束线偏振光的振动面旋转 90°,并且使透过两个偏振片后的光强最大,最大光强与入射光强的比值是多少。

解 两次使用马吕斯定律,并且求其极大值,就可以解答本题。

由题意可知,第 2 个偏振片的透振方向垂直入射光的振动方向才能使入射光的振动面旋转 90°,设第 1 个偏振片的透振方向与入射光的偏振方向之间的夹角为 α,则两个偏振片透振方向之间的夹角为 $(90°-\alpha)$,入射线偏振光的光强为 I_0,因此经过两个偏振片后透射光强变为

$$I_1 = I_0 \cos^2\alpha, \quad I_2 = I_1 \cos^2(90°-\alpha) = I_0 \cos^2\alpha \sin^2\alpha = \frac{I_0}{4}\sin^2(2\alpha)$$

显然,当 $\alpha = 45°$ 时透过两个偏振片后的出射光强最大,即

$$I_2 = I_M = \frac{I_0}{4}$$

透射光强的最大值与入射光强的比值是

$$I_2/I_0 = 1/4 = 25\%$$

例题 2 如图 2.6 所示,自然光以布儒斯特角入射到 N 块置于空气中的平行平面玻璃板组成的玻璃堆上,空气和玻璃的折射率分别为 n_1 和 n_2,求最后的透射光的偏振度。

解 可以使用光强透射率公式和振幅透射率公式解答。

设入射的自然光的光强为 I_0,将自然光分解成 p 方向和 s 方向的两束线偏振光,光强

分别为 $I_{0p} = I_{0s} = I_0/2$。

每块玻璃平板都有两个面,透过 N 块玻璃板后光强变为 I_{2N},其中 p 分量和 s 分量的光强分别为 I_{2Np} 和 I_{2Ns}。

以布儒斯特角入射时,入射光的 p 分量全部透过,s 分量每遇到一个界面就被反射一部分。因此,最终的透射光强的 p 分量大于 s 分量。最终的透射光的偏振度为

$$P_N = \frac{I_{2Np} - I_{2Ns}}{I_{2Np} + I_{2Ns}}$$

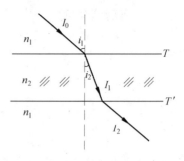

图 2.6 光束通过平板玻璃的光路

对于如图 2.6 所示的第一块平板玻璃来说,有

$$I_{2p} = T_p I_{1p} = T_p T'_p I_{0p}, \quad I_{2s} = T_s I_{1s} = T_s T'_s I_{0s}$$

由于每块平板玻璃的性质均相同,故通过 N 块玻璃板后,p 分量和 s 分量的光强分别为

$$I_{2Np} = (T_p T'_p)^N I_{0p}, \quad I_{2Ns} = (T_s T'_s)^N I_{0s}$$

由

$$T_p T'_p = \frac{n_2}{n_1} |t_p|^2 \cdot \frac{n_1}{n_2} |t'_p|^2 = |t_p t'_p|^2, \quad T_s T'_s = \frac{n_2}{n_1} |t_s|^2 \cdot \frac{n_1}{n_2} |t'_s|^2 = |t_s t'_s|^2$$

可得

$$P_N = \frac{I_{2Np} - I_{2Ns}}{I_{2Np} + I_{2Ns}} = \frac{|t_p t'_p|^{2N} - |t_s t'_s|^{2N}}{|t_p t'_p|^{2N} + |t_s t'_s|^{2N}}$$

由于

$$i_1 = i_B = \arctan \frac{n_2}{n_1}, \quad i_2 = i'_B = \arctan \frac{n_1}{n_2}, \quad i_1 + i_2 = 90°$$

得

$$t_p = \frac{2n_1 \cos i_1}{n_2 \cos i_1 + n_1 \cos i_2} = \frac{n_1}{n_2}, \quad t'_p = \frac{2n_2 \cos i_2}{n_1 \cos i_2 + n_2 \cos i_1} = \frac{n_2}{n_1}, \quad t_p t'_p = 1$$

$$t_s = \frac{2n_1 \cos i_1}{n_1 \cos i_1 + n_2 \cos i_2} = \frac{2n_1^2}{n_1^2 + n_2^2}, \quad t'_s = \frac{2n_2 \cos i_2}{n_2 \cos i_2 + n_1 \cos i_1} = \frac{2n_2^2}{n_1^2 + n_2^2}$$

$$t_s t'_s = \left(\frac{2n_1 n_2}{n_1^2 + n_2^2}\right)^2$$

因此

$$P_N = \frac{I_{2Np} - I_{2Ns}}{I_{2Np} + I_{2Ns}} = \frac{1 - (t_s t'_s)^{2N}}{1 + (t_s t'_s)^{2N}} = \frac{1 - (1 - r_s^2)^{2N}}{1 + (1 - r_s^2)^{2N}} = \frac{1 - \left(\frac{2n_1 n_2}{n_1^2 + n_2^2}\right)^{4N}}{1 + \left(\frac{2n_1 n_2}{n_1^2 + n_2^2}\right)^{4N}}$$

若 $n_1 = 1, n_2 = 1.5, N = 1, 10, 20$,则 $P_N = 0.159, 0.922, 0.997$。可见,只需要十几片平板玻璃就可以产生偏振度相当好的透射线偏振光。

例题 3 左旋圆偏振光以 31° 入射角从空气入射到空气与玻璃的分界面上,已知空气和玻璃的折射率分别为 $n_1 = 1$ 和 $n_2 = 1.5$,求分界面上反射光和透射光的偏振态;若光波垂直入射,求反射光和透射光的偏振态。

解 1) 解题步骤

(1) 在入射光的随向坐标系中画出入射光的偏振态图;

(2) 写出入射光波函数的实函数,对应成复振幅分量式;

(3) 利用菲涅耳公式求出反射光和透射光波函数的复振幅分量式,再对应成实函数分量式;

(4) 对照椭圆偏振光的偏振态随相位差变化的偏振态图,确定在随向坐标系中反射光和透射光的偏振态。

2) 求反射光的偏振态

在入射光的随向坐标系中入射光的偏振态如图 2.7 所示。

入射光波函数的实函数分量式为

$$E_{1p} = E_0\cos(-\omega t), \quad E_{1s} = E_0\cos(\pi/2 - \omega t), \quad \delta = \frac{\pi}{2}$$

对应成复振幅分量式为

$$\widetilde{E}_{1p} = E_0, \quad \widetilde{E}_{1s} = E_0 e^{i\frac{\pi}{2}}$$

由于 $n_1 = 1, n_2 = 1.5, i_1 = 31°$,代入折射定律得 $i_2 \approx 20°$,再将这些结果代入振幅反射率公式,得

$$r_p = \frac{\tan(i_1 - i_2)}{\tan(i_1 + i_2)} \approx 0.157, \quad r_s = \frac{\sin(i_2 - i_1)}{\sin(i_1 + i_2)} \approx -0.246$$

则反射光的复振幅分量式为

$$\widetilde{E}'_{1p} = r_p \widetilde{E}_{1p} = 0.157 E_0, \quad \widetilde{E}'_{1s} = r_s \widetilde{E}_{1s} = 0.246 E_0 e^{-i\frac{\pi}{2}}$$

对应成实函数分量式为

$$E'_{1p} = 0.157 E_0 \cos(-\omega t), \quad E'_{1s} = 0.246 E_0 \cos(-\pi/2 - \omega t), \quad \delta = -\pi/2$$

在反射光的随向坐标系中,反射光为如图 2.8 所示的右旋椭圆偏振光,光强变弱。

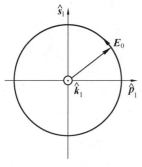

图 2.7 入射光的偏振态

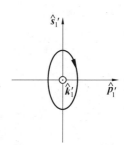

图 2.8 斜入射时反射光的偏振态

3) 求垂直入射时反射光的偏振态

垂直入射时有

$$r_p = -r_s = \frac{n_2 - n_1}{n_2 + n_1} = 0.2$$

仿照斜入射时的求解过程,可得

$$E'_{1p} = 0.2E_0\cos(-\omega t), \quad E'_{1s} = 0.2E_0\cos(-\pi/2 - \omega t), \quad \delta = -\frac{\pi}{2}$$

在反射光的随向坐标系中反射光变为如图 2.9 所示的右旋圆偏振光,光强变弱。

注意:若将入射光与反射光放在统一的固定坐标系中比较两者的偏振态,并且沿相同方向观察,则会看到反射光与入射光的实际旋向相同。反射光变为右旋圆偏振光的原因是,反射光的传播方向与入射光的传播方向相反,而且确定旋向时必须迎着光束的传播方向观察的缘故。

4) 求斜入射时透射光的偏振态

按求解反射光偏振态的过程解题,可得

$$t_p = \frac{2\cos i_1 \sin i_2}{\sin(i_1 + i_2)\cos(i_1 - i_2)} \approx 0.769, \quad t_s = \frac{2\cos i_1 \sin i_2}{\sin(i_1 + i_2)} \approx 0.754$$

则有

$$E_{2p} = 0.769E_0\cos(-\omega t), \quad E_{2s} = 0.754E_0\cos(\pi/2 - \omega t), \quad \delta = \pi/2$$

透射光变为如图 2.10 所示的左旋椭圆偏振光,光强稍弱。

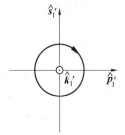
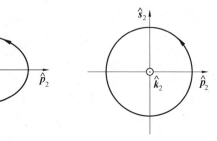

图 2.9　正入射时反射光的偏振态　　图 2.10　斜入射时透射光的偏振态　　图 2.11　正入射时透射光的偏振态

5) 求垂直入射时透射光的偏振态

按求解反射光偏振态的过程解题,可得

$$t_p = t_s = \frac{2n_1}{n_2 + n_1} = 0.8$$

则有

$$E_{2p} = 0.8E_0\cos(-\omega t)$$
$$E_{2s} = 0.8E_0\cos(\pi/2 - \omega t)$$

第2章 光的波动性和偏振性 ·59·

$$\delta = \pi/2$$

透射光为如图2.11所示的左旋圆偏振光,光强稍弱。

2.2 习题解答

2.1 (1) 人眼的响应时间约为0.1 s,在这段时间里,可见光的振动经历了多少个周期;(2) 目前最快的光电接收器的响应时间约为10^{-11} s,在这段时间里可见光的振动经历了多少个周期。

解 可见光波段的频率数量级为10^{15} Hz。

(1) 在人眼的响应时间间隔内,光振动经历的振动周期数目约为

$$N_1 \approx 0.1 \times 10^{15} = 1 \times 10^{14}$$

(2) 对于响应时间达10^{-11} s的光电接收器而言,在其响应时间间隔内,光振动经历的周期数目约为

$$N_2 \approx 10^{-11} \times 10^{15} = 1 \times 10^4$$

可见,人眼和目前快速响应的光电接收器都不能观测到可见光振动的瞬时行为。

2.2 在萤石里沿z方向传播的平面波的波函数为$E = 5\cos[10^{15}\pi(z/(0.7c) - t)]$,求光波的频率、在萤石中的波长和萤石的折射率。

解 由平面波波函数的一般表达式$E = E_0\cos(nkz - \omega t)$可知

$$\omega = 2\pi\nu = 2\pi\frac{c}{\lambda} = \pi \times 10^{15}, \quad nk = \frac{2\pi n}{\lambda} = \frac{\pi}{0.7c} \times 10^{15}$$

因此可得

$$\nu = 5 \times 10^{14} \text{ Hz}, \quad \lambda \approx 600 \text{ nm}, \quad n \approx 1.43, \quad \lambda_n = \frac{\lambda}{n} \approx 420 \text{ nm}$$

2.3 如题2.3图所示,一列平面波沿y方向传播,波长为λ,设y = 0点处的初始相位为φ_0。求(1) 沿x轴方向的初相位分布$\varphi(x)$;(2) 沿y轴方向的初相位分布$\varphi(y)$;(3) 在xy平面内沿与y轴夹角θ的r方向的初相位分布$\varphi(r)$。

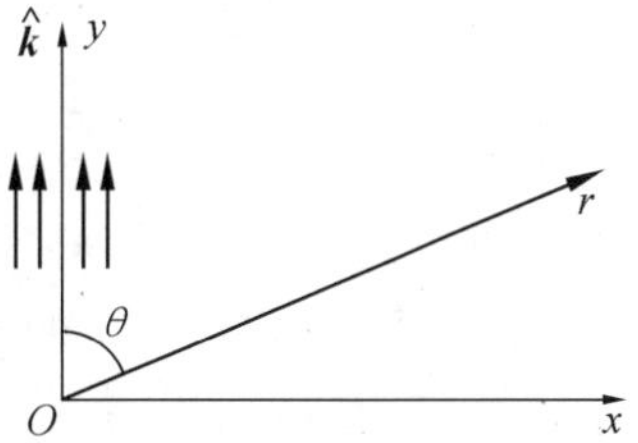

题2.3图 沿y方向传播的平面波光路

解 由$n = 1, \varphi(P) = \boldsymbol{k} \cdot \boldsymbol{r} + \varphi_0$,可得:

(1) 沿x方向光波的初相位分布为

$$\varphi(x) = \boldsymbol{k} \cdot \boldsymbol{x} + \varphi_0 = \varphi_0$$

(2) 沿y方向光波的初相位分布为

$$\varphi(y) = \boldsymbol{k} \cdot \boldsymbol{y} + \varphi_0 = 2\pi y/\lambda + \varphi_0$$

(3) 沿 r 方向光波的初相位分布为

$$\varphi(r) = \boldsymbol{k} \cdot \boldsymbol{r} + \varphi_0 = 2\pi r\cos\theta/\lambda + \varphi_0$$

2.4 如题 2.4 图所示，一列平面波的空间方向角分别为 α,β,γ，波长为 λ，设 $r=0$ 处的初始相位为 φ_0。求 (1) 沿 r 方向的初相位分布 $\varphi(r)$；(2) 沿 x 轴方向的初相位分布 $\varphi(x)$；(3) 沿 y 轴方向的初相位分布 $\varphi(y)$。

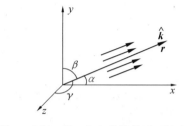

题 2.4 图　沿 r 方向传播的平面波光路

解　由

$$n=1, \varphi(P) = \boldsymbol{k}\cdot\boldsymbol{r} + \varphi_0, k = \frac{2\pi}{\lambda}$$

$$\boldsymbol{k} = k(\cos\alpha\hat{\boldsymbol{x}} + \cos\beta\hat{\boldsymbol{y}} + \cos\gamma\hat{\boldsymbol{z}})$$

$$\boldsymbol{r} = x\hat{\boldsymbol{x}} + y\hat{\boldsymbol{y}} + z\hat{\boldsymbol{z}}$$

可得：

(1) 沿 r 方向光波的初相位分布为

$$\varphi(r) = \boldsymbol{k}\cdot\boldsymbol{r} + \varphi_0 = 2\pi r/\lambda + \varphi_0 = k(x\cos\alpha + y\cos\beta + z\cos\gamma) + \varphi_0$$

(2) 沿 x 轴光波的初相位分布为

$$\varphi(x) = \boldsymbol{k}\cdot\boldsymbol{x} + \varphi_0 = 2\pi x\cos\alpha/\lambda + \varphi_0$$

(3) 沿 y 轴光波的初相位分布为

$$\varphi(y) = \boldsymbol{k}\cdot\boldsymbol{y} + \varphi_0 = 2\pi y\cos\beta/\lambda + \varphi_0$$

2.5 两列振幅和频率都相等的平面波的波函数分别为 $E_1(x,t) = E_0\cos(kx - \omega t)$ 和 $E_2(x,t) = E_0\cos(kx + \omega t)$，分别写出两列波的复振幅和叠加后的复振幅。

解　$E_2(x,t) = E_0\cos(kx+\omega t) = E_0\cos(-kx-\omega t)$，$E_1(x,t) = E_0\cos(kx-\omega t)$
因此有

$$\widetilde{E}_1 = E_0\mathrm{e}^{\mathrm{i}kx}, \quad \widetilde{E}_2 = E_0\mathrm{e}^{-\mathrm{i}kx}$$

叠加后的复振幅为 $\quad \widetilde{E}(x,t) = \widetilde{E}_1 + \widetilde{E}_2 = 2E_0\cos(kx)$

2.6 写出沿 x 轴传播的平面波的复振幅。

解　沿 x 轴传播的平面波的初相位分布为

$$\varphi(x) = kx + \varphi_0$$

其中 φ_0 为原点处的初始相位，$n=1$。令平面波的振幅大小为常数 E_0，则平面波的复振幅为

$$\widetilde{E}(x) = E_0\mathrm{e}^{\mathrm{i}(kx+\varphi_0)}$$

2.7 写出在 xy 平面内沿与 y 轴夹角为 θ 的 r 方向传播的平面波的复振幅。

解　该平面波波矢的三个分量分别为

$$k_x = k\cos\alpha = \pm k\sin\theta, \quad k_y = k\cos\theta, \quad k_z = 0$$

则初相位分布形式为

$$\varphi(r) = \boldsymbol{k}\cdot\boldsymbol{r} + \varphi_0 = k(\pm x\sin\theta + y\cos\theta) + \varphi_0$$

其中 φ_0 为原点处的初始相位,$n = 1$。设振幅 $E(r) = E_0$,其复振幅为

$$\widetilde{E}(r) = E_0 e^{i[k(\pm x\sin\theta + y\cos\theta) + \varphi_0]}$$

2.8 在 xy 平面内传播的平面波的复振幅为 $\widetilde{E}(x,y) = \widetilde{E}_0 e^{i(k(\frac{\sqrt{3}}{2}x + \frac{1}{2}y) + \varphi_0)}$,求这束平面波的传播方向。

解 $n = 1$,由复振幅的一般表达式可知

$$\widetilde{E} = \widetilde{E}_0 e^{i\varphi(r)}$$

$$\varphi(r) = \boldsymbol{k}\cdot\boldsymbol{r} + \varphi_0 = k(x\cos\alpha + y\cos\beta + z\cos\gamma) + \varphi_0$$

所以这束平面波的方向角满足 $\cos\alpha = \dfrac{\sqrt{3}}{2}, \cos\beta = \dfrac{1}{2}, \cos\gamma = 0$,即 $\alpha = 30°, \beta = 60°$, $\gamma = 90°$,该平面波的传播方向是在 xy 平面内沿与 x 轴夹角为 $30°$、与 y 轴夹角为 $60°$ 的方向传播。

2.9 求会聚于点 $Q(0,0,z_0)$ 处的球面波的复振幅。

解 任取一个场点 $P(x,y,z)$,则源点 $Q(0,0,z_0)$ 到场点 $P(x,y,z)$ 的距离为

$$r = \sqrt{x^2 + y^2 + (z - z_0)^2}$$

点 P 处初相位分布的一般表示式为

$$\varphi(P) = \boldsymbol{k}\cdot\boldsymbol{r} + \varphi_0$$

其中 φ_0 为点源 Q 的初始相位,$n = 1$。考虑到光波为会聚于点 Q 处的会聚球面波,所以有

$$\hat{\boldsymbol{k}} = -\hat{\boldsymbol{r}}$$

则

$$\varphi(P) = -kr + \varphi_0$$

振幅为 $E_0(P) = a/r$,其中 a 为与坐标无关的常量。

所以这列球面波的复振幅为

$$\widetilde{E}(P) = \frac{a}{r} e^{-i(kr - \varphi_0)}$$

2.10 如题 2.10 图所示,在薄透镜的物方焦面上有 O_1 和 O_2 两个点光源,点 O_1 位于光轴上,点 O_2 到光轴的距离为 $a, a \ll f$,满足傍轴条件。(1)设两个点光源发出的球面波的振幅为 $E_1 = E_2 = E_0$,分别写出两束光波在薄透镜前表面(xy 平面)的复振幅 $\widetilde{E}_1(x,y)$

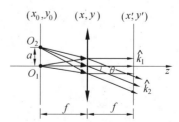

题 2.10 图　光波在薄透镜前后的光路

和 $\widetilde{E}_2(x,y)$。(2) 设两束光波透过薄透镜后的振幅为 $E_1'=E_2'=E_0'$,分别写出两束光波在像

方焦面($x'y'$ 平面)上的复振幅 $\widetilde{E}_1'(x',y')$ 和 $\widetilde{E}_2'(x',y')$。

解 (1) 处于薄透镜物方焦面上的点源 O_1 和 O_2 各发出一列球面波。设两列球面波的波长均为 λ,$n=1$,波矢为 $k=2\pi/\lambda$。$a \ll f$,满足傍轴条件,则轴上点源 O_1 在 xy 平面上的复振幅为

$$\widetilde{E}_1(x,y) = E_0 e^{i[k(f+\frac{x^2+y^2}{2f})+\varphi_{01}]}$$

满足傍轴条件的轴外点源 O_2 在 xy 面上的复振幅为

$$\widetilde{E}_2(x,y) = E_0 e^{i[k(f+\frac{x^2+y^2}{2f}+\frac{a^2}{2f}-\frac{ax}{f})+\varphi_{02}]}$$

其中 φ_{01} 和 φ_{02} 分别为两列球面波在点源 O_1 和 O_2 处的初始相位。

(2) 处于薄透镜物方焦面上的点源 O_1 和 O_2 发出的球面波经过薄透镜后,成为两列平面波投射到薄透镜的像方焦面上。与点源 O_1 和 O_2 相对应的平面波的波矢 $\boldsymbol{k}_1$ 和 $\boldsymbol{k}_2$ 的方向余弦分别为

$$\boldsymbol{k}_1:(0,0,k),\boldsymbol{k}_2:(-k\sin\theta,0,k\cos\theta)$$

其中

$$\sin\theta = \frac{a}{\sqrt{f^2+a^2}}, \quad \cos\theta = \frac{f}{\sqrt{f^2+a^2}}$$

$$\boldsymbol{r}_1 = \boldsymbol{r}_2 = x'\hat{\boldsymbol{x}}' + y'\hat{\boldsymbol{y}}', \quad \boldsymbol{k}_1 \cdot \boldsymbol{r}_1 = 0, \quad \boldsymbol{k}_2 \cdot \boldsymbol{r}_2 = -kx'\sin\theta$$

点源 O_1 和 O_2 发出的两列球面波经过薄透镜后在像方焦面 $x'y'$ 上的波函数分别为

$$\widetilde{E}_1'(x',y') = E_0' e^{i\varphi_{01}'}$$

$$\widetilde{E}_2'(x',y') = E_0' e^{i(-kx'\sin\theta+\varphi_{02}')}$$

其中 φ_{01}' 和 φ_{02}' 分别为两列平面波在 $x'y'$ 坐标系原点处的初始相位。

2.11 自然光垂直入射到两个平行放置的偏振片上,如果透射光强为(1) 透射最大光强的 1/4;(2) 入射光强的 1/4,分别求两个偏振片透振方向之间的夹角。

解 设入射自然光的光强为 I_0。自然光通过第一个偏振片 P_1 后,透射光变为振动方向平行 P_1 透振方向的线偏振光,光强变为 $I_0/2$。若第二个偏振片 P_2 的透振方向与第一个偏振片 P_1 透振方向的夹角为 θ,根据马吕斯定律可知,通过 P_2 的光强为

$$I_2 = I_1 \cos^2\theta = \frac{I_0}{2}\cos^2\theta$$

(1) 透射光的最大光强为

$$I_{2M} = \frac{I_0}{2}$$

$I_2 = I_{2M}/4$ 时,两个偏振片透振方向之间的夹角 θ_1 满足

$$\frac{I_0}{2}\cos^2\theta_1 = \frac{1}{4} \times \frac{I_0}{2}$$

解得

$$\theta_1 = 60°$$

(2) $I_2 = I_0/4$ 时,两个偏振片透振方向之间的夹角 θ_2 满足

$$\frac{I_0}{2}\cos^2\theta_2 = \frac{1}{4} \times I_0$$

解得

$$\theta_2 = 45°$$

2.12 一束部分偏振光通过偏振片,当偏振片的透振方向由最大透射光强的位置旋转 $30°$ 时,透射光强变为最大透射光强的 $4/5$。求当偏振片的透振方向由最大透射光强的位置旋转 $45°$ 时透射光强与最大透射光强的比值。

解 偏振片由透射光强的最大位置转过 $30°$ 时透射光强为

$$I = I_M\cos^2 30° + I_m\sin^2 30° = 4I_M/5$$

得 $I_M = 5I_m$。

因此偏振片由透射光强最大位置转过 $45°$ 后的透射光强为

$$I = I_M\cos^2 45° + I_m\sin^2 45° = I_M/2 + I_M/10 = 0.6I_M$$

即 $I/I_M = 0.6$。

2.13 一束部分偏振光由光强比为 $4:6$ 的线偏振光和自然光组成,求这束部分偏振光的偏振度。

解 由题意可知,若分别设线偏振光的光强为 I_1,自然光的光强为 I_0,$I_1 = \frac{2}{3}I_0$,则此部分偏振光的极大光强和极小光强之比为

$$I_M:I_m = (I_1 + I_0/2) : I_0/2 = 7:3$$

因此

$$P = \frac{I_M - I_m}{I_M + I_m} = \frac{4}{10} = 0.4$$

2.14 把以平行光束传播方向为轴、以角速度 ω 转动的偏振片插入透振方向正交的一对偏振片之间,求光强为 I_0 的自然光通过这个装置后的透射光强。

解 自然光通过第一个偏振片 P_1 后,透射光强变为 $I_0/2$。若第二个偏振片 P_2 的透振方向与第一个偏振片 P_1 的透振方向的夹角为 ωt,由马吕斯定律可知,通过该系统的光强为

$$I = \frac{I_0}{2}\cos^2(\omega t)\cos^2(90° - \omega t)$$

即
$$I = \frac{I_0}{2}\cos^2(\omega t)\sin^2(\omega t) = \frac{I_0}{8}\sin^2(2\omega t)$$

2.15 若部分偏振光通过偏振片后的最大和最小透射光强分别为 I_M 和 I_m，偏振度为 P，当偏振片的透振方向与最大透射光强偏振方向的夹角为 θ 时，证明透射光强等于 $I = I_M(1 + P\cos2\theta)/(1 + P)$。

证明 部分偏振光的偏振度定义为
$$P = \frac{I_M - I_m}{I_M + I_m}$$

即
$$I_m = \frac{(1 - P)I_M}{(1 + P)}$$

部分偏振光通过与 I_M 夹角为 θ 的偏振片后的透射光强为
$$I = I_M\cos^2\theta + I_m\sin^2\theta$$

将 $I_m = \dfrac{(1 - P)I_M}{(1 + P)}$ 代入上式得
$$I = I_M(1 + P\cos2\theta)/(1 + P)$$

2.16 若光波由介质入射到介质与空气分界面的全反射临界角为 $40°$，求介质与空气分界面上的两个布儒斯特角。

解 由 $i_c = \arcsin(1/n) = 40°$ 解得介质折射率为 $n \approx 1.556$。因此光波在介质与空气分界面上的布儒斯特角分别为
$$i_B = \arctan(1.556) = 57.27° \quad \text{和} \quad i'_B = \arctan(1/1.556) = 32.73°$$

2.17 一束自然光由折射率为 $n = 4/3$ 的水中入射到玻璃上，当入射角为 $50.82°$ 时反射光是线偏振光，求玻璃的折射率。

解 根据光束从 n_1 介质折射到 n_2 介质的布儒斯特角公式
$$\tan i_B = \frac{n_2}{n_1}$$

解得玻璃的折射率为
$$n_2 = n_1\tan i_B = \frac{4}{3}\tan 50.82° \approx 1.636$$

2.18 一束光由空气入射到折射率为 1.556 的透明玻璃平板上时反射光强为零，求这束光的偏振态和入射角。

解 由菲涅耳反射公式可知，不管光束的入射角多大，s 分量的反射率 $r_s \neq 0$。以布儒斯特角入射时，$r_p = 0$，其余入射角对应的 p 分量的反射率都不为零。因此，要让反射光强为零，则

（1）入射光为沿 p 分量方向振动的（平行纸面）的线偏振光，即入射光只含 p 分量。

(2) 入射角为

$$i_B = \arctan\frac{n_2}{n_1} = \arctan 1.556 \approx 57.27°$$

2.19 如题2.19图所示，置于空气中的全反射直角棱镜的折射率为 $n = 1.6$。设棱镜介质无吸收，求垂直入射的自然光经过棱镜反射转折、再垂直表面透射后，反射光强与入射光强的比值。

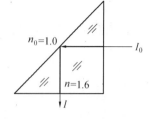

题2.19图　全反射直角棱镜的结构和光路

解　垂直入射时有

$$R = \frac{1}{2}(R_p + R_s), \quad R_p = R_s = \left(\frac{n-n_0}{n+n_0}\right)^2$$

因此

$$R = \left(\frac{n-n_0}{n+n_0}\right)^2$$

光强为 I_0 的自然光从竖直面入射后反射光强与入射光强的比值为

$$I_1'/I_0 = R = \left(\frac{1.6-1}{1.6+1}\right)^2 \approx 0.053$$

折射率为 $n = 1.6$ 的棱镜的全反射临界角为

$$i_c = \arcsin(1/n) \approx 38.68°$$

因此，进入棱镜的光束以45°角入射到斜面后被全反射，没有光能损失。垂直入射到出射水平面上后，再次被部分反射，反射光强为

$$I_2' = R(I_0 - I_1') = 0.947 \times 0.053 I_0 \approx 0.050 I_0$$

则从棱镜出射后，反射光强与入射光强的比值为

$$(I_1' + I_2')/I_0 = 0.103$$

2.20　已知玻璃的折射率为1.5。求(1) 光束由空气入射到玻璃的布儒斯特角；(2) 光束由玻璃入射到空气的布儒斯特角；(3) 以布儒斯特角入射时自然光由空气入射到玻璃的折射光的偏振度；(4) 以布儒斯特角入射时自然光由玻璃入射到空气的折射光的偏振度；(5) 自然光以布儒斯特角从空气入射到平行平面玻璃板上时，通过玻璃板的透射光的偏振度。

解　(1) 由空气到玻璃的布儒斯特角为

$$i_B = \arctan n = \arctan 1.5 \approx 56.3°$$

(2) 由玻璃到空气的布儒斯特角为

$$i_B' = \arctan\frac{1}{n} = 90° - i_B \approx 33.7°$$

(3) 以布儒斯特角入射时，由菲涅耳公式得 s 分量和 p 分量的振幅透射率分别为

$$t_p = \frac{2n_1\cos i_{1B}}{n_2\cos i_{1B} + n_1\cos(90° - i_{1B})} = \frac{n_1}{n_2}$$

$$t_s = \frac{2n_1\cos i_{1B}}{n_1\cos i_{1B} + n_2\cos(90° - i_{1B})} = \frac{2n_1^2}{n_1^2 + n_2^2}$$

自然光由空气入射到玻璃的折射光的偏振度为

$$P = \frac{I_M - I_m}{I_M + I_m} = \frac{I_{1p}T_p - I_{1s}T_s}{I_{1p}T_p + I_{1s}T_s} = \frac{I_{1p}|t_p|^2 - I_{1s}|t_s|^2}{I_{1p}|t_p|^2 + I_{1s}|t_s|^2}$$

由于自然光中的 s 分量和 p 分量的光强相等,即 $I_{1p} = I_{1s}$,故有

$$P = \frac{|t_p|^2 - |t_s|^2}{|t_p|^2 + |t_s|^2} = \frac{(n_1^2 - n_2^2)^2}{(n_1^2 + n_2^2)^2 + 4n_1^2 n_2^2}$$

据题意,$n_1 = 1, n_2 = 1.5$,解得

$$P \approx 8.0\%$$

(4) 同上,自然光由玻璃入射到玻璃与空气分界面上时,折射光的偏振度为

$$P' = \frac{|t_p|^2 - |t_s|^2}{|t_p|^2 + |t_s|^2} = \frac{(n_1^2 - n_2^2)^2}{(n_1^2 + n_2^2)^2 + 4n_1^2 n_2^2}$$

其中 $n_1 = 1.5, n_2 = 1$,解得

$$P' \approx 8.0\%$$

(5) 自然光从空气入射到一块平行平面玻璃板上时,透射光的偏振度为

$$P_1 = \frac{I_{2p} - I_{2s}}{I_{2p} + I_{2s}} = \frac{|t_p t_p'|^2 - |t_s t_s'|^2}{|t_p t_p'|^2 + |t_s t_s'|^2}$$

当以布儒斯特角入射时,有

$$t_p = \frac{n_1}{n_2}, \quad t_p' = \frac{n_2}{n_1}, \quad t_s = \frac{2n_1^2}{n_1^2 + n_2^2}, \quad t_s' = \frac{2n_2^2}{n_1^2 + n_2^2}$$

故

$$P_1 = \frac{1 - (t_s t_s')^2}{1 + (t_s t_s')^2} = \frac{1 - (\frac{2n_1 n_2}{n_1^2 + n_2^2})^4}{1 + (\frac{2n_1 n_2}{n_1^2 + n_2^2})^4}$$

据题意,$n_1 = 1, n_2 = 1.5$,解得

$$P_1 \approx 15.9\%$$

2.21 自然光以布儒斯特角从空气入射到由五块折射率为1.5的平行平面玻璃板组成的玻璃堆上,求透射光的偏振度(忽略玻璃对光的吸收等损耗)。

解 自然光透过置于空气中的五块平行平面玻璃板后透射光的偏振度为

$$P = \frac{I_{10p} - I_{10s}}{I_{10p} + I_{10s}} = \frac{(t_p t_p')^{10} - (t_s t_s')^{10}}{(t_p t_p')^{10} + (t_s t_s')^{10}}$$

当以布儒斯特角入射时,有

$$t_p = \frac{n_1}{n_2}, \quad t_p' = \frac{n_2}{n_1}, \quad t_s = \frac{2n_2^2}{n_1^2 + n_2^2}, \quad t_s' = \frac{2n_2^2}{n_1^2 + n_2^2}$$

故

$$P = \frac{1 - (t_s t_s')^{10}}{1 + (t_s t_s')^{10}} = \frac{1 - \left(\frac{2n_1 n_2}{n_1^2 + n_2^2}\right)^{20}}{1 + \left(\frac{2n_1 n_2}{n_1^2 + n_2^2}\right)^{20}} \approx 66.4\%$$

2.22 一束右旋圆偏振光的光强为 I_0。(1) 由空气垂直入射到折射率为 1.5 的玻璃上,求反射光的偏振态和光强;(2) 若由玻璃垂直入射到玻璃与空气分界面上,求反射光的偏振态和光强。

解 (1) 光束由空气垂直入射到玻璃上,入射光在入射随向坐标系中实波函数的分量式为

$$E_{1p} = E_0 \cos(-\omega t), \quad E_{1s} = E_0 \cos(-\pi/2 - \omega t), \quad \delta = (\varphi_s - \varphi_p) = -\frac{\pi}{2}$$

其中 $E_0^2 = \frac{1}{2} I_0$,对应成复振幅分量式为

$$\widetilde{E}_{1p} = E_0, \quad \widetilde{E}_{1s} = E_0 e^{-i\frac{\pi}{2}}$$

$$n_1 = 1.0, \quad n_2 = 1.5, \quad r_p = -r_s = \frac{n_2 - n_1}{n_2 + n_1} = 0.2$$

可得在反射光的随向坐标系中反射光的分量式为

$$\widetilde{E}_{1p}' = r_p \widetilde{E}_{1p} = 0.2 E_0, \quad \widetilde{E}_{1s}' = r_s \widetilde{E}_{1s} = 0.2 E_0 e^{i\frac{\pi}{2}}$$

对应成实波函数分量表达式为

$$E_{1p}' = 0.2 E_0 \cos(-\omega t), \quad E_{1s}' = 0.2 E_0 \cos(\pi/2 - \omega t), \quad \delta = \frac{\pi}{2}$$

反射光为左旋圆偏振光,光强为

$$I = 0.04 E_0^2 + 0.04 E_0^2 = 0.04 I_0$$

(2) 光束由玻璃垂直入射到玻璃与空气分界面上,入射光在入射随向坐标系中实波函数的分量式为

$$E_{1p} = E_0 \cos(-\omega t), \quad E_{1s} = E_0 \cos(-\pi/2 - \omega t), \quad \delta = -\frac{\pi}{2}$$

其中 $E_0^2 = \frac{1}{2}I_0$，对应成复振幅分量式为

$$\widetilde{E}_{1p} = E_0, \quad \widetilde{E}_{1s} = E_0 e^{-i\frac{\pi}{2}}$$

由 $n_1 = 1.5, n_2 = 1.0$，可得

$$r_p = -r_s = \frac{n_2 - n_1}{n_2 + n_1} = -0.2$$

可得在反射光的随向坐标系中反射光的分量式为

$$\widetilde{E}'_{1p} = r_p \widetilde{E}_{1p} = 0.2 E_0 e^{i\pi}, \quad \widetilde{E}'_{1s} = r_s \widetilde{E}_{1s} = 0.2 E_0 e^{-i\frac{\pi}{2}}$$

对应成实波函数分量表达式为

$$E'_{1p} = 0.2 E_0 \cos(\pi - \omega t), \quad E'_{1s} = 0.2 E_0 \cos(-\pi/2 - \omega t), \quad \delta = (\varphi_s - \varphi_p) = -\frac{3\pi}{2}$$

等效于 $\delta = \frac{\pi}{2}$。

反射光为左旋圆偏振光，光强为

$$I = 0.04 E_0^2 + 0.04 E_0^2 = 0.04 I_0$$

2.23 如题 2.23 图所示，线偏振光的偏振面和入射面之间的夹角称为振动方位角。入射线偏振光从折射率为 n_1 的介质入射到折射率为 n_2 的介质上时，若入射光的方位角为 α，入射角为 i，求反射光的方位角 α'_1 和折射光的方位角和 α_2。

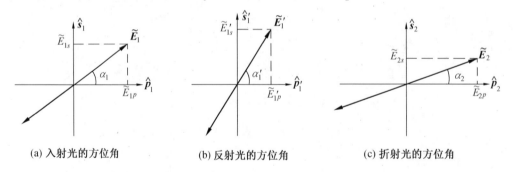

(a) 入射光的方位角　　　(b) 反射光的方位角　　　(c) 折射光的方位角

题 2.23 图　入射光、反射光和折射光的方位角

解 题 2.23 图(a)、(b) 和(c) 分别给出了入射光、反射光和折射光的振动方向和振幅及其 s 分量和 p 分量的振幅。由于 s 分量和 p 分量的振幅反射率和透射率不同，从而使反射线偏振光和折射线偏振光的方位角与入射线偏振光的方位角通常也不相同。从图中可知，反射光和折射光的方位角 α'_1 和 α_2 满足

$$\tan\alpha_1' = \frac{\widetilde{E}_{1s}'}{\widetilde{E}_{1p}'} = \frac{r_s \widetilde{E}_{1s}}{r_p \widetilde{E}_{1p}} = \frac{r_s}{r_p}\tan\alpha_1$$

$$\tan\alpha_2 = \frac{\widetilde{E}_{2s}}{\widetilde{E}_{2p}} = \frac{t_s \widetilde{E}_{1s}}{t_p \widetilde{E}_{1p}} = \frac{t_s}{t_p}\tan\alpha_1$$

根据菲涅耳公式知

$$r_p = \frac{\tan(i_1 - i_2)}{\tan(i_1 + i_2)}, \quad r_s = \frac{\sin(i_2 - i_1)}{\sin(i_1 + i_2)}$$

$$t_p = \frac{2n_1\cos i_1}{n_2\cos i_1 + n_1\cos i_2}, \quad t_s = \frac{2n_1\cos i_1}{n_1\cos i_1 + n_2\cos i_2}$$

由题意可知,$i_1 = i, \alpha_1 = \alpha$,由折射定律可得 $\sin i_2 = \dfrac{n_1 \sin i}{n_2}$,故

$$\tan\alpha_1' = -\frac{\cos(i_2 - i_1)}{\cos(i_2 + i_1)}\tan\alpha_1 = \frac{\dfrac{n_1}{n_2}\sin^2 i + \cos i \sqrt{1 - (\dfrac{n_1}{n_2}\sin i)^2}}{\dfrac{n_1}{n_2}\sin^2 i - \cos i \sqrt{1 - (\dfrac{n_1}{n_2}\sin i)^2}}\tan\alpha$$

$$\tan\alpha_2 = \frac{n_2\cos i_1 + n_1\cos i_2}{n_1\cos i_1 + n_2\cos i_2}\tan\alpha_1 = \frac{n_2\cos i + n_1\sqrt{1 - (\dfrac{n_1}{n_2}\sin i)^2}}{n_1\cos i + n_2\sqrt{1 - (\dfrac{n_1}{n_2}\sin i)^2}}\tan\alpha$$

2.24 平行光以布儒斯特角从空气入射到玻璃($n = 1.5$)上。求(1)能流反射率$\mathscr{R}_p$和$\mathscr{R}_s$;(2)能流透射率$\mathscr{T}_p$和$\mathscr{T}_s$。

解 以布儒斯特角入射时,反射光无p分量,即$\mathscr{R}_p = 0$。

当光从空气入射到玻璃表面时,布儒斯特角为

$$i_1 = i_B = \arctan 1.5 \approx 56.3°, \quad i_1 + i_2 = 90°$$

s分量的能流反射率为

$$\mathscr{R}_s = |r_s|^2 = \left[\frac{\sin(i_2 - i_1)}{\sin(i_2 + i_1)}\right]^2 = \sin^2(90° - 2i_B) \approx 14.8\%$$

根据能量守恒定律,解得

$$\mathscr{T}_p = 1 - \mathscr{R}_p = 1$$
$$\mathscr{T}_s = 1 - \mathscr{R}_s \approx 85.2\%$$

2.25 设入射光、反射光和折射光的总能流分别为W_1、W_1'和W_2,则总能流反射率$\mathscr{R}$和总能流透射率$\mathscr{T}$分别为$\mathscr{R} = \dfrac{W_1'}{W_1}$和$\mathscr{T} = \dfrac{W_2}{W_1}$。(1)当入射光为线偏振光,其方位角为如题

2.25 图所示的 α 时，证明 $\mathscr{R} = \mathscr{R}_p\cos^2\alpha + \mathscr{R}_s\sin^2\alpha$ 和 $\mathscr{T} = \mathscr{T}_p\cos^2\alpha + \mathscr{T}_s\sin^2\alpha$；(2) 证明 $\mathscr{R} + \mathscr{T} = 1$；(3) 当入射光为圆偏振光时，求 $\mathscr{R}, \mathscr{T}$ 与 $\mathscr{R}_p, \mathscr{R}_s, \mathscr{T}_p$ 和 $\mathscr{T}_s$ 的关系式。

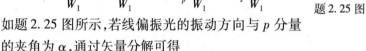

题 2.25 图 入射线偏振光的方位角

解 （1）由定义知，总能流反射率为

$$\mathscr{R} = \frac{W_1'}{W_1} = \frac{W_{1p}' + W_{1s}'}{W_1} = \mathscr{R}_p\frac{W_{1p}}{W_1} + \mathscr{R}_s\frac{W_{1s}}{W_1}$$

如题 2.25 图所示，若线偏振光的振动方向与 p 分量的夹角为 α，通过矢量分解可得

$$I_{1p} = I_1\cos^2\alpha, \quad I_{1s} = I_1\sin^2\alpha$$

从而有

$$W_{1p} = W_1\cos^2\alpha, \quad W_{1s} = W_1\sin^2\alpha$$

故

$$\mathscr{R} = \mathscr{R}_p\cos^2\alpha + \mathscr{R}_s\sin^2\alpha$$

同理，总能流透射率为

$$\mathscr{T} = \frac{W_2}{W_1} = \frac{W_{2p} + W_{2s}}{W_1} = \mathscr{T}_p\frac{W_{1p}}{W_1} + \mathscr{T}_s\frac{W_{1s}}{W_1}$$

$$W_{1p} = W_1\cos^2\alpha, \quad W_{1s} = W_1\sin^2\alpha$$

$$\mathscr{T} = \mathscr{T}_p\cos^2\alpha + \mathscr{T}_s\sin^2\alpha$$

（2）根据能量守恒定律，入射光的总能流等于反射光和折射光的能流之和，即

$$W_1' + W_2 = W_1$$

故

$$\frac{W_1'}{W_1} + \frac{W_2}{W_1} = 1$$

即

$$\mathscr{R} + \mathscr{T} = 1$$

（3）当入射光为圆偏振光时，s、p 分量的入射能流也相等，满足

$$W_{1p} = W_{1s} = \frac{1}{2}W_1$$

故

$$\mathscr{R} = \frac{W_1'}{W_1} = \frac{W_{1p}' + W_{1s}'}{W_1} = \mathscr{R}_p\frac{W_{1p}}{W_1} + \mathscr{R}_s\frac{W_{1s}}{W_1}$$

$$\mathscr{R} = \frac{1}{2}(\mathscr{R}_p + \mathscr{R}_s)$$

$$\mathscr{T} = \frac{W_2}{W_1} = \frac{W_{2p} + W_{2s}}{W_1} = \mathscr{T}_p\frac{W_{1p}}{W_1} + \mathscr{T}_s\frac{W_{1s}}{W_1}$$

$$\mathcal{T} = \frac{1}{2}(\mathcal{T}_p + \mathcal{T}_s)$$

2.26 推导内反射的入射角大于全反射临界角时 p 分量和 s 分量的全反射相位突变随入射角变化的关系式。

解 设 n_1 和 n_2 分别为入射光和折射光所在介质的折射率，i_1 和 i_2 分别为入射角和折射角。若 $n_1 > n_2$，发生全反射时，形式上有 $\sin i_2 = (n_1/n_2)\sin i_1 > 1$，因此将 $\cos i_2$ 写成虚数，即

$$\cos i_2 = \sqrt{1 - \sin^2 i_2} = \mathrm{i}\sqrt{\left(\frac{n_1}{n_2}\right)^2 \sin^2 i_1 - 1} = \mathrm{i}a$$

其中 $\mathrm{i} = \sqrt{-1}$ 是虚数单位。

$$r_p = \frac{\widetilde{E}'_{1p}}{\widetilde{E}_{1p}} = \frac{n_2 \cos i_1 - n_1 \cos i_2}{n_2 \cos i_1 + n_1 \cos i_2} = \frac{1 - \frac{n_1}{n_2}\frac{\cos i_2}{\cos i_1}}{1 + \frac{n_1}{n_2}\frac{\cos i_2}{\cos i_1}} = \frac{|\widetilde{E}'_{1p}|\exp(\mathrm{i}\varphi'_{1p})}{|\widetilde{E}_{1p}|\exp(\mathrm{i}\varphi_{1p})} = |r_p|\exp(\mathrm{i}\delta_p)$$

$$r_s = \frac{\widetilde{E}'_{1s}}{\widetilde{E}_{1s}} = \frac{n_1 \cos i_1 - n_2 \cos i_2}{n_1 \cos i_1 + n_2 \cos i_2} = \frac{1 - \frac{n_2}{n_1}\frac{\cos i_2}{\cos i_1}}{1 + \frac{n_2}{n_1}\frac{\cos i_2}{\cos i_1}} = \frac{|\widetilde{E}'_{1s}|\exp(\mathrm{i}\varphi'_{1s})}{|\widetilde{E}_{1s}|\exp(\mathrm{i}\varphi_{1s})} = |r_s|\exp(\mathrm{i}\delta_s)$$

其中

$$\delta_p = \varphi'_{1p} - \varphi_{1p}, \quad \delta_s = \varphi'_{1s} - \varphi_{1s}$$

$$\varphi'_{1p} = -\arctan\left(\frac{n_1}{n_2}\frac{a}{\cos i_1}\right), \quad \varphi_{1p} = \arctan\left(\frac{n_1}{n_2}\frac{a}{\cos i_1}\right)$$

$$\varphi'_{1s} = -\arctan\left(\frac{n_2}{n_1}\frac{a}{\cos i_1}\right), \quad \varphi_{1s} = \arctan\left(\frac{n_2}{n_1}\frac{a}{\cos i_1}\right)$$

$$\delta_p = -2\arctan\left(\frac{n_1}{n_2}\frac{\sqrt{\left(\frac{n_1}{n_2}\right)^2 \sin^2 i_1 - 1}}{\cos i_1}\right)$$

$$\delta_s = -2\arctan\left(\frac{n_2}{n_1}\frac{\sqrt{\left(\frac{n_1}{n_2}\right)^2 \sin^2 i_1 - 1}}{\cos i_1}\right)$$

对上面两个公式取绝对值，就可以画出《光学》书中图 2.27 所示的全内反射时 p 分量和 s 分量的相位随入射角变化的曲线。

第 3 章 光的干涉

3.1 两光束和多光束干涉

1. 基本概念

1) 光的独立传播定律:两列或多列光波在空间相遇时,在交叠区各自保持自己的振动状态、独立传播、互不影响。

2) 叠加原理:两列或多列光波在空间相遇时,在交叠区某点的振动是各列光波在该点单独存在时振动矢量的叠加。

3) 光的干涉:两列或多列光波在空间传播相遇时相互叠加,合光强中出现仅随空间位置变化的交叉项,光强发生重新分布。

4) 光的相干条件:频率相同,存在相互平行的振动分量,初相位差稳定。

2. 基本公式

1) 叠加原理 $E(r,t) = \sum_{i=1}^{n} E_i(r,t)$

2) 两光束干涉的光强分布公式
$$I = E_{01}^2 + E_{02}^2 + 2E_{01}E_{02}\cos\delta = I_1 + I_2 + 2\sqrt{I_1 I_2}\cos\delta$$
若 $I_{01} = I_{02} = I_0$,则
$$I = 2I_0^2(1 + \cos\delta) = 4I_0^2\cos^2\frac{\delta}{2}$$

3) 两束光的振动矢量的夹角为 θ 时 $(0 < \theta < \pi/2)$ 相干光强分布公式
$$I = E_{01}^2 + E_{02}^2 + 2E_{01}E_{02}\cos\theta\cos\delta$$
若 $I_0 = I_1 + I_2, I = I_0(1 + \gamma_0\cos\theta\cos\delta) = I_0(1 + \gamma\cos\delta)$,其中 γ 和 γ_0 均为可见度。

4) 两束光的初相位差和光程差公式
$$\delta = \varphi_2 - \varphi_1 = (\boldsymbol{k}_2 \cdot \boldsymbol{r}_2 - \boldsymbol{k}_1 \cdot \boldsymbol{r}_1) + (\varphi_{02} - \varphi_{01}) = k\Delta L + \Delta\varphi_0$$
$$\Delta L = (\hat{\boldsymbol{k}}_2 \cdot \boldsymbol{r}_2 - \hat{\boldsymbol{k}}_1 \cdot \boldsymbol{r}_1), \Delta\varphi_0 = \varphi_{02} - \varphi_{01}$$

其中，设光波所在介质的折射率为 $n = 1$，$k = \dfrac{2\pi}{\lambda}$，$\lambda$ 为真空中的波长。

(1) 求解球面波问题时一定要将 r 在傍轴条件下作泰勒展开，然后取近似值，再进一步处理，满足傍轴条件时：

轴上点光源　　$r \approx z_0(1 + \dfrac{\rho^2}{2z_0^2})$

轴外点光源　　$r \approx z_0 + \dfrac{x_0^2 + y_0^2}{2z_0} + \dfrac{x^2 + y^2}{2z_0} - \dfrac{x_0 x + y_0 y}{z_0} = r_0 + \dfrac{x^2 + y^2}{2z_0} - \dfrac{x_0 x + y_0 y}{z_0}$

(2) 多光束叠加后合光强分布的复振幅表示式

相干叠加

$$I = \widetilde{E}\widetilde{E}^* = \left(\sum \widetilde{E}_i\right)\left(\sum \widetilde{E}_i^*\right)$$

非相干叠加

$$I = \sum I_i = \sum \left(\widetilde{E}_i \widetilde{E}_i^*\right)$$

(3) 干涉条纹的可见度

设两束相干光振动矢量的夹角为 $\theta (0 < \theta < \pi/2)$

$$\gamma = \dfrac{I_M - I_m}{I_M + I_m} = \dfrac{2(E_{01}/E_{02})}{1 + (E_{01}/E_{02})^2}\cos\theta = \gamma_0 \cos\theta$$

3. 需要求解的干涉问题

1) 求解相干光强分布。
2) 求解干涉条纹的形状、间距和条纹可见度，以及条纹的变化等特征。

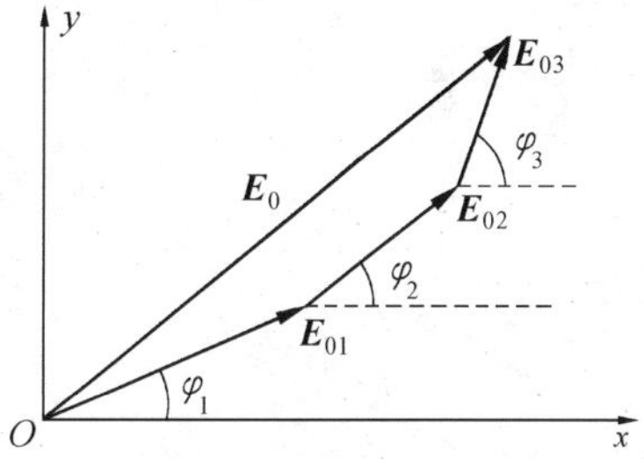

4. 干涉问题的基本类型

1) 两光束干涉：两束球面波的干涉、两束平面波的干涉、球面波和平面波的干涉。

图3.1　多光束相干叠加的振幅矢量合成

2) 多光束干涉。

5. 求相干光强分布的方法

1) 矢量图解法

三束以上光波相干叠加时，首先画出如图 3.1 所示的矢量图，然后写出 x 和 y 方向的分量求和式

$$E_{0x} = E_{01}\cos\varphi_1 + E_{02}\cos\varphi_2 + E_{03}\cos\varphi_3 + \cdots$$

$$E_{0y} = E_{01}\sin\varphi_1 + E_{02}\sin\varphi_2 + E_{03}\sin\varphi_3 + \cdots$$

则叠加后的总相干光强分布为

$$I = E_0^2 = E_{0x}^2 + E_{0y}^2$$

3）复振幅叠加法

首先求出每束光波的复振幅表示式

$$\widetilde{E}_i = E_{0i}\mathrm{e}^{\mathrm{i}\varphi_i}, \quad \varphi_i = \boldsymbol{k}_i \cdot \boldsymbol{r}_i + \varphi_{0i} \quad (i = 1,2,3,\cdots)$$

然后求和

$$\widetilde{E} = \sum_{i=1}^{n} \widetilde{E}_i$$

再与其共轭复振幅相乘，即为总相干光强分布

$$I = \widetilde{E}\widetilde{E}^* = \left(\sum \widetilde{E}_i\right)\left(\sum \widetilde{E}_i^*\right)$$

6. 两光束干涉问题的求解方法

1）相干光强：所有两光束干涉问题的相干光强分布均为

$$I = E_{01}^2 + E_{02}^2 + 2E_{01}E_{02}\cos\delta = I_1 + I_2 + 2\sqrt{I_1 I_2}\cos\delta$$

不必再具体求解其光强分布，只要求出初相位差或光程差就可以进一步求解干涉条纹的特征。

2）干涉光强极大或极小时对应的初相位差和光程差的一般表示式为

$$\delta = (\boldsymbol{k}_2 \cdot \boldsymbol{r}_2 - \boldsymbol{k}_1 \cdot \boldsymbol{r}_1) + (\varphi_{02} - \varphi_{01}) = \begin{cases} 2m\pi \\ (2m+1)\pi \end{cases} \quad (m = 0, \pm 1, \pm 2, \cdots)$$

若 $\varphi_{02} - \varphi_{01} = 0$

$$\Delta L = (\hat{\boldsymbol{k}}_2 \cdot \boldsymbol{r}_2 - \hat{\boldsymbol{k}}_1 \cdot \boldsymbol{r}_1) = \begin{cases} m\lambda \\ (m+1/2)\lambda \end{cases} \quad (m = 0, \pm 1, \pm 2, \cdots)$$

往往需要根据问题的已知条件，从初相位差或光程差的一般表示式出发进一步具体求解干涉条纹的特征。如果已知 $\varphi_{02} - \varphi_{01} = 0$，则往往只需从求解光程差出发具体求解。

7. 两光束干涉条纹特征的求解方法

首先求出初相位差或光程差的具体表示式，再令

$$\delta = \begin{cases} 2m\pi \Leftrightarrow \text{极大值} \\ (2m+1)\pi \Leftrightarrow \text{极小值} \end{cases}$$

或

$$\Delta L = \begin{cases} m\lambda \Leftrightarrow \text{极大值} \\ (m+1/2)\lambda \Leftrightarrow \text{极小值} \end{cases} \quad (\varphi_{02} - \varphi_{01} = 0 \text{ 时})$$

由此即可得到干涉条纹的形状方程,然后再由干涉条纹的形状方程进一步求解干涉条纹的特征。

8. 两束球面波在平行两个点光源连线平面上的干涉条纹特征

$$x = \frac{mD\lambda}{d}$$

$$\Delta x = \frac{D\lambda}{d}$$

9. 两束球面波在垂直两个点光源连线平面上的干涉条纹特征

$$\rho^2 \approx \frac{2mD^2\lambda}{d} + 2D^2$$

$$\Delta\rho \approx \frac{D^2\lambda}{\rho d}$$

10. 两束平面波的干涉条纹特征

$$x = \frac{m\lambda}{\sin\theta_2 - \sin\theta_1}$$

$$\Delta x = \frac{\lambda}{\sin\theta_2 - \sin\theta_1}$$

若 $\theta_2 = |\theta_1| = \theta$

$$\Delta x = \frac{\lambda}{2\sin\theta}$$

11. 多光束干涉问题的求解方法

不能使用两光束干涉时的光强分布公式求解多光束干涉问题。求多光束相干光强分布的方法是:

1) 先求出每一束相干光的初相位 $\varphi_i = \boldsymbol{k}_i \cdot \boldsymbol{r} + \varphi_0 (i = 1,2,3,\cdots)$

2) 写出每一束相干光的复振幅 $\widetilde{E}_i = E_{0i} e^{i\varphi_i}$

3) 求出所有相干叠加光束复振幅的和 $\widetilde{E} = \sum_{i=1}^{n} \widetilde{E}_i$

4) 与其共轭复振幅相乘,即可求出总相干光强分布

$$I = \widetilde{E}\,\widetilde{E}^* = \left(\sum \widetilde{E}_i\right)\left(\sum \widetilde{E}_i^*\right)$$

5)由 $I = I_M$(或 I_m)可以得到干涉条纹形状方程,然后再进一步讨论干涉条纹的特征等问题。

12. 典型例题

例题 1 如图 3.2 所示,薄透镜对剖后再沿光轴方向将两个半块透镜错开一定距离分别放置在光轴的上方和下方,单色点光源 S 置于透镜左方的光轴上,折射光束经过两个半块薄透镜后,在右方形成两个间距为 $2a$ 的实像点 S_1 和 S_2,在 S_1 和 S_2 连线中点处再放置一个与光轴垂直的观察屏 Σ,构成梅斯林干涉装置。(1)标出观察屏上的相干区域;(2)在傍轴条件下求观察屏上干涉条纹的形状和间距。

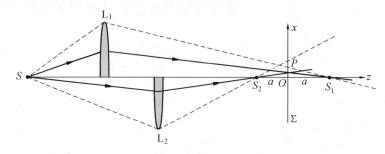

图 3.2 梅斯林干涉装置的结构和光路

解 这是两光束干涉问题,不必求光强分布,只要先求出初相位差的空间分布就可以进一步求解问题了。如图 3.2 所示,任取相交于屏幕上点 P 处的两束光(SL_1PS_1)和(SL_2S_2P)。

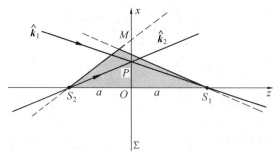

图 3.3 放大的梅斯林干涉装置的相干区

(1)相干区即为图 3.3 放大光路所示的三角形(ΔS_2MS_1)区域。

(2)设 $n = 1$,由初相位差的一般公式求出任意两束光在点 P 相遇时的初相位差为
$$\delta(P) = \boldsymbol{k}_2 \cdot \boldsymbol{r}_2 - \boldsymbol{k}_1 \cdot \boldsymbol{r}_1 + (\varphi_{02} - \varphi_{01})$$

其中 φ_{01} 和 φ_{02} 分别为次波源 S_1 和 S_2 的初始相位

$$r_2 = \overrightarrow{S_2P}, \quad k_2 \cdot r_2 = kr_2 = k\sqrt{a^2 + \rho^2}$$

$$r_1 = \overrightarrow{S_1P}, \quad k_1 \cdot r_1 = -kr_1 = -k\sqrt{a^2 + \rho^2}$$

$$\varphi_2(P) = kr_2 + \varphi_{02} \approx k(a + \frac{\rho^2}{2a}) + k \cdot L(SL_2S_2) + \varphi_0$$

$$\varphi_1(P) = -kr_1 + \varphi_{01} \approx -k(a + \frac{\rho^2}{2a}) + k \cdot L(SL_1S_1) + \varphi_0$$

其中 φ_0 为光源 S 的初始相位。

由物像等光程性可得

$$L(SL_2S_2) - L(SL_1S_1) = L(SS_2) - L(SS_1) = -2a$$

忽略会聚球面光波会聚到焦点 S_2 后由会聚球面光波变为发散球面光波时的相位突变,相干亮条纹条件为

$$\delta(P) = \varphi_2(P) - \varphi_1(P) = k(\frac{\rho^2}{a}) = 2m\pi$$

即

$$\rho^2 = x^2 + y^2 = ma\lambda$$

显然干涉条纹是以观察屏 Σ 上的坐标原点 O 为圆心的半圆形条纹。对上式两边的 ρ 和 m 变量取微分 $2\Delta\rho\rho = \Delta ma\lambda$,令 $\Delta m = 1$,可以得到条纹间距的近似公式

$$\Delta\rho \approx \frac{a\lambda}{2\rho}$$

由干涉条纹间距公式可知,半圆形干涉条纹随条纹半径增大,间距逐渐变小,即干涉条纹由中心向外逐渐变密。

例题 2 如图 3.4 所示,一列波长为 λ、在 xz 平面沿与 z 轴成 θ 角方向传播的平面波与一列点光源 Q 在轴上、距坐标原点为 a、波长也是 λ 的发散球面波在 $z = 0$ 平面相遇、发生干涉,设发散球面波在点光源处和平面波在坐标原点处的初始相位均为零,求 $z = 0$ 平面上干涉条纹的形状和间距。

解 本题是两光束干涉问题,其中 $\varphi_{01} = \varphi_{02} = 0$,因此不必求相干光强和初相位差,只需求出光程差就可以进一步求解问题了。

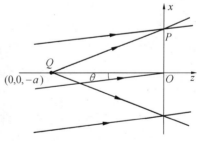

图 3.4 平面波与球面波的干涉光路

从 $\Delta L(P) = (\hat{k}_2 \cdot r_2 - \hat{k}_1 \cdot r_1)$ 的一般表示式出发求光程差。

球面波

$$r_2 = \overrightarrow{QP}, \quad \hat{k}_2 \cdot r_2 = r_2 = \sqrt{a^2 + \rho^2} \approx a + \frac{\rho^2}{2a}$$

平面波

$$z = 0, \quad r_1 = \overrightarrow{OP} = x\hat{x} + y\hat{y}$$

$$\hat{k}_1 = \cos\alpha_1\hat{x} + \cos\gamma_1\hat{z} = \sin\theta\hat{x} + \cos\theta\hat{z}, \quad \hat{k}_1 \cdot r_1 = x\cos\alpha_1 = x\sin\theta$$

因此干涉条纹的形状方程为

$$\Delta L(P) = a + \frac{\rho^2}{2a} - x\sin\theta = m\lambda \ (m = 0, \pm 1, \pm 2, \cdots)$$

$$x^2 + y^2 - 2ax\sin\theta = 2am\lambda - 2a^2$$

$$y^2 + (x - a\sin\theta)^2 = 2am\lambda - 2a^2 + a^2\sin^2\theta = 2am\lambda + A$$

$$\rho'^2 = 2am\lambda + A$$

干涉条纹是以 $(a\sin\theta, 0)$ 为圆心的同心圆，对上式两边的 ρ' 和 m 变量取微分，得

$$2\rho'\Delta\rho' = 2a\Delta m\lambda$$

令 $\Delta m = 1$，可以得到条纹间距公式为

$$\Delta\rho' \approx \frac{a\lambda}{\rho'}$$

干涉条纹的间距由中心向外逐渐变密。

例题 3 如图 3.5 所示，三束在 xz 平面传播的相干平面波在坐标原点 O 处的初始相位均为零，即 $\varphi_{01} = \varphi_{02} = \varphi_{03} = 0$，振幅比为 $E_{01} : E_{02} : E_{03} = 1 : 2 : 1$，光束的传播方向与 z 轴的夹角分别为 $\theta, 0, \theta$，分别用复振幅方法和矢量图解方法求 $z = 0$ 平面上的相干光强分布，分析干涉条纹的特征。

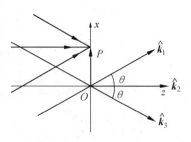

图 3.5 三束平面波的干涉光路

解 1) 复振幅方法

计算起点为坐标原点 O，观察场点为 $z = 0$ 平面上的任意点 P。首先求出每束平面波的复振幅

$$\varphi_{01} = \varphi_{02} = \varphi_{03} = 0, \quad \beta_1 = \beta_2 = \beta_3 = 90°, \quad E_{01} : E_{02} : E_{03} = 1 : 2 : 1$$

$$r_1 = r_2 = r_3 = \overrightarrow{OP} = x\hat{x} + y\hat{y}$$

设 $n = 1, E_{01} = E_{02}/2 = E_{03} = E_0$，则

$$k_1 = k(\sin\theta\hat{x} + \cos\theta\hat{z}), \quad k_2 = k\hat{z}, \quad k_3 = k(-\sin\theta\hat{x} + \cos\theta\hat{z})$$

$$\varphi_1 = k_1 \cdot r_1 = kx\sin\theta, \quad \varphi_2 = k_2 \cdot r_2 = 0, \quad \varphi_3 = k_3 \cdot r_3 = -kx\sin\theta$$

设 $\alpha = \frac{2\pi}{\lambda}x\sin\theta$，则

$$\widetilde{E}_1 = E_0 e^{ikx\sin\theta} = E_0 e^{i\alpha}, \quad \widetilde{E}_2 = 2E_0, \quad \widetilde{E}_3 = E_0 e^{-ikx\sin\theta} = E_0 e^{-i\alpha}$$

求和

$$\widetilde{E} = \widetilde{E}_1 + \widetilde{E}_2 + \widetilde{E}_3 = 2E_0 + E_0(e^{i\alpha} + e^{-i\alpha}) = 2E_0(1 + \cos\alpha)$$

相干光强为

$$I = \widetilde{E}\widetilde{E}^* = 4E_0^2(1 + \cos\alpha)^2 = 16E_0^2\cos^4(\alpha/2), \quad I_0 = E_0^2$$
$$I = 16I_0\cos^4(\alpha/2)$$

2) 矢量图解方法

矢量图如图 3.6 所示,合光强为

$$I = E^2 = (2E_0 + 2E_0\cos\alpha)^2 = 4E_0^2(1 + \cos\alpha)^2$$

即

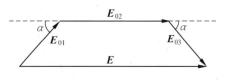

图 3.6 三束平面波相干的振幅矢量合成

$$I = 16I_0\cos^4(\alpha/2), \quad I_0 = E_0^2, \quad \alpha = \frac{2\pi}{\lambda}x\sin\theta$$

3) 干涉条纹特征

(1) 条纹形状:令 $I = I_M$,得 $\alpha = 2m\pi(m = 0, \pm 1, \pm 2, \cdots)$,即

$$x = \frac{m\lambda}{\sin\theta}$$

干涉条纹是垂直于 x 轴的直线条纹。

(2) 条纹间距为

$$\Delta x = \frac{\Delta m\lambda}{\sin\theta} = \frac{\lambda}{\sin\theta} \quad (\Delta m = 1)$$

(3) 条纹可见度为

$$I_M = 16I_0, \quad I_m = 0, \quad \gamma = \frac{I_M - I_m}{I_M + I_m} = 1$$

(4) 光路中只有 k_1 和 k_3 两束相干光波时,两光束干涉的条纹特征

$$\widetilde{E}' = E_0(e^{i\alpha'} + e^{-i\alpha'}), \quad \widetilde{E}' = 2E_0\cos\alpha', \quad \alpha' = \frac{2\pi}{\lambda}x'\sin\theta$$

$$I' = \widetilde{E}'\widetilde{E}'^* = 4I_0\cos^2\alpha', \quad I_0 = E_0^2$$

$\alpha' = m\pi$ 时,$I' = I_M'$,$x' = \frac{m\lambda}{2\sin\theta}$,干涉条纹也是垂直于 x' 轴的直线条纹。

条纹间距为

$$\Delta x' = \frac{\Delta m\lambda}{2\sin\theta} = \frac{\lambda}{2\sin\theta} = \frac{1}{2}\Delta x \quad (\Delta m = 1)$$

条纹可见度为

$$I_M' = 4I_0, \quad I_m' = 0, \quad \gamma' = \frac{I_M' - I_m'}{I_M' + I_m'} = 1$$

(5) 三光束与两光束干涉条纹特征的图示比较

如图3.7所示,三光束干涉条纹间距比两光束干涉条纹间距加宽一倍,$\Delta x = 2\Delta x'$,其光强增加为两光束时的4倍,$I_M = 4I'_M$,其可见度与两光束的可见度相同。

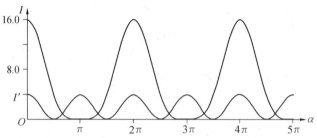

图3.7　三束和两束平面波的相干光强分布曲线

3.2　干涉装置

1. 基本概念

1) 分波面干涉:将点光源发出的光波波面分成若干个子波面,形成若干个点光源发出的多束相干光波。

2) 分振幅干涉:将一束光波的振幅分成若干部分,形成多束相干光波。

3) 空间相干性

在给定宽度的非相干单色线光源(或面光源)照明的空间中,随着两个横向分布的次波源间距的变化,其相干程度也随之变化,这种现象称为两个横向分布次波源的空间相干性。

连续分布的非相干单色点光源组成的线或面光源宽度的扩展是横向分布的两个次波源产生空间相干性(相干程度变化)的起因。

4) 等厚干涉条纹:厚度不均匀的薄膜形成的干涉条纹的级次仅随薄膜的厚度变化。

5) 等厚干涉条纹的特点:严格的等厚条纹与薄膜的等厚线重合,等厚条纹的形状就是薄膜等厚线的形状。

6) 牛顿环:半径很大的平凸透镜与玻璃平板之间的薄空气层形成的同心圆环形等厚条纹。

7) 牛顿环的特点:

(1) $r_m < r_{m+1}$,级次低的条纹半径小,级次高的条纹半径大。

(2) 干涉场中心附近条纹间距大(稀疏),越往外条纹越密集。

(3) 薄空气层变厚时,条纹向中心收缩,中心吞条纹;薄空气层变薄时,条纹向外扩展,中心吐条纹。

(4) 薄空气层厚度变化时,干涉场中各处的条纹间距不变。

8) 等倾条纹:厚度均匀的薄膜形成的干涉条纹的级次仅随折射倾角变化,形成圆形干涉条纹。

9) 等倾干涉条纹的特点:

(1) $r_{m+1} < r_m$,级次高的条纹半径小,级次低的条纹半径大。

(2) 干涉场中心附近条纹间距大(稀疏),越往外条纹越密集。

(3) 薄膜厚度增加时,条纹向外扩展,中心吐条纹;薄膜厚度减小时,条纹向中心收缩,中心吞条纹。

(4) 薄膜变厚时,干涉场中各处的条纹间距变小,干涉条纹变密;薄膜变薄时,干涉场中各处的条纹间距变大,干涉条纹变稀疏。

10) 时间相干性:在非单色点源照明的光波场中,随着两个纵向分布的次波源之间距离或光程差的变化,相干程度也随之变化,这种现象称为两个纵向分布次波源的时间相干性,随机发光时间的有限性决定了波列长度是有限的或者光源是非单色的,从而导致了两个次波源的时间相干性,随机发光时间的有限性是纵向分布的两个次波源产生时间相干性(相干程度变化)的起因。

11) 多光束干涉的条纹特征:光强反射率 R 越大,参与相干叠加的不可忽略的光束数目越多,干涉条纹越细锐、清晰和明亮。

12) 线宽:非单色光谱的波长(或频率)范围。

2. 基本公式

1) 分波面两光束干涉装置

光强分布 $\quad I = 2I_0(1 + \cos\delta) = 4I_0\cos^2\dfrac{\delta}{2}$

初相位差 $\quad \delta = \dfrac{2\pi}{\lambda}\Delta L$

光程差 $\quad \Delta L = r_2 - r_1 = \dfrac{d}{D}x$

其中设次波源发出的光波所在介质的折射率为 $n = 1$。

条纹形状 $\quad$ 直线条纹。

条纹间距 $\quad \Delta x = \dfrac{D\lambda}{d}$

2) 杨氏实验装置的干涉条纹间距 $\quad \Delta x = \dfrac{D\lambda}{d}$

3）菲涅耳双面镜的干涉条纹间距　　$\Delta x = \dfrac{(A+B)\lambda}{2\theta A}$

4）劳埃德镜的干涉条纹间距　　$\Delta x = \dfrac{D\lambda}{2a}$

注意：掠入射光反射后，反射光与入射光之间有半波损，对应光程差为零处的干涉条纹是暗条纹。

5）菲涅耳双棱镜

光程差　　$\Delta L = r_2 - r_1 = \dfrac{xd}{D}$

干涉条纹间距　　$\Delta x = \dfrac{(A+B)\lambda}{2A(n_0 - 1)\alpha}$

6）空间相干性公式

$n=1$ 时，杨氏干涉中，点光源移动距离 l 与零级条纹移动距离 x_0 的关系式　　$x_0 = \dfrac{D}{R}l$

可见度下降到零时线光源的宽度　　$b_M = \dfrac{R}{d}\lambda$

可见度下降到零时两个次波源的间距　　$d_M = \dfrac{R}{b}\lambda$

相干孔径角　　$\theta_M = \dfrac{d_M}{R}$

相干宽度：d_M；相干面积　　$S = d_M^2$

空间相干反比公式　　$b\theta_M = \lambda$

7）等厚条纹的光程差公式　　$\Delta L \approx 2nh \pm \lambda/2$

平行光垂直入射，$i = 0$。满足 $n_1 < n > n_2$ 或 $n_1 > n < n_2$ 条件时，有半波损，需要添加附加光程差 $\pm \lambda/2$。

8）楔形薄膜等厚干涉的相邻条纹对应的薄膜厚度差和条纹间距　　$\Delta h = \dfrac{\lambda}{2n}, \Delta x \approx \dfrac{\lambda}{2n\theta}$

9）牛顿环的暗环半径公式和条纹间距　　$r_m = \sqrt{mR\lambda}$，$\Delta r_m \approx \dfrac{R\lambda}{2r_m}$

10）等倾干涉条纹的光程差　　$\Delta L = 2nh\cos i \pm \lambda/2$

满足 $n_1 < n > n_2$ 或 $n_1 > n < n_2$ 条件时，有半波损，需要添加附加光程差 $\pm \lambda/2$。

11）等倾干涉条纹的间距　　$\Delta r_m = \dfrac{-f\lambda}{2h\sin i_m} \propto \dfrac{\lambda}{2h\sin i_m}$

12）波列长度　　$L_0 = nl = c\tau_0$

波列长度 L_0 也称为相干长度，随机发光时间 τ_0 称为相干时间。

13）波列长度与光源非单色性的关系式　　$L_0 = c\tau_0 = \dfrac{\lambda^2}{\Delta\lambda}$

14）可见度趋于零时的最大光程差　　$\Delta L_M = \dfrac{\lambda^2}{\Delta\lambda} = L_0$

15）时间相干反比公式　　$\tau_0 \Delta\nu \approx 1$

16）多光束干涉的透射和反射光强公式

$$I_T = \dfrac{I_0}{1 + \dfrac{4R}{(1-R)^2}\sin^2\dfrac{\delta}{2}}, \quad I_R = \dfrac{\dfrac{4R}{(1-R)^2}\sin^2\dfrac{\delta}{2}}{1 + \dfrac{4R}{(1-R)^2}\sin^2\dfrac{\delta}{2}} I_0$$

17）多光束干涉的相位半宽、条纹精细度和角半宽

$$\Delta\delta = \dfrac{2(1-R)}{\sqrt{R}}, \quad F = \dfrac{2\pi}{\Delta\delta} = \dfrac{\pi\sqrt{R}}{1-R}, \quad \Delta i = \dfrac{\lambda}{2\pi nh\sin i}\dfrac{1-R}{\sqrt{R}}$$

18）多光束干涉的角色散本领　　$D_i = \dfrac{\delta i}{\delta \lambda} = \dfrac{m}{2nh\sin i}$

19）多光束干涉的色分辨本领　　$G = \dfrac{\lambda}{\delta\lambda} = m\pi\dfrac{\sqrt{R}}{1-R}$

20）瑞利判据　　$\Delta i = \delta i$

其中 Δi 为谱线的角半宽；δi 为两条谱线中心散开的角距离。

21）干涉场中心的自由光谱范围　　$\Delta\lambda = \dfrac{\lambda^2}{2nh} = \dfrac{\lambda}{m}$

22）从法－珀干涉仪中心输出的纵模　　$\nu_m = \dfrac{c}{\lambda_m} = \dfrac{mc}{2nh}$

23）纵模间隔　　$\delta\nu = \dfrac{c}{2nh}$

24）单模线宽　　$\Delta\nu_m = \dfrac{c}{2\pi nh}\dfrac{1-R}{\sqrt{R}} = \dfrac{c}{\pi m\lambda}\dfrac{1-R}{\sqrt{R}}$

25）增透膜的增透条件　　$n_1 < n < n_2$，　　$h = \dfrac{\lambda}{4n}$，　　$n = \sqrt{n_1 n_2}$

3. 需要求解的干涉装置的问题

1）求解时空相干性问题。
2）求解分波面干涉问题。
3）求解分振幅干涉问题。
4）判断楔形薄膜交棱位置和薄膜表面不平度等问题。

5) 判断等厚和等倾干涉的薄膜厚度变化时干涉条纹的移动和吞吐等问题。

4. 典型例题

例题 1　如图 3.8 所示的杨氏实验装置中，S 为中心波长为 600 nm、谱线宽度为 6 nm 的点光源，双缝 S_1 和 S_2 的间距为 2 mm，光源到双缝所在屏的距离为 20 cm。(1) 求观察屏上干涉条纹消失时的级次；(2) 若光源 S 是沿 x 方向扩展的波长为 600 nm 的单色线光源，求观察屏上干涉条纹消失时光源沿 x 方向扩展的宽度。

解　(1) 这是时间相干性问题

在杨氏干涉装置中除了有空间相干性问题外，也有时间相干性问题。

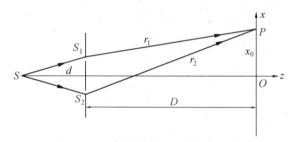

图 3.8　杨氏干涉装置的结构和光路

解法 1　垂直 x 方向的直线条纹间距 $\Delta x = \dfrac{D\lambda}{d}$ 随波长变化。

① 波长不同，条纹间距不同；波长越长，条纹间距越大。

② 对于波长连续分布的、具有谱线宽度为 $\Delta\lambda$ 的非单色点光源来说，各种单色光的零级条纹均处于观察屏的中心，形成零级合成颜色的条纹。

③ 随着光程差的增加，不同波长的条纹逐渐错开。随着条纹级次变大，不同波长条纹错开的程度越来越大，互相重叠的程度越来越厉害，条纹的可见度逐渐下降。当谱线前后边缘波长的条纹互相错开一个条纹间距后，条纹的可见度下降为零。

图 3.9(a) 和 (b) 中的横坐标是杨氏干涉装置中从双缝 S_1 和 S_2 发出的两束光到达观察屏上任意一点 P 处的光程差，纵坐标分别是(a) 多束单色光波在屏幕上产生的无数套干涉图样非相干叠加的总光强分布的变化曲线和(b) 可见度的变化曲线。

当 $\Delta L = k\lambda_m = (k-1)\lambda_M = (k-1)(\lambda_m + \Delta\lambda)$ 时，条纹可见度为零，此时有

$$k = \dfrac{\lambda_m}{\Delta\lambda} + 1 \approx \dfrac{\lambda}{\Delta\lambda} = 100$$

观察屏上条纹消失时的级次为 $k = 100$。

解法 2　由非单色点光源发出的光波的波列长度为

$$L_0 = \dfrac{\lambda^2}{\Delta\lambda}$$

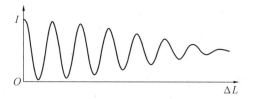

(a) 合光强随光程差的变化曲线

(b) 可见度随光程差的变化曲线

图 3.9 非单色点光源的时间相干性曲线

两个次波源 S_1 和 S_2 产生的光程差满足干涉极大的条件为

$$\Delta L = r_2 - r_1 = k\lambda$$

随着光程差的增加,干涉级次也在不断增加,当光程差增加到等于或大于波列长度时,从同一个波列分成的两个相干波列在观察点 P 处不能相遇,屏幕上光强分布的可见度下降为零,即

$$\Delta L = r_2 - r_1 = k\lambda = L_0 = \frac{\lambda^2}{\Delta\lambda}$$

时,对应的干涉级次 k 就是观察屏上条纹消失时的级次,解得

$$k = \frac{\lambda}{\Delta\lambda} = 100$$

(2) 这是空间相干性问题

对于宽度沿 x 方向扩展的单色线光源来说,虽然各个点光源产生的各套干涉条纹的间距相等,但是由于各个非相干点光源是互相错开的,导致观察屏上的干涉图样也随之互相错开,当线光源的长度增长到使线光源边缘的两个点源产生的两套干涉花样互相错开一个条纹间距时,观察屏上的条纹可见度下降为零。由《光学》中的式(3.45)可知,此时有

$$b_M = \frac{R\lambda}{d} = \frac{200 \times 600 \times 10^{-6}}{2} = 0.06 \text{ mm}$$

例题 2 如图 3.10 所示的杨氏干涉装置中点光源 S 发出波长 $\lambda = 500$ nm 的单色光波,双缝间距为 $d = 0.2$ mm。(1) 在距双缝所在屏 $A = 6$ cm 处放置焦距为 $f = 10$ cm 的薄透镜,薄透镜到观察屏的距离为 $B = 15$ cm;(2) 在距双缝所在屏为 $A = 10$ cm 处放置焦距 $f = 10$ cm 的薄透镜,薄透镜到观察屏的距离为 $B = 12$ cm。在傍轴条件下,分别求上述两种情况下干涉条纹的形状和间距。

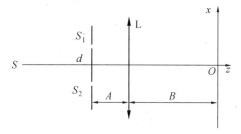

图 3.10 带薄透镜的杨氏干涉装置的结构

解 这是分波面干涉问题。

(1) 关键的解题步骤是将次波源 S_1 和 S_2 对薄透镜成像，干涉条纹是两个相应虚像点的相干次波在观察屏上相干叠加的结果。干涉条纹是垂直 x 轴的直线条纹。

首先成像

$$\frac{1}{s'} + \frac{1}{6} = \frac{1}{10}, \quad s' = -15 \text{ cm}, \quad V = -\frac{s'}{s} = 2.5$$

因此

$$D = 15 + 15 = 30 \text{ cm}, \quad d = 0.2 \times 2.5 = 0.5 \text{ mm}$$

$$\Delta x = \frac{D}{d}\lambda = \frac{300}{0.5} \times 500 = 0.3 \text{ mm}$$

(2) 由于双缝所在屏位于透镜的焦平面上，因此，两个次波源在后场形成的是两束平行光的干涉，这是必须分析清楚的解题关键。

干涉条纹是垂直 x 轴的直线条纹，平行光倾角的正弦函数为

$$\sin\theta \approx \frac{0.1}{100} = 10^{-3}$$

条纹间距为

$$\Delta x = \frac{\lambda}{2\sin\theta} = \frac{500}{2 \times 10^{-3}} = 0.25 \text{ mm}$$

例题 3 如图 3.12 所示，用钠黄光(589.3 nm)照明迈克耳孙干涉仪，先看到视场 Σ 中有 10 个亮环，而且中心是亮斑(中心亮斑不计为亮环数)，移动平面镜 M_1 后，看到中心吞(或吐)了 10 环，此时视场中有 5 个亮环。求 (1) 移动平面镜 M_1 后中心是吞还是吐了 10 环；(2) 平面镜 M_1 移动的距离；(3) 移动前中心亮斑的干涉级次；(4) 移动后中心亮斑的干涉级次。

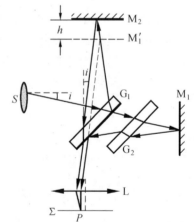

图 3.12 迈克耳孙干涉仪的结构和光路

解 这是一个分振幅的等倾干涉问题。视场是干涉条纹所在的干涉场的范围。

(1) 首先定性分析移动平面镜 M_1 后等效空气层的厚度是增加还是减少了。已知移动后在相同视场范围内条纹数目变少，即条纹间距变大了，由条纹间距公式 $\Delta r_n \propto \frac{-\lambda}{2h\sin i_m}$ 可以推知，此时等效空气层变薄了。

再由中心点的光程差公式 $2h = m\lambda$ 和等效空气层的厚度变薄后干涉条纹的变化(如图 3.13 所示)推知，空气层变薄时条纹收缩，中心吞了 10 个亮环。

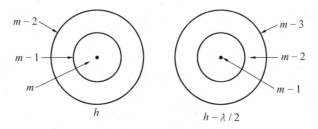

图 3.13　随膜厚变薄条纹的吞吐变化

（2）因而平面镜 M_1 的位移应该为
$$\Delta h = 10\lambda/2 = 2.947\ \mu m$$

（3）由于干涉场中心的绝对级次 m 取决于空气层厚度 h，而且 m 和 h，以及最大视场角范围 θ_M 都是未知的。为此，可以通过建立镜面移动前后的光程差方程式来解决这个问题，忽略分束镜反射的相位突变。

镜面移动前干涉场中心和边缘处亮斑的光程差公式为
$$\begin{cases} 2h = m\lambda \\ 2h\cos\theta_M = (m-10)\lambda \end{cases}$$

镜面移动后为
$$\begin{cases} 2(h-\Delta h) = (m-10)\lambda \\ 2(h-\Delta h)\cos\theta_M = (m-10-5)\lambda \end{cases}$$

求解可得
$$\frac{m}{m-10} = \frac{m-10}{m-15}$$

可知开始时中心亮斑级次为 $m = 20$。

（4）移动后中心亮斑的干涉级次为 10。

3.3　习题解答

3.1 两列振动方向平行的相干光束的振幅比分别为 $E_{01}/E_{02} = 1, 1/3, 3, 6, 1/6$，分别求干涉条纹的可见度。

解 由双光束干涉可见度公式
$$\gamma_0 = \frac{2(E_{01}/E_{02})}{1 + (E_{01}/E_{02})^2}$$

可知，当 $E_{01}/E_{02} = 1, 1/3, 3, 6, 1/6$ 时，$\gamma_0 = 1, 0.6, 0.6, 0.32, 0.32$。可见，两束光的振幅相等时干涉条纹的可见度最好。

3.2 如题 3.2 图所示,在 xz 平面传播的两束波长均为 400 nm 的相干平面波对称入射到位于 $z=0$ 处的 xy 平面观察屏上。(1) 两束光的传播方向与 z 轴的夹角均为 $\theta = 30°$,求干涉条纹的间距;(2) 两束光的传播方向与 z 轴的夹角均为 $\theta = 45°$,求干涉条纹的间距;(3) 两束相干平行光的波长均为 600 nm,传播方向与 z 轴的夹角均为 $\theta = 30°$,求干涉条纹的间距。

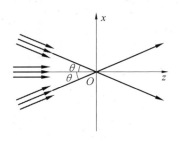

题 3.2 图　两束平面波的干涉光路

解　由入射情况可知,xy 平面上的直线干涉条纹走向与 y 轴平行,如题 3.2 图所示的对称入射时干涉条纹的间距为

$$\Delta x = \frac{\lambda}{2\sin\theta}$$

(1) 当 $\lambda = 400$ nm, $\theta = 30°$ 时,干涉条纹的间距为

$$\Delta x_1 = \frac{400}{2 \times \sin 30°} = 0.4 \ \mu m$$

(2) 当 $\lambda = 400$ nm, $\theta = 45°$ 时,干涉条纹的间距为

$$\Delta x_2 = \frac{400}{2 \times \sin 45°} \approx 0.28 \ \mu m$$

(3) 当 $\lambda = 600$ nm, $\theta = 30°$ 时

$$\Delta x_3 = \frac{600}{2 \times \sin 30°} = 0.6 \ \mu m$$

可见,入射角增大,干涉条纹间距变小。波长增大,干涉条纹间距变大。

3.3　杨氏双孔干涉实验中,双孔间距为 0.6 mm,双孔与接收屏的距离为 1.2 m,波长为 600 nm 的点光源照明双孔,求干涉条纹的间距。

解　根据杨氏双孔直线干涉条纹的间距公式有

$$\Delta x = \frac{\lambda D}{d} = \frac{600 \times 1.2}{0.6} = 1.2 \ mm$$

3.4　如题 3.4 图所示,杨氏双缝干涉装置中,波长为 600 nm 的光源在观察屏上形成角宽度为 0.02° 的暗条纹,在傍轴条件下求双缝的间距,若将整个装置浸入折射率为 1.33 的水中,求相邻暗条纹的角宽度。

解　(1) 设双缝所在屏到观察屏的垂直距离为 D,双缝的间距为 d,干涉级次为 m 和 $(m+1)$ 的暗纹位置分别为

$$x_m = (2m - 1)\frac{D\lambda}{2d}, \quad x_{m+1} = [2(m+1) - 1]\frac{D\lambda}{2d}$$

如题 3.4 图所示,第 m 级暗纹的角位置 θ_m 为

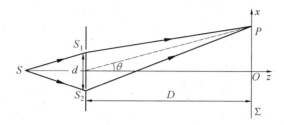

题3.4图 杨氏双缝干涉装置的结构和光路

$$\tan\theta_m = \frac{x_m}{D}$$

由于该装置中横向观测范围 $\rho^2 = x^2 + y^2 \ll D^2$，于是有

$$\theta_m \approx \frac{x_m}{D}$$

相邻暗纹的角宽度为

$$\Delta\theta = \theta_{m+1} - \theta_m \approx \frac{x_{m+1} - x_m}{D} = \frac{\lambda}{d}$$

据题意，可求得双缝的间距为

$$d = \frac{\lambda}{\Delta\theta} = \frac{0.6}{0.02 \times (\pi/180)} \approx 1.72 \text{ mm}$$

（2）若将该装置浸入折射率 $n = 1.33$ 的水中，则第 m 级暗纹对应的光程差为

$$(2m-1)\frac{\lambda}{2} = n(\overline{S_2P} - \overline{S_1P}) \approx nd\sin\theta'_m$$

其中 θ'_m 为第 m 级暗纹对应的角位置，其大小为

$$\theta'_m \approx \sin\theta' = (2m-1)\frac{\lambda}{2nd}$$

故在折射率 $n = 1.33$ 的水中，条纹的角宽度为

$$\Delta\theta' = \theta'_{m+1} - \theta'_m \approx \frac{\lambda}{nd} = \frac{\Delta\theta}{n} = \frac{0.02°}{1.33} \approx 0.015°$$

3.5 如题3.5图所示，波长为 λ、在 xz 平面沿 z 轴方向传播的平面波，与源点在轴上、距坐标原点为 a、波长也是 λ 的球面波在 $z=0$ 平面相遇、发生干涉，设球面波在源点 C 处与平面波在坐标原点 O 处的初始相位均为零，在傍轴条件下求 $z=0$ 平面上干涉条纹的形状和间距。

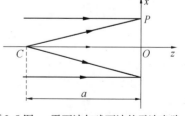

题3.5图 平面波与球面波的干涉光路

解 $\varphi_{01} = \varphi_{02} = 0$，因此不必求相干光强和初相位

差,只需求出光程差就可以进一步求解了。在 $z = 0$ 平面上任意点 P 处两光束的光程分别为

平面波从点 O 算起到点 P 的光程为

$$z = 0, \boldsymbol{r}_1 = \overrightarrow{OP} = x\hat{\boldsymbol{x}} + y\hat{\boldsymbol{y}}, \quad \hat{\boldsymbol{k}}_1 \cdot \boldsymbol{r}_1 = 0$$

球面波从点 C 算起到点 P 的光程为

$$\boldsymbol{r}_2 = \overrightarrow{CP}, \quad \hat{\boldsymbol{k}}_2 \cdot \boldsymbol{r}_2 = r_2 = \sqrt{a^2 + \rho^2} \approx a + \frac{\rho^2}{2a}, \quad \rho^2 = x^2 + y^2$$

两光束的光程差满足干涉极大的条件为

$$\Delta L(P) = a + \frac{\rho^2}{2a} = m\lambda, \quad \rho^2 = x^2 + y^2 = 2am\lambda - 2a^2$$

干涉条纹是以 $(0,0)$ 为圆心的同心圆,对上式两边的 ρ 和 m 变量取微分

$$2\rho\Delta\rho = 2a\Delta m\lambda$$

令 $\Delta m = 1$,可以得到条纹间距

$$\Delta\rho \approx \frac{a\lambda}{\rho}$$

3.6 如题 3.6 图所示,从源点 $Q(0,0,-a)$ 发出的波长为 λ 的发散球面波与会聚在点 $Q'(0,0,a)$ 处的波长也为 λ 的会聚球面波在 $z = 0$ 平面相遇、发生干涉。设源点 Q 处的初始相位为 φ_{02},会聚点 Q' 处的初始相位为 φ_{01},在傍轴条件下求 $z = 0$ 平面上干涉条纹的形状和间距。

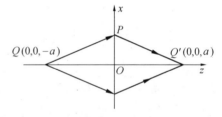

题 3.6 图　发散和会聚球面波的干涉光路

解　选取点 P 为 $z = 0$ 平面上任意观察场点。

发散球面波有

$$\boldsymbol{r}_2 = \overrightarrow{QP} \approx (a + \frac{\rho^2}{2a})\hat{\boldsymbol{r}}_2, \quad \rho^2 = x^2 + y^2$$

$$\varphi_2 = \boldsymbol{k}_2 \cdot \boldsymbol{r}_2 + \varphi_{02} = kr_2 + \varphi_{02} = k(a + \frac{\rho^2}{2a}) + \varphi_{02}$$

会聚球面波有

$$\boldsymbol{r}_1 \approx \overrightarrow{Q'P} \approx (a + \frac{\rho^2}{2a})\hat{\boldsymbol{r}}_1$$

$$\varphi_1 = \boldsymbol{k}_1 \cdot \boldsymbol{r}_1 + \varphi_{01} = -kr_1 + \varphi_{01} = -k(a + \frac{\rho^2}{2a}) + \varphi_{01}$$

相干极大值条件为

$$\delta = \varphi_2 - \varphi_1 = 2k(a + \frac{\rho^2}{2a}) + (\varphi_{02} - \varphi_{01}) = 2m\pi$$

干涉条纹形状方程
$$\rho^2 = ma\lambda - 2a^2 - a(\varphi_{02} - \varphi_{01})/k = ma\lambda + A$$
干涉条纹是圆心位于 $z = 0$ 平面上 $(0, 0)$ 处的圆形条纹。条纹间距为
$$\Delta\rho \approx \frac{a\lambda}{2\rho}$$

3.7 如题 3.7 图所示，波长为 λ、在 xz 平面沿与 z 轴夹角 θ 方向传播的平面波与源点 Q 在轴上、距坐标原点为 a、波长也是 λ 的会聚球面波在 $z = 0$ 平面相遇、发生干涉，设会聚球面波在光源处与平面波在坐标原点处的初始相位均为零，在傍轴条件下求 $z = 0$ 平面上干涉条纹的形状和间距。

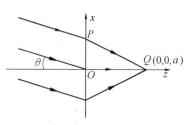

题 3.7 图　平面波与会聚球面波的干涉光路

解 $\varphi_{01} = \varphi_{02} = 0$，因此不必求相干光强和初相位差，只需求出光程差就可以进一步求解了。从 $\Delta L(P) = n(\hat{\boldsymbol{k}}_2 \cdot \boldsymbol{r}_2 - \hat{\boldsymbol{k}}_1 \cdot \boldsymbol{r}_1)$ 的一般表达式出发求光程差，设 $n = 1$。

球面波有
$$\boldsymbol{r}_1 = \overrightarrow{QP}, \quad \boldsymbol{k}_1 \cdot \boldsymbol{r}_1 = -kr_1, \quad \hat{\boldsymbol{k}}_1 \cdot \boldsymbol{r}_1 = -r_1 \approx -\left(a + \frac{\rho^2}{2a}\right)$$

平面波有
$$z = 0, \quad \boldsymbol{r}_2 = \overrightarrow{OP} = x\hat{\boldsymbol{x}} + y\hat{\boldsymbol{y}}, \quad \hat{\boldsymbol{k}}_2 = \cos\alpha_2 \hat{\boldsymbol{x}} + \cos\gamma_2 \hat{\boldsymbol{z}} = -\sin\theta\hat{\boldsymbol{x}} + \cos\theta\hat{\boldsymbol{z}}$$
$$\hat{\boldsymbol{k}}_2 \cdot \boldsymbol{r}_2 = x\cos\alpha_2 = -x\sin\theta$$

因此光程差满足极大值的条件为
$$\Delta L = -x\sin\theta + a + \frac{\rho^2}{2a} = m\lambda, \quad (m = 0, \pm 1, \pm 2, \cdots)$$
$$y^2 + (x - a\sin\theta)^2 = 2am\lambda - 2a^2 + a^2\sin^2\theta = 2am\lambda + A$$
$$\rho'^2 = 2am\lambda + A$$

干涉条纹是以 $(a\sin\theta, 0)$ 为圆心的同心圆，对上式两边的 ρ' 和 m 变量取微分
$$2\rho'\Delta\rho' = 2a\Delta m\lambda$$

令 $\Delta m = 1$，可以得到条纹间距
$$\Delta\rho' \approx \frac{a\lambda}{\rho'}$$

3.8 如题 3.8 图所示，波长为 λ、在 xz 平面沿与 z 轴夹角 θ_1 方向传播的平面波与波长也为 λ、在 xz 平面沿与 z 轴夹角 θ_2 方向传播的平面波在 $z = 0$ 平面相遇、发生干涉，设两束平面波在坐标原点处的初始相位均为零，在傍轴条件下求 $z = 0$ 平面上干涉条纹的形状

和间距。

解 如题3.8图所示，两束平面波与z轴的夹角分别为θ_1和θ_2，则有

$$\boldsymbol{r}_2 = \boldsymbol{r}_1 = \overrightarrow{OP} = x\hat{\boldsymbol{x}} + y\hat{\boldsymbol{y}}$$

$$\hat{\boldsymbol{k}}_1 = (\cos\alpha_1\hat{\boldsymbol{x}} + \cos\gamma_1\hat{\boldsymbol{z}}) = -\sin\theta_1\hat{\boldsymbol{x}} + \cos\theta_1\hat{\boldsymbol{z}}$$

$$\hat{\boldsymbol{k}}_2 = (\cos\alpha_2\hat{\boldsymbol{x}} + \cos\gamma_2\hat{\boldsymbol{z}}) = \sin\theta_2\hat{\boldsymbol{x}} + \cos\theta_2\hat{\boldsymbol{z}}$$

两束相干光的光程差为

$$\Delta L = \hat{\boldsymbol{k}}_2 \cdot \boldsymbol{r}_2 - \hat{\boldsymbol{k}}_1 \cdot \boldsymbol{r}_1 = x(\sin\theta_2 + \sin\theta_1)$$

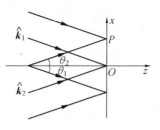

题3.8图 两束平面波的干涉光路

光程差满足极大值的条件为

$$\Delta L = x(\sin\theta_2 + \sin\theta_1) = m\lambda$$

即

$$x = \frac{m\lambda}{\sin\theta_2 + \sin\theta_1}$$

可见，干涉条纹是平行y轴的直线条纹，条纹间距为

$$\Delta x = \frac{\lambda}{\sin\theta_2 + \sin\theta_1}$$

3.9 如题3.9图所示，三束沿xz平面传播的相干平面波在坐标原点O处的初始相位均为零，即$\varphi_{01} = \varphi_{02} = \varphi_{03} = 0$，振幅比为$E_{01} : E_{02} : E_{03} = 1 : 2 : 1$，光束传播方向与$z$轴的夹角分别为$\theta$，0和$\theta$。(1)在傍轴条件下分别用复振幅方法和矢量图解方法求$z = 0$平面上的相干光强分布；(2)分析干涉条纹的特征。

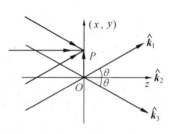

题3.9图 三束平面波的干涉光路

解 详见本章3.1节例题3的解答。

3.10 如题3.10图所示，将薄透镜从中心切成两半，中间放置厚度为0.6 mm的不透光垫，构成对切透镜，薄透镜的焦距为100 mm，透镜与波长为600 nm的点光源相距300 mm、与观察屏相距450 mm，在傍轴条件下求观察屏Σ上干涉条纹的间距和可能出现的暗条纹数目。

解 点光源S经过两个半截薄透镜分别成像为像点S_1和S_2，像距为

$$\frac{1}{300} + \frac{1}{s'} = \frac{1}{100}, \quad s' = 150 \text{ mm}$$

两像点相距为d

$$\frac{0.3}{300} = \frac{d/2}{450}, \quad d = 0.9 \text{ mm}$$

两像点与观察屏相距为$D = 300$ mm，在观察屏上有垂直x轴的干涉条纹，间距为

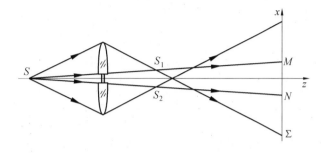

题 3.10 图　对切透镜干涉装置的结构和光路

$$\Delta x = \frac{D\lambda}{d} = \frac{300 \times 600}{0.9} = 0.2 \text{ mm}$$

由于相干区 $\overline{MN}$ 的宽度 h 满足

$$\frac{0.3}{300} = \frac{h/2}{750}$$

即 $h = 1.5$ mm。则在屏幕上亮条纹的最高级次为

$$m = \frac{h/2}{\Delta x} = \frac{0.75}{0.2} \approx 3.8$$

因此暗条纹数目为 $k = 8$ 条。

3.11 如题 3.11 图所示,菲涅耳双面镜 M_1 和 M_2 的夹角为 15′,在双面镜交棱的左上方放置波长为 600 nm 的平行交棱的缝光源 S,光源经过双面镜分别成像为 S_1 和 S_2,两个像光源的连线与交棱相距为 10 cm,若观察屏 Σ 位于两个像光源的右方,与交棱相距为 250 cm。求(1) 干涉条纹的间距;(2) 观察屏上可能出现的干涉亮条纹的数目;(3) 光源 S 垂直交棱位移 δs 时,观察屏上零级条纹相应移动的距离;(4) 可见度下降到零时缝光源的宽度。

解　由已知条件可知,$A = 10$ cm,$B = 250$ cm,$\theta = 15′$,$\lambda = 600$ nm。

(1) 条纹间距为

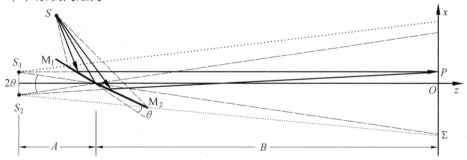

题 3.11 图　菲涅耳双面镜干涉装置的结构和光路

$$\Delta x = \frac{(A+B)\lambda}{2\theta A} = \frac{(10+250)\times 600 \times 10^{-6}}{2\times \dfrac{(15/60)\times \pi}{180}\times 10} \approx 1.79 \text{ mm}$$

(2) 由题 3.11 图可知,屏幕上两列光波交叠区的宽度为

$$\Delta l \approx 2\theta B = 2\times \frac{(15/60)\times \pi}{180}\times 250 \approx 2.18 \text{ cm}$$

故屏幕上亮条纹的数目约为

$$\Delta N = \frac{\Delta l/2}{\Delta x}\times 2 + 1 = \frac{21.8}{1.79} + 1 \approx 13$$

(3) 若光源 S 作垂直交棱的横向小位移 δs 成为光源 S'_1,S' 的一对像 S'_1 和 S'_2 的中垂线相对 S_1 和 S_2 的中垂线转过了小角度 $\beta \approx \dfrac{\delta s}{A}$,因此条纹沿 x 轴方向整体平移,则屏幕上零级条纹移动的距离为

$$\delta x \approx B\beta \approx \frac{B}{A}\delta s$$

此时屏幕上的条纹总体上平移了 δx,条纹间距不变。

(4) 当有一定横向宽度缝光源的两个边缘点光源 S 和 S' 产生的两套干涉条纹错开的距离恰好为一个条纹间距(即 $\delta x = \Delta x$)时,则宽度为 $b = \overline{SS'}$ 的缝光源在屏幕上形成的干涉场的可见度下降为零。因而,满足 $\delta x = \Delta x$ 关系式的缝光源的宽度 b_M 满足如下公式

$$\frac{B}{A}b_M = \Delta x$$

即

$$b_M = \frac{(A+B)\lambda}{2\theta B} \approx 0.07 \text{ mm}$$

3.12 如题 3.12 图所示,波长为 600 nm 的平行光垂直入射到顶角为 $6'$、折射率为 1.5 的双棱镜上,在相距棱镜 160 cm 处放置观察屏。求观察屏 Σ 上干涉条纹的间距和可能出现的干涉暗条纹的数目。

解 (1) 如图 3.12 所示,入射的平行光经过顶角较小的菲涅耳双棱镜后成为两束平行光,其中一束上倾,另一束下倾,其倾角均为 $\theta \approx (n-1)\alpha$,$n$ 是菲涅耳双棱镜的折射率,α 是棱镜的顶角。直接利用两束平行光干涉的条纹间距公式求解,可得条纹间距为

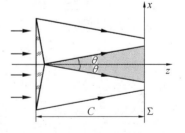

题 3.12 图　双棱镜干涉装置的结构和光路

$$\Delta x = \frac{\lambda}{2\sin\theta} \approx \frac{\lambda}{2(n-1)\alpha} = \frac{600 \times 10^{-6}}{2 \times 0.5 \times \dfrac{6 \times \pi}{60 \times 180}} \approx 0.34 \text{ mm}$$

（2）设屏幕与菲涅耳双棱镜之间的距离为 C，则屏幕上两光束交叠区的范围为

$$\Delta l \approx 2\theta C \approx 2(n-1)\alpha C = 2 \times 0.5 \times \frac{6 \times \pi}{60 \times 180} \times 1600 \approx 2.79 \text{ mm}$$

故屏幕上可能出现的暗条纹数目为

$$N = \frac{\Delta l/2}{\Delta x} \times 2 = \frac{2.79}{0.34} \approx 8$$

3.13 如题 3.13 图所示，波长为 600 nm 的点光源 S 与劳埃德镜的垂直距离为 $h = 0.5$ mm，$A = 3$ cm，$B = 5$ cm，$C = 15$ cm，求观察屏 Σ 上干涉条纹的间距和可能出现的干涉条纹的数目。

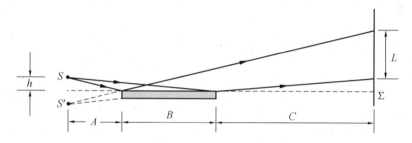

题 3.13 图　劳埃德镜干涉装置的结构和光路

解　$d = 2h = 1$ mm，$D = A + B + C = 23$ cm

$$\Delta x = \frac{D}{d}\lambda = \frac{230 \times 600 \times 10^{-6}}{1} \text{ mm} = 0.138 \text{ mm}$$

由于 $\dfrac{h}{A} = \dfrac{x_2}{B+C}$，$\dfrac{h}{A+B} = \dfrac{x_1}{C}$，因此屏上两束光的交叠区的范围为

$$L = x_2 - x_1 = h\left(\frac{B+C}{A} - \frac{C}{A+B}\right) = 0.5 \times \left(\frac{20}{3} - \frac{15}{8}\right) \text{ mm} \approx 2.396 \text{ mm}$$

$$m = \frac{L}{\Delta x} = \frac{2.396}{0.138} \approx 17$$

3.14　题 3.14(a) 图所示，波长为 600 nm 的平行光掠入射到长度为 30 cm 的劳埃德镜上，观察屏放置在紧靠劳埃德镜的左侧，在观察屏 Σ 上距离镜面高度 $x_0 = 0.1$ mm 的点 P 处出现第二个干涉极小的暗条纹，求入射光的倾角和干涉条纹的间距，以及观察屏上可能出现的干涉暗条纹的数目。

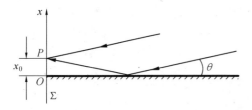 

题 3.14 图(a) 平行光掠入射时劳埃德镜干涉装置的结构和光路   题 3.14 图(b)   两束平行相干光的光程差

解 (1) 由题 3.14 图(a) 可知,掠入射的反射光有半波损,因此第一个极小出现在观察屏与劳埃德镜接触点 O 处,此时两束相干光的光程差为零。

(2) 由题 3.14 图(b) 可知,当在 $x_0 = \overline{OP}$ 处相遇的两束平行光的光程差为
$$\Delta L = 2x_0\sin\theta + \lambda/2 = 3\lambda/2$$
时出现第二个干涉极小的暗条纹,此时入射光的倾角为
$$\theta = \arcsin(\frac{\lambda}{2x_0}) = \arcsin(\frac{600 \times 10^{-6}}{2 \times 0.1}) \approx 0.172°$$
干涉条纹的间距为
$$\Delta x = \frac{\lambda}{2\sin\theta} = x_0 = 0.1 \text{ mm}$$

(3) 观察屏上出现干涉条纹的区域为
$$\Delta l = 300 \times \tan 0.172° \approx 0.901 \text{ mm}$$
$$m = \frac{\Delta l}{\Delta x} = \frac{0.901}{0.1} \approx 9$$
因此观察屏上可能出现干涉暗条纹的数目为
$$N = m + 1 = 10$$

3.15 如题 3.15 图所示,波长为 600 nm 的平行光垂直入射到顶角为 0.5°、折射率为 1.5 的菲涅耳双棱镜上,平行交棱的缝光源相距菲涅耳棱镜 10 cm,观察屏相距棱镜 200 cm,求观察屏 Σ 上干涉条纹的间距和可能出现的干涉亮条纹的数目。

解 (1) $\lambda = 600$ nm,$n = 1.5$,$\alpha = 0.5°$,$A = 10$ cm,$B = 200$ cm
$$\Delta x = \frac{(A+B)\lambda}{2(n-1)\alpha A} = \frac{(10+200) \times 600 \times 10^{-6}}{2 \times 0.5 \times \frac{0.5 \times \pi}{180} \times 10} \approx 1.44 \text{ mm}$$

(2) 相干区域为
$$\Delta l = 2(n-1)\alpha B = 2 \times 0.5 \times \frac{0.5 \times \pi}{180} \times 2000 \approx 17.45 \text{ mm}$$

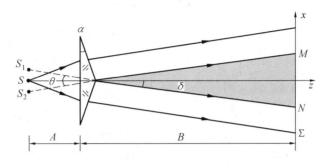

题 3.15 图　菲涅耳双棱镜干涉装置的结构和光路

$$m = \frac{\Delta l/2}{\Delta x} \times 2 + 1 = \frac{17.45}{1.44} + 1 \approx 13$$

3.16　在如题 3.16 图所示的杨氏干涉实验中，点光源 S 发出波长为 500 nm 的单色光，双缝间距为 0.6 mm，在距双缝所在屏为 10 cm 处放置焦距为 10 cm 的凹薄透镜，薄透镜到观察屏 Σ 的距离为 25 cm。求观察屏上干涉条纹的形状和间距。

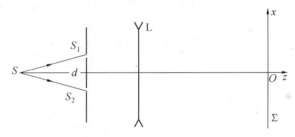

题 3.16 图　放置凹薄透镜的杨氏干涉装置的结构和入射光路

解　这是分波面干涉的问题。关键的解题步骤是先将次波源 S_1 和 S_2 对凹薄透镜成像，两个相应虚像点形成的两束球面波在观察屏上相干叠加形成垂直 x 轴的直线条纹。

首先成像

$$\frac{1}{s'} + \frac{1}{10} = \frac{1}{-10}, \quad s' = -5 \text{ cm}, \quad V = -\frac{s'}{s} = 0.5$$

因此，$D = 5 + 25 = 30$ cm，$d = 0.6 \times 0.5 = 0.3$ mm

$$\Delta x = \frac{D}{d}\lambda = \frac{300}{0.3} \times 500 \text{ nm} = 0.5 \text{ mm}$$

3.17　如题 3.17 图所示的装置是瑞利干涉仪，在双缝后面放置两个透明长管 T_1 和 T_2，其中 T_2 管已充满待测的空气，T_1 管在初始时刻为真空，然后徐徐注入空气，直至充满与 T_2 管气压相同的空气。充气过程中，观测到点 P 处光强变化了 98.5 次，两管中空气柱长度均为 20 cm，入射光波长为 589.3 nm。求空气的折射率。

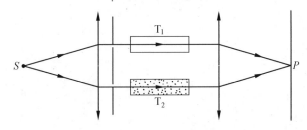

题 3.17 图　瑞利干涉仪的结构和光路

解　干涉条纹的光强变化来源于到达点 P 处的两束光之间光程差的变化

$$\delta(\Delta L_P) = (n-1)l$$

式中 n 为空气的折射率，"1"表示真空中的折射率，l 是管中空气柱的长度。

根据 $I(P)$ 变化的次数 N 可知

$$\delta(\Delta L_P) = (n-1)l = N\lambda$$

于是求得待测空气的折射率为

$$n = 1 + \frac{N\lambda}{l} = 1 + \frac{98.5 \times 589.3 \times 10^{-7}}{20} \approx 1.00029$$

3.18　如题 3.18 图所示，在杨氏双孔干涉装置的圆孔 S_1 后面放置折射率为 1.58 的薄玻璃片，若双孔所在屏到观察屏 Σ 的垂直距离为 50 cm，双孔间距为 1.0 cm，放置薄玻璃片后零级干涉条纹移到 2.0 cm 的点 P 处，设光束均垂直穿过薄玻璃片，求薄玻璃片的厚度。

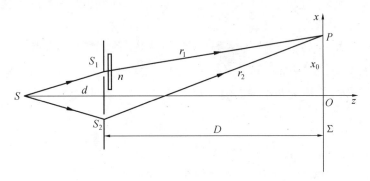

题 3.18 图　杨氏干涉装置的结构和光路

解　未放玻璃片时点 P 处的光程差为

$$\Delta L = r_2 - r_1 = d\sin\theta = \frac{d}{D}x_0$$

放置厚度为 t 的玻璃片后点 P 处的光程差为

$$\Delta L' = r_2 - [(r_1 - t) + nt]$$

由题意可知 $\Delta L' = r_2 - [(r_1 - t) + nt] = 0$,则

$$r_2 - r_1 = (n-1)t = \frac{d}{D}x_0$$

其中 x_0 是放上玻璃片后零级条纹的位置,即

$$t = \frac{x_0 d}{(n-1)D} = \frac{2.0 \times 1.0}{(1.58-1) \times 50} \approx 6.9 \times 10^{-2} \text{ cm}$$

3.19 波长为 550 nm 的面光源的直径为 2 cm,如果用干涉孔径角来度量,求其空间相干范围是多少,如果用相干面积度量。求距离面光源 20 m 处的相干面积。

解 根据光场空间相干性的反比公式

$$b\Delta\theta \approx \lambda$$

可知该面光源对应的空间相干范围的孔径角为

$$\Delta\theta \approx \frac{\lambda}{b} = \frac{550 \times 10^{-9}}{2 \times 10^{-2}} \text{ rad} = 2.75 \times 10^{-5} \text{ rad} \approx 5.67''$$

在 $R = 20$ m 处的相干面积为

$$\Delta S \approx (R \cdot \Delta\theta)^2 \approx 0.3 \text{ mm}^2$$

3.20 杨氏实验中,平行双缝的线光源 S 到双缝所在屏的距离为 10 cm,S 光源是沿垂直双缝走向扩展的波长为 500 nm 的单色宽光源。(1) 若双缝 S_1 和 S_2 的间距为 1 mm,求观察屏上干涉条纹消失时光源的宽度;(2) 若光源的宽度为 0.5 mm,求观察屏上干涉条纹消失时双缝 S_1 和 S_2 的间距。

解 这是空间相干性问题,对于单色宽光源来说,虽然各个点光源产生的各套干涉条纹的间距相等,由于非相干点光源是相互错开的,致使观察屏上的干涉图样也随之相互错开,当光源的宽度增长到使光源上下边缘的两个点源产生的两套干涉花样相互错开一个条纹间距时,观察屏上干涉条纹的可见度下降为零。

(1) 若双缝 S_1 和 S_2 的间距为 $d = 1$ mm,则

$$b_M = \frac{R\lambda}{d} = \frac{500 \times 10^{-6} \times 100}{1} = 0.05 \text{ mm}$$

(2) 若光源的宽度为 $b = 0.5$ mm,则

$$d_M = \frac{R\lambda}{b} = \frac{500 \times 10^{-6} \times 100}{0.5} = 0.1 \text{ mm}$$

3.21 杨氏实验中,S 为中心波长为 500 nm,光谱线宽为 10 nm 的复色点光源。求观察屏上干涉条纹消失时的最高干涉级次。

解 这是时间相干性问题,在杨氏干涉装置中除了有空间相干性问题外,还有时间相干性问题。由非单色光源发出的光波的波列长度为

$$L_0 = \frac{\lambda^2}{\Delta\lambda}$$

两个次波源 S_1 和 S_2 产生的光程差为
$$\Delta L = r_2 - r_1 = k\lambda$$
可知,随着光程差的增加,干涉级次也在不断增加,当光程差增加到等于或大于波列的长度时,从同一波列分成的两个相干波列在观察点处不能相遇相干,观察屏上光强分布的可见度下降为零,即
$$\Delta L = r_2 - r_1 = k\lambda = L_0 = \frac{\lambda^2}{\Delta \lambda}$$
对应的干涉级次 k 就是观察屏上条纹消失时的最高干涉级次,解得
$$k = \frac{\lambda}{\Delta \lambda} = \frac{500}{10} = 50$$

3.22 直径为 d 的细丝夹在两块平板玻璃的边缘,形成尖劈形空气层,在波长为 589.3 nm 钠黄光的垂直照射下形成如题 3.22 图所示的干涉条纹分布,求细丝的直径。

解 根据薄膜表面的等厚条纹性质,即相邻等厚条纹所在位置的厚度差为

$$\Delta h = \frac{\lambda}{2n}$$

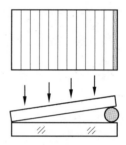

题 3.22 图 尖劈形薄膜干涉装置的结构、入射光路和干涉条纹

式中 $n = 1$ 为空气层薄膜的折射率。因此,该尖劈形空气层相隔 N 个条纹间距对应的两端厚度差为
$$D = N\frac{\lambda}{2}$$
据此,本题图右端细丝处与左端密接处之间出现了 12 个干涉条纹,相隔 11 个条纹间距,因此右端细丝的直径为
$$D = 11 \times \frac{\lambda}{2} = 5.5 \times 0.5893 \ \mu m \approx 3.24 \ \mu m$$

3.23 折射率均为 1.5 的平凹透镜与平板玻璃构成如题 3.23 图所示的干涉装置,装置中间的空腔充满折射率为 1.33 的水溶液,波长为 589.3 nm 的平行光垂直照射时可以看到反射光的 4 个圆形干涉条纹。求(1) 这些条纹是暗条纹还是亮条纹;(2) 水溶液中心处的可能最大厚度。

解 (1) 如题 3.23 图所示装置是等厚干涉装置,水溶液的折射率小于玻璃的折射率,因此形成等厚干涉的两束反射光的光程差中必须添加半波损,图中最大圆形条纹处于干涉场的边缘,对应厚度为零的溶液层,由干涉暗条纹的光程差公式可知
$$2nh + \lambda/2 = (m + 1/2)\lambda$$
图中最大的圆形条纹是零级暗条纹,其它的条纹应当依次为 1、2、3 级暗条纹。

（2）水溶液中心处的可能最大厚度对应的暗条纹级次最大为 $m=4$，则中心处的可能最大厚度为

$$h_M = \frac{4\lambda}{2n} = \frac{4 \times 0.5893}{2 \times 1.33} \approx 0.89 \ \mu m$$

3.24 折射率均为 1.5 的平凹透镜与平板玻璃构成如题 3.23 图所示的干涉装置，装置中间的空腔充满折射率为 1.62 的 CS_2 溶液，波长为 589.3 nm 的平行光垂直入射时可以看到反射光的 5 个圆形干涉条纹。求（1）这些条纹是暗条纹还是亮条纹；（2）CS_2 溶液中心处的可能最大厚度。

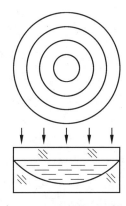

题3.23图　溶液薄膜干涉装置的结构、入射光路和干涉条纹

解 （1）如题 3.23 图所示装置是等厚干涉装置，CS_2 溶液的折射率大于玻璃的折射率，因此形成等厚干涉的两反射光束的光程差中有半波损，图中最大圆形条纹处于干涉场的边缘，对应厚度为零的溶液层，由如下的干涉暗条纹的光程差公式可知

$$2nh + \lambda/2 = (m + 1/2)\lambda$$

边缘处是零级暗条纹所在位置，其它的条纹应当依次为 $m = 1,2,3,4$ 级暗条纹。

（2）CS_2 溶液中心处的可能最大厚度对应的暗条纹的级次最大为 $m = 5$，则中心处的可能最大厚度为

$$h_M = \frac{5\lambda}{2n} = \frac{5 \times 0.5893}{2 \times 1.63} \approx 0.90 \ \mu m$$

3.25 观察牛顿环的干涉图样，若第 5 级和第 6 级暗环的间距为 2 mm，求第 12 级和第 13 级暗环的间距。

解 牛顿环暗环的半径公式为 $r_m = \sqrt{mR\lambda}$，则

$$r_m - r_n = (\sqrt{m} - \sqrt{n})\sqrt{R\lambda}$$

由此可得

$$\frac{r_6 - r_5}{\sqrt{6} - \sqrt{5}} = \frac{r_{13} - r_{12}}{\sqrt{13} - \sqrt{12}}$$

$$\Delta r = r_{13} - r_{12} = 2 \times \frac{\sqrt{13} - \sqrt{12}}{\sqrt{6} - \sqrt{5}} \approx 1.33 \ mm$$

3.26 在表面光洁度待测的玻璃工件上面覆盖平板薄玻璃，形成尖劈形空气层，波长为 589.3 nm 的平行光垂直入射时，可以看到如题 3.26 图所示的干涉条纹中显示的待测玻璃工件的缺欠。求缺欠的形状和缺欠起伏的最大值。

解 尖劈形空气层形成的干涉条纹是平行棱边的等厚条纹，等厚条纹的特点是与空

气层的等厚线重合,图中反映出的工件缺欠是工件中心有一条长条形凹陷,凹陷的深度导致干涉条纹的最大突起处与前一级直线条纹相接,光程差变化为

$$\Delta h = \Delta m \lambda / 2 \quad (\Delta m = 1)$$

因此最大的凹陷深度约为

$$\Delta h = \lambda / 2 \approx 0.295 \ \mu m$$

3.27 如题3.27图所示,半径为 R_1 的平凸透镜与半径为 R_2 的平凸透镜相对放置,中间形成薄空气层。波长为 λ 的单色平行光垂直入射到装置上。求干涉暗条纹的半径和间距表示式。

解 两边玻璃介质的折射率大于空气的折射率,因此平行光垂直入射时两反射光之间有半波损,暗条纹对应的光程差为

$$\Delta L = 2(h_1 + h_2) + \lambda/2 = (m + 1/2)\lambda$$

即

$$2(h_1 + h_2) = m\lambda$$
$$r_m^2 = R_1^2 - (R_1 - h_1)^2 \approx 2R_1 h_1$$
$$r_m^2 = R_2^2 - (R_2 - h_2)^2 \approx 2R_2 h_2$$

解得

$$\frac{m\lambda}{2} = h_1 + h_2 = \frac{r_m^2}{2}\left(\frac{1}{R_1} + \frac{1}{R_2}\right) = r_m^2 \frac{R_1 + R_2}{2R_1 R_2}$$

即

$$r_m^2 = \frac{m R_1 R_2 \lambda}{R_1 + R_2}$$

则暗条纹的半径为

$$r_m = \sqrt{\frac{m R_1 R_2 \lambda}{R_1 + R_2}}$$

条纹间距为

$$\Delta r_m \approx \frac{R_1 R_2 \lambda}{2 r_m (R_1 + R_2)} = \frac{1}{2}\sqrt{\frac{R_1 R_2 \lambda}{m(R_1 + R_2)}}$$

3.28 如题3.28图所示,半径为 R_2 的平凸透镜置于半径为 $R_1(R_1 > R_2)$ 的平凹透镜中,形成薄空气层,波长为 λ 的单色平行光垂直入射到装置

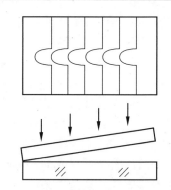

题3.26图 尖劈形空气层干涉装置的结构、入射光路和干涉条纹

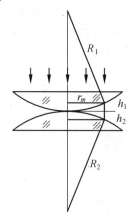

题3.27图 薄空气层干涉装置的结构和入射光路

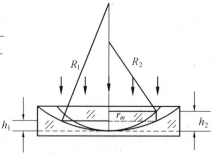

题3.28图 薄空气层干涉装置的结构和入射光路

上,求干涉暗条纹的半径和间距表示式。

解 两边玻璃介质的折射率大于空气的折射率,因此平行光垂直入射时两反射光之间有半波损,暗条纹对应的光程差为

$$\Delta L = 2(h_2 - h_1) + \lambda/2 = (m + 1/2)\lambda$$

即

$$2(h_2 - h_1) = m\lambda$$
$$r_m^2 = R_1^2 - (R_1 - h_1)^2 \approx 2R_1 h_1,$$
$$r_m^2 = R_2^2 - (R_2 - h_2)^2 \approx 2R_2 h_2$$

解得

$$\frac{m\lambda}{2} = h_2 - h_1 = \frac{r_m^2}{2}\left(\frac{1}{R_2} - \frac{1}{R_1}\right) = r_m^2 \frac{R_1 - R_2}{2R_1 R_2}$$

即

$$r_m^2 = \frac{m R_1 R_2 \lambda}{R_1 - R_2}$$

则暗条纹的半径为

$$r_m = \sqrt{\frac{m R_1 R_2 \lambda}{R_1 - R_2}}$$

条纹间距为

$$\Delta r_m \approx \frac{R_1 R_2 \lambda}{2 r_m (R_1 - R_2)} = \frac{1}{2}\sqrt{\frac{R_1 R_2 \lambda}{m(R_1 - R_2)}}$$

3.29 将折射率为1.56的玻璃平板插入波长为589.3 nm的光波照明的迈克耳孙干涉仪的一侧光路中,圆环形条纹中心吞(或吐)了10个干涉条纹,求玻璃平板的厚度。

解 中心点处暗条纹的光程差公式为 $2nh = (m + 1/2)\lambda$,插入玻璃平板后光程差的改变量为

$$\delta(\Delta L) = 2h(n - 1) = 10\lambda$$

即

$$h = \frac{10\lambda}{2(n-1)} = \frac{5.893}{1.12}\ \mu m = 5.26\ \mu m$$

3.30 波长为589.3 nm的钠黄光照明迈克耳孙干涉仪,先看到视场中有10个暗环,而且暗环中心是暗斑(中心暗斑不计为暗环数),移动平面镜 M_1 后,看到中心吞(或吐)了10环,此时视场中还剩2个暗环。求(1)中心是吞还是吐了条纹;(2)平面镜 M_1 移动的距离;(3)移动前中心暗斑的干涉级次;(4)平面镜 M_1 移动后中心暗斑的干涉级次。

解 这是一个分振幅的等倾干涉问题。视场是干涉条纹所在的干涉场范围。

(1)首先应该定性分析一下,在移动平面镜 M_1 后等效空气膜的厚度是增加了还是减

少了。可以由已知的在相同视场范围之内条纹数目变少,即条纹间距变大了,联系条纹间距公式 $\Delta r_k \propto \dfrac{-\lambda}{2h\sin i_k}$ 推知等效空气膜的厚度变薄了。

由中心点的光程差公式 $2nh = (m + 1/2)\lambda$ 和视场中心条纹的干涉级次最高可知,膜厚变薄时条纹向里收缩,中心吞了 10 个暗环条纹。

(2) 因而平面镜 M_1 位移的绝对值应为
$$\Delta h = m\lambda/2 = 2.947 \ \mu m$$

(3) 由于中心级别的绝对级次 m 取决于膜层厚度 h,而 m 和 h 以及最大视场角范围 θ_M 都是未知的。为此,可以通过建立镜面移动前后的方程式来解决这个问题,忽略分束镜反射时的相位突变。

镜面移动前有
$$\begin{cases} 2h = m\lambda + \lambda/2 \\ 2h\cos\theta_M = (m - 10)\lambda + \lambda/2 \end{cases}$$

镜面移动后有
$$\begin{cases} 2(h - \Delta h) = (m - 10)\lambda + \lambda/2 \\ 2(h - \Delta h)\cos\theta_M = (m - 10 - 2)\lambda + \lambda/2 \end{cases}$$

可得
$$\frac{m + 0.5}{m - 10 + 0.5} = \frac{m - 10 + 0.5}{m - 12 + 0.5}$$

即开始时中心暗斑级次为 $m = 12$。

(4) 移动后中心暗斑级次为 2。

3.31 波长为 $0.63 \ \mu m$ 的平行光垂直入射到半径待测的平凸透镜与平板玻璃组成牛顿环干涉装置上,若从中心往外的第 5 环和第 15 环干涉条纹的半径分别为 0.70 mm 和 1.7 mm,求平凸透镜的球面半径。

解 牛顿环的中心点往往不是密接,故中心条纹常常是非零级次。设题中给出半径小的干涉环对应的干涉级别为 k,则相隔 m 个条纹间距的半径大的干涉环的级别为 $(k + m)$。由《光学》中的式(3.59)可知,这两个环的半径与该透镜半径 R 的关系满足
$$R = \frac{r_{k+m}^2 - r_k^2}{m\lambda}$$

由题意知,$r_{k+m} = 1.7$ mm,$r_k = 0.70$ mm,$m = 15 - 5 = 10$,$\lambda = 0.63 \ \mu m$,则透镜的半径为
$$R = \frac{(1.7^2 - 0.70^2)\ \text{mm}^2}{10 \times 0.63 \ \mu m} \approx 38.1 \ \text{cm}$$

3.32 如题 3.32 图所示,白光入射到折射率为 1.33 的肥皂水膜上,当视线与膜法线

的夹角为 20° 时观察到反射光是波长为 550 nm 的绿光,求膜层的最小厚度。

解 两束反射光存在半波损,出现亮纹的光程差满足

$$2nh\cos i + \lambda/2 = (m+1)\lambda \quad (m=0,1,2,\cdots)$$

令 $m=0$ 时得肥皂膜的最小厚度

$$h_0 = \frac{\lambda}{4n\cos i} = \frac{\lambda}{4n\sqrt{1-\sin^2 i}} =$$

$$\frac{\lambda}{4\sqrt{n^2-\sin^2 i_1}} = \frac{\lambda}{4\sqrt{n^2-\sin^2 20°}} \approx$$

107.0 nm

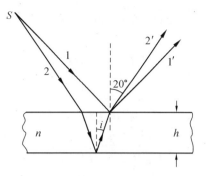

题 3.32 图　肥皂水膜干涉装置的结构和光路

3.33 平行白光垂直入射到置于空气中的厚度均匀的薄膜上,仅看到波长为 λ_1 的反射光的亮条纹和波长为 $\lambda_2(\lambda_2 < \lambda_1)$ 的反射光的暗条纹,求均匀薄膜的厚度。

解 由于厚度均匀的薄膜仅满足 λ_1 的反射光的相干加强和 $\lambda_2(\lambda_2 < \lambda_1)$ 的反射光的干涉相消,此时两个波长的干涉级次仅仅相差 1/2,注意有半波损

$$2nh + \lambda_1/2 = m\lambda_1, \quad 2nh + \lambda_2/2 = (m+1/2)\lambda_2$$

得 $m\lambda_1 - \lambda_1/2 = m\lambda_2$,即

$$m = \frac{\lambda_1}{2(\lambda_1 - \lambda_2)}$$

由 $h = m\lambda_2/2n$,可得

$$h = \frac{\lambda_1 \lambda_2}{4n(\lambda_1 - \lambda_2)}$$

3.34 如题 3.34 图所示的装置是干涉测量计,G 为标准石英环,C 为待测柱形样品,高度均为 l_0,石英的线膨胀系数为 β_G,样品略有倾斜的上表面与石英盖板 T_1 之间形成楔形空气层,波长为 λ 的平行光垂直入射到装置上,温度改变时楔形空气层的厚度随之变化,干涉条纹也随之移动,若在温度升高 Δt 的过程中,视场中某点处移过了 N 个干涉条纹,求样品的线膨胀系数 β_C。

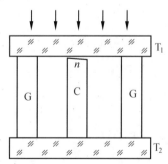

题 3.34 图　干涉测量计的结构和入射光路

解 由条纹移动的数目 N 可求得楔形空气层厚度改变量为

$$\Delta h = h_C - h_G = \pm N \frac{\lambda}{2}$$

由物体的线膨胀定律可知,温度升高 Δt 后待测样品和标准石英环的高度分别变为
$$h_C = l_0(1 + \beta_C \Delta t), \quad h_G = l_0(1 + \beta_G \Delta t)$$
式中,β_C 和 β_G 分别为待测样品和标准石英环的线膨胀系数。则样品的线膨胀系数为
$$\beta_C = \beta_G \pm \frac{N\lambda}{2l_0 \Delta t}$$

3.35 在折射率为 1.56 的玻璃衬底表面涂上一层折射率为 1.38 的透明薄膜,波长为 632.8 nm 的平行光垂直入射到薄膜表面。求(1) 薄膜至少多厚才能使反射光强最小;(2) 此时光强反射率是多少。

解 (1) 薄膜的折射率 n 大于上方空气介质的折射率 n_1,小于下方玻璃介质的折射率 n_2,此时两束反射相干光之间无半波损,故相邻两束反射光的光程差为
$$\Delta L = 2nh$$
为了使反射光干涉相消,应该让光程差满足
$$\Delta L = 2nh = (m + \frac{1}{2})\lambda \quad (m = 0, 1, 2, \cdots)$$
于是,薄膜可选取的厚度值为
$$h = (m + \frac{1}{2}) \frac{\lambda}{2n}$$
令 $m = 0$,可得薄膜的最小厚度为
$$h_m = \frac{\lambda}{4n} = \frac{632.8 \text{ nm}}{4 \times 1.38} \approx 114.6 \text{ nm}$$

(2) 考虑到分界面反射率很低,可以利用两光束干涉的方法近似求解。令入射光的振幅为 E_0,正入射条件下反射两光束的振幅 E_{01} 和 E_{02} 分别为
$$E_{01} = rE_0 = \frac{n - n_1}{n + n_1}E_0 = \frac{1.38 - 1.0}{1.38 + 1.0}E_0 \approx 0.1597 E_0$$
$$E_{02} = tr't'E_0 = (1 - r^2)r'E_0 \approx \frac{n_2 - n}{n_2 + n}E_0 = \frac{1.56 - 1.38}{1.56 + 1.38}E_0 \approx 0.0612 E_0$$
由于两束反射光干涉相消,则两束反射光的相位差为 π,故经膜层反射后,两束反射光叠加的合振幅为
$$E = E_{01} - E_{02} \approx (0.1597 - 0.0612)E_0 = 0.0985 E_0$$
则薄膜元件的光强反射率为
$$R = \frac{E^2}{E_0^2} \approx (0.0985)^2 \approx 0.97\%$$

3.36 钠光灯发射的黄光中包含两条相近的谱线,称为钠双线,其平均波长为 589.3 nm,将钠黄光用作迈克耳孙干涉仪的光源时,发现干涉场的可见度随平面镜的移动周期性地变化,实验测得从条纹最清晰到最模糊的变化过程中视场共吞(或吐)了 490 个条纹。求钠双线的波长差和波长值。

解 钠双线产生的两套干涉条纹非相干叠加,使干涉场的可见度随光程差的增加呈现周期性变化。从最清晰到最模糊的变化过程,光程差的改变量 $\delta(\Delta L)$ 与条纹的吞(吐)数目 ΔN 满足

$$\delta(\Delta L) = \frac{(\bar{\lambda})^2}{2\Delta\lambda} = \Delta N \bar{\lambda}$$

由此得钠双线的波长差 $\Delta\lambda$ 为

$$\Delta\lambda = \frac{\bar{\lambda}}{2\Delta N} = \frac{589.3}{2 \times 490} \approx 0.6 \text{ nm}$$

则两条谱线的波长分别为

$$\lambda_1 = \bar{\lambda} - \frac{\Delta\lambda}{2} = 589.0 \text{ nm}$$

$$\lambda_2 = \bar{\lambda} + \frac{\Delta\lambda}{2} = 589.6 \text{ nm}$$

3.37 He–Ne 激光器发出波长为 632.8 nm 的光波,其线宽为 1×10^{-7} nm,氪(Kr)灯发出的橙黄光的波长为 605.7 nm,其线宽为 4.7×10^{-4} nm,分别求两个波列的长度。

解 由光场时间相干性的反比公式可知,波列长度与线宽的关系式为

$$L_0 \approx \frac{\lambda^2}{\Delta\lambda}$$

故 He–Ne 激光器输出光的一个波列的长度为

$$L_0 \approx \frac{0.6328^2 \ \mu m^2}{1 \times 10^{-10} \ \mu m} \approx 4004.36 \text{ m}$$

氪灯对应输出光的一个波列的长度为

$$L_0' \approx \frac{0.6057^2 \ \mu m^2}{4.7 \times 10^{-7} \ \mu m} \approx 0.78 \text{ m}$$

3.38 在 500 nm 附近有波长差为 10^{-4} nm 的两条谱线,若要用腔镜反射率为 0.98 的法布里–珀罗干涉仪分辨这两条谱线,求法–珀腔的最小腔长。

解 法布里–珀罗干涉仪在波长为 λ 的 m 级刚可分辨的最小波长间隔 $\delta\lambda$ 满足

$$\frac{\lambda}{\delta\lambda} = \pi m \frac{\sqrt{R}}{1-R}$$

干涉环的级别 m 与法–珀仪的腔长(即间距 h)满足

$$2nh\cos\theta_m = m\lambda$$

式中的 θ_m 为第 m 级干涉环对应的倾角。联立求解上述两个方程,得

$$h = \frac{m\lambda}{2n\cos\theta_m} = \frac{1}{2n\pi\cos\theta_m} \frac{1-R}{\sqrt{R}} \frac{\lambda^2}{\delta\lambda}$$

由上式可知,最小腔长对应 $\cos\theta_m = 1, n = 1$,即

$$h_m = \frac{1}{2n\pi}\frac{1-R}{\sqrt{R}}\frac{\lambda^2}{\delta\lambda} = \frac{1}{2\pi} \times \frac{1-0.98}{\sqrt{0.98}} \times \frac{0.5^2}{10^{-7}}\frac{\mu m^2}{\mu m} \approx 8.04 \text{ mm}$$

3.39 法布里-珀罗干涉仪的腔长为 5 cm,用中心波长为 600 nm 的准单色扩展光源照明该装置。(1)求中心干涉条纹的级次;(2)若腔镜的反射率为 0.98,求折射倾角 1°附近干涉圆环的角半宽;(3)求色分辨本领和可分辨的最小波长间隔;(4)若一束平行白光正入射到法-珀腔上,求输出纵模的频率间隔和透射最强的谱线数目,以及每条谱线的线宽 $\Delta\nu$;(5)若热胀冷缩引起腔长的相对改变量约为 $\delta h/h = 10^{-5}$,求输出谱线波长的相对漂移量 $\delta\lambda/\lambda$。

解 (1) $n=1$,中心干涉级次为

$$m_0 = \frac{2nh}{\lambda} = \frac{2 \times 5 \text{ cm}}{0.6 \text{ }\mu m} \approx 1.67 \times 10^5$$

(2) 第 m 级亮环的角半宽为

$$\Delta i_m = \frac{1}{\pi m_0 \sin i_m}\frac{1-R}{\sqrt{R}}$$

由此可知折射倾角为 1°附近干涉环的角半宽 Δi_m 为

$$\Delta i_m = \frac{1}{\pi \times 1.67 \times 10^5 \times \sin 1°}\frac{1-0.98}{\sqrt{0.98}} \approx 2.21 \times 10^{-6} \text{ rad}$$

(3) 法-珀腔的色分辨本领为

$$G = \frac{\lambda}{\delta\lambda} = \pi m_0 \frac{\sqrt{R}}{1-R} = \pi \times 1.67 \times 10^5 \times \frac{\sqrt{0.98}}{1-0.98} \approx 2.60 \times 10^7$$

可分辨的最小波长间隔为

$$\delta\lambda = \frac{\lambda}{G} \approx \frac{0.6 \text{ }\mu m}{2.60 \times 10^7} \approx 2.31 \times 10^{-5} \text{ nm}$$

(4) 法-珀腔所选纵模间隔为

$$\delta\nu = \frac{c}{2nh} = \frac{3.0 \times 10^{10}}{2 \times 5} = 3.0 \times 10^9 \text{ Hz}$$

白光的波长范围为 390 nm ~ 770 nm,相应的光频范围为从 $\nu_m = 3.9 \times 10^{14}$ Hz 到 $\nu_M = 7.7 \times 10^{14}$ Hz,在此范围内包含的纵模数目(即最强的谱线数目)为

$$N = \frac{\nu_M - \nu_m}{\delta\nu} = \frac{3.8 \times 10^{14}}{3.0 \times 10^9} \approx 1.27 \times 10^5 \text{ 条}$$

每条谱线的单模线宽为

$$\Delta\nu = \frac{c}{2\pi nh}\frac{1-R}{\sqrt{R}} = \frac{1}{\pi}\frac{1-R}{\sqrt{R}}\delta\nu = \frac{1}{\pi} \times \frac{1-0.98}{\sqrt{0.98}} \times 3.0 \times 10^9 \approx 1.93 \times 10^7 \text{ Hz}$$

(5) 考虑正入射情形,透射主极强输出的光谱满足

$$2nh = m\lambda$$

两边同时作微分运算有

$$\delta\lambda = \frac{2n}{m}\delta h$$

故输出谱线波长的相对漂移量为

$$\frac{\delta\lambda}{\lambda} = \frac{\delta h}{h} \approx 10^{-5}$$

3.40 如题 3.40 图所示,先在平面玻璃片上镀一层银膜,然后在银膜上加镀一层透明介质膜,其上再镀一层银膜,制成干涉滤光片,可以实现多光束干涉,设银膜的反射率为 0.96,透明介质膜的折射率为 1.55、膜厚为 0.4 μm,平行光正入射时求(1) 在可见光范围内透射光最强的谱线数目和相应的透射波长;(2) 每条谱线的单模半值宽。

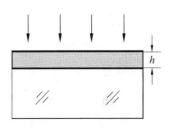

题 3.40 图 干涉滤光片的结构和入射光路

解 (1) 多光束干涉透射极强的波长应该满足 $2nh = m\lambda$,即 $\lambda = \frac{2nh}{m}$。

在可见光范围内,即波长为 390 nm 到 770 nm 的区间内,对应的相干加强的干涉级次的最大值和最小值分别为

$$m_M = \frac{2nh}{\lambda_m} = \frac{2 \times 1.55 \times 0.4}{0.39} \approx 3.2$$

$$m_m = \frac{2nh}{\lambda_M} = \frac{2 \times 1.55 \times 0.4}{0.77} \approx 1.6$$

因而,在可见光范围内透射最强的谱线仅有两条,其干涉级次 m 分别是 2 和 3,相应的谱线波长为

$$\lambda_2 = \frac{2nh}{2} \approx 620.0 \text{ nm}$$

$$\lambda_3 = \frac{2nh}{3} \approx 413.3 \text{ nm}$$

(2) 上述两条谱线的单模半值宽分别为

$$\Delta\lambda_2 = \frac{\lambda}{\pi m}\frac{1-R}{\sqrt{R}} = \frac{620}{2\pi} \times \frac{0.04}{\sqrt{0.96}} \approx 4.03 \text{ nm}$$

$$\Delta\lambda_3 = \frac{\lambda}{\pi m}\frac{1-R}{\sqrt{R}} = \frac{413.3}{3\pi} \times \frac{0.04}{\sqrt{0.96}} \approx 1.79 \text{ nm}$$

第 4 章 光的衍射

4.1 光的衍射

1. 基本概念

1) 光的衍射:光波在传播过程遇到障碍物时偏离直线传播、光强发生重新分布的现象。
理解衍射概念的两个要点:
(1) 光波的波面可以看成连续分布的次波源;
(2) 次波源发出的次波满足相干条件,观察场中衍射光强的重新分布是次波相干叠加的结果。

2) 光波衍射的特点
(1) 光波在什么方向受限制,衍射图样就沿什么方向扩展。
(2) 光波被限制得越厉害,衍射图样越扩展,即衍射效应越强。
(3) $\lambda/a < 1/1\,000$ 时,衍射现象不明显;$1/100 < \lambda/a < 1/10$ 时,衍射现象明显;$\lambda/a \geq 1$ 时,衍射向散射过渡;$\lambda/a \to 0$ 时,衍射现象消失,光波按几何光学规律传播。
(4) 光的衍射与干涉一样,都是光波的相干叠加,都遵循光波的叠加原理,在本质上是相同的。衍射与干涉的不同之处是次要的,比如,干涉是离散波源发出的光波的相干叠加,通常使用 Σ 求和计算各束光波叠加的合振动;衍射是连续分布的次波源发出的次波的相干叠加,通常需要积分计算次波叠加的合振动,参与衍射的连续次波源的相干光束通常不遵从几何光学的传播规律。

3) 衍射的分类
菲涅耳衍射:光源和接收屏距离衍射屏有限远。
夫琅禾费衍射:光源和接收屏距离衍射屏均无限远。

4) 惠更斯 – 菲涅耳原理
光波场中包围光源 Q 的任意闭合曲面上的每个面元 ds 都是新的次波源,光波场中某点 P 处的合振动是曲面上所有次波源发出的次波在该点振动的相干叠加。
注意:由面元 ds 发出的次波不是各向同性的,因此次波源不是真实的光波源。

5) 菲涅耳波带片

在透明薄板上对应某一个确定的轴上衍射观察场点 P_0 画出若干个半波带，然后遮挡偶数或奇数个半波带，就制成了菲涅耳波带片。

6) 波带片与薄透镜的异同点

相同点：都有会聚光束和成像的功能。

不同点：(1) 薄透镜只有物方和像方两个焦点；波带片除了在 $r_0 = f$ 处有一个主焦点外，在 $r_0 = f/3, f/5, \cdots$ 处还有一些次焦点，在 $r_0 = -f, -f/3, -f/5, \cdots$ 处还有一些虚焦点。
(2) 随着波长增大，薄透镜的折射率变小、焦距增大；随着波长增大，波带片的焦距变小。
(3) 薄透镜具有物像等光程性；波带片相邻透光波带的光程差为 λ。
(4) 波带片具有面积大、携带轻便和可折叠等优点。

2. 基本公式

1) 惠更斯 – 菲涅耳原理 $\widetilde{E}(P) = \oiint_{(\Sigma)} \mathrm{d}\widetilde{E}(P)$

2) 菲涅耳衍射积分公式 $\widetilde{E}(P) = \widetilde{C} \oiint \widetilde{E}(Q) F(\theta_0, \theta) \dfrac{\mathrm{e}^{ikr}}{r} \mathrm{d}s$

3) 菲涅耳 – 基尔霍夫衍射公式 $\widetilde{E}(P) = \dfrac{-i}{\lambda} \iint_{\Sigma_0} \dfrac{1}{2}(\cos\theta_0 + \cos\theta) \widetilde{E}(Q) \dfrac{\mathrm{e}^{ikr}}{r} \mathrm{d}s$

满足傍轴条件时 $\theta \approx \theta_0 \approx 0, \quad r \approx r_0, \quad \widetilde{E}(P) = \dfrac{-i}{\lambda r_0} \iint_{\Sigma_0} \widetilde{E}(Q) \mathrm{e}^{ikr} \mathrm{d}s$

4) 巴俾涅原理关系式 $\widetilde{E}_a(P) + \widetilde{E}_b(P) = \widetilde{E}_0(P), \quad \boldsymbol{E}_a(P_0) + \boldsymbol{E}_b(P_0) = \boldsymbol{E}(P_0)$

5) 菲涅耳圆孔衍射中心轴上某点处的合振幅公式 $E(P_0) = \dfrac{1}{2}(E_{01} + (-1)^{m+1} E_{0m})$

随着圆孔口径变化或中心轴上观察点 P_0 的位置变化，观察点 P_0 处的衍射光强亮暗交替变化。

6) 自由传播时中心轴上某点 P_0 处的合振幅和光强公式 $E(P_0) = \dfrac{1}{2} E_{01} = E_0$，$I(P_0) = I_0$

7) 菲涅耳圆屏衍射中心轴上某点 P_0 处的合振幅和光强公式 $E(P_0) = \dfrac{1}{2} E_{0(m+1)}(P_0)$，$I(P_0) = E^2(P_0)$

随着圆屏口径变化或中心轴上观察点 P_0 的位置变化，观察点 P_0 处的衍射光强总是亮点。

8) 菲涅耳波带片的半径公式 $\rho_m = \sqrt{\dfrac{Rr_0}{R+r_0}m\lambda} = \sqrt{m}\rho_1$ $(m=1,2,3,\cdots)$

9) 菲涅耳波带片的成像公式 $\dfrac{1}{R}+\dfrac{1}{r_0}=\dfrac{1}{f}$, $f=\rho_m^2/m\lambda=\rho_1^2/\lambda$

10) 夫琅禾费单缝衍射的复振幅和光强分布公式

$$\widetilde{E}(P)=\widetilde{E}_0\dfrac{\sin\alpha}{\alpha}e^{ikr_0}, \quad \alpha=\dfrac{\pi a}{\lambda}\sin\theta, \quad I(P)=I_0\left(\dfrac{\sin\alpha}{\alpha}\right)^2, I_0\propto a^2$$

其中 r_0 是单缝中心点到观察点 P 处的光程。

11) 单缝衍射的特点

(1) 零级衍射斑处于几何像点位置,形成零级衍射斑的各束衍射光之间光程差均为零。

(2) 次极强位置:$\sin\theta=\pm 1.43\dfrac{\lambda}{a}$, $\pm 2.46\dfrac{\lambda}{a}$, $\pm 3.47\dfrac{\lambda}{a}$, $\cdots$

(3) 极小值条件:$a\sin\theta=m\lambda(m=\pm 1, \pm 2, \pm 3,\cdots)$

(4) 半角宽和半线宽:$\Delta\theta=\dfrac{\lambda}{a}$, $\Delta x=f\dfrac{\lambda}{a}$

(5) 缝宽 a 越小,半角宽 $\Delta\theta$ 越大;波长 λ 越短,半角宽 $\Delta\theta$ 越小。半角宽是衍射效应强弱的度量,几何光学是波动光学当 $\lambda/a\to 0$ 时的极限。

12) 夫琅禾费矩孔衍射的复振幅和光强分布公式

$$\widetilde{E}(P)=\widetilde{E}_0\dfrac{\sin\alpha}{\alpha}\dfrac{\sin\beta}{\beta}e^{ikr_0}, \quad I(P)=I_0\left(\dfrac{\sin\alpha}{\alpha}\right)^2\left(\dfrac{\sin\beta}{\beta}\right)^2$$

$$\alpha=\dfrac{\pi a}{\lambda}\sin\theta_1, \quad \beta=\dfrac{\pi b}{\lambda}\sin\theta_2, \quad I_0\propto(ab)^2$$

衍射极小值的条件 $\begin{cases} a\sin\theta_1=m_1\lambda\,(m_1=\pm 1, \pm 2, \pm 3,\cdots) \\ b\sin\theta_2=m_2\lambda\,(m_2=\pm 1, \pm 2, \pm 3,\cdots) \end{cases}$

半角宽 $\Delta\theta_1=\dfrac{\lambda}{a}$, $\Delta\theta_2=\dfrac{\lambda}{b}$

13) 夫琅禾费圆孔衍射的光强分布公式 $I(P)=I_0\left[\dfrac{2J_1(u)}{u}\right]^2$, $u=\dfrac{2\pi a}{\lambda}\sin\theta$

圆孔衍射的半角宽 $\Delta\theta=1.22\dfrac{\lambda}{D}$,其中 a 和 D 分别是圆孔的半径和直径。

14) 望远镜的最小分辨角 $\delta\theta_m=\Delta\theta=1.22\dfrac{\lambda}{D}$

15) 望远镜可以分辨两个衍射斑的条件 $\delta\theta\geqslant\delta\theta_m$,其中 $\delta\theta$ 是远处两个非相干物点光源到望远镜的角距离。

16) 人眼的最小分辨角 $\delta\theta_e=1'=2.9\times 10^{-4}$ rad

17）人眼可以分辨两个衍射斑的条件 $\begin{cases} \delta\theta \geq \delta\theta_m \\ \delta\theta' \geq \delta\theta_e \end{cases}$，其中 $\delta\theta'$ 是两个衍射斑的中心相对眼睛的视角。

18）提高望远镜像分辨本领的措施。

（1）通过增大望远镜物镜的直径 D 减小衍射斑的半角宽；

（2）通过增大物镜的焦距 f_0 或减小目镜的焦距 f_E 增大视角。

3. 需要求解的衍射问题

1）求衍射的复振幅和光强分布。

2）求衍射条纹的形状、极值、半角宽和条纹的变化等特征。

4. 求衍射的复振幅和光强分布的方法

1）利用傍轴条件下的菲涅耳－基尔霍夫公式积分求复振幅

$$\widetilde{E}(P) = \frac{-i}{\lambda r_0} \iint_{\Sigma_0} \widetilde{E}(Q) e^{ikr} ds$$

或者将上式近似成求和公式：$\widetilde{E}(P) = \sum\limits_{\Sigma_0} \widetilde{E}_i(P)$，再求复振幅。

2）利用半波带方法求衍射光强

将衍射波面分割成若干部分，求出每个部分未被遮挡区域衍射的复振幅，再将这些复振幅通过加减求和，求出总复振幅中的振幅 $E(P)$，就得到了衍射光强 $I = E^2(P)$。

适用条件：（1）只适用于能分成整数个半波带的情况。

（2）只能求菲涅耳衍射的中心场点 P_0 处的振幅和光强。

（3）可以计算夫琅禾费衍射的复振幅和光强分布。

3）利用矢量图解方法求衍射光强

将衍射波面分割成若干部分，求出每个部分中未被遮挡区域衍射的振幅矢量 $\boldsymbol{E}_i(P)$，然后将这些矢量相加，求出总的振幅矢量 $\boldsymbol{E}(P) = \sum \boldsymbol{E}_i(P)$，则衍射光强即为 $I = E^2(P)$。

注意：振幅矢量叠加时矢量可以平移。

4）利用复振幅积分方法求衍射光强分布

$$\widetilde{E}(P) = \frac{-i}{\lambda r_0} \iint_{\Sigma_0} \widetilde{E}(Q) e^{ikr} ds, \quad I = \widetilde{E}(P) \widetilde{E}^*(P)$$

5）利用巴俾涅原理关系式求衍射光强

如果 Σ_a 和 Σ_b 是互补衍射屏的通光面积，Σ_0 是自由传播的通光面积，则有

$$\widetilde{E}_a(P) + \widetilde{E}_b(P) = \widetilde{E}_0(P) \quad \text{或} \quad \boldsymbol{E}_a(P_0) + \boldsymbol{E}_b(P_0) = \boldsymbol{E}_0(P_0)$$

5. 典型例题

例题 1 如图 4.1(a) 所示,用平行光照明衍射屏,屏对波面作如图(b)和(c)所示的遮挡,分别求中心轴上观察点 P_0 处的光强与自由传播时此点处光强的比值,图中的 r_0 是衍射屏中心点 O 到中心轴上观察点 P_0 处的光程,图中标出的距离是衍射屏上该处到中心轴上观察点 P_0 处的光程。

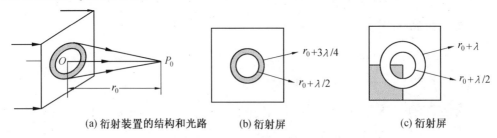

(a) 衍射装置的结构和光路　　(b) 衍射屏　　(c) 衍射屏

图 4.1　菲涅耳衍射装置的结构、光路和衍射屏

解　1) 以第二个半波带为例,讨论扇形和环形遮挡对衍射振幅和相位的影响

(1) 若第二个半波带没有被遮挡,则其衍射的复振幅为

$$\widetilde{E}_2 = E_{02} e^{i(\varphi_1 + \pi)}$$

上式中,φ_1 是第一个半波带复振幅中的初相位;π 是第二个半波带复振幅的初相位相对第一个半波带复振幅初相位的变化量,也就是矢量图中从第一个半波带的衍射振幅矢量方向向第二个半波带的衍射振幅矢量方向逆时针旋转的角度。

(2) 如图 4.2 所示,若仅仅遮挡了第二个半波带的下面一半,形成扇形遮挡。

则由 $E_{0m} \propto f(\theta_m) \dfrac{\Delta s_m}{r_m}$ 关系式可知,通光面积由 Δs 变为 $\dfrac{\Delta s}{2}$,通光部分内外边缘到中心轴上观察场点 P_0 处的光程差仍为 $\lambda/2$。因此,遮挡后的衍射振幅变为 $E'_{02} = \dfrac{1}{2} E_{02}$,通光部分内外边缘到中心轴上观察场点 P_0 处的初相位差仍然是 π。此时第二个半波带中通光部分的复振幅为

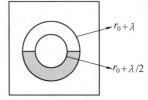

图 4.2　扇形遮挡的衍射屏

$$\widetilde{E}'_2 = \dfrac{E_{02}}{2} e^{i(\varphi_1 + \pi)}$$

结论:扇形遮挡后,只改变复振幅中的振幅项,不改变相位项。

(3) 如图 4.3(a) 所示,若仅仅遮挡第二个半波带的前半个环,形成环形遮挡。

由于露出的是第二个半波带的后半个环形部分,则露出部分的里边缘与外边缘到中心轴上观察场点 P_0 处的初相位差由原来的 π 变为 $\pi/2$,振幅也变为如图 4.3(b) 所示的

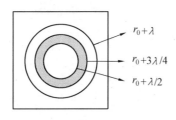
(a) 环形遮挡的衍射屏

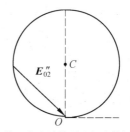
(b) 第二个半波带露出部分的振幅矢量

图 4.3　环形遮挡的衍射屏和振幅矢量

$$E''_{02} = \frac{\sqrt{2}}{2}E_{02}$$

此时,第二个半波带中通光部分衍射的复振幅为

$$\widetilde{E}''_{02} = \frac{\sqrt{2}E_{02}}{2}e^{i(\varphi_1+\pi+\pi/4)}$$

结论:环形遮挡后复振幅的初相位和振幅都发生了变化。

2) 求如图 4.1(b) 所示的环形遮挡在中心轴上观察场点 P_0 处的衍射光强

(1) 解题步骤

将衍射波面分割成第一个半波带、第二个半波带和其余通光区域三个部分。先求出每部分中未被遮挡区域衍射的振幅矢量 E'_{0i},然后进行矢量相加,即可求出总振幅和总光强。

(2) 第一种矢量图解方法

如图 4.4(a) 所示,第一个半波带未被遮挡,因此振幅矢量为 E_{01},第二个半波带被遮挡了里面的半个环形部分,露出的外面半个环形部分的振幅矢量为如图 4.4(a) 所示的 E''_{02},从第三个半波带以后的所有半波带均未被遮挡,因此后面的所有半波带叠加后总的振幅矢量为如图 4.4(a) 所示的 E_0,即等于自由传播时的振幅矢量。

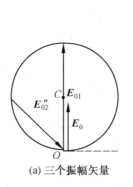
(a) 三个振幅矢量

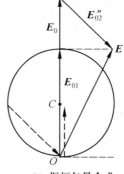
(b) 振幅矢量合成

图 4.4　第一种振幅矢量合成图解

然后将 E_{01} 和 E''_{02} 两个矢量做如图 4.4(b) 所示的平移,求出合矢量
$$E = E_{01} + E''_{02} + E_0$$
可得
$$E^2 = E_0^2 + (2E_0)^2 = 5E_0^2$$
观察场点 P_0 处总的衍射光强即为
$$I = 5I_0^2$$

(3) 第二种矢量图解方法

如图 4.5(a) 所示,第一个半波带未被遮挡,因此振幅矢量为 E_{01},第二个半波带遮挡了里面的半个环形部分,从露出的外面半个环形部分开始,所有半波带均不再被遮挡,相当于自由传播,因此以后部分的振幅矢量为如图 4.5(a) 所示的 E'_0。

将 E'_0 平移至如图 4.5(b) 所示位置,求出矢量和 $E = E_{01} + E'_0$,可以得到 $E^2 = E_0^2 + (2E_0)^2 = 5E_0^2$,即 $I = 5I_0^2$。

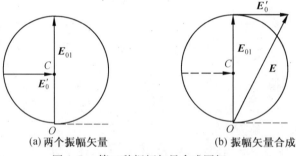

(a) 两个振幅矢量　　(b) 振幅矢量合成

图 4.5　第二种振幅矢量合成图解

(4) 巴俾涅原理图解方法

已知自由传播时的复振幅为 E_0,欲求如图 4.6(b) 所示的环屏衍射的复振幅 E_b,可以先求出如图 4.6(a) 所示的互补型环孔衍射的复振幅 E_a,然后由巴俾涅原理求得环形屏衍射的复振幅 $E_b = E_0 - E_a$,如图 4.6(c) 所示,即
$$E_b^2 = E_0^2 + (2E_0)^2 = 5E_0^2, \quad I_a = 5I_0^2$$

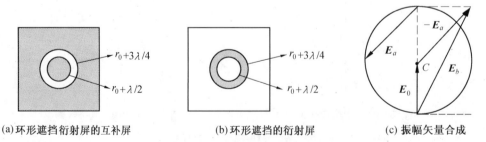

(a) 环形遮挡衍射屏的互补屏　　(b) 环形遮挡的衍射屏　　(c) 振幅矢量合成

图 4.6　巴俾涅原理的振幅矢量合成图解

3）求如图 4.1(c) 所示的扇形遮挡时在中心轴上观察场点 P_0 处的衍射光强

（1）解题步骤

本题中所有遮挡均是扇形遮挡，由于扇形遮挡只改变每个半波带的振幅，不改变通光部分的初相位差，相邻半波带间的初相位差仍然是 π。因此，解题步骤是：把衍射屏分割成第一个半波带、第二个半波带和其余通光区域三个部分，求出每个部分中露出区域衍射的振幅，然后按相邻半波带间的初相位关系依次加减，即可求出衍射光强。

（2）矢量图解方法

第一个半波带被遮挡 1/4、露出 3/4，第二个半波带未被遮挡，其余的均被遮挡 1/4、露出 3/4。因此，可以作出如图 4.7 所示的三个振幅矢量，然后求出矢量和

$$E = E'_{01} + E_{02} + E'_0$$

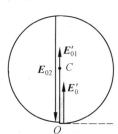

图 4.7 扇形遮挡的三个振幅矢量

可得

$$E = \frac{3}{4}E_{01} - E_{02} + \frac{3}{4}E_0 = \frac{3}{2}E_0 - 2E_0 + \frac{3}{4}E_0 = \frac{1}{4}E_0$$

即得

$$I = \frac{1}{16}I_0$$

（3）直接数值计算

写出每个半波带露出部分衍射的振幅，由于相邻半波带间的初相位差均为 π，所有半波带的振幅矢量和就变成如下的代数和

$$E = \frac{3}{4}E_{01} - E_{02} + \frac{3}{4}E_{03} - \frac{3}{4}E_{04} + \cdots = \frac{3}{4} \times \frac{1}{2}E_{01} - \frac{1}{4}E_{01} = \frac{1}{8}E_{01} = \frac{1}{4}E_0$$

即得

$$I = \frac{1}{16}I_0$$

例题 2 单缝夫琅禾费衍射装置作如下变动时，衍射花样如何变化。(1) 增大薄透镜 L_2 的焦距；(2) 增大薄透镜 L_2 的口径；(3) 将衍射屏 Σ_0 沿 z 轴方向向右平移；(4) 衍射屏 Σ_0 垂直 z 轴上移（不超出入射光束的照射范围）；(5) 衍射屏 Σ_0 绕光轴 z 旋转；(6) 点光源 S 垂直 z 轴向上平移到轴外；(7) 将点光源 S 换成沿 y 方向（垂直纸面方向）的平行狭缝的线光源。

解 1）需要判断的衍射花样的变化内容

零级衍射斑的位置变化，半角宽和半线宽的变化，衍射级次的变化，衍射花样走向的变化。

2）确定这些变化的方法

（1）通过几何像点位置的变化，确定零级衍射斑的位置及其变化；

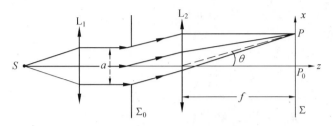

图 4.8 单缝夫琅禾费衍射装置的结构和光路

（2）通过 $\Delta\theta = \dfrac{\lambda}{a}$ 和 $\Delta x = \dfrac{\lambda}{a}f$ 以及 $x = f\sin\theta$ 确定衍射花样的半角宽和半线宽及其变化；

（3）通过 $a\sin\theta_M = k_M\lambda$ 确定可能出现的衍射级次的数目及其变化；

（4）通过光波在哪个方向受限制，衍射就沿那个方向展开的衍射展宽特点，确定衍射花样的走向及其变化。

3）解题

（1）增大薄透镜 L_2 的焦距后，半线宽 $\Delta x = \dfrac{\lambda}{a}f$ 变大，衍射花样的扩展由 $x = f\sin\theta$ 确定，零级斑位置等其余特征不变。

注意：随着焦距的增大，观察屏要随之移动，让观察屏始终处于薄透镜 L_2 的像方焦面位置。

（2）增大薄透镜 L_2 的口径后，衍射光束能够会聚在衍射屏上的最大衍射角 θ_M 变大，由 $a\sin\theta = m\lambda$ 可知，衍射屏上的衍射级次 m 增多，其余衍射特征不变。

（3）将衍射屏 Σ_0 沿光轴 z 方向向右平移。最大的衍射角 θ_M 变大，由 $a\sin\theta = m\lambda$ 可知，衍射屏上的衍射级次 m 增多，其余衍射特征不变。

（4）衍射屏 Σ_0 垂直光轴 z 上移（不超出入射光束的照射范围）。

此时几何像点的位置不变，因此零级衍射斑的位置不变。但是屏幕上下部分的衍射斑的数目不再等量分布，上半部分的衍射斑数目减少，下半部分的衍射斑数目增多，其余衍射特征不变。

（5）衍射屏 Σ_0 绕光轴 z 旋转，衍射花样随之旋转，其余衍射特征不变。

以上五种情况下的零级斑位置均不变化。

（6）点光源 S 沿垂直光轴方向向上移到轴外。零级斑（即几何像点）反向下移，衍射花样整体向下移动，半角宽以及极值点的位置等也均发生变化。

可以由 $a(\sin\theta - \sin\theta_0) = m\lambda$ 和 $\Delta\theta = \dfrac{\lambda}{a\cos\theta_0}$ 具体确定变化的定量关系，其中角 θ_0 是点光源 S 上移后与薄透镜 L_1 中心点连线相对光轴 z 的夹角。

(7) 将点光源 S 换成沿 y 方向扩展的平行狭缝的线光源。衍射花样如图 4.9 所示,沿 y 方向扩展,图 4.9(a) 是位于光轴上的点光源的衍射图样,图 4.9(b) 是沿 y 方向扩展的线光源的衍射图样。其余衍射特征不变。

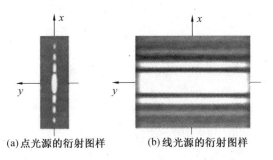

(a) 点光源的衍射图样　　(b) 线光源的衍射图样

图 4.9　点光源和线光源的单缝夫琅禾费衍射图样

例题 3　设望远镜物镜的口径为 5 cm,可见光的平均波长为 550 nm,人眼的最小分辨角为 $\delta\theta_e = 1' = 2.9 \times 10^{-4}$ rad,求望远镜的最小分辨角 $\delta\theta_m$ 和人眼刚能分辨两个物点所需的最小视角放大率 M。

解　(1) $\delta\theta = \delta\theta_m = \Delta\theta = 1.22 \dfrac{\lambda}{D} = 1.22 \times \dfrac{0.55 \times 10^{-4}}{5.0}$ rad $\approx 1.34 \times 10^{-5}$ rad

(2) $\delta\theta' = \delta\theta_e, M = \dfrac{\delta\theta'}{\delta\theta} = \dfrac{\delta\theta_e}{\delta\theta_m} = \dfrac{2.9 \times 10^{-4}}{1.34 \times 10^{-5}} \approx 21.6$

4.2　多缝夫琅禾费衍射

1. 基本概念

1) 光栅:对入射光的振幅、相位或者对两者同时进行周期性空间调制的衍射屏。

2) 光栅常数:相邻两缝中心的间距 d,其大小等于透光部分与遮光部分宽度之和 $d = b + a$。

3) 光栅的角(线)色散本领 $D_\theta(D_l)$:两条谱线中心的波长间隔 $\delta\lambda$ 与被分开的角距离 $\delta\theta$(线距离 δl) 之比 $\delta\theta/\delta\lambda$ ($\delta l/\delta\lambda$)。

4) 光栅的色分辨本领 R:波长 λ 与在其附近刚可被分辨的两条谱线的最小波长间隔 $\delta\lambda$ 之比 $\lambda/\delta\lambda$。

5) 缺级:衍射角 θ 同时满足单缝衍射极小和多缝干涉的一些主极大条件时,多缝干涉的这些主极大光强变为零,即相应的主极大干涉级次消失。

6）闪耀光栅：一种平面反射式光栅，衍射光谱中除与单缝衍射零级极强重合的缝间干涉非零级主极强外，其余的缝间干涉主极强均缺级，入射光的能量几乎全部集中在与零级衍射极强重合的非零级干涉主极强上，形成强烈的彩色闪耀光谱。

2. 基本公式

1）透射式多缝夫琅禾费衍射的复振幅和光强分布

复振幅　　$\widetilde{E}(P) = a_0 \dfrac{\sin\alpha}{\alpha} \dfrac{\sin N\beta}{\sin\beta} e^{ikr_0}$，　$\alpha = \dfrac{\pi a \sin\theta}{\lambda}$，　$\beta = \dfrac{\pi d}{\lambda} \sin\theta$

其中 $r_0 = r_{01} + ((N-1)d\sin\theta)/2$ 是多缝衍射屏的中心到观察点 P 处的光程。

光强分布　　$I = I_0 (\dfrac{\sin\alpha}{\alpha})^2 (\dfrac{\sin N\beta}{\sin\beta})^2$，其中 $a_0 = |a\widetilde{C}|$，$I_0 \propto a^2$。

2）透射式多缝夫琅禾费衍射光强分布的特点

(1) 零级主极强位于观察屏上入射光源的几何像点 P_0 处，峰值光强为 $I = N^2 I_0$。

(2) 主极强条件或光栅方程　　$d\sin\theta = k\lambda \ (k = 0, \pm 1, \pm 2, \cdots)$

(3) 主极强数目　　$|k_M| < d/\lambda$

(4) 极小值条件　　$d\sin\theta = (k + \dfrac{m}{N})\lambda$　$(k = 0, \pm 1, \pm 2\cdots; m = \pm 1, \pm 2, \cdots, \pm N-1)$，其中 m 与 k 应该同时取正值或同时取负值。

(5) 相邻主极强之间有 $N-1$ 个极小和 $N-2$ 个次极强。

(6) 主极强的角半宽　　$\Delta\theta_k = \dfrac{\lambda}{Nd\cos\theta_k}$

(7) 零级主极强的半角宽　　$\Delta\theta_0 = \dfrac{\lambda}{Nd}$

(8) Nd 越大或缝数越多，主极强的半角宽 $\Delta\theta_k$ 越小，条纹越细锐。

(9) 主极强的缺级条件　　$\begin{cases} a\sin\theta = m\lambda & (m = \pm 1, \pm 2, \pm 3, \cdots) \\ d\sin\theta = k\lambda & (k = 0, \pm 1, \pm 2, \pm 3, \cdots) \end{cases}$

(10) 缺级的级次　　$k = m\dfrac{d}{a} (m = \pm 1, \pm 2, \pm 3, \cdots)$

3）透射光栅的角色散和线色散本领　　$D_\theta = \dfrac{\delta\theta}{\delta\lambda} = \dfrac{k}{d\cos\theta_k}, D_l = \dfrac{\delta l}{\delta l} = \dfrac{kf}{d\cos\theta_k}, D_l = f D_\theta$

4）透射光栅的色分辨本领　　$R = \dfrac{\lambda}{\delta\lambda} = kN$

5）透射光栅 1 级光谱的自由光谱范围　　$\Delta\lambda_M < \lambda_M/2 = \lambda_m$

6）透射光栅 1 级光谱的最大衍射波长　　$\lambda_M < d$

7）垂直槽面入射时，闪耀光栅以 λ_{1b} 为中心波长的 1 级闪耀光谱的光程差公式

$2d\sin\theta_b = \lambda_{1b}$

8）垂直光栅平面入射时，闪耀光栅以 λ_{1b} 为中心波长的 1 级闪耀光谱的光程差公式 $d\sin2\theta_b = \lambda_{1b}$

9）棱镜光谱仪的角（线）色散本领 $D_\delta = \dfrac{d\delta_m}{d\lambda} = \dfrac{2\sin\dfrac{\alpha}{2}}{\sqrt{1-n^2\sin^2(\dfrac{\alpha}{2})}} \dfrac{dn}{d\lambda} = \dfrac{b}{a}\dfrac{dn}{d\lambda}$,

$D_l = \dfrac{dl}{d\lambda} = fD_\delta$

10）棱镜光谱仪的角半宽　$\Delta\theta = \dfrac{\lambda}{a}$

11）棱镜光谱仪的色分辨本领　$R = \dfrac{\lambda}{d\lambda} = a|D_\delta| = b\left|\dfrac{dn}{d\lambda}\right|$

3. 需要求解的夫琅禾费衍射问题

1）求解多缝夫琅禾费衍射的复振幅和光强分布。
2）求解多缝夫琅禾费衍射条纹的特征。
3）求解透射光栅的色散本领、色分辨本领以及闪耀光栅的闪耀角和闪耀波长等问题。

4. 基本方法

1）利用复振幅求和方法和矢量图解方法求解多缝夫琅禾费衍射问题。
2）从多缝夫琅禾费衍射的复振幅或光强分布公式出发求解夫琅禾费衍射条纹的特征。
3）通过相应公式求解色散本领、色分辨本领以及闪耀光栅的闪耀角和闪耀波长等问题。

5. 典型例题

例题 1　如图 4.10 所示，双缝的缝宽分别为 a 和 $2a$，两缝中心间距为 $d = 2.5a$，试导出单色平行光正入射时不等宽双缝的夫琅禾费衍射光强分布。

解　把每个单缝看作一个整体，直接写出其复振幅分布公式，然后求两个复振幅的和，再将总复振幅与其共轭复振幅相乘就可以得到光强分布。

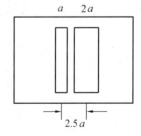

图 4.10　不等宽双缝衍射屏

1）复振幅求和方法
两个单缝的复振幅分别为

$$\widetilde{E}_1 = \widetilde{C}a\dfrac{\sin\alpha}{\alpha}e^{ikr_{01}},\quad \alpha = \dfrac{\pi a}{\lambda}\sin\theta$$

$$\widetilde{E}_2 = \widetilde{C}a' \frac{\sin\alpha'}{\alpha'} e^{ikr_{02}}$$

注意:缝宽改变后,复振幅中的振幅项和相位项都要相应改变,即

$$a' = 2a, \quad \alpha' = 2\alpha, \quad \Delta r = r_{02} - r_{01} = 2.5a\sin\theta, \quad \delta = \frac{2\pi}{\lambda} \times 2.5a\sin\theta = 5\alpha$$

因此得

$$\widetilde{E}_2 = 2\widetilde{C}a \frac{\sin\alpha\cos\alpha}{\alpha} e^{ikr_{01}} e^{i5\alpha} = \widetilde{E}_1(2\cos\alpha e^{i5\alpha})$$

两缝衍射的总复振幅和光强分布为

$$\widetilde{E} = \widetilde{E}_1 + \widetilde{E}_2 = \widetilde{E}_1(1 + 2\cos\alpha e^{i5\alpha})$$

$$I = \widetilde{E}\widetilde{E}^* = I_0 (\frac{\sin\alpha}{\alpha})^2 (1 + 4\cos^2\alpha + 4\cos\alpha\cos5\alpha)$$

2) 矢量图解方法

由复振幅公式得出不等宽双缝的振幅和相位表示式

$$E_{01} = a_0 \frac{\sin\alpha}{\alpha}, E_{02} = 2a_0 \frac{\sin(2\alpha)}{2\alpha} = 2E_{01}\cos\alpha, a_0 = |\widetilde{C}a|, \delta = \frac{2\pi}{\lambda} \times 2.5a\sin\theta = 5\alpha$$

矢量叠加图如图 4.11 所示,其总振幅为

$$E^2 = E_{01}^2 + E_{02}^2 + 2E_{01}E_{02}\cos5\alpha$$

可得光强为

$$I = I_0 (\frac{\sin\alpha}{\alpha})^2 (1 + 4\cos^2\alpha + 4\cos\alpha\cos5\alpha)$$

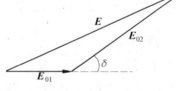

图 4.11 不等宽双缝衍射的振幅矢量合成

3) 另一种矢量图解方法

将缝宽为 $2a$ 的单缝分成缝宽各为 a 的两个单缝,然后将三个单缝看作三个整体,求出每个单缝的振幅和相邻单缝之间的相位差

$$E_{01} = a_0 \frac{\sin\alpha}{\alpha} = E_{02} = E_{03}, \quad \delta_{21} = \frac{2\pi}{\lambda} \times 2a\sin\theta = 4\alpha, \quad \delta_{32} = 2\alpha$$

矢量叠加图如图 4.12 所示。

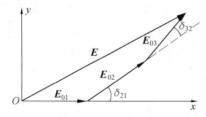

图 4.12 不等宽双缝衍射的振幅矢量合成

每个振幅在 x 和 y 方向上的分量求和式和光强分布公式为

$$E_x = E_{01} + E_{02}\cos 4\alpha + E_{03}\cos(4\alpha + 2\alpha), \quad E_y = E_{02}\sin 4\alpha + E_{03}\sin(4\alpha + 2\alpha)$$

$$I = E_x^2 + E_y^2 = I_0\left(\frac{\sin\alpha}{\alpha}\right)^2 \left[(1 + \cos 4\alpha + \cos 6\alpha)^2 + (\sin 4\alpha + \sin 6\alpha)^2\right]$$

$$I = I_0\left(\frac{\sin\alpha}{\alpha}\right)^2 \left[3 + 2(\cos 2\alpha + \cos 4\alpha + \cos 6\alpha)\right]$$

例题 2 如图 4.13 所示,不等宽平面透射式多缝衍射屏有 $2N$ 条平行狭缝,缝宽分别为 $a, 2a, a, 2a, \cdots$,缝间不透明部分的宽度都是 $2.5a$,求单色平行光正入射时观察屏上夫琅禾费衍射光强分布。

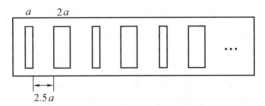

图 4.13 不等宽多缝衍射屏

解 1) 复振幅求和方法

(1) 把相邻的两个不等宽单缝看作一个整体,其复振幅 $\widetilde{E}_i$ 为

$$\widetilde{E}_{11} = \widetilde{C}a\frac{\sin\alpha}{\alpha}e^{ikr_{01}}, \quad \widetilde{E}_{12} = 2\widetilde{C}a\frac{\sin\alpha}{\alpha}\cos\alpha e^{ikr_{01}}e^{i8\alpha}$$

$$\widetilde{E}_i = \widetilde{E}_{11} + \widetilde{E}_{12} = \widetilde{C}a\frac{\sin\alpha}{\alpha}(1 + 2\cos\alpha e^{i8\alpha})e^{ikr_{01}}$$

其中 r_{01} 是缝宽为 a 的第一个单缝中心到观察点 P 的光程

$$\alpha = \frac{\pi a}{\lambda}\sin\theta, \quad \delta_{21} = \frac{2\pi}{\lambda}\times 4a\sin\theta = 8\alpha$$

(2) 然后进行 N 组双缝的复振幅叠加求和,由于相邻两组双缝中心的间隔为 $d = 8a$,因此,$\beta = \frac{\pi}{\lambda}8a\sin\theta = 8\alpha$。

设 r_0 为光栅中缝宽为 a 的 N 个单缝的中心到观察点 P 的光程,则有

$$\widetilde{E} = \sum_{i=1}^{N}\widetilde{E}_i = \widetilde{C}a\frac{\sin\alpha}{\alpha}(1 + 2\cos\alpha e^{i8\alpha})\frac{\sin(8N\alpha)}{\sin(8\alpha)}e^{ikr_0}$$

$$I = \widetilde{E}\widetilde{E}^* = I_0\left(\frac{\sin\alpha}{\alpha}\right)^2 \left(\frac{\sin(8N\alpha)}{\sin(8\alpha)}\right)^2 (1 + 4\cos\alpha\cos 8\alpha + 4\cos^2\alpha)$$

2) 矢量图解方法

将每个缝宽为 $2a$ 的双缝分成两个单缝,形成 $3N$ 个单缝。然后分成三组,每组都由 N

个中心间隔为 $d = 8a$、缝宽为 a 的单缝组成一套光栅。第一套与第二套光栅中心点的间隔为 $d_{21} = 3.5a$,第二套与第三套光栅中心点的间隔为 $d_{32} = a$。则有

$$E_{01} = a_0 \frac{\sin\alpha}{\alpha} \frac{\sin(8N\alpha)}{\sin(8\alpha)} = E_{02} = E_{03}, \quad \delta_{21} = 7\alpha, \quad \delta_{32} = 2\alpha, \quad a_0 = |\widetilde{C}a|$$

$$E_x = E_{01} + E_{01}\cos 7\alpha + E_{01}\cos 9\alpha, \quad E_y = E_{01}\sin 7\alpha + E_{01}\sin 9\alpha$$

$$I = E_x^2 + E_y^2 = I_0 (\frac{\sin\alpha}{\alpha})^2 (\frac{\sin(8N\alpha)}{\sin(8\alpha)})^2 [3 + 2(\cos 2\alpha + \cos 7\alpha + \cos 9\alpha)]$$

3)双光束方法

将 $2N$ 条缝分成两组,所有缝宽为 a 的单缝为一套光栅,相邻缝中心点的间距是 $d_1 = 8a$。所有缝宽为 $2a$ 的单缝为另一套光栅,相邻缝中心点的间距也是 $d_2 = 8a$。形成两套光栅,两套光栅中心的间距为 $d = 4a$。两套光栅的振幅分别为

$$E_{01} = a_0 \frac{\sin\alpha}{\alpha} \frac{\sin(8N\alpha)}{\sin(8\alpha)}$$

$$E_{02} = 2a_0 \frac{\sin 2\alpha}{2\alpha} \frac{\sin(8N\alpha)}{\sin(8\alpha)} = E_{01}(2\cos\alpha)$$

$$\delta = \frac{2\pi}{\lambda} \times 4a\sin\theta = 8\alpha, \quad a_0 = |\widetilde{C}a|$$

$$I = E_{01}^2 + E_{02}^2 + 2E_{01}E_{02}\cos\delta = I_0(\frac{\sin\alpha}{\alpha})^2(\frac{\sin(8N\alpha)}{\sin(8\alpha)})^2(1 + 4\cos\alpha\cos 8\alpha + 4\cos^2\alpha)$$

例题 3 如图 4.14 所示,垂直槽面的入射平行光照明每毫米刻痕 1200 条的闪耀光栅,1 级闪耀光谱中心波长为 500 nm,求闪耀角、能看到的衍射光强的级次和相应的衍射角。

解 (1)垂直槽面入射时,单槽面的零级衍射方向是与入射光相反的方向,对应这个反射方向的槽间一级干涉极大值由图 4.14 所示的相邻两个槽间任意对应点 A 点和 B 处反射光线的光程差决定

$$2d\sin\theta_b = \lambda, \quad \theta_b = \arcsin\frac{\lambda}{2d} = \arcsin 0.3 = 17.46°$$

(2)虽然 $d \approx a$,由于毕竟 $d > a$,因此除了被单缝零级衍射极大闪耀的 +1 级干涉主极大外,由 $k = \frac{d}{a}m$ 造成的缺级现象不能完全使如图 4.15 所示的 -1,0 和 +2 级干涉极大完全消失。

为了求得很弱的其余主极大干涉级次对应的衍射角,应当先求出干涉主极大角位置的一般表示式。如图 4.14 所示,设经过槽面衍射的任意衍射角为 φ(设 φ 以光栅平面的法线方向为起点,逆时针旋转的衍射角为正值,顺时针旋转的衍射角为负值),则垂直槽面入射的平行光对应的槽间干涉主极大的衍射角 φ 满足的光程差公式为

$$d(\sin\theta_b + \sin\varphi) = m\lambda$$

则有

$$\sin\varphi = \frac{m\lambda}{d} - \sin\theta_b = 0.6m - 0.3$$

由于 $-\pi/2 \leqslant \varphi \leqslant \pi/2$，$m$ 的取值范围应当是

$$-1 < 0.6m - 0.3 < 1$$

因此在观察屏上能够看到的光谱级次为 $m = 2, 1, 0, -1$。对应的衍射角为

$$\varphi_2 = 64.16°, \quad \varphi_1 = 17.46°,$$
$$\varphi_0 = -17.46°, \quad \varphi_{-1} = -64.16°$$

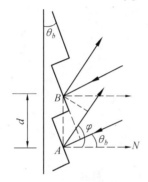 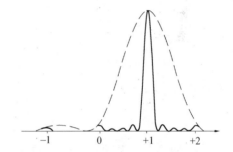

图 4.14　闪耀光栅的结构和光路　　　图 4.15　不完全缺级的衍射光强分布曲线

4.3　习题解答

4.1　若只遮挡菲涅耳波带片的前 10 个奇数半波带，其余地方都开放，求中心轴上相应衍射场点的光强与自由传播时此处光强的比值。

解　设自由传播时中心轴上场点的振幅为 E_0，则遮挡前 10 个奇数半波带后该处衍射的合振幅为

$$E = E_0 - \sum_{m=1}^{m=10} E_{0(2m-1)} = E_0 - 10E_{01} = -19E_0$$

或

$$E = -10E_{02} + \frac{1}{2}E_{011} = -19E_0$$

故入射光通过该波带片后，中心轴上场点的光强与自由传播时此处的光强之比为

$$\frac{I}{I_0} = \frac{E^2}{E_0^2} = 19^2 = 361$$

4.2　若只遮挡菲涅耳波带片的前 60 个偶数半波带，其余地方都开放，求中心轴上相应衍射场点的光强与自由传播时此处光强的比值。

解 设自由传播时轴上场点的振幅为 E_0,则只遮挡前 60 个偶数半波带后该处衍射的合振幅为

$$E = (E_{01} + E_{03} + E_{05} + \cdots + E_{0(119)}) + \frac{1}{2}E_{0(121)} \approx 60.5E_{01} = 121E_0$$

故入射光通过该波带片后中心轴上衍射场点的光强与自由传播时此处的光强比为

$$\frac{I}{I_0} = \frac{E^2}{E_0^2} = 121^2 = 14641$$

4.3 求圆孔中露出 0.25 个半波带时中心轴上相应衍射场点的光强与自由传播时此处光强的比值。

解 题 4.3 图为矢量图解方法的图示,其中 E_0 表示自由传播时衍射场中心点 P_0 处的振幅,E' 为露出 0.25 个半波带时 P_0 处的振幅,则有

$$E' = 2E_0\sin\alpha = 2E_0\sin(22.5°) \approx 0.765E_0$$

故露出 0.25 个半波带时中心轴上衍射场点的光强与自由传播时此处的光强之比为

$$\frac{I'}{I_0} = \frac{E'^2}{E_0^2} \approx 0.59$$

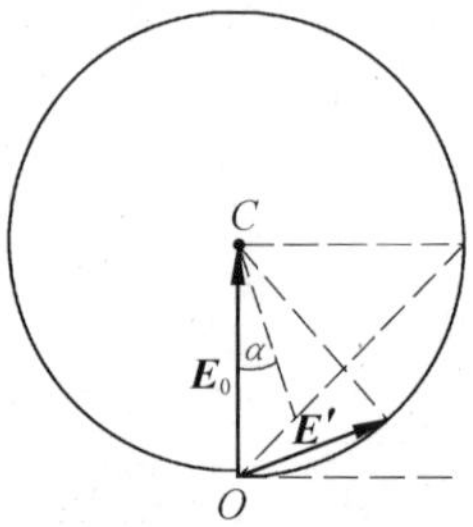

题 4.3 图　菲涅耳衍射的振幅矢量

4.4 如题 4.4 图(a) 所示,平行光垂直照明如下遮挡的衍射屏,求中心轴上场点 P_0 处的光强与自由传播时此处光强的比值(图中标出的距离是该处到中心轴上衍射场点 P_0 处的光程,其中 r_0 是衍射屏中心到中心轴上衍射场点 P_0 处的光程)。

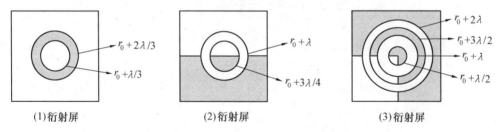

(1)衍射屏　　　　(2)衍射屏　　　　(3)衍射屏

题 4.4 图(a)　不同遮挡方式的菲涅耳衍射屏

解 设衍射屏在中心轴上场点 P_0 处的振幅为 E、光强为 I;自由传播时中心轴上衍射场点的振幅为 E_0、光强为 I_0。

(1) 第一个衍射屏的衍射矢量图解如题 4.4 图(b) 所示。则有

$$E'_{01} = \sqrt{3}E_0$$
$$E^2 = E_0^2 + 3E_0^2 = 4E_0^2$$
$$\frac{I}{I_0} = \frac{E^2}{E_0^2} = 4$$

(2) 第二个衍射屏的矢量图解如题 4.4 图(c) 所示。

第一个半波带露出一半,在中心轴上衍射场点 P_0 的振幅为 $E'_{01} = E_0$。第二个半波带露出前半个环形半波带的一半,在中心轴上衍射场点 P_0 的振幅为 $E'_{02} = \frac{\sqrt{2}}{2}E_0$,第二个半波带露出的后半个半波带在中心轴上衍射场点 P_0 的振幅为 $E''_{02} = \sqrt{2}E_0$。其余半波带全部露出一半,在中心轴上衍射场点 P_0 的振幅为 $E'_0 = E_0/2$。则有

$$E = E'_{01} + E'_{02} + E''_{02} + E'_0, \quad E = E_0/2, \quad I/I_0 = 1/4$$

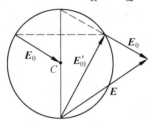 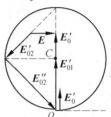

题 4.4 图(b)　第一个衍射屏的衍射振幅矢量合成　　题 4.4 图(c)　第二个衍射屏衍射的振幅矢量合成

(3) 由于第三个衍射屏中未被遮挡部分之间都相差整数个半波带,因此相邻未被遮挡部分之间的初相位都差 π,因此可以直接加减求和,即

$$E = E_{01}/4 - E_{02} + E_{03}/4 - E_{04} + E_0/4 = (0.5 - 2 + 0.5 - 2 + 0.25)E_0 = -11E_0/4$$
$$I/I_0 = (11/4)^2 \approx 7.56$$

4.5　波长为 600 nm 的单色平行光分别照射半径为 2.5 mm 和 5.0 mm 的圆孔衍射屏,轴上观察点到圆孔中心点的距离为 80 cm,相对这个观察点分别求两个圆孔包含的菲涅耳半波带数目。

解　根据菲涅耳圆孔衍射波带片的半径公式,可得圆孔处露出的半波带数 m 为

$$m = \frac{R + r_0}{Rr_0\lambda}\rho_m^2 = \frac{\rho_m^2}{R\lambda} + \frac{\rho_m^2}{r_0\lambda}$$

由于是平面波入射,故 $R = \infty$。根据题意,两个圆孔所包含的菲涅耳半波带数分别为

$$m_1 = \frac{\rho_1^2}{r_0\lambda} = \frac{(2.5 \times 10^{-3})^2}{0.6 \times 10^{-6} \times 0.8} \approx 13$$

$$m_2 = \frac{\rho_2^2}{r_0\lambda} = \frac{(5.0 \times 10^{-3})^2}{0.6 \times 10^{-6} \times 0.8} \approx 52$$

4.6　波长为 500 nm 的单色平行光垂直照射直径为 4.0 mm 的圆孔衍射屏,在与圆孔相距 2 m 处放置观察屏。求 (1) 观察屏上中心场点 P_0 处是衍射亮斑还是暗斑;(2) 若让点 P_0 处变成与(1)中亮暗相反的衍射斑,至少应该把观察屏向前(或向后) 移动多远。

解　(1) 根据菲涅耳圆孔衍射的合振幅公式可知,点 P_0 处的亮暗取决于圆孔中包含

的半波带数是奇数还是偶数，即当 m 为奇数时，点 P_0 处为亮点；当 m 为偶数时，点 P_0 处为暗点。当平行光入射时，直径为 4 mm 的圆孔包含的半波带数为

$$m = \frac{\rho^2}{\lambda r_0} = \frac{(d/2)^2}{\lambda r_0} = \frac{(2.0 \times 10^{-3})^2}{0.5 \times 10^{-6} \times 2} = 4$$

故点 P_0 处为暗点。

(2) 根据半波带数 m 与圆孔到观察屏的距离 b 之间的关系，当点 P_0 向前移动时，r_0 逐渐变小，相应可分割的半波带数增多。半波带数增加到 5 时，点 P_0 处首次从暗点变成亮点；当点 P_0 向后移动时，r_0 逐渐增大，相应可分割的半波带数减少，半波带数减少到 3 时，点 P_0 处从暗点变成亮点。

圆孔到观察屏的距离与可分割的半波带数目 m 满足

$$r_{0m} = \frac{\rho^2}{m\lambda}$$

当半波带数分别为 3 和 5 时，对应的 r_{0m} 的大小分别为

$$r_{03} = \frac{\rho^2}{3\lambda}m = \frac{(2.0 \times 10^{-3})^2}{3 \times 0.5 \times 10^{-6}} \approx 2.7 \text{ m}, \quad r_{05} = \frac{\rho^2}{5\lambda} = \frac{(2.0 \times 10^{-3})^2}{5 \times 0.5 \times 10^{-6}} = 1.6 \text{ m}$$

则点 P_0 由暗点变成亮点时向前移动的距离 Δr_0 或向后移动的距离 $\Delta r_0'$ 分别为

$$\Delta r_0 = r_{04} - r_{05} = 0.4 \text{ m}, \quad \Delta r_0' = r_{03} - r_{04} \approx 0.7 \text{ m}$$

4.7 单色可见平行光垂直入射到半径为 0.5 mm 的圆孔衍射屏上，在中心轴上距离衍射屏 20 cm 远处出现一个暗斑，求入射光的波长。

解 由单色平行光的菲涅耳衍射的波带片半径公式 $\rho_m^2 = m r_0 \lambda$ 可得

$$m\lambda = \rho_m^2 / r_0 = 1.25 \text{ μm}$$

若让轴上出现暗点，则 m 应取偶数。

$m = 2$ 时，$\lambda = 0.625$ μm；

$m = 4$ 时，$\lambda = 0.3125$ μm(非可见光)。

因此入射光波长应该为

$$\lambda = 0.625 \text{ μm}$$

4.8 在菲涅耳圆孔衍射实验中，圆孔半径为 3.0 mm，点光源与圆孔衍射屏的距离为 1.5 m，入射光的波长为 600 nm，当观察屏由远处逐渐向圆孔衍射屏靠近时，求中心轴上出现第一个亮斑和第一个暗斑时的位置到圆孔衍射屏中心的距离。

解 由如下的菲涅耳圆孔衍射半波带半径公式

$$\rho_m = \sqrt{\frac{Rr_0}{R + r_0} m\lambda}$$

可以得到圆孔半波带数 m 与圆孔衍射屏到观察屏的距离 r_0 之间应满足如下关系式

$$m = \frac{R+r_0}{Rr_0\lambda}\rho_m^2 = \frac{\rho_m^2}{R\lambda} + \frac{\rho_m^2}{r_0\lambda}$$

由上式可知当圆孔衍射屏到接收屏的距离 r_0 减小时，m 值增加，即圆孔被分割的半波带数增多。由 $r_0 = \infty$ 可以得到观察屏由远处向圆孔衍射屏靠近时圆孔被分割的半波带数的下限值 m_m，即

$$m_m = \frac{\rho_m^2}{\lambda R} = \frac{(3.0\times 10^{-3})^2}{0.6\times 10^{-6}\times 1.5} = 10$$

让观察屏逐渐靠近圆孔衍射屏，当 $m = 11$ 时出现第一个亮斑，当 $m = 12$ 时出现第一个暗斑，亮暗斑的位置满足如下公式

$$r_{0m} = \frac{R\rho_m^2}{mR\lambda - \rho_m^2} = \frac{1.5\times(3.0\times 10^{-3})^2}{m\times 1.5\times 0.6\times 10^{-6} - (3.0\times 10^{-3})^2}\text{ m}$$

$m = 11$ 时为出现第一个中心亮斑的位置

$$r_{011} = \frac{13.5}{11\times 0.9 - 9.0} = 15\text{ m}$$

$m = 12$ 时为出现第一个中心暗斑的位置为

$$r_{012} = \frac{13.5}{12\times 0.9 - 9.0} = 7.5\text{ m}$$

4.9 在菲涅耳圆孔衍射实验中，波长为 600 nm 的平行光垂直入射到圆孔衍射屏上，观察屏中心到衍射圆孔中心的距离为 3 m，若圆孔半径从 2 mm 开始逐渐扩大，求观察屏中心最先出现亮斑和暗斑时衍射圆孔的半径。

解 $R\to\infty$ 时，菲涅耳圆孔衍射半波带半径公式为

$$\rho_m = \sqrt{\frac{Rr_0}{R+r_0}m\lambda} = \sqrt{mr_0\lambda}$$

由上式可知，当圆孔半径 ρ_m 逐渐扩大时，露出的半波带数 m 逐渐增多。开始时，露出的半波带数目为

$$m = \frac{1}{r_0\lambda}\rho_m^2 = \frac{(2.0\times 10^{-3})^2}{3.0\times 0.6\times 10^{-6}} \approx 2.2$$

根据半波带衍射公式可知，$m = 3,4$ 时依次首先出现亮斑和暗斑。

$m = 3$ 时出现亮斑的圆孔半径为

$$\rho_3 = \sqrt{mr_0\lambda} = \sqrt{3\times 3\times 10^3\times 0.6\times 10^{-3}} \approx 2.3\text{ mm}$$

$m = 4$ 时出现暗斑的圆孔半径为

$$\rho_4 = \sqrt{mr_0\lambda} = \sqrt{4\times 3\times 10^3\times 0.6\times 10^{-3}} \approx 2.7\text{ mm}$$

4.10 若在距离衍射圆孔中心为 f 的中心轴上场点处是波带片的主焦点，证明在 $f/3, f/5, f/7, \cdots$ 的中心轴上场点处分别是波带片的次焦点。

证明　$f = \rho_m^2/m\lambda$ 是波带片的焦距公式,对应中心轴上相应焦点,衍射圆孔被分成 m 个半波带,其中偶数或奇数个半波带被遮挡。将焦距 f 除以 $(2k+1)(k = 1,2,3,\cdots)$ 后得
$$f' = f/(2k+1) = \rho_m^2/[(2k+1)m\lambda]$$
上式的含义是,焦距缩短 $1/(2k+1)$ 后,从距离衍射圆孔 $f/(2k+1)$ 的位置重新分割衍射圆孔,可以将衍射圆孔分割成 $m \times (2k+1)$ 个小半波带。

此时,原来的每个半波带都被分成了 $(2k+1)$ 个小半波带,其中的偶数个小半波带在距离衍射圆孔 $f/(2k+1)$ 的位置上的衍射作用相互抵消,只剩下其中的一个小半波带仍起作用,振幅减少到原来的 $1/(2k+1)$。

原来的每个半波带中都剩下这样的一个起作用的小半波带,这些剩下的 m 个小半波带之间的初相位差为 2π 的整数倍、互相加强,在距离衍射圆孔 $f/(2k+1)$ 的新位置形成一个较弱的亮点,即次焦点,次焦点的焦距分别为
$$f' = f/(2k+1) \quad (k = 1,2,3,\cdots)$$

4.11　菲涅耳波带片相对 600 nm 光波的主焦距为 2 m,波带片中的偶数半波带为通光半波带,(1) 求波带片上第 5 个通光半波带的半径,(2) 若点光源位于波带片左方 6 m 处的中心轴上,求实像点在中心轴上的位置。

解　(1) 已知 $\lambda = 600$ nm,$m = 10$,$f = 2$ m,可得
$$\rho_{10} = \sqrt{mf\lambda} = \sqrt{10 \times 2 \times 10^3 \times 0.6 \times 10^{-3}} \approx 3.46 \text{ mm}$$
(2) $R = 6$ m,$f = 2$ m,由波带片的成像公式可得
$$\frac{1}{6} + \frac{1}{r_0} = \frac{1}{2}, \quad r_0 = 3 \text{ m}$$
即实像点位于波带片右方 3 m 处的光轴上。

4.12　波带片相对波长 600 nm 光波的主焦距为 100 cm,主焦点处的光强是自由传播时此处光强的 10000 倍,衍射屏的奇数半波带为通光半波带,求波带片第一个通光半波带的半径和衍射屏上露出的通光半波带的数目。

解　已知 $f = 100$ cm,$\lambda = 600$ nm,则波带片的第一个通光半波带的半径为
$$\rho_1 = \sqrt{f\lambda} = \sqrt{1000 \times 6 \times 10^{-4}} \approx 0.77 \text{ mm}$$
若波带片一共有 m 个通光半波带,则主焦点处的振幅为
$$E = E_{01} + E_{03} + \cdots + E_{0(2m-1)} \approx mE_{01} = 2mE_0$$
其中 $I_0 = E_0^2$ 为自由传播时主焦点处的光强,若要求 $I = 10000I_0$,必须有
$$\frac{E}{E_0} = 2m = \sqrt{10000},\ m = \sqrt{10000}/2 = 50$$
要求露出前 50 个奇数半波带,遮挡前 50 个偶数半波带和其余的所有半波带。

4.13　包含两种波长的平行光垂直入射到缝宽为 0.12 mm 的单缝夫琅禾费衍射装

置上,会聚薄透镜的焦距为 60 cm,若在观察屏上距离零级主极强 6 mm 处的一种单色光波的 2 级极小和另一种单色光的 3 级极小重合,求这两种入射单色光的波长。

解 由题意可知,$f = 60$ cm,$x = 6$ mm,$a = 0.12$ mm。两种波长的光波在单缝夫琅禾费衍射中满足

$$a\sin\theta = 2\lambda_1 = 3\lambda_2, \quad f\tan\theta = x$$

因此

$$\theta = \arctan(x/f) = \arctan(6/600) \approx 0.01 \text{ rad}$$
$$\lambda_1 = (a\sin\theta)/2 \approx (0.12 \times 0.01/2) = 600 \text{ nm}$$
$$\lambda_2 = (a\sin\theta)/3 \approx (0.12 \times 0.01/3) = 400 \text{ nm}$$

4.14 衍射细丝测径仪是用细丝代替单缝夫琅禾费衍射装置中的单缝衍射屏,若入射光的波长为 632.8 nm,薄透镜的焦距为 30 cm,测得零级衍射条纹的线宽度为 0.5 cm,求细丝的直径。

解 由巴俾涅原理知,细丝的夫琅禾费衍射光强分布与其互补的单缝夫琅禾费衍射光强分布除像点处的光强以外处处相同。故细丝夫琅禾费衍射零级条纹半角宽为

$$\Delta\theta \approx \frac{\lambda}{a} \approx \frac{\Delta l}{2f}$$

故细丝的直径为

$$a = \frac{2f\lambda}{\Delta l} = \frac{2 \times 30 \times 0.6328}{0.5} \approx 75.9 \text{ μm}$$

4.15 平行光垂直照射缝宽为 0.1 mm 的单缝夫琅禾费衍射屏,焦距为 200 cm 的薄透镜将衍射光会聚在观察屏上,若第 1 和第 2 个衍射极小的线距离为 1.2 cm,求入射光的波长。

解 由单缝夫琅禾费衍射的特点可知,第 m 级衍射极小值的角位置满足

$$a\sin\theta_m = m\lambda$$

由于衍射角很小,故第 m 级衍射极小值对应的衍射角为

$$\theta_m \approx \frac{m\lambda}{a}$$

因而,第一和第二衍射极小值之间的线距离为

$$\Delta l \approx f(\theta_2 - \theta_1) = \frac{f\lambda}{a}$$

即入射光的波长为

$$\lambda = \frac{a\Delta l}{f} = \frac{0.01 \times 1.2}{200} = 0.6 \times 10^{-4} = 600 \text{ nm}$$

4.16 波长为 500 nm 的单色平行光垂直照射缝宽为 0.20 mm 的单缝夫琅禾费衍射屏,在单缝后面放置焦距为 60 cm、折射率为 1.56 的凸薄透镜。求(1) 零级亮条纹的线宽

度;(2) 将该装置放入折射率为 1.33 的水中,零级亮条纹的线宽度变成多少。

解 (1) 当单缝夫琅禾费单缝衍射装置置于空气中时,单缝衍射零级亮条纹的线宽度为

$$\Delta l \approx \frac{2\lambda}{a}f = \frac{2 \times 0.5 \times 10^{-3}}{0.20} \times 600 = 3.0 \text{ mm}$$

(2) 若将该装置放入水中,通过单缝上下边缘的衍射角为 θ 的平行光之间的光程差变为 $\Delta L = na\sin\theta$,由于衍射角很小,第 m 级衍射极小值对应的衍射角 θ_m 满足

$$na\theta_m \approx m\lambda \ (m = \pm 1, \pm 2, \cdots)$$

其零级亮条纹的角宽度为

$$\Delta\theta_0 = \frac{2\lambda}{na}$$

放入水中后凸薄透镜的焦距 f' 为

$$f' = \frac{n(n_0 - 1)}{n_0 - n}f$$

可得

$$f' = \frac{1.33 \times (1.56 - 1)}{1.56 - 1.33} \times 60 \approx 194.3 \text{ cm}$$

放入水中后,零级亮条纹的线宽度变为

$$\Delta l' = \Delta\theta_0 f' = \frac{2\lambda}{na}f' = \frac{2 \times 0.5 \times 10^{-3}}{1.33 \times 0.20} \times 1943 \approx 7.3 \text{ mm}$$

4.17 波长为 632.8 nm 的单色平行光垂直照射直径为 3.0 cm、焦距为 50 cm 的凸薄透镜,求凸薄透镜像方焦面上的艾里斑直径。

解 艾里斑的半角宽为

$$\Delta\theta = 1.22\frac{\lambda}{D}$$

因此艾里斑的直径为

$$d \approx 2f\Delta\theta = 1.22 \times \frac{2f\lambda}{D} = 1.22 \times \frac{2 \times 50 \times 0.6328}{3} \approx 25.7 \text{ μm}$$

4.18 一束输出口径为 2 mm、波长为 632.8 nm 的氦氖激光从地面射向月球,已知月地间的距离为 3.76×10^5 km,求激光束投射到月球表面的光斑口径。

解 圆孔衍射的半角宽为

$$\Delta\theta = 1.22\frac{\lambda}{D}$$

因此,激光束在月球上的光斑口径为

$$d \approx 2l\Delta\theta = 1.22 \times \frac{2l\lambda}{D} = 1.22 \times \frac{2 \times 3.76 \times 10^5 \times 632.8 \times 10^{-6}}{2} \approx 290.3 \text{ km}$$

4.19 用照相机在距离地面 100 km 的高空拍摄地面上的物体,设白光的平均波长为 550 nm,若要分辨地面上相距 0.5 m 的两个物点,则照相机镜头的口径至少应当多大。

解 要求照相机能分辨的最小角间隔为

$$\delta\theta_m = \frac{h}{l} = \frac{0.5}{100 \times 10^3} = 5 \times 10^{-6}\,\text{rad}$$

该照相机镜头的边框即为孔径光阑,设口径为 D,则其最小分辨角应满足

$$\delta\theta_m = 1.22\frac{\lambda}{D}$$

可求得照相机镜头的最小口径为

$$D = \frac{1.22\lambda}{\delta\theta_m} = \frac{1.22 \times 0.55}{5 \times 10^{-6}} \approx 13.4 \times 10^4 = 13.4\,\text{cm}$$

4.20 双星的角间隔为 $0.1''$,若双星发光的波长为 550 nm,求刚可分辨这对双星所需的望远镜的物镜口径和目镜的视角放大率。

解 (1) 双星的角间隔为 $\delta\theta = 0.1''$,因此望远镜的最小分辨角应当满足

$$\delta\theta = \delta\theta_m = 1.22\frac{\lambda}{D}$$

由此可求得能分辨双星所需的望远镜物镜的最小口径为

$$D = 1.22\frac{\lambda}{\delta\theta} = \frac{1.22 \times 0.55 \times 10^{-6}}{\frac{0.1}{3600} \times \frac{\pi}{180}} \approx 1.38\,\text{m}$$

(2) 人眼的最小分辨角为

$$\delta\theta_e \approx 1'$$

因此人眼刚可分辨所需的目镜的视角放大率应当为

$$M = \frac{\delta\theta_e}{\delta\theta} = \frac{1 \times 60}{0.1} = 600$$

4.21 如题 4.21 图所示,单缝夫琅禾费衍射装置有如下变动时,衍射图样如何变化。(1) 增大薄透镜 L_2 的焦距;(2) 增大薄透镜 L_2 的口径;(3) 衍射屏 Σ_0 沿 z 轴方向向右平移;(4) 衍射屏 Σ_0 垂直 z 轴上移(不超出入射光束的照射范围);(5) 衍射屏 Σ_0 绕 z 轴旋转;(6) 点光源 S 垂直 z 轴向上平移到轴外;(7) 将点光源 S 换成沿 y 方向的平行狭缝的线光源。

解 详见本章 4.1 节例题 2 的解答。

4.22 波长为 600 nm 的单色平行光正入射到透射式夫琅禾费衍射光栅上,两个相邻主极强分别出现在 $\sin\theta_1 = 0.2$ 和 $\sin\theta_2 = 0.3$ 的位置,第 4 级主极强缺级,求光栅常数和单缝的可能最小宽度。

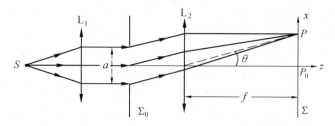

题 4.21 图　单缝夫琅禾费衍射装置的结构和光路

解　由 $\sin\theta_1 = 0.2 = \dfrac{k\lambda}{d}$ 和 $\sin\theta_2 = 0.3 = \dfrac{(k+1)\lambda}{d}$，可得

$$\frac{k+1}{k} = \frac{0.3}{0.2}, \quad k = 2$$

由 $\sin\theta_1 = 0.2 = \dfrac{2\lambda}{d}$，得

$$d = 10\lambda = 6 \times 10^{-3} \text{ mm}$$

由缺级公式 $\dfrac{k}{m} = \dfrac{4}{m} = \dfrac{d}{a}$，可知 $m = 1$ 时，单缝的缝宽最小 $a = a_m$，可得

$$a_m = d/4 = 1.5 \times 10^{-3} \text{ mm}$$

4.23　求缝宽为 a、两个单缝中心间距为 $3a$ 的双缝夫琅禾费衍射的第 1 级主极强与单缝零级衍射极强的光强比值。

解　满足多缝夫琅禾费衍射主极强的条件是

$$d\sin\theta_k = k\lambda$$

上式中 θ_k 为多缝衍射的第 k 级主极强对应的衍射角。

此时有 $\sin N\beta = 0$ 和 $\sin\beta = 0$，其中 $\beta = \dfrac{\pi}{\lambda}d\sin\theta$。根据缝数为 N 的多缝衍射光强公式可知，第 k 级主极强 $I(\theta_k)$ 与单缝零级衍射极强 I_0 之比为

$$\frac{I(\theta_k)}{I_0} = \left(\frac{\sin\alpha}{\alpha}\right)^2 \left(\frac{\sin N\beta}{\sin\beta}\right)^2 = N^2 \left(\frac{\sin\alpha}{\alpha}\right)^2$$

当衍射角满足 $d\sin\theta_k = k\lambda$，而且 $k = 1, d = 3a$ 时，则有

$$\alpha = \frac{\pi a\sin\theta_k}{\lambda} = \frac{k\pi a}{d} = \frac{\pi}{3}$$

可得

$$\frac{\sin\alpha}{\alpha} = \frac{\sin\dfrac{\pi}{3}}{\dfrac{\pi}{3}} = \frac{3\sqrt{3}}{2\pi}$$

故双缝衍射的第一级主极强与单缝衍射主极强之比为

$$\frac{I(\theta_k)}{I_0} = N^2(\frac{\sin\alpha}{\alpha})^2 = 2^2 \times (\frac{3\sqrt{3}}{2\pi})^2 \approx 2.74$$

4.24 如题 4.24 图（a）所示，斜入射平行光与光轴的夹角为 θ_0，证明多缝夫琅禾费衍射光强分布为 $I_\theta = I_0(\frac{\sin\alpha'}{\alpha'})^2(\frac{\sin N\beta'}{\sin\beta'})^2$，其中

$$\alpha' = \frac{\pi a}{\lambda}(\sin\theta - \sin\theta_0), \quad \beta' = \frac{\pi d}{\lambda}(\sin\theta - \sin\theta_0)$$

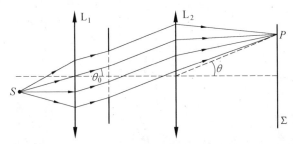

题 4.24 图（a） 平行光斜入射的多缝夫琅禾费衍射装置的结构和光路

证明 如题 4.24 图（b）所示，入射到衍射屏上的平行光的倾角为 θ_0、衍射角为 θ 时，一个单缝的上边缘 A 和其下边缘 B 的两束平行光的光程差为

$$\Delta L = a(\sin\theta - \sin\theta_0)$$

相应的初相位差为

$$\Delta\varphi = \frac{2\pi}{\lambda}\Delta L = \frac{2\pi a}{\lambda}(\sin\theta - \sin\theta_0) = 2\alpha'$$

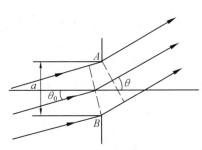

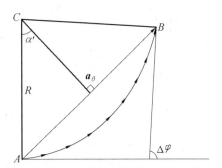

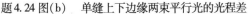

题 4.24 图（b） 单缝上下边缘两束平行光的光程差　　题 4.24 图（c） 单缝衍射的振幅矢量合成

使用如题 4.24 图（c）所示的矢量图解方法可以求得斜入射时单缝衍射的振幅分布 a_θ 为

$$a_\theta = 2R\sin\alpha' = 2 \times (\frac{\widehat{AB}}{2\alpha'})\sin\alpha' = a_0\frac{\sin\alpha'}{\alpha'}, \quad a_0 = \widehat{AB}$$

$$\alpha' = \frac{\pi a}{\lambda}(\sin\theta - \sin\theta_0)$$

同理可知，相邻单缝之间对应点发出的衍射线之间的光程差为
$$\Delta L' = d(\sin\theta - \sin\theta_0)$$
相应的相位差为
$$\delta' = \frac{2\pi}{\lambda}\Delta L' = \frac{2\pi d}{\lambda}(\sin\theta - \sin\theta_0) = 2\beta'$$

使用如题 4.24 图(d) 所示的矢量图解方法，可以求得斜入射时多缝衍射的合振幅分布为
$$E_\theta = 2R\sin N\beta' = 2\frac{a_\theta/2}{\sin\beta'}\sin N\beta' = a_\theta\frac{\sin N\beta'}{\sin\beta'}$$
$$\beta' = \frac{\pi d}{\lambda}(\sin\theta - \sin\theta_0)$$

因此，光强分布公式为

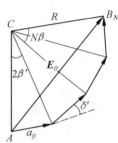

题 4.24 图(d)　多缝衍射的振幅矢量合成图

$$I_\theta = E^2 = a_\theta^2\left(\frac{\sin N\beta'}{\sin\beta'}\right)^2 = a_0^2\left(\frac{\sin\alpha'}{\alpha'}\right)^2\left(\frac{\sin N\beta'}{\sin\beta'}\right)^2$$
$$I = I_0\left(\frac{\sin\alpha'}{\alpha'}\right)^2\left(\frac{\sin N\beta'}{\sin\beta'}\right)^2$$

4.25　如题 4.24 图(a) 所示，若斜入射平行光与光轴的夹角为 θ_0。求(1) 多缝夫琅禾费衍射主极强的位置公式；(2) 第 k 级主极强的半角宽和缺级情况，以及与平行光正入射的情况相比较有何异同。

解　(1) 根据多缝衍射特点，其衍射主极强的位置由缝间干涉因子决定，即第 k 级主极强对应的衍射角 θ_k 满足
$$d(\sin\theta_k - \sin\theta_0) = k\lambda \quad (k = 0, \pm 1, \pm 2, \cdots)$$

由此式可知，衍射角等于入射倾角 $\theta_k = \theta_0$（即几何光学像点）的位置就是零级主极强的位置。

(2) 令第 k 级主极强的半角宽为 $\Delta\theta$，总缝数为 N，则有多缝衍射第一个极小的条件为
$$\sin(\theta_k + \Delta\theta) - \sin\theta_0 = \left(k + \frac{1}{N}\right)\frac{\lambda}{d}$$
由于 $\Delta\theta$ 很小，故有
$$\sin(\theta_k + \Delta\theta) \approx \sin\theta_k + \cos\theta_k\Delta\theta$$
则第 k 级主极强的半角宽公式为
$$\Delta\theta = \frac{\lambda}{Nd\cos\theta_k}$$

该公式的形式与正入射时相同，但是对于相同的衍射级次 k 而言，由于斜入射和正入射对

应的衍射角 θ_k 不同,从而相同级次对应的半角宽也不同。

当多缝衍射的第 k 级主极强的角方位与单元(单缝)衍射的第 m 级极小的角方位相同时出现缺级,因为单缝衍射极小值的条件为 $a(\sin\theta_m - \sin\theta_0) = m\lambda$,且缺级时有 $\sin\theta_k = \sin\theta_m$。由此,斜入射时主极强的缺级条件为

$$k\frac{\lambda}{d} + \sin\theta_0 = m\frac{\lambda}{a} + \sin\theta_0 \quad (m = \pm 1, \pm 2, \cdots)$$

即

$$\frac{k}{m} = \frac{d}{a}$$

上式说明斜入射的缺级情况也与正入射时的缺级条件相同。

4.26 双缝夫琅禾费衍射装置的入射光的波长为 632.8 nm,会聚薄透镜的焦距为 60 cm,观察屏中心附近相邻亮条纹的线距离为 2.0 mm,第 2 级亮条纹缺级,求双缝的中心间距和狭缝可能的最小缝宽。

解 夫琅禾费双缝衍射的主极强条件为

$$d\sin\theta_k = k\lambda$$

相对观察屏中心附近的主极强,对应的衍射角 θ_k 较小,故 $\sin\theta_k \approx \theta_k$,由缺级公式 $\frac{d}{a} = \frac{k}{m}$ 可知,若第 2 级亮条纹缺级,则偶数级次的亮条纹均缺级,从而可知此时相邻亮条纹之间的角距离应该为

$$\Delta\theta = \theta_{k+2} - \theta_k \approx \frac{2\lambda}{d}$$

相应亮条纹的线间距为

$$\Delta l \approx f \cdot \Delta\theta = \frac{2\lambda}{d}f$$

故两缝中心间距为

$$d = \frac{2f\lambda}{\Delta l} = 2 \times \frac{600 \times 0.6328 \times 10^{-3}}{2.0} \approx 0.38 \text{ mm}$$

令 $m = 1$,由缺级条件可知,可能的最小缝宽为

$$a = \frac{d}{2} \approx \frac{0.38}{2} \approx 0.19 \text{ mm}$$

4.27 如题 4.27 图所示,平行透光双缝的缝宽分别为 a 和 $2a$,两缝中心间距为 $d = 2.5a$,求单色平行光正入射时夫琅禾费衍射的光强分布。

解 详见本章 4.2 节例题 1 的解答。

4.28 如题 4.28 图所示,衍射屏的三个平行透光狭缝的宽度皆为 a,缝间不透明部分分别为 $2a$ 和 a,求单色平行光正入射时夫琅禾费衍射的光强分布。

解 三个缝的衍射复振幅分布分别为

$$\widetilde{E}_1 = \widetilde{C}a\frac{\sin\alpha}{\alpha}e^{ikr_{01}}, \quad \widetilde{E}_2 = \widetilde{C}a\frac{\sin\alpha}{\alpha}e^{ikr_{02}},$$

$$\widetilde{E}_3 = \widetilde{C}a\frac{\sin\alpha}{\alpha}e^{ikr_{03}}$$

其中

$$\alpha = \frac{\pi a}{\lambda}\sin\theta, \quad r_{02} = r_{01} + 3a\sin\theta, \quad r_{03} = r_{01} + 5a\sin\theta$$

则三缝衍射的总复振幅为

$$\widetilde{E} = \widetilde{E}_1 + \widetilde{E}_2 + \widetilde{E}_3 = \widetilde{C}a\frac{\sin\alpha}{\alpha}(e^{ikr_{01}} + e^{ikr_{02}} + e^{ikr_{03}}) =$$

$$\widetilde{C}a\frac{\sin\alpha}{\alpha}e^{ikr_{01}}(1 + e^{i6\alpha} + e^{i10\alpha})$$

相应的衍射光强分布为

$$I = \widetilde{E}\widetilde{E}^* = I_0(\frac{\sin\alpha}{\alpha})^2[3 + 2(\cos4\alpha + \cos6\alpha + \cos10\alpha)]$$

其中 I_0 为宽度为 a 的单缝衍射零级斑中心光强。

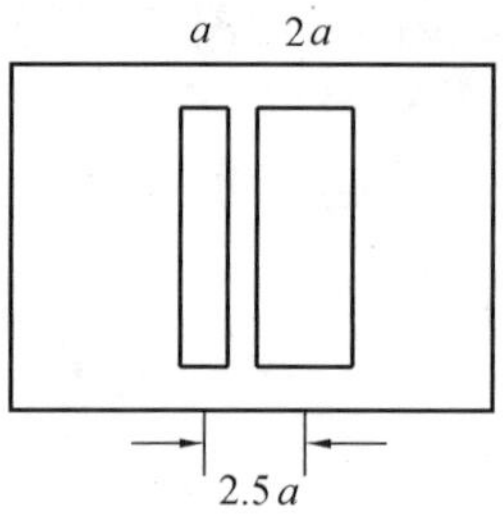

题 4.27 图　不等宽双缝的衍射屏

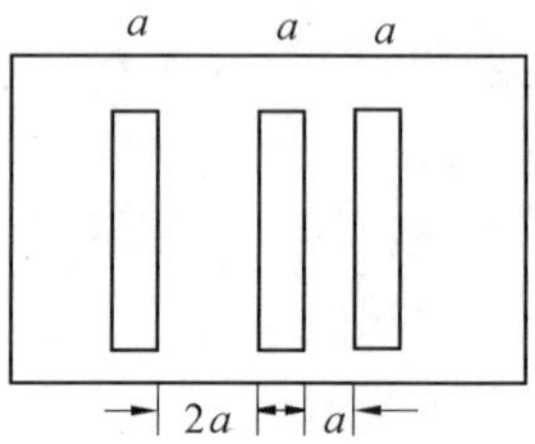

题 4.28 图　三条狭缝的衍射屏

4.29　如题 4.29 图所示,衍射屏上有 $2N$ 条缝宽皆为 a 的平行透光狭缝,缝间不透明部分依次为 $a,2a,a,2a,\cdots$,求单色平行光正入射时夫琅禾费衍射的光强分布。

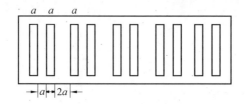

题 4.29 图　多缝衍射屏

解　将 $2N$ 条狭缝分成两组,每组有相邻缝中心间距为 $5a$ 的 N 条狭缝,其夫琅禾费衍射强度分布均为

$$I_1 = I_2 = I_0(\frac{\sin\alpha}{\alpha})^2(\frac{\sin5N\alpha}{\sin5\alpha})^2, \quad \alpha = \frac{\pi a\sin\theta}{\lambda}, \quad \beta = \frac{\pi}{\lambda}5a\sin\theta = 5\alpha$$

其中 I_0 为单缝衍射零级极强。

再把两组 N 条缝组成的光栅看作两个干涉单元,其中两套光栅的中心间距为 $d = 2a$。两套光栅中心到任意观察点 P 处的光程差为

$$\delta = k(r_{02} - r_{01}) = \frac{2\pi}{\lambda} \times 2a\sin\theta = 4\alpha$$

利用两光束干涉光强分布公式可以得到相应的衍射光强分布为
$$I = I_1 + I_2 + 2\sqrt{I_1 I_2}\cos\delta = 2I_1(1 + \cos\delta)$$
即得
$$I = 4I_0(\cos 2\alpha)^2 \left(\frac{\sin\alpha}{\alpha}\right)^2 \left(\frac{\sin 5N\alpha}{\sin 5\alpha}\right)^2$$

4.30 如题 4.30 图所示,衍射屏有 $2N$ 条平行透光狭缝,缝宽分别为 $a, 2a, a, 2a, \cdots$,缝间不透明部分的宽度都是 $2.5a$,求单色平行光正入射时夫琅禾费衍射的光强分布。

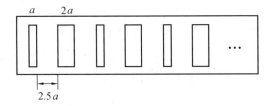

题 4.30 图 不等宽多缝衍射屏

解 详见本章 4.2 节例题 2 的解答。

4.31 如题 4.31 图所示,缝宽为 a 的单缝衍射屏左方介质为空气,右方介质的折射率为 n,波长为 λ 的轴外点光源 Q 发出的球面波经过薄透镜 L_1 准直的平行光以 θ_0 角斜入射到单缝衍射屏上,衍射光经过薄透镜 L_2 会聚到观察屏上,求观察屏上夫琅禾费零级衍射条纹的衍射角和半角宽。

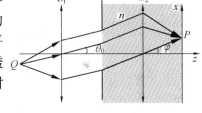

题 4.31 图 处于两种介质中的夫琅禾费单缝衍射装置的结构和光路

解 单缝上下边缘衍射平行光的光程差为
$$\Delta L = na\sin\varphi - a\sin\theta_0$$
其中相应的零级衍射条纹的极大值条件为
$$na\sin\varphi_0 - a\sin\theta_0 = 0$$
可得零级衍射条纹的衍射角为
$$\varphi_0 = \arcsin\left(\frac{1}{n}\sin\theta_0\right)$$
满足极小值的条件为
$$na\sin\varphi - a\sin\theta_0 = m\lambda$$
与零级条纹相邻的极小值级次为 $m = 1$,此时有 $na\sin(\varphi_0 + \Delta\varphi) - a\sin\theta_0 = \lambda$,$\cos\Delta\varphi \approx 1$,$\sin\Delta\varphi \approx \Delta\varphi$,即
$$(na\cos\varphi_0)\Delta\varphi = \lambda$$
故半角宽为

$$\Delta\varphi = \frac{\lambda}{na\cos\varphi_0}$$

4.32 衍射屏上有三条宽度皆为 a 的平行透光狭缝,相邻两缝中心间距均为 $2a$,将两侧狭缝分别覆盖延迟量为 π 的附加相位片,求单色平行光正入射时夫琅禾费衍射的光强分布。

解 三个缝到观察屏上任意场点的衍射复振幅分布分别为

$$\widetilde{E}_1 = \widetilde{C}a\frac{\sin\alpha}{\alpha}e^{i(kr_{01}+\pi)}$$

$$\widetilde{E}_2 = \widetilde{C}a\frac{\sin\alpha}{\alpha}e^{ikr_{02}}$$

$$\widetilde{E}_3 = \widetilde{C}a\frac{\sin\alpha}{\alpha}e^{i(kr_{03}+\pi)}$$

其中

$$\alpha = \frac{\pi a}{\lambda}\sin\theta, \quad r_{01} = r_{02} - 2a\sin\theta, \quad r_{03} = r_{02} + 2a\sin\theta$$

则三缝衍射的总复振幅为

$$\widetilde{E} = \widetilde{E}_1 + \widetilde{E}_2 + \widetilde{E}_3 = \widetilde{C}a\frac{\sin\alpha}{\alpha}(e^{i(kr_{01}+\pi)} + e^{ikr_{02}} + e^{i(kr_{03}+\pi)}) =$$

$$\widetilde{C}a\frac{\sin\alpha}{\alpha}e^{ikr_{02}}(-e^{-i4\alpha} + 1 - e^{i4\alpha})$$

$$\widetilde{E} = \widetilde{C}a\frac{\sin\alpha}{\alpha}e^{ikr_{02}}(1 - 2\cos4\alpha)$$

相应的衍射光强分布为

$$I = I_0\left(\frac{\sin\alpha}{\alpha}\right)^2(1 - 2\cos4\alpha)^2$$

其中 I_0 为宽度为 a 的单缝衍射零级斑中心光强。

4.33 双缝衍射屏上的缝宽均为 a,两缝中心间距为 d,在第一个狭缝上覆盖延迟量为 π 的附加相位片,求单色平行光正入射时夫琅禾费衍射的光强分布。

解 双缝到观察屏上任意场点的衍射复振幅分布分别为

$$\widetilde{E}_1 = \widetilde{C}a\frac{\sin\alpha}{\alpha}e^{i(kr_{01}+\pi)}, \quad \widetilde{E}_2 = \widetilde{C}a\frac{\sin\alpha}{\alpha}e^{ikr_{02}}$$

其中

$$\alpha = \frac{\pi a}{\lambda}\sin\theta, \quad r_{02} = r_{01} + d\sin\theta, \quad \beta = \frac{\pi}{\lambda}d\sin\theta$$

则双缝衍射的总复振幅为

$$\widetilde{E} = \widetilde{E}_1 + \widetilde{E}_2 = \widetilde{C}a\frac{\sin\alpha}{\alpha}(e^{i(kr_{01}+\pi)} + e^{ikr_{02}}) =$$

$$\widetilde{C}a\frac{\sin\alpha}{\alpha}e^{ikr_{01}}(-1 + e^{i2\beta})$$

$$\widetilde{E} = -\widetilde{C}a\frac{\sin\alpha}{\alpha}e^{ikr_{01}}(1 - e^{i2\beta})$$

相应的衍射光强分布为

$$I = 4I_0\left(\frac{\sin\alpha}{\alpha}\right)^2\sin^2\beta$$

其中 I_0 为宽度为 a 的单缝衍射零级斑中心光强。

4.34 单缝衍射屏上的缝宽为 a，在单缝的前半部分狭缝覆盖延迟量为 π 的附加相位片，求单色平行光正入射时夫琅禾费衍射的光强分布。

解 可以将单缝看成缝宽为 $a/2$、缝间距为 $a/2$ 的平行双缝，双缝到观察屏上任意场点的衍射复振幅分布分别为

$$\widetilde{E}_1 = \widetilde{C}\frac{a}{2}\frac{\sin\alpha}{\alpha}e^{i(kr_{01}+\pi)}, \quad \widetilde{E}_2 = \widetilde{C}\frac{a}{2}\frac{\sin\alpha}{\alpha}e^{ikr_{02}}$$

其中

$$\alpha = \frac{\pi a}{2\lambda}\sin\theta, \quad r_{02} = r_{01} + a\sin\theta/2$$

则这样的双缝衍射的总复振幅为

$$\widetilde{E} = \widetilde{E}_1 + \widetilde{E}_2 = \widetilde{C}\frac{a}{2}\frac{\sin\alpha}{\alpha}[e^{i(kr_{01}+\pi)} + e^{ikr_{02}}] =$$

$$\widetilde{C}\frac{a}{2}\frac{\sin\alpha}{\alpha}e^{ikr_{01}}(-1 + e^{i2\alpha})$$

$$\widetilde{E} = -\widetilde{C}\frac{a}{2}\frac{\sin\alpha}{\alpha}e^{ikr_{01}}(1 - e^{i2\alpha})$$

相应的衍射光强分布为

$$I = \frac{I_0}{2}\left(\frac{\sin\alpha}{\alpha}\right)^2(1 - \cos2\alpha) = I_0\frac{\sin^4\alpha}{\alpha^2}$$

其中 I_0 为宽度为 a 的单缝衍射零级斑中心光强。

4.35 波长范围为 390～770 nm 的可见平行光垂直入射到光栅常数为 0.002 mm 的夫琅禾费衍射光栅上，衍射屏上 1 级光谱的线宽度为 60 mm，求会聚薄透镜的焦距。

解 由光栅方程 $d\sin\theta = \lambda$ 可求得可见光的最长和最短波长对应的 1 级谱线的角宽度分别为

$$\theta_1 = \arcsin(\lambda_1/d) = \arcsin(0.39 \times 10^{-3}/0.002) \approx 11.24°$$

$$\theta_2 = \arcsin(\lambda_2/d) = \arcsin(0.77 \times 10^{-3}/0.002) \approx 22.64°$$

则薄透镜的焦距为

$$f = \frac{l}{\tan\theta_2 - \tan\theta_1} = \frac{60}{\tan22.64° - \tan11.24°} \approx 27.48 \text{ cm}$$

4.36 宽度为 5 cm 的透射式夫琅禾费衍射光栅每毫米含有 100 条平行透光狭缝,该光栅能否分辨 2 级光谱中波长分别为 589.0 nm 和 589.6 nm 的钠黄光双线。

解 $D = 5$ cm, $d = 1$ mm/100 $= 0.01$ mm $= 10$ μm,则光栅上的总缝数为

$$N = D/d = 50/0.01 = 5000$$

光栅 2 级光谱的色分辨本领为

$$R = \frac{\lambda}{\delta\lambda} = kN = 10000$$

钠黄光双线的中心波长为 $\lambda \approx 589.3$ nm,因此可得光栅能够分辨的两条谱线的最小波长间隔为

$$\delta\lambda = \lambda/R = (589.3/10000)\text{nm} \approx 0.059 \text{ nm}$$

钠黄光两条谱线的波长差为 $\delta\lambda' = 0.6$ nm $> \delta\lambda$,因此能够分辨钠黄光双线。

4.37 透射式夫琅禾费衍射光栅每毫米含有 1100 条平行透光狭缝,在 550 nm 波长的 2 级夫琅禾费衍射光谱中刚可分辨的最小波长差为 0.0025 nm,求光栅的总宽度。

解 已知光栅常数 d 为

$$d = (1/1100) \text{ mm}$$

则 2 级光谱的色分辨本领为

$$R = \frac{\lambda}{\delta\lambda} = \frac{550}{0.0025} = 2.2 \times 10^5 = kN = 2N$$

故光栅的总宽度为

$$D = Nd = (110000/1100) = 100 \text{ mm} = 10 \text{ cm}$$

4.38 若总缝数为 10^5 的透射式夫琅禾费衍射光栅的第 2 级光谱中刚可分辨波长差为 0.002 nm 的两条谱线,求两条谱线的波长。

解 由光栅的色分辨本领公式可得两条谱线的中心波长为

$$\lambda = kN\delta\lambda = 2 \times 10^5 \times 0.002 = 400 \text{ nm}$$

则两条谱线对应的波长分别为

$$\lambda_1 = 399.998 \text{ nm}, \quad \lambda_2 = 400.002 \text{ nm}$$

4.39 波长为 600 nm 的平行光正入射到透射式夫琅禾费衍射光栅上,光栅常数为 2×10^{-4} cm,光栅宽度为 5 cm。求(1) 第 2 级光谱的角色散本领;(2) 第 2 级光谱中刚可分辨的最小波长差;(3) 该光栅最多能看到哪几级光谱。

解 (1) 由 $d\sin\theta_k = k\lambda$ 得

$$\cos\theta_k = \sqrt{1-(k\lambda/d)^2}$$

由光栅的角色散本领公式可得 2 级光谱的角色散本领为

$$D_\theta = \frac{k}{d\cos\theta_k} = \frac{k}{\sqrt{d^2-(k\lambda)^2}} = \frac{2}{\sqrt{4\times10^6 - 4\times36\times10^4}} = 1.25\times10^{-3} \text{ rad/nm}$$

(2) 光栅的 2 级光谱在 600 nm 附近刚可分辨的最小波长间隔为

$$\delta\lambda = \frac{\lambda}{kN} = \frac{\lambda d}{kD} = \frac{600\times2\times10^{-4}}{2\times5} = 0.012 \text{ nm}$$

(3) 根据光栅方程 $d\sin\theta_k = k\lambda$,考虑到衍射角 θ_k 的取值范围,即

$$0 \leqslant |\theta_k| < \frac{\pi}{2}$$

故可见的最大衍射级次 k_M 满足

$$k_M = \frac{d\sin\theta_k}{\lambda} < \frac{d}{\lambda} = \frac{2\times10^{-4}}{6\times10^{-5}} \approx 3.33$$

即 $k_M = 3$,因此,该光栅能看到 0、±1、±2 和 ±3 级光谱。

4.40 钠黄光中包含 589.0 nm 和 589.6 nm 两条谱线,使用宽度为 100 mm、每毫米含有 1200 条狭缝的平面透射式光栅,求其夫琅禾费衍射 1 级光谱中两条谱线的角位置、角间隔和半角宽。

解 由题意可知,光栅常数为

$$d = \frac{1}{1200} \text{ mm}$$

1 级光谱中两条谱线的衍射角分别为

$$\theta_1 = \arcsin\frac{\lambda}{d} = \arcsin(0.7068) \approx 44.975°$$

$$\theta_1' = \arcsin\frac{\lambda'}{d} = \arcsin(0.7075) \approx 45.033°$$

则波长差为 $\delta\lambda \approx 0.6$ nm 的钠双线的角间隔为

$$\delta\theta = \theta_1' - \theta_1 = 0.058° \approx 3.5'$$

根据光栅衍射的半角宽公式

$$\Delta\theta = \frac{\lambda}{Nd\cos\theta}$$

其中光栅的总宽度 Nd 为 10 cm,因而双线中两条谱线的半角宽分别为

$$\Delta\theta = \frac{\lambda}{Nd\cos\theta_1} = \frac{0.5890\times10^{-4}}{10\times\cos44.975°}\text{rad} \approx 8.33\times10^{-6} \text{ rad} \approx 0.0286'$$

$$\Delta\theta' = \frac{\lambda'}{Nd\cos\theta_1'} = \frac{0.5896\times10^{-4}}{10\times\cos45.033°}\text{rad} \approx 8.34\times10^{-6} \text{ rad} \approx 0.0287'$$

4.41 如题4.41图所示,单色平行光斜入射到透射式夫琅禾费衍射光栅上,入射方向与光栅的法线方向成 θ_0 角,分别在与法线方向成 $50°$ 和 $20°$ 的方向出现 ± 1 级光谱,并且位于光栅法线的两侧,求单色平行光的入射角 θ_0。

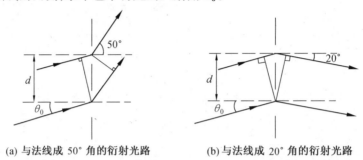

(a) 与法线成 $50°$ 角的衍射光路　　(b) 与法线成 $20°$ 角的衍射光路

题4.41图　斜入射平行光的夫琅禾费衍射光栅的衍射光路

解　如题4.41图(a)所示,若入射方向和衍射方向位于法线的两侧,则 $+1$ 级衍射极强对应的衍射角 θ 满足

$$d\sin\theta - d\sin\theta_0 = \lambda$$

如题4.41图(b)所示,若入射方向和衍射方向位于法线的同侧,则 -1 级衍射极强对应的衍射角 θ' 满足

$$d\sin\theta' + d\sin\theta_0 = \lambda$$

联立求解上述两式,得

$$\sin\theta_0 = \frac{1}{2}(\sin\theta - \sin\theta')$$

据题意知, $\theta = 50°, \theta' = 20°$,代入上式解得

$$\theta_0 = \arcsin\left[\frac{1}{2}(\sin 50° - \sin 20°)\right] \approx \arcsin 0.212 \approx 12.24°$$

4.42　用波长为 500 nm 的单色平行光垂直照射宽度为 5 cm、总缝数为 25000 的透射式夫琅禾费衍射光栅,求第 2 级谱线的半角宽。

解　由 $D = 5$ cm, $N = 25000$,解得 $d = D/N = 0.002$ mm。
根据正入射的光栅方程

$$d\sin\theta_k = k\lambda$$

因此,第 2 级谱线的衍射角为

$$\theta_2 = \arcsin\left(\frac{2\lambda}{d}\right) = \arcsin\left(\frac{2 \times 500 \times 10^{-6}}{0.002}\right) = 30°$$

由 $D = Nd = 5$ cm,利用光栅衍射的半角宽度公式,可得第 2 级谱线的半角宽度为

$$\Delta\theta_2 = \frac{\lambda}{Nd\cos\theta_2} = \frac{500 \times 10^{-7}}{5 \times \cos 30°} \text{rad} \approx 1.155 \times 10^{-5} \text{ rad}$$

4.43 用白色平行光垂直入射到透射式夫琅禾费衍射装置上,在30°衍射角方向上观测到600 nm的第2级主极强,若在该处刚好能分辨波长差为0.005 nm的两条谱线,但是在30°衍射方向观测不到400 nm的主极强谱线。求(1) 光栅常数;(2) 光栅的总宽度;(3) 狭缝的可能最小宽度。

解 (1) 已知 $\lambda = 600$ nm 的2级衍射极大位置为 $\theta_2 = 30°$,由光栅方程 $d\sin\theta_k = k\lambda$,解得

$$d = \frac{2\lambda}{\sin\theta_2} = \frac{2 \times 0.6}{0.5} = 2.4 \ \mu m$$

(2) 由光栅的色分辨本领公式 $R = \frac{\lambda}{\delta\lambda} = kN$,可得

$$N = \frac{\lambda}{k\delta\lambda} = \frac{600}{2 \times 0.005} = 6 \times 10^4$$

光栅的宽度为

$$L = Nd = 6 \times 10^4 \times 2.4 = 14.4 \ cm$$

(3) 由光栅方程可知,波长 $\lambda' = 400$ nm 的垂直入射光通过光栅衍射后在衍射角30°的衍射级次 k' 为

$$k' = \frac{d\sin 30°}{\lambda'} = \frac{2.4 \times 0.5}{0.4} = 3$$

故 $k = 3、6、9、\cdots$ 为缺级,则可能的最小缝宽满足

$$\frac{d}{a} = \frac{3}{1}$$

即

$$a = \frac{d}{3} = \frac{2.4}{3} = 0.8 \ \mu m$$

4.44 如题4.44图所示,垂直光栅平面的入射平行光照明每毫米包含1200条刻痕的闪耀光栅,1级闪耀光谱中心波长为500 nm,求闪耀角、能看到的光谱级次和相应的衍射角。

解 (1) 槽间1级干涉极大值由相邻两槽间任意对应点 A 和 B 处的两束反射光的光程差决定

$$d\sin 2\theta_b = \lambda$$

$$\theta_b = \frac{1}{2}\arcsin\frac{\lambda}{d} = \frac{1}{2}\arcsin 0.6 \approx 18.43°$$

(2) 虽然 $d \approx a$,但是 $d > a$,除了被单缝的零级衍射极大闪耀的1级干涉主极大外,缺级现象不能完全使其余的干涉主极大完全消失。

如图4.44所示,设经槽面衍射的任意衍射角为 φ(设 φ 以光栅平面的法线方向为起

点,逆时针旋转得到的衍射角为正值,顺时针旋转得到的衍射角为负值),则垂直槽面入射的平行光对应的槽间干涉主极大的衍射角 φ 满足的光程差公式为 $d\sin\varphi = m\lambda$,则有

$$\sin\varphi = \frac{m\lambda}{d} = 0.6m$$

由于 $-\pi/2 \leqslant \varphi \leqslant \pi/2$,$m$ 的取值范围是 $-1 < 0.6m < 1$。

因此在观察屏上能够看到的光谱的级次为 $m = 1, 0, -1$。衍射角分别为

$$\varphi_1 \approx 36.87°, \quad \varphi_0 = 0°, \quad \varphi_{-1} \approx -36.87°$$

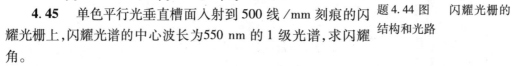

题 4.44 图　闪耀光栅的结构和光路

4.45　单色平行光垂直槽面入射到 500 线 /mm 刻痕的闪耀光栅上,闪耀光谱的中心波长为 550 nm 的 1 级光谱,求闪耀角。

解　平行光垂直槽面入射时,闪耀波长位于 550 nm 的 1 级谱线上,则有

$$2d\sin\theta_b = \lambda_{1b}$$

即得

$$\theta_b = \arcsin(\frac{\lambda_{1b}}{2d}) = \arcsin(\frac{0.55 \times 10^{-3}}{2 \times 1/500}) \approx 7.9°$$

4.46　闪耀光栅摄谱仪的物镜焦距为 1050 mm,1 级闪耀光谱的中心波长为 365 nm,刻线密度为 1200 线 /mm,线色散的倒数为 0.8 nm/mm,1 级光谱的色分辨率为 7.2×10^4。(1) 求该摄谱仪能分辨的最小波长间隔;(2) 求该摄谱仪的角色散本领;(3) 若平行光沿垂直光栅平面方向入射,求光栅的闪耀角。

解　(1) 由 $R = 7.2 \times 10^4$,$\lambda_{1b} = 365$ nm,可得在波长 λ_{1b} 附近刚可分辨的最小波长间隔为

$$\delta\lambda = \frac{\lambda_{1b}}{R} = \frac{365}{7.2 \times 10^4} \approx 0.005 \text{ nm}$$

(2) 由 $f = 1050$ mm 和 $D_l = (1/0.8)$ mm/nm,可得该光栅的角色散本领为

$$D_\theta = \frac{D_l}{f} = 1/(8 \times 105) \approx 1.2 \times 10^{-3} \text{ rad/nm} \approx 4.1'/\text{nm}$$

(3) 入射光沿垂直光栅平面方向时,λ_{1b} 与 θ_b 满足

$$d\sin 2\theta_b = \lambda_{1b}$$

解得闪耀角为

$$\theta_b = 0.5\arcsin\frac{\lambda_{1b}}{d} = 0.5\arcsin\frac{0.365 \times 10^{-3}}{1/1200} \approx 12.99°$$

4.47　闪耀光栅摄谱仪的焦距为 30 cm,光栅刻痕密度为 300 线 /mm,若用该摄谱仪

分析波长在 600 nm 附近、间隔为 0.05 nm 的两条谱线。(1) 求 1 级光谱刚可被分辨时光栅的最小有效宽度;(2) 求与该摄谱仪匹配的记录介质的空间分辨率(线/mm)。

解 (1) 根据光栅的色分辨本领公式

$$R = \frac{\lambda}{\delta\lambda} = kN$$

可得该光栅应有的光栅总缝数为

$$N = \frac{\lambda}{k\delta\lambda} = \frac{600}{1 \times 0.05} = 1.2 \times 10^4$$

故光栅的有效宽度 D 至少为

$$D_m = Nd = 1.2 \times 10^4 \times \frac{1}{300} = 40 \text{ mm}$$

(2) 波长相隔 $\delta\lambda = 0.05$ nm 的两条谱线投射到记录介质上的线间隔为

$$\delta l = \delta\lambda D_l = \delta\lambda \frac{f}{d\cos\theta_1}$$

其中 θ_1 为 1 级光谱线对应的衍射角,衍射角 θ_1 很小,近似有 $\cos\theta_1 \approx 1$,于是有

$$\delta l \approx 0.05 \times 10^{-3} \times \frac{300}{1/300} = 4.5 \text{ μm}$$

故与此光栅摄谱仪匹配的记录介质的最低空间分辨率应该为

$$N_m = \frac{1}{\delta l} = \frac{1}{4.5 \times 10^{-3}} \approx 222 \text{ 线/mm}$$

4.48 求刻线密度为 1000 线/mm 的闪耀光栅 1 级光谱的自由光谱范围。

解 由于被闪耀光栅常数 d 所限,光栅可测波长的最大值 λ_M 满足

$$\lambda_M < d = \frac{1}{1000} = 1000 \text{ nm}$$

可测得下限波长 λ_m 满足

$$\lambda_m = \frac{1}{2}\lambda_M < 500 \text{ nm}$$

只有满足上式时,波段处于 500 ~ 1000 nm 的最长波长的 1 级光谱刚好与最短波长的 2 级光谱重叠,因而 1 级光谱的自由光谱范围为

$$500 \text{ nm} < \lambda < 1000 \text{ nm}$$

4.49 如题 4.49 图(a) 所示,在透明薄膜上压制一系列平行等间距的楔形纹路,制成一块相位型透射式闪耀光栅,透明膜的折射率为 1.56、楔角为 0.2 rad、纹路密度为 200 线/mm。若平行光垂直光栅平面入射,求光栅单元零级衍射的方向角和光栅的 1 级闪耀波长。

解 (1) 单元衍射的零级衍射方向应该是遵从几何光学传播规律的光束传播方

向。对于尖劈而言,其楔角 α 很小,故出射光束相对入射光束的偏转角为
$$\theta \approx (n-1)\alpha = 0.56 \times 0.2 \text{ rad} = 0.112 \text{ rad} = 6.42°$$
因而该光栅单元衍射零级方向相对入射方向的夹角为 0.112 rad,如题 4.49 图(b)所示。

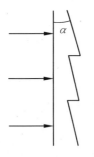
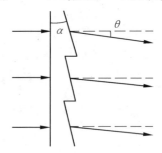

题 4.49 图(a)　相位型透射式闪耀光栅的结构和入射光路　　　题 4.49 图(b)　单元衍射透射光路的零级方位角

(2) 上述衍射方向出现槽间干涉 1 级主极强的条件为
$$\Delta L = d\sin\theta = \lambda_1$$
解得 1 级闪耀波长为
$$\lambda_1 = d\sin\theta \approx \frac{1}{200} \times 0.112 = 560 \text{ nm}$$

4.50　选用闪耀角为 $15°$ 的反射式光栅,1 级闪耀光谱的中心波长为 550 nm,求平行光沿光栅平面法线方向入射时闪耀光栅的刻槽密度。

解　光束沿光栅平面法线方向入射时,1 级闪耀光谱的中心波长为 $\lambda_1 = 550$ nm,闪耀角为 $\theta_1 = 15°$,在单槽零级衍射方向两相邻槽之间的光程差满足如下条件
$$\Delta L = d\sin 2\theta_1 = \lambda_1$$
解得闪耀光栅的刻槽密度为
$$\frac{1}{d} = \frac{\sin 2\theta_1}{\lambda_1} = \frac{\sin 30°}{0.55 \times 10^{-3}} \approx 909 \text{ 线}/\text{mm}$$

第 5 章 光的偏振

5.1 偏振光的产生、检验和偏振光的干涉

1. 基本概念

1) o 光和 e 光:光在双折射晶体中传播时遵循折射定律的寻常光和通常不遵循折射定律的非寻常光。注意:光束从晶体出射后,不能再称为 o 光或 e 光。

2) 光轴:光束在双折射晶体内部沿这个方向传播时,o 光和 e 光的传播方向和速度均相同。注意:光轴指的是一个特定的方向,不是指一条特定的直线,凡是与这个特定方向平行的直线均可称为光轴。

3) 单轴晶体:方解石(冰洲石)和石英(水晶)等只有一个光轴的双折射晶体。
双轴晶体:云母和蓝宝石等有两个光轴的双折射晶体。

4) 主截面:由界面法线和双折射晶体光轴组成的平面。
主平面:由双折射晶体中的一束光与晶体光轴组成的平面。
o 光主平面:由 o 光的光束和晶体光轴组成的平面。
e 光主平面:由 e 光的光束和晶体光轴组成的平面。

5) o 光和 e 光的特性:都是线偏振光,o 光的振动方向与其主平面垂直,e 光的振动方向与其主平面平行。

6) 单轴晶体中的波面:在单轴晶体中,o 光的波面是球面,e 光的波面是以光轴为中心轴的旋转椭球面,o 光波面和 e 光波面在光轴方向相切。

7) 单轴正晶体:$v_e < v_o (n_o < n_e)$ 的晶体(如石英(水晶))。
单轴负晶体:$v_e > v_o (n_o > n_e)$ 的晶体(如方解石(冰洲石))。

8) 偏振棱镜:由单轴晶体制成的棱镜。比如沃拉斯顿、洛匈、尼科耳和格兰棱镜。

9) 波晶片:由单轴晶体制成的相位延迟器件,光束通过波晶片时能够在 o 光和 e 光之间产生一定的附加相位差,也称为相位延迟片。

10) 分解相位差 δ_b:刚进入晶体的入射光分解成 o 光和 e 光时在这两束光之间产生的相位差。

11) 附加相位差 δ_a：光束在波晶片等晶体中从一端传播到另一端时产生的 o 光相对 e 光的相位延迟（落后）量。

12) 坐标轴投影相位差 δ_c：两束振动方向垂直的线偏振光入射到偏振片上时向其透振方向投影后在两个投影平行分量之间产生的相位差。

确定方法：将 $\hat{o}$ 和 $\hat{e}$ 坐标轴的正方向沿透振方向 $\hat{p}$ 投影，若两个投影矢量的方向相同，则 $\delta_c = 0$；若方向相反，则 $\delta_c = \pi$。

13) 单轴晶体补偿器：光束通过晶体时能够连续改变 o 光和 e 光之间附加相位差的单轴晶体器件。

14) 克尔和泡克耳斯效应：通过施加外电场使某些介质产生双折射的现象。克尔效应是二次电光效应，泡克耳斯效应是线性电光效应。

15) 旋光效应：线偏振光通过晶体或介质后偏振面旋转一定角度的现象。

16) 旋光色散：线偏振光偏振面的旋转角度随波长变化的现象。

17) 右旋介质：能使线偏振光的偏振面顺时针旋转一定角度的介质。左旋介质：能使线偏振光的偏振面逆时针旋转一定角度的介质。

18) 磁致旋光效应：外加磁场后非旋光介质变成旋光介质的现象。

19) 左旋晶体：$n_R > n_L (\theta < 0)$ 的单轴晶体；右旋晶体：$n_R < n_L (\theta > 0)$ 的单轴晶体。

20) 自然旋光效应的特性：入射线偏振光偏振面的左右旋向由自然旋光介质的性质决定，与光的传播方向无关。

21) 磁致旋光效应的特性：入射线偏振光偏振面的左右旋向由外加磁场的方向决定，与光的传播方向有关。

2. 基本公式

1) 主折射率　　$n_o = \dfrac{c}{v_o}, \quad n_e = \dfrac{c}{v_e}$

2) 附加相位差

在如图 5.1 所示的坐标系中，o 光与 e 光的振动表示式分别为

$$E_e = E_{0e}\cos(-\omega t)\hat{e}, \quad E_o = E_{0o}\cos(\delta_a - \omega t)\hat{o}$$

$$\delta_a = \varphi_o - \varphi_e = \frac{2\pi}{\lambda}(n_o - n_e)d$$

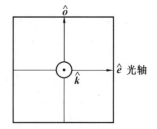

图 5.1　在双折射晶体中描述两个互相垂直光振动的坐标系

其中 δ_a 表示 o 光相对 e 光的相位落后（或延迟）量，单轴正晶体对应 $\delta_a < 0$，单轴负晶体对应 $\delta_a > 0$。

3) 偏振光的分解相位差　　线偏振光：$\delta_b = 0, \pm\pi$；圆偏振光：$\delta_b = \pm\pi/2$；椭圆偏振光：$-\pi < \delta_b < \pi$。

4) 坐标轴投影相位差 $\delta_c = \begin{cases} 0 \\ \pi \end{cases}$

5) 各种波晶片的有效附加相位差 $\lambda/4$ 片：$\delta_a = \pm\pi/2$；$\lambda/2$ 片：$\delta_a = \pm\pi$；λ 片：$\delta_a = \pm 2\pi$。

6) 平行偏振光的相干光强
$$I_2 = E_{02}^2 = E_{2e}^2 + E_{2o}^2 + 2E_{2e}E_{2o}\cos\delta, \quad 其中 \delta = \delta_b + \delta_a + \delta_c$$

7) 如《光学》中图 5.22 所示，透振方向 $\hat{p}_1$ 和 $\hat{p}_2$ 垂直或平行，与波晶片光轴方向的夹角为 $\alpha = \beta = 45°$ 时的相干光强
$$\begin{cases} \hat{p}_1 \perp \hat{p}_2 \Rightarrow I_\perp = \dfrac{I_0}{4}(1 - \cos\delta) \\ \hat{p}_1 \parallel \hat{p}_2 \Rightarrow I_\parallel = \dfrac{I_0}{4}(1 + \cos\delta) \end{cases}$$

注意：$I_\perp + I_\parallel = E_{01}^2 = I_0/2$，$I_0$ 是入射自然光的光强，$\delta = \delta_a = \dfrac{2\pi}{\lambda}(n_o - n_e)d$。

8) 尖劈形波晶片干涉条纹的间距 $\Delta x = \dfrac{\Delta d}{\alpha} = \dfrac{\lambda}{\Delta n \alpha}$, $\Delta n = |n_o - n_e|$

9) 单轴晶体的会聚偏振光干涉的光强分布
$$I_2 = E_{02}^2 = E_{2e}^2 + E_{2o}^2 + 2E_{2e}E_{2o}\cos(\delta_a(\alpha) + \pi) = \dfrac{I_1}{2}\sin^2 2\theta(1 - \cos\delta_a(\alpha))$$

其中，I_1 是从第一个偏振片透射后的线偏振光的光强，$\delta(\alpha)$ 是光束通过晶体后产生的附加相位差。

10) 左右旋晶体的折射率 $n_L = c/v_L$, $n_R = c/v_R$

11) 旋光晶体的旋转角公式 $\theta = \alpha d (\alpha = \alpha(\lambda))$

12) 旋光液体的旋转角公式 $\theta = \beta N d$

13) 从旋光晶体出射的线偏振光偏振面的偏转角公式
$$\theta = \dfrac{1}{2}(\varphi_L - \varphi_R) = \dfrac{\pi}{\lambda}(n_L - n_R)d$$

14) 磁致旋光效应的出射线偏振光偏振面的偏转角公式 $\theta = VlB$

3. 附加相位差的另一种表示方法

1) 偏振光在晶体中的分量式和附加相位差

这是附加相位的超前量表示方法。在如图 5.2 所示晶体中的直角坐标系中，$\hat{o}$ 和 $\hat{e}$ 坐标轴分别表示 o 光和 e 光振动方向的单位矢量，$\hat{k}$ 表示晶体中光波传播方向的单位矢量。

则晶体中的光矢量 E 可以分解成如下形式的两束等效线偏振光
$$E = E_e\hat{e} + E_o\hat{o}, \begin{cases} E_e = E_{0e}\cos(\omega t) \\ E_o = E_{0o}\cos(\omega t + \Delta_a) \end{cases}$$

其中,初相位差 Δ_a 是 E_o 振动分量相对 E_e 振动分量的附加相位超前量。

则偏振光束通过厚度为 d 的单轴双折射晶体后产生的附加相位差 Δ_a 的表示式为

$$\Delta_a = \varphi_e - \varphi_o = \frac{2\pi}{\lambda}(n_e - n_o)d$$

此时,单轴正晶体($n_o < n_e$) 对应 $\Delta_a > 0$,单轴负晶体($n_o > n_e$) 对应 $\Delta_a < 0$。

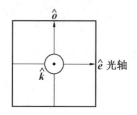

图 5.2　双折射晶体中的直角坐标系

应当注意的是,本书采用附加相位的落后量表示方法,即定义的附加相位差 δ_a 的含义是 E_o 振动分量相对 E_e 振动分量的附加相位落后量。偏振光束通过厚度为 d 的单轴双折射晶体后产生的附加相位差 δ_a 的表示式为

$$\delta_a = \varphi_o - \varphi_e = \frac{2\pi}{\lambda}(n_o - n_e)d$$

单轴正晶体($n_o < n_e$) 对应 $\delta_a < 0$,单轴负晶体($n_o > n_e$) 对应 $\delta_a > 0$。

2) 使用两种不同附加相位差表示方法的解题结果相同

例题　确定在石英晶体中偏振方向与 $\hat{e}$ 轴正方向夹角为如图 5.3 所示 45°的线偏振光通过 $\lambda/4$ 石英晶体波晶片后的偏振态。

(1) 采用附加相位差 Δ_a 表示方法的题解

解　在石英晶体中分解成的 $\hat{o}$ 和 $\hat{e}$ 方向线偏振光的振幅相等。石英是正晶体,$n_o < n_e$,通过石英晶体后产生的附加相位差 Δ_a 为

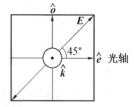

图 5.3　线偏振光的偏振态

$$\Delta_a = \varphi_e - \varphi_o = \frac{2\pi}{\lambda}(n_e - n_o)d = \frac{\pi}{2}$$

对照如图 5.4 所示的圆偏振光偏振态随初相位差 Δ_a 变化的偏振态图可知,

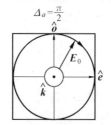
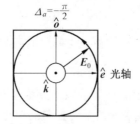

图 5.4　圆偏振光随附加相位差 Δ_a 变化的两种偏振态

附加相位差 $\Delta_a = \pi/2$ 对应的是右旋圆偏振光,所以例题中的线偏振光通过石英晶体波晶片后透射光为右旋圆偏振光。

(2) 采用本书使用的附加相位差 δ_a 表示方法的题解

解 在石英晶体中分解成的 $\hat{o}$ 和 $\hat{e}$ 方向线偏振光的振幅相等。石英是正晶体，$n_o < n_e$，通过石英晶体后产生的附加相位差 δ_a 为

$$\delta_a = \frac{2\pi}{\lambda}(n_o - n_e)d = -\frac{\pi}{2}$$

对照本书给出的如图 5.5 所示的圆偏振光偏振态随初相位差 δ_a 变化的偏振态图可知，

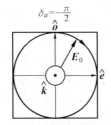 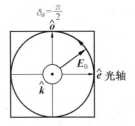

图 5.5 圆偏振光随附加相位差 δ_a 变化的两种偏振态

附加相位差 $\delta_a = -\pi/2$ 对应的是右旋圆偏振光，所以例题中线偏振光通过石英晶体波晶片后透射光为右旋圆偏振光。

可见，使用两种不同附加相位差表示方法求解同一个问题的答案相同。

4. 单轴晶体的惠更斯原理作图方法

1) 画出入射平行光的波面，求出两束边缘光到达分界面的传播时间差。
2) 根据传播时间差以及 o 光和 e 光的波速，画出晶体中 o 光的圆形波面和 e 光的椭圆形波面图。
3) 画出晶体中 o 光和 e 光波面的包络面。
4) 画出 o 光和 e 光的折射光路，标出振动方向和传播方向，标明 o 光和 e 光。

5. 入射光通过波晶片后偏振态的检验方法

1) 画出入射光的偏振态图。
2) 求刚从波晶片出射时 o 光和 e 光的振幅 E_{0e} 和 E_{0o} 以及总相位差 $\delta = \delta_a + \delta_b$。
3) 对照图 2.1, 2.2 或 2.3 所示的随初相位差变化的偏振态，确定和画出出射光的偏振态。

6. 圆偏振光和椭圆偏振光的产生方法

1) 用偏振片和 $\lambda/4$ 波晶片组成圆偏振光和椭圆偏振光的产生装置。

2）让偏振片透振方向与波晶片光轴方向的夹角为 $\theta = \pm\pi/4$ 或 $\theta = \pm 3\pi/4$，$E_{0e} = E_{0o}$，则从产生装置出射的光波是圆偏振光。

3）若 $\theta \neq 0, \pm\pi/4, \pm\pi/2, \pm 3\pi/4, \pm\pi$，$E_{0e} \neq E_{0o} \neq 0$，则从产生装置出射的光波是椭圆偏振光。

7. 五种偏振光的鉴别方法

1）使用偏振片将五种偏振光分成三组，确定线偏振光：平行光入射到偏振片上，旋转偏振片，出射光有消光现象的入射光是线偏振光；出射光强不变化的入射光是自然光或圆偏振光；出射光强有变化，但是无消光现象的入射光是部分偏振光或椭圆偏振光。

2）使用由 $\lambda/4$ 波晶片和偏振片组成的鉴别装置区分圆偏振光和自然光：平行光入射到该装置后旋转偏振片，出射光有消光现象的入射光即为圆偏振光，否则为自然光。

3）使用由偏振片、$\lambda/4$ 波晶片和偏振片组成的鉴别装置区分椭圆偏振光和部分偏振光：让平行光入射到装置上，旋转第一块偏振片，让部分偏振光或椭圆偏振光的长轴或短轴方向（即光强最强或最弱的方向）与偏振片的透振方向平行，再让波晶片的 $\hat{e}$ 轴或 $\hat{o}$ 轴方向与偏振片的透振方向平行，然后撤去第一块偏振片，旋转波晶片后面的第二块偏振片，若出射光有消光现象，则入射光为椭圆偏振光，否则为部分偏振光。

8. 左旋和右旋圆偏振光的鉴别方法

使用由 $\delta_a = -\pi/2$ 的 $\lambda/4$ 波晶片和偏振片组成的鉴别装置区分左旋和右旋圆偏振光：让平行光透过该波晶片入射到偏振片上，旋转偏振片，透射光出现消光位置时停止旋转。若偏振片的透振方向位于 $\hat{e} \times \hat{o} = \hat{k}$ 坐标系的一三象限，则入射光为右旋圆偏振光；若偏振片的透振方向位于 $\hat{e} \times \hat{o} = \hat{k}$ 坐标系的二四象限，则入射光为左旋圆偏振光。

9. 需要求解的主要偏振问题

1）利用偏振光的惠更斯原理作图方法求解偏振光在晶体中的双折射光路。
2）产生各种偏振光和鉴别光波的偏振态。
3）求解偏振光的干涉问题。
4）求解旋光问题。

10. 偏振光干涉问题的求解方法

首先求出通过偏振光干涉装置的两束相干光的振幅 E_{2e} 和 E_{2o}，再求出初相位差 $\delta = \delta_a + \delta_b + \delta_c$，代入相干光强公式可以得到相干光强的分布，然后再根据题意逐步求解。

11. 典型例题

例题1 如图5.6(a)所示,单色自然点光源 S 置于薄透镜 L 的焦点处,后面依次放置偏振片 P、厚度最小的 $\lambda/4$ 方解石波晶片 W 和理想平面反射镜 M(反射率 $R=1$,反射光与入射光相比有相位 π 的突变)。若入射到偏振片 P 上的光强为 I_0,偏振片 P 的透振方向与波晶片光轴方向的夹角为如图5.6(b)所示的 $\alpha < \pi/4$,试分析光束经过各个器件后的出射光强和偏振态。

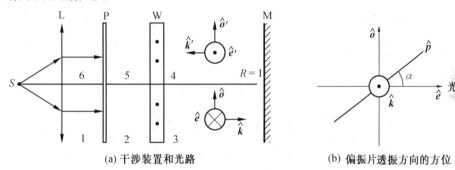

(a) 干涉装置和光路　　　　(b) 偏振片透振方向的方位

图 5.6　平行偏振光干涉装置的结构和光路

解　设入射光的坐标系为 $\hat{e} \times \hat{o} = \hat{k}$,反射光的坐标系为 $\hat{e}' \times \hat{o}' = \hat{k}'$。
注意:两个坐标系的 $\hat{o}$ 与 $\hat{o}'$ 方向相同,$\hat{e}$ 与 $\hat{e}'$ 方向相反,光的传播方向 $\hat{k}$ 与 $\hat{k}'$ 方向相反。

1 区:光强为
$$I_1 = I_0$$
出射光的偏振态为自然光。

2 区:经过偏振片 P 后光强变为
$$I_2 = \frac{1}{2}I_0 = E_{02}^2$$
出射光的偏振态是如图 5.7 所示的沿透振方向 $\hat{p}$ 振动的线偏振光。

3 区:由于 $E_{0e} = E_{02}\cos\alpha, E_{0o} = E_{02}\sin\alpha$,因此
$$I_3 = E_{0o}^2 + E_{0e}^2 = \frac{1}{2}I_0$$

$$\delta_b = 0, \quad \delta_a = \frac{\pi}{2}, \quad \delta_3 = \delta_b + \delta_a = \frac{\pi}{2}$$

$$E_o = E_{0o}\cos(\frac{\pi}{2} - \omega t), \quad E_e = E_{0e}\cos(-\omega t), \quad E_{0e} > E_{0o}$$

对照如图 2.3 所示的偏振光随初相位差变化的偏振态图可知,出射光为如图 5.8 所

示的左旋正椭圆偏振光。

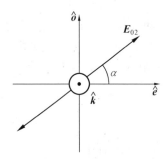

图 5.7　一三象限的线偏振光

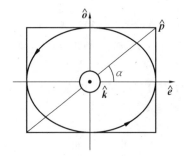

图 5.8　左旋正椭圆偏振光

4 区：已知反射过程没有能量损失，即：$E'_{0e} = E_{0e}, E'_{0o} = E_{0o}$，因此

$$I_4 = E_{0o}^2 + E_{0e}^2 = \frac{1}{2}I_0$$

已知反射过程有半波损。由此可知，相对反射坐标系而言，由半波损产生的 $\hat{o}'$ 方向的光振动比 $\hat{e}'$ 方向的光振动相位落后 $\delta = \pi$。参考第 2 章 2.1 节例题 3 可得

$$\delta_4 = \delta_3 + \pi = \frac{\pi}{2} + \pi = 3\pi/2 \quad (\text{等效于 } \delta_4 = -\frac{\pi}{2})$$

因此，在反射坐标系中有

$$E'_o = E_{0o}\cos(-\frac{\pi}{2} - \omega t), \quad E'_e = E_{0e}\cos(-\omega t)$$

对照偏振光随初相位差变化的偏振态图可得，出射光为如图 5.9 所示的右旋正椭圆偏振光。

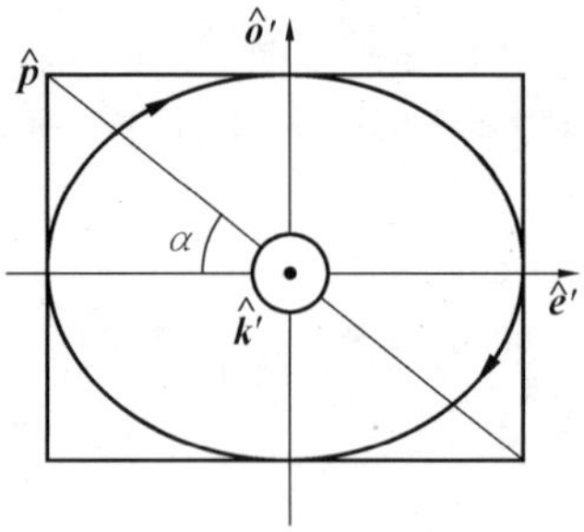

注意：已知偏振片 P 的透振方向位于入射坐标系 $\hat{e} \times \hat{o} = \hat{k}$ 中的一三象限。由于反射坐标系的 $\hat{e}'$ 方向与入射坐标系的 $\hat{e}$ 方向相反，因此，偏振片 P 的透振方向应当位于如图 5.9 所示的反射坐标系 $\hat{e}' \times \hat{o}' = \hat{k}'$ 中的二四象限。

5 区：光束通过波晶片 W 后振幅不变，即

$$E'_{0e} = E_{0e}, E'_{0o} = E_{0o}$$

图 5.9　右旋正椭圆偏振光

因此

$$I_5 = E_{0o}^2 + E_{0e}^2 = \frac{1}{2}I_0$$

$$\delta_4 = -\frac{\pi}{2}, \quad \delta_a = \frac{\pi}{2}, \quad \delta_5 = \delta_4 + \delta_a = 0$$

因此，在 5 区的反射坐标系中有

$$E'_o = E_{0o}\cos(-\omega t), \quad E'_e = E_{0e}\cos(-\omega t)$$

对照线偏振光随初相位差变化的偏振态图，出射光是如图 5.10 所示的处于反射坐标系 $\hat{e}' \times \hat{o}' = \hat{k}'$ 中的一三象限的线偏振光。

6 区：5 区的线偏振光通过偏振片 P 时，投影分量为

$$I_6 = I_5\cos^2(2\alpha) = \frac{1}{2}I_0\cos^2(2\alpha)$$

出射光是如图 5.11 所示的处于反射坐标系中二四象限的线偏振光。

当 $\alpha = 45°$ 时，$I_6 = \frac{1}{2}I_0\cos^2(2\alpha) = 0$，此时，通过这个装置的反射光被消光了。

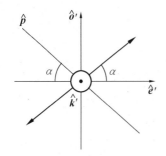
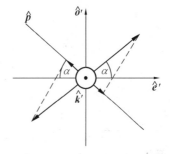

图 5.10　一三象限的线偏振光　　　图 5.11　二四象限的线偏振光

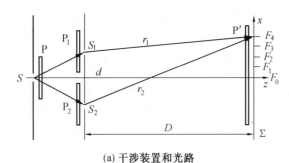
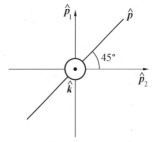

(a) 干涉装置和光路　　　(b) 偏振片透振方向的方位

图 5.12　杨氏双孔干涉装置的结构和光路

例题 2　如图 5.12(a) 所示，杨氏干涉装置中，点光源 S 发出光强为 I_0 的单色自然光，S_1 和 S_2 为双孔，忽略传播过程的光衰减，分析如下问题：(1) 在 S 后放置偏振片 P，干涉条纹有什么变化；(2) 在 S_1 和 S_2 前面再各放置透振方向互相垂直的偏振片 P_1 和 P_2，与 P 的透振方向的夹角为如图 5.12(b) 所示的 45°，求观察屏 Σ 上的光强分布和干涉条纹；

(3) 在Σ前面再放置偏振片P′, 偏振片P′和P的透振方向平行, 比较此时的光强分布与P_1, P_2和P′都不存在时的光强分布有什么不同; (4) 同(3) 的装置, 仅将P旋转90°, 观察屏Σ上光强分布有什么变化; (5) 同(3) 的装置, 仅将P撤去, 观察屏Σ上是否有干涉条纹; (6) 类似(2) 的装置, 观察屏Σ上的F_0和F_4点分别是未加P_1和P_2时的零级和一级亮条纹所在位置, F_1, F_2, F_3是区间$\overline{F_0F_4}$的四个等分点, 给出点F_0, F_1, F_2, F_3和F_4处光的偏振态。

解 没有放置任何偏振片时, 杨氏双孔干涉的光强分布和相位差公式为

$$I = 4I_0\cos^2(\delta/2), \quad \delta = k(r_2 - r_1) = \frac{2\pi}{\lambda}\left(\frac{xd}{D}\right)$$

其中, D为双孔到观察屏的距离, d为双孔的间距, λ是单色自然入射光的波长, x是考察点处的坐标值, I_0为点光源S的光强。干涉图样是垂直x轴的等间距直线条纹。

(1) 在点光源S后放置偏振片P后, 通过偏振片P的自然光变为沿偏振片P透振方向振动的线偏振光, 通过双孔S_1和S_2后仍然满足相干条件, 由于从双孔出射的光强变为$I_P = \frac{1}{2}I_0$, 因此, 观察屏上的相干光强分布变为

$$I_1 = 4I_P\cos^2(\delta/2) = 2I_0\cos^2(\delta/2)$$

相干光强变弱, 干涉条纹的形状、间距和可见度等其余特性不变化。

(2) 在S_1和S_2前面再各放置偏振片P_1和P_2, 透振方向互相垂直, 都与偏振片P的透振方向成如图5.13所示的45°角。

由于从双孔S_1和S_2出射的两束线偏振光是互相垂直的, 到达观察屏幕后不再满足相干条件, 并且有

$$I_{PP_1} = I_{PP_2} = \frac{1}{4}I_0$$

因此屏幕上的光强分布变为

$$I_2 = I_{PP_1} + I_{PP_2} = \frac{1}{2}I_0$$

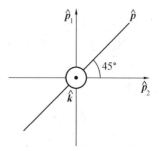

图5.13 偏振片P、P_1和P_2透振方向的方位

(3) 在观察屏Σ前面再放置一个偏振片P′, 其透振方向与偏振片P的透振方向平行, 如图5.14所示。

则从双孔出射的光强分别为$I_{PP_1} = I_{PP_2} = \frac{1}{4}I_0$的两束线偏振光通过偏振片P′时再次投影, 出射光为沿偏振片P′的透振方向的两束光强为$I_{PP_1P′} = I_{PP_2P′} = \frac{1}{8}I_0$的线偏振光, 满足相干条件, 观察屏上出现干涉条纹, 相干光强分布为

$$I_3 = 4 \times \left(\frac{1}{8}I_0\right)\cos^2(\delta/2) = \frac{1}{2}I_0\cos^2(\delta/2)$$

相干光强变弱,干涉条纹的形状、间距和可见度等其余特性不发生变化。

(4) 与(3)的装置相同,仅将 P 旋转 90°,如图 5.15 所示。通过偏振片 P、P_1 和 P_2 以及 P′ 后生成的两束线偏振光方向平行,初相位差稳定,满足相干条件,观察屏上出现干涉条纹。由于通过旋转 90° 角的偏振片 P 的线偏振光通过偏振片 P_1 和 P_2 时分解形成的两束互相垂直的线偏振光产生 π 的分解相位差,因此,光强分布变为

$$I_4 = 4 \times \left(\frac{1}{8}I_0\right)\cos^2[(\delta+\pi)/2] = \frac{1}{2}I_0\sin^2(\delta/2)$$

与(3)中的结果相比,(4)中的干涉条纹在屏幕上平移了半个条纹间距,即(3)与(4)的条纹互补。

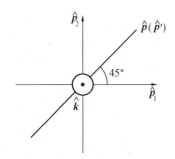

图 5.14　偏振片 P,P′,P_1 和 P_2 透振方向的方位　　图 5.15　偏振片 P,P′,P_1 和 P_2 透振方向的方位

(5) 与(3)的装置相同,仅仅将偏振片 P 撤去,如图 5.16 所示。此时自然光直接投射到偏振片 P_1 和 P_2 上,由于两者的透振方向互相垂直,因此可以将自然光沿偏振片 P_1 和 P_2 透振方向分解成两个互相垂直、光强各为 $I_{P_1} = I_{P_2} = \frac{1}{2}I_0$ 和无固定相位差($\delta = \delta(t)$)的两束线偏振光。其中通过偏振片 P_1 的是 I_{P_1} 线偏振光,通过偏振片 P_2 的是 I_{P_2} 线偏振光。这两束线偏振光通过偏振片 P′ 时再次投影后虽然振动方向平行了,由于两者之间仍然存在随时间变化的相位差 $\delta = \delta(t)$,因此不满足相干条件,在观察屏上看到的是两束光非相干叠加后的均匀分布的光强。由于 $I_{P_1P'} = I_{P_2P'} = \frac{1}{4}I_0$,因此合光强为

$$I_5 = I_{P_1P'} + I_{P_2P'} = \frac{1}{2}I_0$$

(5) 的另一种解法:

自然光是由振幅相等的包含各种偏振方向的无数非相干线偏振光组成的,任取一对如图 5.17 虚线所示的对称分布的线偏振光 1 和 2,设其与偏振片 P_2 的夹角均为如图 5.17 所示的 θ 角。

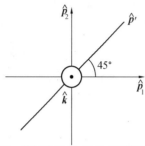 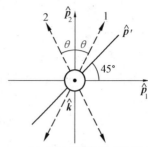

图 5.16　偏振片 P'，P_1 和 P_2 的透振方向的方位　　图 5.17　两个非相干线偏振光偏振方向的方位

若线偏振光 1 经过向偏振片 P_1 和 P_2 分解，再向偏振片 P' 投影后两个投影分量在观察屏上形成的干涉条纹的光强分布为

$$I_1 = I_{11} + I_{12} + 2\sqrt{I_{11}I_{12}}\cos\delta$$

由于线偏振光 2 处于由偏振片 P_1 和偏振片 P_2 组成的右手坐标系中的二四象限，向偏振片 P_1 和偏振片 P_2 分解时在 I_{21} 和 I_{22} 分量之间产生 π 的分解相位差。则线偏振光 2 经过向偏振片 P_1 和偏振片 P_2 分解，再向偏振片 P' 投影后两个投影分量在观察屏上形成的干涉条纹的光强分布就是

$$I_2 = I_{21} + I_{22} + 2\sqrt{I_{21}I_{22}}\cos(\delta + \pi)$$

由于线偏振光 1 和 2 与偏振片 P_2 的夹角均为如图的 θ，因此有

$$I_{11} = I_{21},\quad I_{12} = I_{22}$$

两套干涉条纹互补，在屏幕上非相干叠加后干涉条纹消失，合光强为如下的均匀光强

$$I_i = I_1 + I_2 = 2(I_{11} + I_{12})$$

自然光是由无数对这样对称分布的线偏振光组成的，每一对这样的线偏振光在观察屏上的合光强都是均匀分布的，则自然光经过这样的装置后在屏幕上产生的总的光强分布也是均匀分布的，亦即总光强是非相干叠加的光强分布，即 $I_5 = \dfrac{1}{2}I_0$。

(6) 类似(2)的装置，如图5.18所示，偏振片 P_1 的透振方向沿水平方向，偏振片 P_2 的透振方向沿竖直方向，坐标系取为 $\hat{p}_1 \times \hat{p}_2 = \hat{k}$，$\hat{k}$ 为光的传播方向。观察屏 Σ 上的点 F_0 和 F_4 分别是未加偏振片 P_1 和 P_2 时的零级和一级亮条纹的位置，点 F_1，F_2，F_3 是区间 $\overline{F_0F_4}$ 的四个等分点。

由于此时入射光经过双孔 S_1 和 S_2 后变为互相垂直的两束线偏振光，不再满足相干条件。因此，观察屏上合振动的偏振态由两束光的相位差决定，不再一律是相干叠加时的线偏振光了。

已知点 F_0 和 F_4 分别是未加偏振片 P_1 和 P_2 时的零级和一级亮纹的位置，沿偏振片 P_2

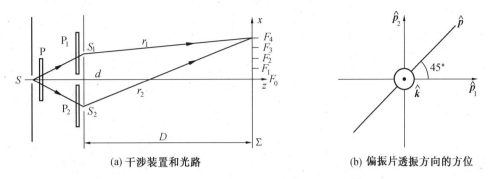

(a) 干涉装置和光路　　　　　　(b) 偏振片透振方向的方位

图 5.18　杨氏偏振光干涉装置的结构和光路

透振方向振动的线偏振光与沿偏振片 P_1 透振方向振动的线偏振光相比,前者的相位延迟(落后)量分别为:$\delta(F_0)=0,\delta(F_4)=2\pi$。因此,这两处光的偏振态是位于图 5.19 中坐标系的一三象限里的线偏振光,其振动方向与偏振片 P_1 和 P_2 透振方向成 45°角,如图 5.19(a) 和 (e) 所示。由于点 F_1,F_2,F_3 是区间 $\overline{F_0F_4}$ 的四个等分点,沿偏振片 P_2 透振方向振动的线偏振光与沿偏振片 P_1 透振方向振动的线偏振光相比,前者在这五个位置的相位延迟(落后)量分别为

$$\delta(F_0)=0,\quad \delta(F_1)=\pi/2,\quad \delta(F_2)=\pi,\quad \delta(F_3)=-\pi/2,\quad \delta(F_4)=0$$

因此,对照图 2.3 可知,点 F_1 处的光波是左旋圆偏振光,点 F_2 处的光波是与偏振片 P_1 和 P_2 透振方向夹角 45°的二四象限的线偏振光,点 F_3 处的光波是右旋圆偏振光,如图 5.19(b)、(c) 和 (d) 所示。

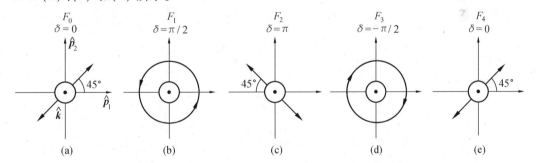

图 5.19　观察屏上点 $F_0、F_1、F_2、F_3$ 和 F_4 处光的偏振态

上述偏振态由偏振片 P、P_1 和 P_2 之间的取向关系决定,与坐标轴正方向的选取无关。若坐标系选为如图 5.20 所示的 $\hat{p}_2 \times \hat{p}_1 = \hat{k}$,则 P 的透振方向处于由偏振片 P_2 和 P_1 构成的坐标系的二四象限,向偏振片 P_1 和 P_2 正方向投影时产生 π 的分解相位差,再加上由于光程差 (r_1-r_2) 引起的附加相位差,则沿偏振片 P_1 透振方向振动的线偏振光与沿偏振片 P_2 透振方向振动的线偏振光相比,前者的相位延迟(落后)总量分别为

$$\delta(F_0) = \pi, \quad \delta(F_1) = \pi/2, \quad \delta(F_2) = 0, \quad \delta(F_3) = -\pi/2, \quad \delta(F_4) = -\pi$$

F_0, F_1, F_2, F_3 和 F_4 五个点处的光的偏振态如图 5.20 所示。

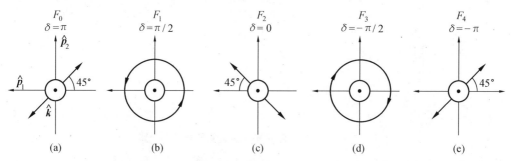

图 5.20　点 F_0, F_1, F_2, F_3 和 F_4 处光的偏振态

虽然上图的坐标系变了，图 5.19 和图 5.20 中的实际偏振态完全一样。

若让偏振片 P_2 的透振方向沿水平方向，偏振片 P_1 的透振方向沿竖直方向，坐标系取为如图 5.21 所示的 $\hat{p}_2 \times \hat{p}_1 = \hat{k}$，$\hat{k}$ 为光的传播方向。

沿偏振片 P_1 透振方向振动的线偏振光与沿偏振片 P_2 透振方向振动的线偏振光相比，在点 F_0，F_1, F_2, F_3 和 F_4 五个点处，前者的相位延迟（落后）总量分别为

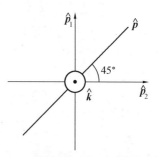

图 5.21　偏振片 P_1 和 P_2 透振方向的方位

$$\delta(F_0) = 0, \quad \delta(F_1) = -\pi/2, \quad \delta(F_2) = -\pi, \quad \delta(F_3) = \pi/2, \quad \delta(F_4) = 0$$

对照图 2.3 可知，点 F_0, F_1, F_2, F_3 和 F_4 五个点处的偏振态如图 5.22 所示。

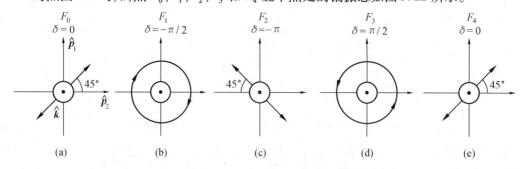

图 5.22　点 F_0, F_1, F_2, F_3 和 F_4 处光的偏振态

与偏振片 P_1 的透振方向沿水平方向、偏振片 P_2 的透振方向沿竖直方向的取向比较，两者偏振态图的不同之处是，原来点 F_1 处的左旋圆偏振光现在变为右旋圆偏振光，原来点 F_3 处的右旋圆偏振光现在变为左旋圆偏振光。

5.2 习题解答

5.1 如题 5.1 图(a) 所示，单色平行光沿光轴方向从空气斜入射到单轴负晶体的分界面上，用晶体惠更斯原理作图方法确定平行光进入晶体后的双折射光路。

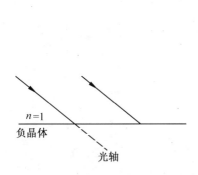

题 5.1 图(a)　单轴负晶体分界面上的斜入射平行光路

题 5.1 图(b)　斜入射平行光在单轴负晶体中的双折射光路

解　题 5.1 图(b) 给出了利用晶体惠更斯原理作图方法确定的双折射光路，结果显示，斜入射平行光进入单轴负晶体后发生了双折射。

5.2　题 5.2 图(a) 中虚线代表光轴，根据图中画出的双折射光路判断两个图所示的单轴晶体的正负特性。

解　设晶体为负晶体，利用晶体惠更斯原理作图方法画出了负晶体的双折射光路，如题 5.2 图(b) 所示。与题 5.2 图(a) 中给出的双折射光路比较可知，题 5.2 图(a)(1) 描述的晶体为负晶体，同理可知题 5.2 图(a)(2) 描述的晶体为正晶体。

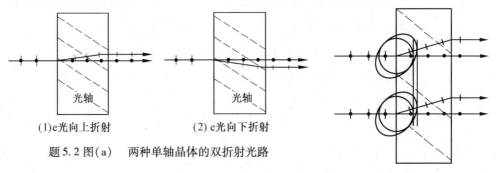

(1) e 光向上折射　　(2) e 光向下折射

题 5.2 图(a)　两种单轴晶体的双折射光路

题 5.2 图(b)　惠更斯原理作图确定的负晶体中的双折射光路

5.3 线偏振绿色平行光垂直入射到石英晶体上,其偏振方向与晶体光轴夹角为30°,在晶体中沿垂直光轴的方向传播,绿光在石英晶体中的主折射率分别为 $n_o = 1.546$ 和 $n_e = 1.555$,求 o 光和 e 光的振幅和光强的比值。

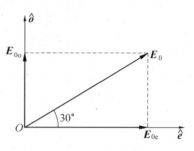

题5.3图　o 光和 e 光的振幅

解　设入射的线偏振光的振幅为 E_0。如题 5.3 图所示,线偏振光入射到石英晶体上后振动矢量被分解为垂直主平面的 o 光和平行主平面的 e 光。则 o 光和 e 光的振幅大小为

$$E_{0o} = E_0 \sin 30° = 0.50 E_0, \quad E_{0e} = E_0 \cos 30° \approx 0.866 E_0$$

$$\frac{E_{0o}}{E_{0e}} = \tan 30° \approx 0.577$$

由于光强与折射率成正比,因此 o 光和 e 光的光强分别为

$$I_o \approx n_o E_{0o}^2, \quad I_e \approx n_e E_{0e}^2$$

$$\frac{I_o}{I_e} = \frac{n_o}{n_e} \tan^2 30° \approx \frac{1.546}{1.555} \times 0.333 \approx 0.331$$

5.4 波长为 589.3 nm 的钠黄色平行光垂直照射厚度为 0.50 mm 的石英晶体平板,晶体的光轴与入射界面平行,钠黄光在石英晶体中的主折射率分别为 $n_o = 1.544$ 和 $n_e = 1.553$,求 o 光和 e 光通过晶体后的光程和两束光的相位差。

解　o 光和 e 光在晶体中的光程分别为

$$L_o = n_o l = 1.544 \times 0.50 = 0.772 \text{ mm}$$
$$L_e = n_e l = 1.553 \times 0.50 = 0.7765 \text{ mm}$$

二者的相位差为

$$\Delta\varphi = \varphi_e - \varphi_o = \frac{360°}{\lambda}(L_e - L_o) \approx 2749°$$

5.5 波长为 589.3 nm 的钠黄光在方解石晶体中的主折射率分别为 $n_o = 1.658$ 和 $n_e = 1.486$,在石英晶体中的主折射率分别为 $n_o = 1.544$ 和 $n_e = 1.553$,若用这两种材料制作 $\lambda/4$ 波晶片,分别求所需的最小厚度。

解　由 $(n_e - n_o)d = \pm \lambda/4$ 可分别求得用方解石和石英材料制作 $\lambda/4$ 波晶片对应的最小厚度分别为

$$d_1 = \frac{\lambda}{4(n_o - n_e)} = \frac{0.5893}{4 \times (1.658 - 1.486)} \approx 0.857 \text{ μm}$$

$$d_2 = \frac{\lambda}{4(n_e - n_o)} = \frac{0.5893}{4 \times (1.553 - 1.544)} \approx 16.369 \text{ μm}$$

5.6 顶角为 $\alpha = 50°$ 的等腰三角棱镜由单轴晶体制成,晶体的光轴垂直三棱镜的主截面,若 o 光和 e 光的最小偏向角分别为 $\delta_o = 30.22°$ 和 $\delta_e = 27.40°$,求 o 光和 e 光的主折射率。

解 将已知条件代入最小偏向角公式

$$n = \sin(\frac{\alpha + \delta_m}{2})/\sin(\frac{\alpha}{2})$$

即可得到

$$n_o = \sin((50° + 30.22°)/2)/\sin(50°/2) \approx 1.524$$
$$n_e = \sin((50° + 27.40°)/2)/\sin(50°/2) \approx 1.479$$

5.7 钠黄色平行光以 60° 入射角斜入射到厚度为 3 mm 的方解石晶体平板上,晶体的光轴垂直入射面,已知钠黄光在方解石晶体中的主折射率分别为 $n_o = 1.658$ 和 $n_e = 1.486$,求 o 光和 e 光从晶体出射时两束平行光的垂直间距。

解 o 光与 e 光在晶体中的传播方向均服从折射定律,有

$$n_o \sin i_o = \sin i, \quad n_e \sin i_e = \sin i$$

当入射角 $i = 60°$ 时,晶体中 o 光与 e 光的折射角分别为

$$i_o = \arcsin(\frac{\sin i}{n_o}) = \arcsin(\frac{\sin 60°}{1.658}) \approx 31.49°$$

$$i_e = \arcsin(\frac{\sin i}{n_e}) = \arcsin(\frac{\sin 60°}{1.486}) \approx 35.65°$$

$d = 3$ mm,出射时两束光的垂直间距为

$$\Delta l = [(\tan i_e - \tan i_o)d]\sin 30° \approx 0.157 \text{ mm}$$

5.8 顶角为 $\alpha = 45°$ 的两块方解石晶体直角三棱镜组成洛匈棱镜,钠黄色平行光垂直入射到洛匈棱镜上,在方解石晶体中的主折射率分别为 $n_o = 1.658$ 和 $n_e = 1.486$,求 o 光和 e 光从洛匈棱镜出射时两束平行光的夹角。

解 一束平行光(o 光)不改变方向地从洛匈棱镜棱镜出射,另一束平行光(e 光)从第一块直角三棱镜进入第二块直角三棱镜时发生的折射满足 $n_o \sin i = n_e \sin i_e$,其中 $i = \alpha = 45°$,则有

$$i_e = \arcsin(\frac{n_o}{n_e}\sin i) = \arcsin(\frac{1.658 \times 0.707}{1.486}) \approx 52.08°$$

从晶体入射到晶体与空气分界面上时有 $n_e \sin i_1 = \sin i_2$,入射角为 $i_1 = 52.08° - 45° = 7.08°$,因此

$$i_2 = \arcsin(n_e \sin i_1) = \arcsin(1.486 \times \sin 7.08°) \approx 10.55°$$

即两束出射光的夹角为 10.55°。

5.9 如题 5.9 图(a) 所示,顶角为 $\alpha = 30°$ 的两块石英晶体直角三棱镜组成晶体偏

振棱镜,钠黄色平行光垂直入射到该偏振棱镜上,光在石英晶体中的主折射率分别为 $n_o = 1.544$ 和 $n_e = 1.553$。(1) 画出光束在晶体中的双折射光路;(2) 求 o 光和 e 光从晶体出射时两束光的夹角。

解 (1) 垂直入射的平行光进入第一块晶体后传播方向不分开,o 光快,e 光慢。经过两个直角三棱镜分界面时,入射光束一分为二,o 光变成 e 光向上偏折,e 光变成 o 光向下偏折。然后经过晶体与空气的分界面时再次折射。两平行光束的传播光路如题 5.9 图(b) 所示。

(2) 在两个直角三棱镜分界面的折射角均满足折射定律,分别为

$$i_1 = \arcsin\left(\frac{n_o}{n_e}\sin\alpha\right) = \arcsin\left(\frac{1.544}{1.553} \times \sin30°\right) \approx 29.81°$$

$$i_2 = \arcsin\left(\frac{n_e}{n_o}\sin\alpha\right) = \arcsin\left(\frac{1.553}{1.544} \times \sin30°\right) \approx 30.19°$$

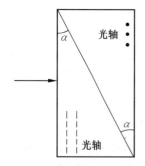 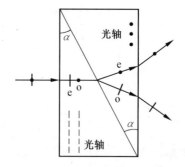

题 5.9 图(a)　石英晶体偏振棱镜的结构和入射光路　　题 5.9 图(b)　入射光通过石英晶体偏振棱镜的双折射光路

两束光到达右端面后入射角分别为

$$i_1' = i_1 - \alpha \approx 29.81° - 30° = -0.19°$$

$$i_2' = i_2 - \alpha \approx 30.19° - 30° = 0.19°$$

两束光从棱镜右端面进入空气再次折射,折射角分别为

$$i_1'' = \arcsin(n_e \sin i_1') = \arcsin(1.553 \times \sin0.19°) \approx 0.295°$$

$$i_2'' = \arcsin(n_o \sin i_2') = \arcsin(1.544 \times \sin0.19°) \approx 0.293°$$

故从棱镜出射的两束光的夹角为

$$\Delta i = i_2'' + i_1'' \approx 0.293° + 0.295° \approx 0.588°$$

5.10　如题 5.10 图所示,虚线是尼科耳棱镜的光轴,$\angle CA'C'$ 是直角,直线 SM 平行底边 $A'A$。波长为 589.3 nm 的钠黄色平行光入射到晶体上,方解石晶体的 o 光主折射率为 $n_o = 1.658$,加拿大树胶的折射率为 $n = 1.55$,求 o 光在加拿大树胶黏合面 $A'C'$ 上发生

全反射的临界角 i_c 和相应的端面入射极限角 $\angle S_0MS$。

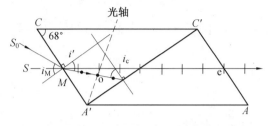

题5.10图　尼科耳棱镜的结构和光路

解　o光从方解石晶体入射到加拿大树胶分界面处发生全反射的临界角 i_c 为

$$i_c = \arcsin(\frac{n}{n_o}) = \arcsin(\frac{1.55}{1.658}) \approx 69.21°$$

注意 $\angle CA'C' = 90°$，此时光波从空气入射到空气与方解石分界面处的折射角 i' 为

$$i' = 90° - i_c \approx 90° - 69.21° \approx 20.79°$$

因而，最大入射角 i_M 为

$$i_M = \arcsin(n_o \sin i') \approx 36.05°$$

如题5.10图所示，在端面的入射极限角为

$$\angle S_0MS = i_M - (90° - 68°) \approx 14.05°$$

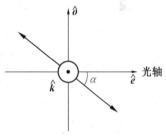

题5.11图(a)　入射线偏振光的偏振方位

5.11　波长为589.3 nm的钠黄光在方解石波晶片中的主折射率分别为 $n_o = 1.658$ 和 $n_e = 1.486$，让垂直入射的线偏振平行光通过波晶片后出射光变为右旋圆偏振光。求(1) 波晶片的最小厚度；(2) 入射线偏振光的偏振面应该如何取向。

解　(1) 设入射线偏振平行光的偏振方向与 $\hat{e} \times \hat{o} = \hat{k}$ 坐标系中 $\hat{e}$ 轴的夹角为如题5.11图(a)所示的 α，让线偏振光通过方解石晶体波晶片后变成右旋圆偏振光的最小附加相位延迟量为

$$\delta_a = \frac{2\pi}{\lambda}(n_o - n_e)d = \frac{\pi}{2}$$

方解石波晶片两个主折射率的关系为 $n_o = 1.658 > n_e = 1.486$。相应波晶片的最小厚度应当为

$$d = \frac{\lambda}{4(n_o - n_e)} = \frac{0.5893}{4 \times (1.658 - 1.486)} \approx 0.857 \ \mu m$$

(2) 波晶片的光轴应当垂直入射面，并且与入射线偏振光偏振方向的夹角应当为 $\alpha = -\pi/4$，即入射线偏振光的偏振面处于如题5.11图(a)所示的 $\hat{e} \times \hat{o} = \hat{k}$ 坐标系的二四象限，此时入射光的分解相位差为 $\delta_b = \pi$，即

$$\delta = \delta_b + \delta_a = \frac{3\pi}{2} \quad (\text{等价于 } \delta = -\frac{\pi}{2})$$

(3) 也可以让线偏振光通过方解石晶体波晶片后的最小附加相位延迟量为

$$\delta_a = \frac{2\pi}{\lambda}(n_o - n_e)d = \frac{3\pi}{2}$$

则相应的波晶片最小厚度为

$$d = \frac{3\lambda}{4(n_o - n_e)} = \frac{3 \times 0.5893}{4 \times (1.658 - 1.486)} \approx 2.57 \ \mu m$$

此时波晶片的光轴应当垂直入射面,并且与入射线偏振光偏振方向的夹角应该为 $\alpha = \pi/4$,即入射线偏振光应当处于题 5.11 图(b)中 $\hat{e} \times \hat{o} = \hat{k}$ 坐标系的一三象限,入射光的分解相位差为 $\delta_b = 0$,即

$$\delta = \delta_b + \delta_a = \frac{3\pi}{2} \quad (\text{等价于 } \delta = -\frac{\pi}{2})$$

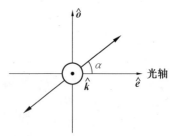

题 5.11 图(b)　入射线偏振光的偏振方位

5.12　一束自然平行光通过主截面夹角为 30° 的两个尼科耳棱镜后的出射光强与另一束自然平行光通过主截面夹角为 45° 的两个尼科耳棱镜后的出射光强相等。求两束自然平行光的光强比值。

解　自然平行光经过第一个尼科耳棱镜后变为线偏振光,光强 I_1 变为入射自然光强的一半,即 $I_1 = \frac{I_0}{2}$,由马吕斯定律可知,通过第二个尼科耳棱镜后的光强为

$$I_2 = I_1 \cos^2\alpha = \frac{I_0}{2}\cos^2\alpha$$

式中 α 为两个尼科耳棱镜主截面的夹角。

第一束自然光光强为 I_{01},$\alpha = 30°$,透射光强为

$$I_2' = \frac{I_{01}}{2}\cos^2 30° = \frac{3}{8}I_{01}$$

第二束自然光光强为 I_{02},$\alpha = 45°$,透射光强为

$$I_2'' = \frac{I_{02}}{2}\cos^2 45° = \frac{1}{4}I_{02}$$

已知 $I_2' = I_2''$,因此两束自然平行光的光强比值为

$$I_{01}/I_{02} = 2/3$$

5.13　利用尼科耳棱镜观察部分偏振光,当尼科耳棱镜主截面从透射极小的位置转过 30° 角后透射光强增加了两倍,求部分偏振光的偏振度。

解　部分偏振光的光强极大值 I_M 对应的方位与光强极小值 I_m 对应的方位总是正交的,尼科耳棱镜的透射光强 $I(\alpha)$ 是 I_M 和 I_m 的透射光强的非相干叠加,则有

$$I(\alpha) = I_\text{m}\cos^2\alpha + I_\text{M}\sin^2\alpha$$

α 为尼科耳棱镜主截面与 I_m 所处方位的夹角，$\alpha = 30°$ 时，已知 $I(\alpha) = 2I_\text{m}$，代入上式求得

$$I_\text{m} = \frac{1}{5}I_\text{M}$$

故光束的偏振度为

$$P = \frac{I_\text{M} - I_\text{m}}{I_\text{M} + I_\text{m}} = \frac{2}{3} \approx 66.7\%$$

5.14 如题 5.14 图所示，单色线偏振平行光正入射到石英晶体上，偏振方向与晶体光轴的夹角为 $\alpha = 15°$。在石英晶体后面放置透振方向与入射光的偏振方向夹角为 $\beta = 30°$ 的偏振片 P，求从偏振片出射的两束光的光强比值。

解 设入射的单色线偏振光的振幅为 E_0，经过双折射晶体后的两束光透过偏振片后的光强分别为 I_1 和 I_2，相应的透射光的振幅分别为 E_e2 和 E_o2 由题 5.14 图所示的两次投影可知

$$E_\text{e2} = E_0 \cos\alpha \cdot \cos(\beta - \alpha)$$
$$E_\text{o2} = E_0 \sin\alpha \cdot \sin(\beta - \alpha)$$

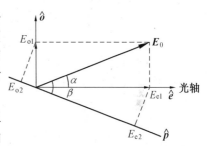

题 5.14 图　入射线偏振光的偏振方向和偏振片透振方向的方位

故最终出射的两束光的光强比值为

$$\frac{I_2}{I_1} = \frac{E_\text{o2}^2}{E_\text{e2}^2} = [\tan 15° \times \tan(30° - 15°)]^2 \approx 0.005$$

5.15 单色线偏振平行光垂直入射到最薄的 $\lambda/4$ 石英波晶片上，若线偏振光的偏振方向与晶体光轴的夹角为如题 5.15 图所示的 $\theta = 3\pi/4$，求出射光的偏振态。

解 在如题 5.15 图所示的 $\hat{e} \times \hat{o} = \hat{k}$ 坐标系中，$\hat{k}$ 为光束的传播方向。线偏振光入射到波晶片上分解为振幅相等的两束互相垂直的 o 光和 e 光，分解相位差为 $\delta_b = \pi$。

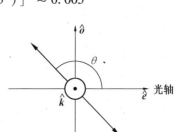

题 5.15 图　入射线偏振光偏振方向的方位

厚度最薄的 $\lambda/4$ 石英晶体波晶片产生的附加相位差为

$$\delta_a = \frac{2\pi}{\lambda}(n_\text{o} - n_\text{e})d = -\frac{\pi}{2}$$

从波晶片出射时 o 光和 e 光的总相位差为

$$\delta = \delta_b + \delta_a = \frac{\pi}{2}$$

o 光和 e 光的振幅相等,即

$$E_{0o} = E_0\sin45°, \quad E_{0e} = E_0\cos45°$$

因此对照图 2.3 可知出射光为左旋圆偏振光。

5.16 椭圆偏振光先后通过最薄的 λ/4 方解石波晶片和偏振片 P,当波晶片的光轴与偏振片 P 透振方向的夹角为如题 5.16 图(a)所示的 60°时透射光强为零。求(1)入射的椭圆偏振平行光的旋向;(2)椭圆偏振平行光沿长短轴方向分量的振幅比值。

解 (1) 在如题 5.16 图(a)所示的 $\hat{e} \times \hat{o} = \hat{k}$ 坐标系中,$\hat{k}$ 为光束的传播方向。若通过 λ/4 波晶片和偏振片 P 后的出射光强为零,出射光应该是偏振方向与偏振片透射方向垂直的线偏振光,则入射的椭圆偏振光长短轴的方向必须与 λ/4 的方解石波晶片的光轴方向垂直或平行。此时入射的正椭圆偏振光的分解相位差为

$$\delta_b = \pm\frac{\pi}{2}$$

通过最薄的 λ/4 方解石波晶片时产生的附加位相差为

$$\delta_a = \frac{2\pi}{\lambda}(n_o - n_e)d = \frac{\pi}{2}$$

因而,从 λ/4 波晶片出射的两束互相垂直的线偏振光的总相位差为

$$\delta = \delta_b + \delta_a = \pi \text{ 或 } 0$$

则出射光为线偏振光。由题意可知,由于偏振片的透振方向处于如题 5.16 图(a)所示坐标系的二四象限,出射的线偏振光必定处于一三象限内,因此有

$$\delta = \delta_b + \delta_a = 0$$

又已知 $\delta_a = \pi/2$,因此 $\delta_b = -\pi/2$,则入射的椭圆偏振光应该为右旋正椭圆偏振光,如题 5.16 图(b)所示。

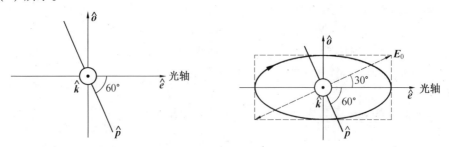

题 5.16 图(a) 偏振片透振方向的方位　　题 5.16 图(b) 入射光的偏振态和长短轴的比值

(2) 由于偏振片的透振方向与光轴的夹角为如题 5.16 图(b) 所示的 60° 角,因此出射的线偏振光的振动方向与光轴(即 $\hat{e}$ 方向)之间的夹角应该为 30°,且出射线偏振光 E_0 与椭圆偏振光的光强相等,$E_0^2 = E_o^2 + E_e^2$。则椭圆偏振光长短轴方向分量的振幅比值为

$$\frac{E_o}{E_e} = \frac{E_0 \sin 30°}{E_0 \cos 30°} \approx 0.577$$

5.17 光强为 I_0 的单色右旋圆偏振平行光垂直通过最薄的 $\lambda/4$ 石英波晶片,然后通过如题 5.17 图所示的透振方向与波晶片光轴夹角为 30° 的偏振片 P,求出射平行光的光强。

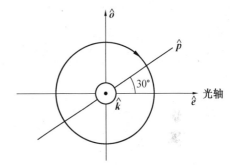

题 5.17 图　圆偏振入射光的偏振态和偏振片透振方向的方位

解　在如题 5.17 图所示的 $\hat{e} \times \hat{o} = \hat{k}$ 坐标系中,$\hat{k}$ 为光束的传播方向。进入波晶片时,入射的圆偏振光分解为两束振幅相等的 o 光和 e 光,分解相位差为

$$\delta_b = -\frac{\pi}{2}$$

通过最薄的石英晶体 $\lambda/4$ 波晶片时产生的附加位相差为

$$\delta_a = \frac{2\pi}{\lambda}(n_o - n_e)d = -\frac{\pi}{2}$$

从 $\lambda/4$ 波晶片出射的两束互相垂直的线偏振光的总相位差为

$$\delta = \delta_b + \delta_a = -\pi,\text{等效于}\ \delta = \pi$$

因此,由图 2.1 可知,出射光为线偏振光,其振动方向位于如题 5.17 图所示坐标系的二四象限,由于 o 光和 e 光的振幅相等,因此合成的线偏振光的偏振方向与晶体光轴的夹角为 45°,其光强仍为 I_0。

根据马吕斯定律可求得通过偏振片 P 后的光强 I_2 为

$$I_2 = I_0 \cos^2(45° + 30°) \approx 0.067 I_0$$

5.18　入射的单色线偏振光的偏振方向与晶体光轴的夹角为如题 5.18 图(a) 所示的 30°,求通过最薄的 $\lambda/8$ 方解石波晶片后出射平行光的偏振态。

解　在如题 5.18 图(a) 所示的 $\hat{e} \times \hat{o} = \hat{k}$ 坐标系中,$\hat{k}$ 为光束的传播方向。入射线偏振光的分解相位差为

$$\delta_b = \pi$$

通过最薄的方解石晶体 $\lambda/8$ 波晶片时产生的附加位相差为

$$\delta_a = \frac{2\pi}{\lambda}(n_o - n_e)d = \frac{\pi}{4}$$

因而，从 $\lambda/8$ 波晶片出射的两束互相垂直的线偏振光的总相位差为

$$\delta = \delta_b + \delta_a = 5\pi/4$$

等效相位差为

$$\delta = -3\pi/4$$

两束线偏振光的振幅分别为

$$E_{0o} = E_0\sin30° = \frac{1}{2}E_0, \quad E_{0e} = E_0\cos30° = \frac{\sqrt{3}}{2}E_0$$

因此，对照图 2.3 可知，出射光为如题 5.18 图(b) 所示的二四象限的右旋椭圆偏振光。

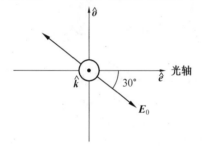

题 5.18 图(a)　入射线偏振光偏振方向的方位　　题 5.18 图(b)　出射光的偏振态

5.19　如题 5.19 图(a) 所示的处于一三象限的单色右旋椭圆偏振平行光垂直入射到最薄的 $3\lambda/4$ 石英波晶片上，求出射平行光的偏振态。

解　在如题 5.19 图(a) 所示的 $\hat{e} \times \hat{o} = \hat{k}$ 坐标系中，$\hat{k}$ 为光束的传播方向。入射的椭圆偏振光的分解相位差为

$$-\pi/2 < \delta_b < 0$$

通过最薄的石英晶体 $3\lambda/4$ 波晶片时产生的附加位相差为

$$\delta_a = \frac{2\pi}{\lambda}(n_o - n_e)d = -\frac{3\pi}{2} \quad (\text{等效于 } \delta_a = \frac{\pi}{2})$$

因而，从 $3\lambda/4$ 波晶片出射的两束互相垂直的线偏振光的总相位差为

$$\delta = \delta_b + \delta_a, \quad 0 < \delta < \frac{\pi}{2}$$

由题 5.19 图(a) 可知，两束互相垂直线偏振光的振幅大致相等。因此，对照图 2.3 可知，出射光为如题 5.19 图(b) 所示的一三象限的左旋椭圆偏振光。

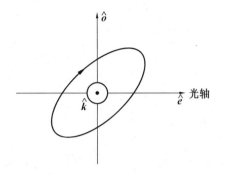

题 5.19 图(a)　入射光的偏振态　　　　题 5.19 图(b)　出射光的偏振态

5.20　频率相同、初相位均为零的单色左旋和右旋圆偏振平行光沿相同方向传播。(1) 左右旋圆偏振平行光的振幅均为 E_0；(2) 左旋圆偏振平行光的振幅为 $2E_0$，右旋圆偏振平行光的振幅为 E_0，分别求合成光波的偏振态和合光强。

解　(1) 可以将左右旋圆偏振光分别用分量式表示为

$$\text{左旋} \begin{cases} E_{y1} = E_0\cos(\pi/2 - \omega t) \\ E_{x1} = E_0\cos(-\omega t) \end{cases}, \text{右旋} \begin{cases} E_{y2} = E_0\cos(-\pi/2 - \omega t) \\ E_{x2} = E_0\cos(-\omega t) \end{cases}$$

合成光波为

$$E_y = 0, \quad E_x = E_{x1} + E_{x2} = 2E_0\cos(-\omega t)$$

因此，合成光波为沿 x 方向振动的线偏振光。合光强为

$$I = (2E_0)^2 = 4E_0^2$$

(2) 可以将左右旋圆偏振光分别用分量式表示为

$$\text{左旋} \begin{cases} E_{y1} = 2E_0\cos(\pi/2 - \omega t) \\ E_{x1} = 2E_0\cos(-\omega t) \end{cases}, \text{右旋} \begin{cases} E_{y2} = E_0\cos(-\pi/2 - \omega t) \\ E_{x2} = E_0\cos(-\omega t) \end{cases}$$

合成光波为

$$\begin{cases} E_y = E_0\cos(\pi/2 - \omega t) \\ E_x = 3E_0\cos(-\omega t) \end{cases}$$

因此，合成光波是 x 方向振幅为 $3E_0$，y 方向振幅为 E_0 的左旋正椭圆偏振光。合光强为

$$I = E_0^2 + 9E_0^2 = 10E_0^2$$

5.21　波长为 $\lambda_1 = 404.6$ nm 和 $\lambda_2 = 706.5$ nm 的光波在方解石晶体中的主折射率差分别为 $|n_o - n_e| = 0.184$ 和 $|n_o - n_e| = 0.168$。一束波长为 706.5 nm 的左旋圆偏振平行光垂直入射到相对 404.6 nm 光波是最薄的 $\lambda/4$ 方解石波晶片上，求出射平行光的偏振态。

解　对应 404.6 nm 光波的最薄的 $\lambda/4$ 方解石波晶片的厚度为

$$d = \frac{\lambda_1}{4(n_{o1} - n_{e1})} = \frac{0.4046}{4 \times 0.184} \mu m \approx 0.550 \mu m$$

相对 706.5 nm 光波的附加相位延迟量为

$$\delta_a = \frac{2\pi}{\lambda_2}(n_{o2} - n_{e2})d \approx 0.26\pi$$

如题 5.21(a) 图所示的左旋圆偏振光入射到该波晶片上的分解相位差为

$$\delta_b = \pi/2$$

波长为 706.5 nm 的光波从波晶片出射时的两个垂直振动分量的总相位差为

$$\delta = \delta_b + \delta_a \approx 0.76\pi$$

由入射的左旋圆偏振光分解的互相垂直的两束线偏振光的振幅相等,对照图 2.3 可知,出射光为由互相垂直的两束线偏振光合成的二四象限的左旋椭圆偏振光,如题 5.21 图(b)所示。

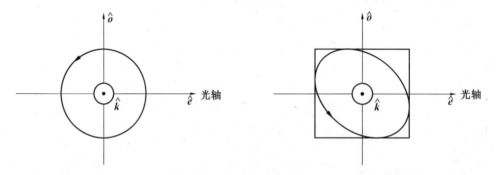

题 5.21 图(a) 入射光的偏振态　　　　　题 5.21 图(b) 出射光的偏振态

5.22　如题 5.22 图所示,偏振片 P_1 和 P_2 的透振方向之间的夹角为 60°,中间插入最薄的 $\lambda/4$ 方解石波晶片 W,光轴位于两个偏振片透振方向的角平分线方向。光强为 I_0 的单色自然平行光垂直入射到该装置上,忽略反射吸收等损失。求(1) 通过偏振片 P_1 后光束的偏振态和光强;(2) 从波晶片 W 出射后光束的偏振态和光强;(3) 通过 P_2 后光束的偏振态和光强。

解　(1) 入射光从偏振片 P_1 出射的光波是平行 P_1 透振方向 $\hat{p}_1$ 的线偏振光,如图 5.22(b) 所示,光强为入射自然光的一半,即

$$I_1 = I_0/2 = E_0^2/2 = E_{01}^2$$

(2) 入射到波晶片上的线偏振光的振幅为 $E_{01} = \frac{\sqrt{2}}{2}E_0$,分解为 o 光和 e 光,振幅分别为

$$E_{o1} = E_{01}\sin 30° = \frac{E_0}{\sqrt{2}} \times \sin 30° = \frac{\sqrt{2}}{4}E_0$$

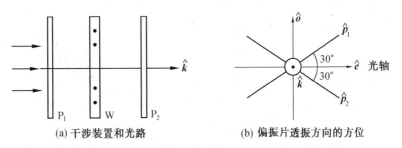

(a) 干涉装置和光路　　　　(b) 偏振片透振方向的方位

题 5.22 图　平行偏振光干涉装置的结构和光路

$$E_{e1} = E_{01}\cos 30° = \frac{E_0}{\sqrt{2}} \times \cos 30° = \frac{\sqrt{6}}{4}E_0$$

从波晶片出射后的光强为

$$I_2 = E_{o1}^2 + E_{e1}^2 = I_0/2$$

o 光和 e 光的相位差为

$$\delta_b = 0, \quad \delta_a = \frac{2\pi}{\lambda}(n_o - n_e)d = \frac{\pi}{2}, \quad \delta = \delta_b + \delta_a = \frac{\pi}{2}$$

从波晶片 W 出射的偏振光为长轴平行 $\hat{e}$ 轴、短轴平行 $\hat{o}$ 轴的左旋正椭圆偏振光。

（3）从偏振片 P_2 出射的是平行偏振片 P_2 透振方向 $\hat{p}_2$ 的线偏振光。入射到偏振片 P_2 上的分别平行 $\hat{o}$ 轴和 $\hat{e}$ 轴的两束线偏振光在 P_2 透振方向 $\hat{p}_2$ 投影分量的振幅分别为

$$E_{o2} = E_{01}\sin^2 30° = \frac{1}{4}E_{01}, \quad E_{e2} = E'_{01}\cos^2 30° = \frac{3}{4}E_{01}$$

投影相位差为 $\delta_c = \pi$，从 P_2 出射的两束相干光的总相位差为

$$\delta = \delta_b + \delta_a + \delta_c = \frac{3\pi}{2}$$

相干叠加的光强为

$$I_2 = E_{e2}^2 + E_{o2}^2 + 2E_{e2}E_{o2}\cos\delta = E_{01}^2\left(\frac{1}{16} + \frac{9}{16}\right) = \frac{5}{8}E_{01}^2$$

$$I_2 = \frac{5}{16}I_0$$

5.23　如题 5.23 图(a) 所示，在透振方向正交的偏振片 P_1 和 P_2 之间插入最薄的 $\lambda/4$ 波晶片 W，波晶片的光轴与偏振片 P_1 透振方向 $\hat{p}_1$ 的夹角为如题 5.23 图(b) 所示的 60°。光强为 I_0 的单色自然平行光垂直入射到该装置上，忽略反射吸收等损失，求出射光强。

解　从偏振片出射的光波是偏振方向平行偏振片 P_1 透振方向 $\hat{p}_1$ 的线偏振光，光强为入射自然平行光的一半

$$I_1 = I_0/2 = E_{01}^2$$

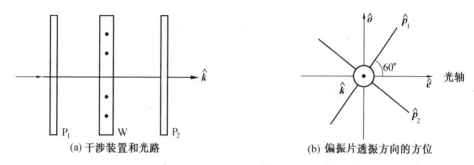

(a) 干涉装置和光路　　　　(b) 偏振片透振方向的方位

题 5.23 图　平行偏振光干涉装置的结构和光路

从偏振片 P_2 透振方向透过的两个振动投影分量的振幅分别为

$$E_{o2} = E_{01}\sin60°\cos60° = \frac{\sqrt{3}}{4}E_{01}$$

$$E_{e2} = E_{01}\cos60°\sin60° = \frac{\sqrt{3}}{4}E_{01}$$

从波晶片出射的两个垂直振动线偏振光之间的总相位差为

$$\delta = \delta_b + \delta_a + \delta_c = 0 \pm \frac{\pi}{2} + \pi = \frac{\pi}{2} \text{ 或 } \frac{3\pi}{2}$$

通过偏振片 P_2 透振方向的光强 I_2 是两个垂直振动投影分量的相干叠加，即

$$I_2 = E_{e2}^2 + E_{o2}^2 + 2E_{e2}E_{o2}\cos\delta = E_{e2}^2 + E_{o2}^2 = 2 \times E_{01}^2 \times \frac{3}{16} = \frac{6}{16}E_{01}^2 = \frac{3}{16}I_0$$

5.24　在透振方向平行的偏振片 P_1 和 P_2 之间插入最薄的 $\lambda/8$ 波晶片 W，波晶片的光轴与偏振片 P_1 的透振方向之间的夹角为 $45°$。光强为 I_0 的单色自然平行光垂直入射到该装置上，忽略反射吸收等损失，求出射光强。

解　从偏振片出射的光波是偏振方向平行偏振片 P_1 透振方向的线偏振光，光强为入射自然光的一半

$$I_1 = I_0/2 = E_{01}^2$$

从偏振片 P_2 透过的两个垂直振动投影分量的振幅分别为

$$E_{o2} = E_{01}\sin^2 45° = \frac{1}{2}E_{01}, \quad E_{e2} = E_{01}\cos^2 45° = \frac{1}{2}E_{01}$$

两个垂直振动之间的总相位差为

$$\delta = \delta_b + \delta_a + \delta_c = \begin{cases} 0 \pm \frac{\pi}{4} + 0 \\ \pi \pm \frac{\pi}{4} + \pi \end{cases} = \begin{cases} \pm \frac{\pi}{4} \\ 2\pi \pm \frac{\pi}{4} \end{cases}$$

通过 P_2 的光强 I_2 为两个垂直振动投影分量的相干叠加，即

$$I_2 = E_{e2}^2 + E_{o2}^2 + 2E_{e2}E_{o2}\cos\delta = \frac{1}{2}E_{01}^2(1+\cos(\pm\frac{\pi}{4})) = \frac{2+\sqrt{2}}{8}I_0 \approx 0.43I_0$$

5.25 如题 5.25 图(a)(1)所示,光强为 I_0 的单色右旋圆偏振平行光垂直入射到由最薄的 $2\lambda/3$ 石英波晶片 W 和偏振片 P 组成的平行偏振光干涉装置上,波晶片的光轴与偏振片 P 的透振方向的夹角为如题 5.25 图(a)(2)所示的 45°。忽略反射吸收等损失,求光束从波晶片出射后的偏振态和通过偏振片后的出射光强。

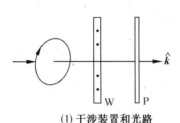
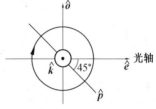

(1) 干涉装置和光路　　　　　　(2) 偏振片透振方向的方位

题 5.25 图(a)　平行偏振光干涉装置的结构和光路

解　入射到波晶片上的光强为 $I_0 = 2E_0^2$ 圆偏振光分解成振幅相等的 o 光和 e 光
$$E_{o1} = E_{e1} = E_0$$
从波晶片出射后的光强仍为
$$I_1 = E_{o1}^2 + E_{e1}^2 = I_0$$
o 光和 e 光的相位差为
$$\delta_b = -\frac{\pi}{2}, \quad \delta_a = \frac{2\pi}{\lambda}(n_o - n_e)d = -\frac{4\pi}{3}$$
则 $\delta = \delta_b + \delta_a = -\frac{11\pi}{6}$,等效于 $\delta = \pi/6$。

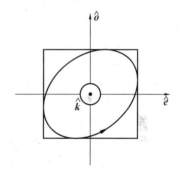

题 5.25 图(b)　出射的左旋椭圆偏振光

从波晶片的出射光为如图 5.25(b)所示一三象限的左旋椭圆偏振光。

从偏振片 P 出射后振动方向平行的两束光的振幅分别为
$$E_{o2} = E_{01}\sin 45° = \frac{\sqrt{2}}{2}E_0, \quad E_{e2} = E_{01}\cos 45° = \frac{\sqrt{2}}{2}E_0$$
坐标轴投影相位差为 $\delta_c = \pi$,两光束的总相位差为
$$\delta = \delta_b + \delta_a + \delta_c = \frac{7\pi}{6}$$
相干叠加的光强为
$$I_2 = E_{e2}^2 + E_{o2}^2 + 2E_{e2}E_{o2}\cos\delta = E_0^2(1 + \cos\frac{7\pi}{6})$$

$$I_2 = \frac{I_0}{2}(1 - \frac{\sqrt{3}}{2}) \approx 0.067 I_0$$

5.26 在一对主截面平行的尼科耳棱镜 P_1 和 P_2 之间插入厚度为 0.1 mm 的石英波晶片，波晶片的光轴与主截面的夹角为 $45°$，设可见光在石英晶体中 o 光和 e 光的主折射率差均为 0.01，求平行光束通过该装置后在可见光范围内哪些波长的出射光强为零。

解 对于给定厚度的石英波晶片，其附加相位差 δ_a 为

$$\delta_a = \frac{2\pi}{\lambda}(n_o - n_e)d < 0$$

要使通过 P_2 的光强为零，要求从石英波晶片出射的光束必须是其偏振方向与尼科耳棱镜的主截面垂直的线偏振光，故要求 δ_a 满足

$$\delta_a = -(2k+1)\pi \quad (k = 0,1,2,3,\cdots)$$

因而，不能通过该装置的光束波长须满足

$$\lambda_k = \frac{(n_e - n_o)d}{k + 1/2} \quad (k = 1,2,3,\cdots)$$

已知 $n_o - n_e = -0.01$，$d = 0.1$ mm，则在可见光范围内不能通过该系统的波长为

$$\lambda_1 \approx 666.7 \text{ nm}, \quad \lambda_2 = 400.0 \text{ nm}$$

5.27 如题 5.27 图所示，在一对主截面正交的尼科耳棱镜 P_1 和 P_2 之间插入顶角为 $0.5°$ 的石英晶楔 W，晶楔的棱边与光轴平行，光轴方向与两个尼科耳棱镜主截面的夹角均为 $45°$。波长为 404.7 nm 的紫色平行光正入射到该装置上，在 P_2 后面可以看到平行偏振光的干涉条纹，紫光在石英晶体中的主折射率分别为 $n_e = 1.5667$ 和 $n_o = 1.5572$。求 (1) 平行光通过第二个尼科耳棱镜 P_2 后干涉图样的形状；(2) 相邻暗纹之间的间距；(3) 将 P_2 旋转 $90°$，干涉图样有何变化；(4) 保持尼科耳棱镜 P_1 和 P_2 的透振方向正交，将石英晶楔的光轴方向旋转 $45°$，使其与尼科耳棱镜 P_1 的透振方向平行，干涉图样有何变化。

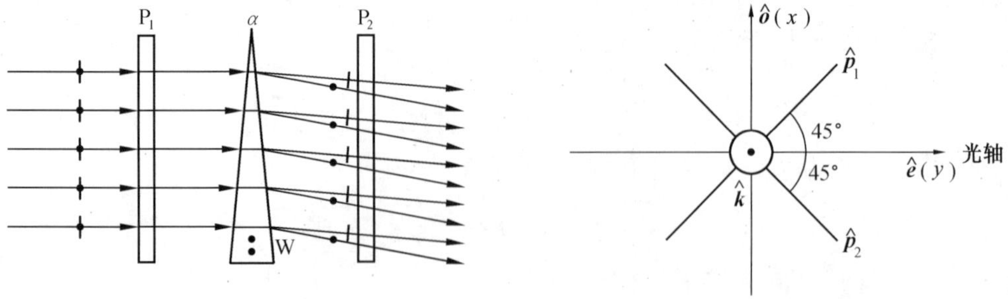

(a) 干涉装置和光路　　　　　　(b) 尼科耳棱镜主截面的方位

题 5.27 图　石英晶楔的平行偏振光干涉装置的结构和光路

解 1) 解法一 （1) 由图 5.27 可知，从 P_1 透射的线偏振光进入石英晶楔后分解为 o 光和 e 光，分解相位差为 $\delta_b = 0$。

由于顶角 α 很小，可以近似认为两束光在晶楔中不分开，出射时产生附加相位差

$$\delta_a = \frac{2\pi}{\lambda}(n_o - n_e)d$$

振动方向垂直的两束线偏振光通过 P_2 时，沿 P_2 的透振方向投影，投影相位差为 $\delta_c = \pi$。

两个投影分量满足相干条件，发生干涉。由于相干光的相位差随晶楔厚度变化，因此干涉图样是一组平行晶楔棱边的直线条纹。

（2) 由两束相干光的总相位差可以得到干涉暗条纹满足的条件为

$$\delta = \delta_b + \delta_a + \delta_c = 0 + \frac{2\pi}{\lambda}(n_o - n_e)d + \pi = (2m+1)\pi$$

则相邻暗条纹对应的晶楔厚度差为

$$\Delta d = \frac{\lambda}{(n_e - n_o)}$$

干涉条纹的间距 Δx 满足

$$\Delta x \alpha = \Delta d = \frac{\lambda}{(n_e - n_o)}$$

解得

$$\Delta x = \frac{\lambda}{(n_e - n_o)\alpha} = \frac{4047 \times 10^{-7}}{(1.5667 - 1.5572) \times 0.5 \times \frac{\pi}{180}} \approx 4.88 \text{ mm}$$

（3) 如果将 P_2 旋转 $90°$，即 P_2 与 P_1 的透振方向平行，两束相干光的振幅和传播方向不变，投影相位差由 $\delta_c = \pi$ 变为 $\delta_c = 0$，总相位差变为

$$\delta = \delta_b + \delta_a + \delta_c = 0 + \frac{2\pi}{\lambda}(n_o - n_e)d + 0 = \frac{2\pi}{\lambda}(n_o - n_e)d$$

与未旋转之前相比，条纹的间距、形状和光强等均无变化，仅仅干涉条纹错开半个条纹间距，即前后两套干涉条纹互补。

（4) 若仅将晶楔的光轴方向旋转 $45°$，与 P_1 透振方向平行，则从晶楔出射的只有沿旋转 $45°$ 后的 $\hat{e}$ 轴方向振动的线偏振光，通过 P_2 时，由于 $\hat{e}$ 轴方向与 P_2 的透振方向垂直，被 P_2 消光，后场光强为零。

2) 解法二

由题 5.27 图可知，从 P_1 透射的线偏振光进入石英晶楔后分解为 o 光和 e 光，石英是正晶体，o 光比 e 光快，即 $n_e > n_o$，则从晶楔出射的是偏振方向分别平行和垂直纸面的两束线偏振平行光。由于晶楔的顶角 α 很小，所以偏向角分别为

$$\delta_e = (n_e - 1)\alpha, \quad \delta_o = (n_o - 1)\alpha$$

这两束线偏振平行光再通过 P_2 后就变成均沿透振方向 $\hat{p}_2$ 振动的两束相干线偏振平行光,在垂直晶楔光轴的平面(纸面)传播的这两束平行光与入射光方向相比,传播方向分别向下偏折 δ_e 和 δ_o 角度,可以按照两束平行光相干特征公式求解干涉条纹的形状和间距。

(1) 干涉条纹的位置公式为

$$x = \frac{m\lambda}{\sin\delta_e - \sin\delta_o} \approx \frac{m\lambda}{\delta_e - \delta_o} = \frac{m\lambda}{(n_e - n_o)\alpha}$$

即在观察屏上形成的是平行晶楔棱边的直线干涉条纹。

(2) 干涉条纹的间距为

$$\Delta x = \frac{\lambda}{(n_e - n_o)} \approx 4.88 \text{ mm}$$

(3) 和 (4) 的解答见解法一所述。

5.28 如题 5.28 图(a)所示,在一对主截面正交的尼科耳棱镜 P_1 和 P_2 之间插入顶角为 $\alpha = 2.75°$ 的石英巴俾涅补偿器 W,波长为 589.3 nm 的钠黄色平行光正入射到该装置上,在偏振片 P_2 后面可以看到平行偏振光干涉条纹,石英相对钠黄光的主折射率分别为 $n_e = 1.553$ 和 $n_o = 1.544$。求 (1) 从石英巴俾涅补偿器出射的两束平行光的偏向角和两束出射光之间的夹角;(2) 通过尼科耳棱镜 P_2 后干涉条纹的形状和间距。

解 (1) 如题 5.28 图(a)所示,从 P_1 透射的线偏振光由空气垂直入射到石英巴俾涅补偿器 W 上,在第一块晶楔中分解成 o 光和 e 光,两束光的传播方向不分开,但是 o 光的传播速度快、e 光的传播速度慢,即 $n_e > n_o$。

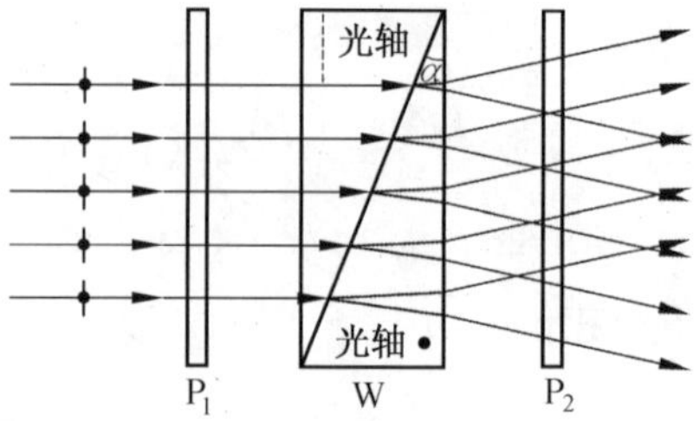

两束平行光从两个晶楔分界面折射进入第二块晶楔后,o 光变为 e 光,e 光变为 o 光,两束光的传播方向分开,然后从晶楔再

题 5.28 图(a)　巴俾涅补偿器的平行偏振光干涉装置的结构和光路

次折射进入空气、形成两束平行光。晶楔的楔角 α 很小,o 光和 e 光在两个晶楔分界面折射时均满足折射定律,由此出发可以计算得到如下结论。

平行纸面振动的线偏振平行光:

如题 5.28 图(b)所示,这束光从两个晶楔分界面折射后有 $n_e\alpha \approx n_o i_o$,由此可以得到第一次向上折射的偏向角为 $\delta_1 = i_o - \alpha \approx ((n_e/n_o) - 1)\alpha$;这束光从晶楔与空气分界面折射进入空气后满足 $n_o\delta'_1 \approx i_1$,由此可以得到第二次向上折射的偏向角为 $\delta'_1 = i_1 - \delta_1 \approx (n_o - 1)\delta_1$。

则从石英巴俾涅补偿器出射的平行纸面振动的线偏振平行光的总偏向角为

$$i_1 = (\delta_1 + \delta_1') = (\frac{n_e}{n_o} - 1)n_o\alpha = (n_e - n_o)\alpha$$

垂直纸面振动的线偏振平行光：

如题 5.28 图(b) 所示，这束光从两个晶楔的分界面折射后有 $n_o\alpha \approx n_e i_e$，由此可以得到第一次向下折射的偏向角为 $\delta_2 = i_e - \alpha \approx ((n_o/n_e) - 1)\alpha$；这束光从棱镜与空气分界面折射进入空气后满足 $n_e\delta_2 \approx i_2$，由此可以得到第二次向下折射的偏向角为 $\delta_2' = i_2 - \delta_2 \approx (n_e - 1)\delta_2$。注意，此时 $\delta_2 < 0$，因此 $\delta_2' < 0, i_2 < 0$。

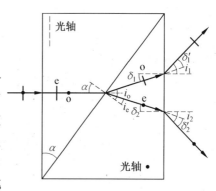

题 5.28 图(b)　巴俾涅补偿器双折射的放大光路

则从石英巴俾涅补偿器出射的垂直纸面振动的线偏振平行光的总偏向角为

$$i_2 = (\delta_2 + \delta_2') = (\frac{n_o}{n_e} - 1)n_e\alpha = (n_o - n_e)\alpha$$

从两个晶楔分界面折射后两束平行光传播方向的夹角为

$$\Delta\theta_1 = \delta_1 - \delta_2 = (\frac{n_e}{n_o} - \frac{n_o}{n_e})\alpha \approx 0.03°$$

从巴俾涅补偿器出射后两束平行光传播方向的夹角为

$$\Delta\theta_2 = i_1 - i_2 = (n_e - n_o)\alpha - (n_o - n_e)\alpha = 2(n_e - n_o)\alpha \approx 0.05°$$

(2) 解法一

从石英巴俾涅补偿器出射的两束线偏振光的振动方向相互垂直，透过 P_2 后振动方向相互平行、成为两束相干光。由上面的计算可知，从石英巴俾涅补偿器出射的两束平行光传播方向分开的角度很小（$\Delta\theta_2 \approx 0.05°$），可以近似认为从石英巴俾涅补偿器出射两束光的传播方向互相平行、不分开。设入射的平行光经过第一块和第二块晶楔的厚度分别为 d_1 和 d_2、巴俾涅补偿器的总厚度为 $d = d_1 + d_2 =$ 常数。则通过石英巴俾涅补偿器后，两束相干光的光程差为

$$\Delta L = (n_e - n_o)d_1 + (n_o - n_e)d_2 = (n_e - n_o)(d_1 - d_2) = (n_e - n_o)(2d_1 - d)$$

干涉条纹的形状由 $\Delta L = m\lambda$ 确定。显然，干涉条纹是垂直纸面的直线条纹。相邻干涉条纹对应的第一块晶楔的厚度差为

$$\Delta d_1 = \frac{\lambda}{2(n_e - n_o)}$$

干涉条纹的间距为

$$\Delta x \approx \frac{\Delta d_1}{\alpha} = \frac{\lambda}{2(n_e - n_o)\alpha} \approx 0.68 \text{ mm}$$

解法二

从 P_2 出射的是偏振方向均平行 P_2 透振方向、沿平行纸面方向传播、与入射光相比传播方向分别向上和向下偏折 i_1 和 i_2 角度的两束相干线偏振平行光，可以按照两束平行光相干特征公式求解干涉条纹的形状和间距，则干涉条纹的位置公式为

$$x = \frac{m\lambda}{\sin i_1 - \sin i_2} \approx \frac{m\lambda}{i_1 - i_2} = \frac{m\lambda}{2(n_e - n_o)\alpha}$$

即观察屏上形成的是垂直纸面的直线干涉条纹。

干涉条纹的间距即为

$$\Delta x = \frac{\lambda}{2(n_e - n_o)\alpha} \approx 0.68 \text{ mm}$$

5.29 一束单色线偏振平行光垂直入射到以角速度 ω_0 绕光束传播方向旋转的 $\lambda/2$ 波晶片上。(1) 求透射平行光的偏振态；(2) 证明透射平行光的振动矢量以 $2\omega_0$ 角速度旋转。

解 入射到 $\lambda/2$ 波晶片的线偏振光 E_1 分解为 o 光和 e 光产生的分解相位差以及 E_1 的表示式分别为

$$\delta_b = 0(\text{或 } \pi), E_1 = E_{1o}\cos\delta_b \hat{o} + E_{1e}\hat{e}$$

从波晶片出射时两个互相垂直振动之间又产生附加相位差 $\delta_a = \pm\pi$，因此透射光 E_2 仍然是线偏振光。但是，E_2 与 E_1 相比，在垂直光轴方向的分量方向相反，即

$$E_2 = E_{1o}\cos(\delta_b + \delta_a)\hat{o} + E_{1e}\hat{e} = -E_{1o}\cos\delta_b\hat{o} + E_{1e}\hat{e}$$

由此可知，透射光与入射光的瞬时线偏振矢量相对光轴对称分布，即若入射光 E_1 的线偏振方向与光轴夹角为 α，则透射光 E_2 的线偏振方向与 E_1 的线偏振方向的夹角为 $\beta = 2\alpha$。

如题 5.29 图所示，以不旋转的入射线偏振光的振动方向 E_1 为 $t = 0$ 时刻的计算起点。

若 $t = 0$ 时刻波晶片光轴方向与入射线偏振光 E_1 的偏振方向夹角为 $\alpha = 0$，则透射光 E_2 的偏振方向与入射光 E_1 偏振方向的夹角也为 $\alpha = 0$。波晶片以速度 ω_0 绕光束传播方向旋转时，比如右旋。在 t 时刻，波晶片光轴方向与入射线偏振光 E_1 的偏振方向的夹角为 $\alpha = \omega_0 t$。此时透射线偏振光 E_2 的偏振方向也向右旋转，并且与入射线偏振光 E_1 的偏振方向的夹角必为如题 5.29 图所示的 $\beta = 2\alpha = 2\omega_0 t$。

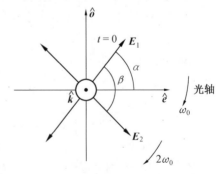

题 5.29 图　旋转波晶片的光轴与线偏振光偏振方向的方位

因此，从以不旋转的入射线偏振光的偏振方向 E_1 为 $t = 0$ 时刻计算起点算起，若光轴以 $\omega_0 = \alpha/t$ 的角速度匀速右旋，则 E_2 必然以 $2\omega_0 = \beta/t$ 的角速度匀速右旋，即透射线偏振

光 E_2 的振动矢量以角速度 $2\omega_0$ 旋旋。

5.30 一束频率为 ω 的单色左旋圆偏振平行光垂直入射到以角速度 ω_0 绕光束传播方向匀速右旋的 $\lambda/2$ 波晶片上。(1) 求透射平行光的偏振态；(2) 证明透射平行光的振动矢量以 $\omega+2\omega_0$ 的角速度右旋。

解 如题 5.30 图所示，以入射的左旋圆偏振光的瞬时振动方向 E_1 与波晶片光轴方向重合的虚线为 $t=0$ 时刻的计算起点。则由于光束通过 $\lambda/2$ 波晶片后在 o 光和 e 光之间产生的相位差为

$$\delta = \delta_b + \delta_a = \frac{\pi}{2} \pm \pi = \begin{cases} 3\pi/2 \\ -\pi/2 \end{cases}$$

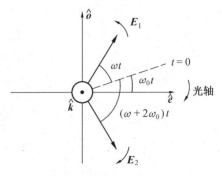

题 5.30 图　旋转波晶片的光轴与圆偏振光振动矢量的方位

显然透射光 E_2 为右旋圆偏振光，参照题 5.29 的解答进行类似分析可知，左右旋圆偏振光的瞬时光振动矢量相对光轴方向也是时刻对称分布。也就是说，若入射的左旋圆偏振光的振动矢量左旋了 ωt 角度，波晶片的光轴右旋了 $\omega_0 t$ 角度，两者之间的夹角为 $(\omega_0+\omega)t$。则透射的右旋圆偏振光的振动矢量与光轴的夹角也应该是 $(\omega_0+\omega)t$，这就要求透射的右旋圆偏振光的振动矢量经过 t 时间必须右旋 $(2\omega_0+\omega)t$ 角度，如图 5.30 所示。即透射的右旋圆偏振光的振动矢量以 $(\omega+2\omega_0)$ 的角速度右旋。

5.31 一束频率为 ω 的单色左旋圆偏振平行光垂直入射到以角速度 ω_0 绕光束传播方向匀速左旋的 $\lambda/2$ 波晶片上，求透射平行光的偏振态和振动矢量的旋转角速度。

解 如题 5.31 图所示，以入射的左旋圆偏振光的振动方向 E_1 与波晶片光轴方向重合的虚线为 $t=0$ 时刻的计算起点。则由于光束通过 $\lambda/2$ 波晶片后在 o 光和 e 光之间产生的相位差为

$$\delta = \delta_b + \delta_a = \frac{\pi}{2} \pm \pi = \begin{cases} 3\pi/2 \\ -\pi/2 \end{cases}$$

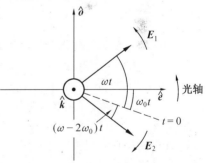

题 5.31 图　旋转波晶片的光轴与圆偏振光振动矢量的方位

显然透射光 E_2 必为右旋圆偏振光，参照题 5.29 的解答进行类似分析可知，左右旋圆偏振光的瞬时光振动矢量相对光轴方向也是时刻对称分布。也就是说，若入射的左旋圆偏振光的振动矢量左旋了 ωt 角度，光轴左旋了 $\omega_0 t$ 角度，两者之间的夹角为 $(\omega-\omega_0)t$。则透射的右旋圆偏振光的振动矢量与光轴的夹角也应该是 $(\omega-\omega_0)t$，这就要求右旋圆偏振光的振动矢量经过 t 时间必须右旋 $(\omega-2\omega_0)t$ 角

度。即右旋圆偏振透射光的振动矢量以$(\omega - 2\omega_0)$的角速度右旋。

5.32 如题 5.32 图(a)所示,点光源 S 发出的光强为 I_0 的单色自然光入射到杨氏干涉装置上,在点光源 S 后面放置偏振片 P,在次波源 S_1 和 S_2 后面分别放置两个光轴方向互相垂直的最薄的 $\lambda/4$ 方解石波晶片 W_1 和 W_2,光轴方向($\hat{e}_1$ 和 $\hat{e}_2$)与偏振片 P 透振方向的夹角为如题 5.32 图(b)所示的 $45°$,在傍轴条件下求观察屏 Σ 上的光强分布。

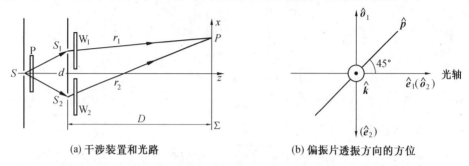

(a) 干涉装置和光路　　　　(b) 偏振片透振方向的方位

题 5.32 图　放置偏振片和波晶片的杨氏干涉装置的结构和光路

解 严格来说,光源 S 发出光强为 I_0 的球面波在空间传播过程会逐渐衰减。但是,在传播距离较短的傍轴区域里,可以忽略球面波传播过程光强的衰减。即若次波源 S_1 和 S_2 投射到观察屏上的光强分别为 I_1 和 I_2,可以认为 $I_1 = I_2 = I_0$。因此,杨氏干涉装置中未放置波晶片 W_1 和 W_2 以及偏振片 P 时的光强分布和相位差为

$$I = 2I_0(1 + \cos\delta) = 4I_0\cos^2\frac{\delta}{2}, \quad \delta = \frac{2\pi}{\lambda}\frac{d}{D}x$$

点光源 S 发出的自然光通过偏振片后成为光强为 $I_1 = I_0/2 = E_{01}^2$ 的线偏振光,其振动方向与两个 $\lambda/4$ 方解石波晶片 W_1 和 W_2 光轴的夹角分别为 $45°$ 和 $135°$。

从次波源 S_1 进入波晶片 W_1 的线偏振光的分解相位差为 $\delta_{b1} = 0$,从 W_1 出射时的附加相位差为 $\delta_{a1} = \pi/2$,即 o_1 光的相位比 e_1 光的相位落后 $\pi/2$。与此同时,从次波源 S_2 进入波晶片 W_2 的线偏振光的分解相位差为 $\delta_{b2} = \pi$,从 W_2 出射时的附加相位差为 $\delta_{a2} = \pi/2$,即 o_2 光的相位比 e_2 光的相位落后 $(\pi + \pi/2) = 3\pi/2$(或者落后 $-\pi/2$)。因为 o_1 和 o_2 光都是寻常光,因此这两束光分别经过最薄的 $\lambda/4$ 方解石波晶片 W_1 和 W_2 后产生的相位变化相同,所以分别从波晶片 W_1 和 W_2 出射的 o_1 光和 o_2 光的相位相同。四束光的振幅相同,均为 $E_{01}\cos 45°$。其中 o_1 光与 e_2 光为相干光,o_2 光与 e_1 光为相干光。

对应 o_1 与 e_2 两束相干光,到达观察屏后,e_2 光比 o_1 光的相位落后了

$$\delta_1 = \delta + \pi/2, \quad \delta = \frac{2\pi}{\lambda}\frac{d}{D}x$$

相干光强分布为

$$I_1 = E_{01}^2(1 + \cos\delta_1) = \frac{I_0}{2}(1 - \sin\delta)$$

对应 o_2 与 e_1 两束相干光，到达观察屏后的 o_2 光比 e_1 光的相位落后了

$$\delta_2 = \delta + \pi/2, \quad \delta = \frac{2\pi}{\lambda}\frac{d}{D}x.$$

相干光强分布为

$$I_2 = E_{01}^2(1+\cos\delta_2) = \frac{I_0}{2}(1-\sin\delta)$$

观察屏幕上总的光强分布为

$$I = I_1 + I_2 = I_0(1-\sin\delta)$$

5.33 石英对波长为 589.3 nm 钠黄光的旋光率为 21.7(°)/mm，将其放置在透振方向正交的两个偏振片之间时入射平行光恰好能够顺利通过，求石英旋光片的最小厚度和相对钠黄光的左右旋圆偏振平行光的折射率差。

解 石英旋光晶片必须将入射的线偏振光的偏振面旋转 $\pi/2$ 的奇数倍，对应最小厚度的旋转角为 $\theta = \pi/2$，即有

$$\theta = \alpha d_m = \frac{\pi}{2}$$

可得

$$d_m = \frac{\pi}{2\alpha} = \frac{180°}{2 \times 21.7°} \approx 4.15 \text{ mm}$$

根据晶体的旋光率 α 与折射率差 Δn 之间的关系式

$$\theta = \alpha d = \frac{\pi}{\lambda}\Delta n d$$

可得石英晶体中左右旋圆偏振光的折射率差为

$$\Delta n = \frac{\alpha\lambda}{\pi} = \frac{21.7°}{180°} \times 0.5893 \times 10^{-3} \approx 7.1 \times 10^{-5}$$

5.34 在一对透振方向平行的偏振片之间插入石英旋光晶片，阻止 550 nm 的黄绿色平行光通过，石英相对该光波的旋光率为 24(°)/mm。求满足要求的石英旋光晶片的最小厚度。

解 两个偏振片的透振方向平行时，若要消除黄绿光，要求黄绿光的偏振面旋转 90° 的奇数倍，即旋光晶片的厚度 d 满足

$$\theta = \alpha d = (2k-1)\pi/2 \quad (k=1,2,3,\cdots)$$

$k=1$ 时，厚度最小

$$d_m = \frac{90°}{\alpha} = \frac{90°}{24°} = 3.75 \text{ mm}$$

5.35 长度为 20 cm 的左旋葡萄糖溶液恰好抵消了最薄的右旋石英晶体的旋光作用，已知葡萄糖溶液的比旋光率为 51.4(°)/(dm·g/cm³)，浓度为 0.3 g/cm³，石英晶体

的旋光率为 21.7(°)/mm,求石英的厚度。

解 由旋光溶液和石英晶体的偏振面偏转角公式可得
$$\theta = \beta N d_1 = \alpha d$$
则所需的石英晶体的厚度为
$$d = \beta N d_1 / \alpha = (51.4 \times 2 \times 0.3 / 21.7) \approx 1.42 \text{ mm}$$

5.36 将长度为 5 cm 的重火石玻璃棒放入磁致旋光装置中构成光学隔离器,已知维尔德常数为 30 rad/(T·m),求需要施加的磁感应强度。

解 若将重火石玻璃棒放入磁致旋光装置中构成光学隔离器,要求磁致旋转角为 $\theta = \pi/4$,对反射光的总转角为 $2\theta = \pi/2$,由 $\theta = VlB$,可得
$$B = \theta / Vl = \frac{\pi}{4 \times 30 \times 0.05} \text{T} \approx 0.5236 \text{ T} = 5236 \text{ G}$$

第6章 光的吸收、色散和散射

6.1 光的吸收、色散和散射

1. 基本概念

1) 光的吸收:光在介质中传播时光强随传播距离衰减的现象。
2) 普遍吸收:介质的吸收与波长无关。
选择吸收:介质的吸收随波长变化。
3) 吸收光谱:入射光通过介质后形成的该介质特有的暗线(带)光谱。
发射光谱:介质发光时形成的该介质特有的亮线(带)光谱。
4) 特征光谱:与原子或分子特定的能级结构对应的介质特有的吸收或发射光谱。
5) 色散:介质的折射率随入射光波长改变变化的现象。
色散率:介质折射率随入射光波长改变的变化率 $dn/d\lambda$。
6) 正常色散:介质的折射率随入射光波长增加减小的现象,即色散率小于零($dn/d\lambda < 0$)的现象。
7) 反常色散:折射率随入射光波长增加增大的现象,即色散率大于零($dn/d\lambda > 0$)的现象。
8) 光的散射:光束通过非均匀介质时向四面八方散开的现象。
9) 瑞利散射:粒子的线度 a 与入射光波长的关系满足 $a < 0.1\lambda$ 时,散射光的波长与入射光波长相同,散射光的光强与入射光波长的四次方成反比。
10) 米氏散射:粒子的线度 a 与入射光波长的关系为 $0.1\lambda < a < 10\lambda$ 时,散射光的波长与入射光的波长相同,随着粒子线度的增大,散射光强的起伏变化逐渐减小,散射光强与入射光波长的依赖关系逐渐减弱。
11) 大粒子散射:散射粒子的线度 a 大于 10λ 时,散射光强基本上与入射光波长无关。
12) 自然界的散射现象:地球周围的大气层对太阳光的瑞利散射使天空发亮、呈现蔚蓝色,使旭日或夕阳呈现红色。
云团和雾气对阳光的米氏散射使云团和雾气呈现灰白色。含有较大水滴的云雾的大粒子散射使云雾呈现白色。

13) 拉曼散射:散射光中除有与原入射光频率相同的瑞利散射光外,还出现了在入射光频率两侧对称分布的新频率的散射光。

14) 拉曼光谱的特征:

(1) 在瑞利谱线 ω_0 两侧有 $\omega_0 - \omega_j$ 的红伴线(斯托克斯线)和 $\omega_0 + \omega_j$ 的紫伴线(反斯托克斯线)。

(2) 斯托克斯谱线的散射光强比反斯托克斯谱线的光强约高三个数量级。

(3) 频率差 $\omega_j(j=1,2,\cdots)$ 与入射光频率 ω_0 无关,与散射介质分子的固有振动频率相同。

15) 相速:光波等相面的传播速度。

16) 群速:非单色光波波包等幅面的传播速度,或者说光波的信号速度或光波能量的传播速度。

2. 基本公式

1) 光吸收的布格尔－朗伯定律 $I = I_0 e^{-\alpha l}$

2) 复数折射率 $\tilde{n} = n(1 + i\kappa)$

3) 吸收系数与振幅衰减系数的关系 $\alpha = 2n\kappa\omega/c = 4\pi n\kappa/\lambda$

4) 正常色散的柯西经验公式 $n = A + \dfrac{B}{\lambda^2} + \dfrac{C}{\lambda^4}$

真空波长 λ 变化范围不大时 $n = A + \dfrac{B}{\lambda^2}$

5) 介质的色散率 $\dfrac{dn}{d\lambda} = -\dfrac{2B}{\lambda^3}$

6) 瑞利散射定律 $I \propto \dfrac{1}{\lambda^4}$

7) 散射光强的空间方位角分布 $I(\theta) = I_0(1 + \cos^2\theta)$

8) 相速定义式 $v_p = \dfrac{\omega}{k}$

9) 群速定义式 $v_g = \dfrac{d\omega}{dk}$

10) 光波在介质中传播时的相速和群速关系式 $v_g = v_p - \lambda_n \dfrac{dv_p}{d\lambda_n}, v_g = v_p(1 + \dfrac{\lambda_n}{n}\dfrac{dn}{d\lambda_n})$

其中 λ_n 是介质中的波长,$v_g = d\omega/dk_n, v_p = \omega/k_n$。

11) 瑞利群速公式 $v_g \approx v_p(1 + \dfrac{\lambda}{n}\dfrac{dn}{d\lambda}) = \dfrac{c}{n}(1 + \dfrac{\lambda}{n}\dfrac{dn}{d\lambda})$

其中 λ 是真空中的波长。

12）群速折射率 $n_g = \dfrac{c}{v_g}$

相速折射率 $n = \dfrac{c}{v_p}$

13）群速折射率与相速折射率的关系式 $n_g \approx n - \lambda \dfrac{dn}{d\lambda}$

6.2　习题解答

6.1　若空气的吸收系数为 10^{-5}/cm，光束通过 20 m 厚的空气与通过 1 cm 厚的介质吸收的光强相等，求该介质的吸收系数。

解　由光的线性吸收定律可知
$$I_1 = I_0 e^{-\alpha_1 l_1}, \quad I_2 = I_0 e^{-\alpha_2 l_2}$$

将已知条件代入如上两式可得
$$\alpha_2 = \frac{\alpha_1 l_1}{l_2} = \frac{10^{-5} \times 2000}{1} = 2 \times 10^{-2}/\text{cm}$$

6.2　若介质的吸收系数为 0.06/m，光束通过该介质后光强衰减为入射光强的一半，求介质的厚度。

解　由光的线性吸收定律 $I = I_0 e^{-\alpha l}$ 得
$$l = -\frac{1}{\alpha} \ln \frac{I}{I_0}$$

代入已知条件可得
$$l = \left(-\frac{1}{0.06} \times \ln \frac{50}{100}\right) \approx 11.55 \text{ m}$$

6.3　人眼能觉察的光强是太阳到达地面光强的 $1/10^{18}$，若人在 20 m 深的海水里还能看见光亮，求海水的吸收系数。

解　由光的线性吸收定律 $I = I_0 e^{-\alpha l}$ 得
$$\alpha = -\frac{1}{l} \ln \frac{I}{I_0}$$

代入已知条件可得
$$\alpha = -\frac{1}{20} \times \ln \frac{1}{10^{18}} \approx 2.07/\text{m}$$

则海水吸收系数约等于 2.07/m。

6.4　相对波长为 632.8 nm 的氦氖激光，玻璃的复数折射率为 $\tilde{n} = 1.5 + i5 \times 10^{-8}$，

求该玻璃的折射率和吸收系数。

解 由 $\tilde{n} = n(1 + i\kappa)$ 和 $\alpha = 2n\kappa\omega/c$，可得

$$n = 1.5, \quad n\kappa = \frac{c\alpha}{2\omega} = 5 \times 10^{-8}$$

即

$$\alpha = \frac{2\omega}{c}n\kappa = \frac{4\pi}{\lambda}n\kappa = \frac{2\pi}{632.8} \times 10^2 \approx 0.99/\text{m}$$

6.5 光学玻璃相对水银灯发出的波长为 435.8 nm 和 546.1 nm 的蓝绿谱线的折射率分别为 1.6525 和 1.6245，根据以上数据确定柯西公式中的两个常数 A 和 B，推算出这种玻璃相对波长为 589.3 nm 的钠黄光的折射率和色散率。

解 由柯西公式

$$n = A + \frac{B}{\lambda^2}$$

可得

$$\begin{cases} 1.6525 = A + \dfrac{B}{435.8^2} \\ 1.6245 = A + \dfrac{B}{546.1^2} \end{cases}$$

联立求解得

$$A \approx 1.5754, \quad B \approx 1.4643 \times 10^4 \text{ nm}^2$$

再将 A 和 B 的值代入柯西公式，得该光学玻璃对波长为 589.3 nm 的钠黄光的折射率为

$$n \approx 1.5754 + \frac{1.4643 \times 10^4}{589.3^2} \approx 1.6176$$

由柯西公式可导出折射率 n 的色散率为

$$\frac{\mathrm{d}n}{\mathrm{d}\lambda} = -2B\frac{1}{\lambda^3}$$

故该玻璃在波长 589.3 nm 附近的色散率为

$$\frac{\mathrm{d}n}{\mathrm{d}\lambda} = -2 \times 1.4643 \times 10^4 \times \frac{1}{589.3^3} \approx -1.431 \times 10^{-4}/\text{nm}$$

6.6 顶角为 50° 的三棱镜由玻璃材料制成，其色散性能可以用只有两个常数的柯西公式描述，若两个常数分别为 $A = 1.53974$ 和 $B = 4.6528 \times 10^3 \text{ nm}^2$，求处于最小偏向角时三棱镜相对波长 550 nm 光波的角色散本领。

解 工作于最小偏向角条件下的棱镜的角色散本领为

$$D_\delta = \frac{\mathrm{d}\delta_m}{\mathrm{d}\lambda} = \frac{\mathrm{d}\delta_m}{\mathrm{d}n}\frac{\mathrm{d}n}{\mathrm{d}\lambda}$$

其中 λ 为真空中的波长,由最小偏向角公式可得

$$\frac{\mathrm{d}\delta_m}{\mathrm{d}n} = \frac{2\sin\frac{\alpha}{2}}{\cos\frac{\delta_m+\alpha}{2}} = \frac{2\sin\frac{\alpha}{2}}{\sqrt{1-n^2\sin^2(\frac{\alpha}{2})}}$$

由柯西公式可得该玻璃材料的折射率和色散率分别为

$$n = A + \frac{B}{\lambda^2} \approx 1.55512$$

$$\frac{\mathrm{d}n}{\mathrm{d}\lambda} = -2B\frac{1}{\lambda^3} \approx -5.593 \times 10^{-5}/\mathrm{nm}$$

由题意可得

$$D_\delta = \frac{\mathrm{d}\delta_m}{\mathrm{d}n}\frac{\mathrm{d}n}{\mathrm{d}\lambda} \approx -\frac{2\times\sin 25°}{\sqrt{1-1.55512^2\times\sin^2 25°}} \times 5.593\times 10^{-5}\ \mathrm{rad/nm} \approx$$

$$-6.272\times 10^{-5}\ \mathrm{rad/nm} \approx -12.94''/\mathrm{nm}$$

6.7 玻璃相对400 nm光波的折射率为1.66,相对600 nm光波的折射率为1.63。求相对800 nm光波的折射率和色散率。

解 由柯西公式 $n = A + \frac{B}{\lambda^2}$ 可得

$$1.66 = A + \frac{B}{400^2}, \quad 1.63 = A + \frac{B}{600^2}$$

解得 $A \approx 1.61, B \approx 0.86\times 10^4\ \mathrm{nm}^2$,代入柯西公式得

$$n = 1.61 + \frac{0.86\times 10^4}{800^2} \approx 1.62$$

$$\frac{\mathrm{d}n}{\mathrm{d}\lambda} = -2B\frac{1}{\lambda^3} = -2\times 0.86\times 10^4\times\frac{1}{800^3}/\mathrm{nm} \approx -3.36\times 10^{-5}/\mathrm{nm}$$

6.8 玻璃相对波长为0.67 nm的极高频率X射线的折射率为0.9999985,求从真空入射到该玻璃上的X射线发生全反射时入射光与玻璃平面的夹角。

解 由全反射临界角公式可得

$$i_c = \arcsin(n_2/n_1) = \arcsin(0.9999985) \approx 89.90°$$

因此X射线发生全反射时与玻璃平面的夹角为

$$\theta_c \approx 90° - 89.90° = 0.10°$$

6.9 由相速计算群速,其中C为常数,λ_n为介质中的波长。(1)$v_p = C$是空气中声波的相速;(2)$v_p = C\sqrt{\lambda_n}$是水面重力波的相速;(3)$v_p = C/\sqrt{\lambda_n}$,是水的表面张力波的相速。

解 根据群速v_g和相速v_p的关系式

$$v_g = v_p - \lambda_n \frac{dv_p}{d\lambda_n}$$

可得：

(1) 空气中，有 $\frac{dv_p}{d\lambda_n} = 0$，因此群速为

$$v_g = v_p = C$$

(2) 水面重力波，有 $\frac{dv_p}{d\lambda_n} = \frac{1}{2}C\lambda_n^{-\frac{1}{2}}$，因此群速为

$$v_g = v_p - \frac{1}{2}C\sqrt{\lambda_n} = \frac{1}{2}C\sqrt{\lambda_n}$$

(3) 水的表面张力波，有 $\frac{dv_p}{d\lambda_n} = -\frac{1}{2}C\lambda_n^{-\frac{3}{2}}$，因此群速为

$$v_g = v_p + \frac{1}{2}C\lambda_n^{-\frac{1}{2}} = \frac{3C}{2\sqrt{\lambda_n}}$$

6.10 冕玻璃相对波长 398.8 nm 光波的折射率为 1.5255，在这个波长附近的色散率为 -1.26×10^{-4}/nm。求该光波的相速和群速。

解 光波在冕玻璃中的相速为

$$v_p = \frac{c}{n} = \frac{2.9979 \times 10^8}{1.5255} \approx 1.9652 \times 10^8 \text{ m/s}$$

该光波在冕玻璃中的群速为

$$v_g \approx v_p(1 + \frac{\lambda}{n}\frac{dn}{d\lambda}) \approx 1.9652 \times 10^8 \times [1 + \frac{398.8}{1.5255} \times (-1.26 \times 10^{-4})] \approx 1.9005 \times 10^8 \text{ m/s}$$

6.11 以波长为 770 nm 的红光和波长为 550 nm 的绿光为例计算说明，虽然人眼对波长为 550 nm 的绿光最敏感，指示危险和停止的信号灯都采用红光的原因。

解 由瑞利散射光的强度与波长的四次方成反比的关系可知，两种波长的散射光强比为

$$\frac{I_1}{I_2} = (\frac{\lambda_2}{\lambda_1})^4 = (\frac{550}{770})^4 \approx 0.26$$

显然，红光的散射光强只有绿光散射光强的 0.26 倍，因此，从远处观察时，红光显得更明亮，容易看到，因此危险和停止的信号灯都采用红光。

6.12 二硫化碳相对 527.0 nm 光波的折射率为 1.642，相对 589.0 nm 光波的折射率为 1.629，相对 656.0 nm 光波的折射率为 1.620。求波长为 589.0 nm 的光波在二硫化碳中的相速和群速。

解 589.0 nm 光波在二硫化碳中的相速为

第6章 光的吸收、色散和散射

$$v_p = \frac{c}{n_2} = \frac{2.9979 \times 10^8}{1.629} \approx 1.840 \times 10^8 \text{ m/s}$$

将群速公式 $v_g \approx \frac{c}{n}(1 + \frac{\lambda}{n}\frac{dn}{d\lambda})$ 近似处理成 $v_g \approx v_p(1 + \frac{\lambda_2}{n_2}\frac{\Delta n}{\Delta \lambda})$,可得

$$v_g \approx 1.840 \times 10^8 \times (1 + \frac{589.0}{1.629} \times \frac{1.642 - 1.620}{527.0 - 656.0}) \approx 1.727 \times 10^8 \text{ m/s}$$

6.13 光束通过 5 cm 厚的液体后光强减弱 10%,求通过 30 cm 厚的液体后,光强减弱多少。

解 由 $I_1/I_0 = e^{-\alpha l_1}$ 可得

$$\alpha = -\frac{1}{l_1}\ln(\frac{I_1}{I_0}) = -\frac{1}{0.05}\ln 0.9 \approx 2.11/\text{m}$$

$$I_2/I_0 = e^{-\alpha l_2} = e^{-2.11 \times 0.3} \approx 53.1\%$$

故光强减弱 46.9%

6.14 长度为 30 cm 的玻璃管中充满含有烟尘的气体,设烟尘对光只有散射、吸收可以忽略,气体对光只有吸收、散射可以忽略,若烟尘引起的光散射和气体光吸收的规律相同,不含烟尘的气体的吸收系数为 0.35/m,烟尘的散射系数为 1.45/m。分别求光束通过没有烟尘和含有烟尘的气体后透射光强与入射光强的比值。

解 (1)没有烟尘时气体的透射光强与入射光强的比值为

$$I_1/I_0 = e^{-\alpha_1 l} = e^{-0.35 \times 0.3} \approx 90.03\%$$

(2)含有烟尘时透射光强与入射光强的比值为

$$I_2/I_0 = (I_1/I_0)e^{-\alpha_2 l} \approx 58.27\% \quad \text{或} \quad I_2/I_0 = e^{-(\alpha_1+\alpha_2)l} \approx 58.27\%$$

6.15 苯(C_6H_6)光谱中的三条拉曼谱线与入射光的波数差分别为 607 cm^{-1},992 cm^{-1} 和 1178 cm^{-1}。若入射光是波长为 488 nm 的氩离子激光,计算在该谱线两侧的三条斯托克斯谱线和三条反斯托克斯谱线的波长。

解 已知入射光波长为 $\lambda = 488$ nm,则其波数为

$$\frac{1}{\lambda} = \frac{1}{488 \times 10^{-7}} \approx 20491.8 \text{ cm}^{-1}$$

靠近 488 nm 谱线的斯托克斯谱线的波数 $1/\lambda_{1i}$ 为

$$\frac{1}{\lambda_{1i}} = \frac{1}{\lambda} - \frac{1}{\Delta \lambda_i} \quad (i = 1,2,3)$$

其中 $1/\Delta \lambda_i$ 为拉曼散射与入射光的波数差。根据题意,靠近 488 nm 谱线两侧前三个拉曼散射与入射光的波数差分别为

$$\frac{1}{\Delta \lambda_1} = 607 \text{ cm}^{-1}, \quad \frac{1}{\Delta \lambda_2} = 992 \text{ cm}^{-1}, \quad \frac{1}{\Delta \lambda_3} = 1178 \text{ cm}^{-1}$$

故前三个斯托克斯谱线的波长为

$$\lambda_{11} = \frac{1}{\frac{1}{\lambda} - \frac{1}{\Delta\lambda_1}} \approx \frac{1}{20491.8 - 607} \approx 502.9 \text{ nm}$$

$$\lambda_{12} = \frac{1}{\frac{1}{\lambda} - \frac{1}{\Delta\lambda_2}} \approx \frac{1}{20491.8 - 992} \approx 512.8 \text{ nm}$$

$$\lambda_{13} = \frac{1}{\frac{1}{\lambda} - \frac{1}{\Delta\lambda_3}} \approx \frac{1}{20491.8 - 1178} \approx 517.8 \text{ nm}$$

靠近 488 nm 谱线的反斯托克斯谱线的波数 $1/\lambda_{2i}$ 为

$$\frac{1}{\lambda_{2i}} = \frac{1}{\lambda} + \frac{1}{\Delta\lambda_i} \quad (i = 1,2,3)$$

故前三个反斯托克斯谱线的波长为

$$\lambda_{21} = \frac{1}{\frac{1}{\lambda} + \frac{1}{\Delta\lambda_1}} \approx \frac{1}{20491.8 + 607} \approx 474.0 \text{ nm}$$

$$\lambda_{22} = \frac{1}{\frac{1}{\lambda} + \frac{1}{\Delta\lambda_2}} \approx \frac{1}{20491.8 + 992} \approx 465.5 \text{ nm}$$

$$\lambda_{23} = \frac{1}{\frac{1}{\lambda} + \frac{1}{\Delta\lambda_3}} \approx \frac{1}{20491.8 + 1178} \approx 461.5 \text{ nm}$$

第 7 章 光的量子性

7.1 光的量子性

1. 基本概念

1) 发光:通过吸收电能、光能或化学能等能量的辐射发光。发光过程中,原子或分子先跃迁到较高的能量状态,然后向外辐射发光、回到较低的能量状态。"

2) 热辐射:通过加热维持物体内部原子或分子热运动状态的辐射,辐射过程中原子或分子的能量状态不变化。

平衡热辐射:热辐射体从外界吸收的热量恰好等于辐射减少的能量,可以用一个恒定的温度描述物体的热辐射,又称为温度辐射。

热辐射的特点:

(1) 任何温度和任何环境下物体都能发生热辐射。

(2) 热辐射谱是连续谱。

(3) 在固体、液体和气体中均可以发生热辐射。

3) 辐射场的能量密度:辐射场中单位体积内所有频率的总辐射能 U,单位:焦耳/立方米$[J/m^3]$。

辐射场能量密度的谱密度:辐射场单位频段的能量密度 $u(\nu)$,单位:焦耳/(立方米·赫兹)$[J/(m^3 \cdot Hz)]$。

4) 辐射通量:单位时间内通过辐射场中某个截面的辐射能(或辐射功率)Φ,单位:瓦$[W]$。

辐射通量的谱密度:单位频段的辐射通量 $\varphi(\nu)$,单位:瓦/赫兹$[W/Hz]$。

5) 辐射本领:辐射源的单位表面向半球空间发出的辐射通量 R,单位:瓦/平方米$[W/m^2]$。

辐射本领的谱密度:单位频段的辐射本领 $r(\nu)$,单位:瓦/(平方米·赫兹)$[W/(m^2 \cdot Hz)]$。

6) 辐射照度:照射到物体单位表面积上的辐射通量 E,单位:瓦/平方米$[W/m^2]$。

辐射照度的谱密度:单位频段的辐射照度 $e(\nu)$,单位:瓦/(平方米·赫兹) $[W/(m^2 \cdot Hz)]$。

7) 吸收本领:物体吸收的辐射通量谱密度与照射到该物体上的辐射通量谱密度的比值 $a(\nu)$。

8) 基尔霍夫热辐射定律:物体辐射本领的谱密度与吸收本领的比值是频率与热平衡温度的普适函数,与物质的性质无关。

9) 绝对黑体:吸收本领等于 1($a_0(\nu,T) = 1$) 的物体,简称黑体。绝对黑体不但能够辐射能量,而且辐射本领最大。

10) 黑体辐射实验曲线($r_0(\nu,T) \sim \lambda$)的特点:曲线呈中间凸起线型,$\lambda \to 0$ 和 $\lambda \to \infty$ 时 $r_0(\nu,T)$ 均趋于零。随着温度的升高,黑体辐射曲线整体上升,曲线的极大值点对应的波长 λ_M 向短波方向移动。

11) 普朗克能量子假说:辐射系统由包含各种固有频率的大量谐振子组成,频率为 ν 的谐振子的能量取值 ε 只能是基本能量单元 $\varepsilon_0 = h\nu$ 的整数倍,谐振子发射与吸收能量只能一份份地进行。

12) 光电效应:金属及其化合物在光照下发射电子的现象。

13) 光电效应的实验规律

(1) 饱和电流与入射光强成正比,(2) 遏止电压与入射光强无关,(3) 遏止电压与入射光频率成正比,(4) 存在频率红限,(5) 光电效应的弛豫时间极短、无法探测。

14) 爱因斯坦光量子假说:光由光量子(光子)组成,光子的能量为 $\varepsilon_0 = h\nu$,光子的动量为 $p = mc = h\nu/c$。

15) 康普顿效应:散射光中除有入射光的谱线外,还出现波长大于入射光波长的新谱线。

16) 康普顿散射的特点

(1) 散射光中除入射光 λ_0 的谱线外,还有波长 λ 大于入射光波长的新谱线。

(2) 新的散射光与入射光的波长差 $\Delta\lambda$ 随散射角 θ 的增大变大,与散射物质的种类无关。

(3) 相对同种散射物质,λ_0 谱线的光强随 θ 的增大减弱,λ 谱线的光强随 θ 的增大增强。

(4) 散射角相同时,λ_0 谱线的光强随不同散射物质原子序数的增大增强,λ 谱线的光强随不同散射物质原子序数的增大减弱。

17) 光的波粒二象性:光既具有波动性又具有粒子性,称为光的波粒二象性。实物粒子有静止质量,光子没有静止质量。实物粒子的速度取小于光速的任意值,光子的速度只能是光速。实物粒子的运动有确定的轨道,光子没有确定的轨道。光的粒子性是具有可分割性,光的波动性是具有可叠加性,光波是几率波,这就是光的波粒二象性。

2. 基本公式

1) $u(\nu) = \dfrac{\mathrm{d}U}{\mathrm{d}\nu}, \quad U = \int_0^\infty u(\nu)\mathrm{d}\nu$

2) $\varphi(\nu) = \dfrac{\mathrm{d}\Phi}{\mathrm{d}\nu}, \quad \Phi = \dfrac{\mathrm{d}W}{\mathrm{d}t}$

3) $r(\nu) = \dfrac{\mathrm{d}\varphi(\nu)}{\mathrm{d}S}, \quad R = \int_0^\infty r(\nu)\mathrm{d}\nu$

4) $e(\nu) = \dfrac{\mathrm{d}\varphi'(\nu)}{\mathrm{d}S'}, \quad E = \int_0^\infty e(\nu)\mathrm{d}\nu$

5) $a(\nu) = \dfrac{\mathrm{d}\varphi''(\nu)}{\mathrm{d}\varphi'(\nu)} = \dfrac{e'(\nu)}{e(\nu)}, \quad 0 \leqslant a(\nu) \leqslant 1$

6) 基尔霍夫热辐射定律 $\quad \dfrac{r(\nu,T)}{a(\nu,T)} = e_T(\nu)$

7) 绝对黑体的基尔霍夫定律 $\quad r_0(\nu,T) = e_T(\nu)$

8) 绝对黑体的辐射本领谱密度 $r_0(\nu,T)$ 与热辐射标准能谱 $u_T(\nu)$ 的关系式

$r_0(\nu,T) = \dfrac{c}{4} u_T(\nu)$

9) 黑体辐射实验曲线

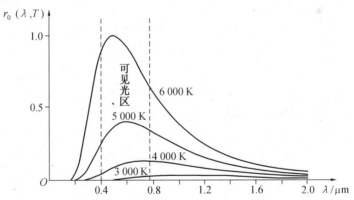

10) 斯特藩 – 玻耳兹曼定律 $\quad R_T = \sigma T^4$

斯特藩 – 玻耳兹曼常数 $\quad \sigma = 5.67 \times 10^{-8} \text{ W}/(\text{m}^2 \cdot \text{K}^4)$

11) 维恩位移定律 $\quad \lambda_M T = b$

维恩常数 $\quad b = 2.90 \times 10^{-3} \text{ m} \cdot \text{K}$

12) 普朗克能量子 $\quad \varepsilon = n\varepsilon_0 = nh\nu \quad (n = 1,2,3,\cdots)$

普朗克常数 $\quad h = 6.626 \times 10^{-34} \text{ J} \cdot \text{s}$

13) 普朗克公式 $r_0(\nu,T) = \dfrac{2\pi h}{c^2} \dfrac{\nu^3}{e^{h\nu/kT}-1}$， $r_0(\lambda,T) = \dfrac{2\pi hc^2}{\lambda^5} \dfrac{1}{e^{hc/k\lambda T}-1}$

14) 光电子的最大初速度与遏止电压的关系 $\dfrac{1}{2}mv_M^2 = eV_0$

15) 爱因斯坦光电效应公式 $h\nu = \dfrac{1}{2}mv^2 + A = eV_0 + A$

16) 康普顿散射公式 $\Delta\lambda = 2\lambda_C \sin^2(\theta/2)$

康普顿波长的实验测量值 $\lambda_C = 2.41 \times 10^{-3}$ nm   （与物质性质无关的常量）

7.2 习题解答

7.1 人的正常体温为 36.5℃，求人体热辐射最强处对应的峰值波长。

解 由维恩位移定律 $\lambda_M T = b, b = 2.90 \times 10^3\ \mu\text{m}\cdot\text{K}$，以及 $T = (273.15 + 36.5)\text{K} = 309.65\ \text{K}$，可得

$$\lambda_M = \frac{b}{T} = \frac{2.9 \times 10^3}{309.65} \approx 9.37\ \mu\text{m}$$

7.2 将星球视为绝对黑体，通过测量黑体辐射曲线的峰值波长，可以估算星球表面的温度。若测得太阳的黑体辐射峰值波长为 $0.46\ \mu\text{m}$，天狼星的黑体辐射峰值波长为 $0.29\ \mu\text{m}$，求这两个星体的表面温度。

解 由维恩位移定律 $\lambda_M T = b, b = 2.90 \times 10^{-3}\ \text{m}\cdot\text{K}$，可得

$$T_1 = b/\lambda_{M1} = (2.9 \times 10^{-3})/(0.46 \times 10^{-6}) \approx 6304\ \text{K}$$
$$T_2 = b/\lambda_{M2} = (2.9 \times 10^{-3})/(0.29 \times 10^{-6}) = 10000\ \text{K}$$

7.3 若空腔处于温度 T 时黑体辐射的峰值波长为 600 nm，则空腔的温度增加到总辐射本领的两倍时，黑体辐射的峰值波长变为多少？

解 设增加温度后空腔的温度为 T'，相应的总辐射本领为 R'_T，辐射峰值位置为 λ'_M。由题意和斯特藩 – 玻耳兹曼定律可知，升温前后的总辐射本领 R_T 和 R'_T 满足

$$\frac{R_T}{R'_T} = \left(\frac{T}{T'}\right)^4 = 1/2$$

由维恩位移定律得 $\dfrac{\lambda'_M}{\lambda_M} = \dfrac{T}{T'}$，故

$$\lambda'_M = \sqrt[4]{R_T/R'_T} \times \lambda_M = \sqrt[4]{1/2} \times 600 \approx 504.5\ \text{nm}$$

7.4 加热黑体后，其峰值波长由 800 nm 变为 400 nm，求黑体的总辐射本领增加了多少倍。

解 由维恩位移定律得

$$\frac{T'}{T} = \frac{\lambda_M}{\lambda'_M} = \frac{800}{400} = 2$$

由斯特藩-玻耳兹曼定律可知，升温前后的总辐射本领的比值为

$$\frac{R'_T}{R_T} = \left(\frac{T'}{T}\right)^4 = 2^4 = 16$$

总辐射本领增加 16 倍。

7.5 由普朗克公式的短波近似推导维恩公式 $r_0(\nu,T) = \frac{\alpha \nu^3}{c^2} e^{-\beta \nu/T}$，式中的 α 和 β 为常数。

证明 在短波波段有 $h\nu \gg kT$，可得 $e^{h\nu/kT} \gg 1$。普朗克公式简化为

$$r_0(\nu,T) = \frac{2\pi h}{c^2} \frac{\nu^3}{e^{h\nu/kT} - 1} \approx \frac{2\pi h}{c^2} \frac{\nu^3}{e^{h\nu/kT}}$$

令 $\alpha = 2\pi h, \beta = h/k$，就得到了维恩公式

$$r_0(\nu,T) = \frac{\alpha \nu^3}{c^2} e^{-\beta \nu/T}$$

7.6 由普朗克公式的长波近似推导瑞利-金斯公式 $r_0(\nu,T) = \frac{2\pi}{c^2} \nu^2 kT$。

证明 在长波波段有 $h\nu \ll kT$，将 $e^{h\nu/kT}$ 展开，略去高次项可以得到

$$e^{h\nu/kT} \approx 1 + h\nu/kT$$

将上式代入普朗克公式就可以得到瑞利-金斯公式

$$r_0(\nu,T) = \frac{2\pi h}{c^2} \frac{\nu^3}{e^{h\nu/kT} - 1} \approx \frac{2\pi}{c^2} \nu^2 kT$$

7.7 利用普朗克公式证明斯特藩-玻耳兹曼常数为 $\sigma = \frac{2\pi^5 k^4}{15 c^2 h^3}$（提示：$\int_0^\infty \frac{x^3}{e^x - 1} dx = \frac{\pi^4}{15}$）。

证明 黑体的总辐射本领为

$$R = \int_0^\infty r_0(\nu,T) d\nu = \frac{2\pi h}{c^2} \int_0^\infty \frac{\nu^3}{e^{h\nu/kT} - 1} d\nu$$

令 $x = h\nu/kT$，则上式改写为

$$R = \frac{2\pi h}{c^2} \left(\frac{kT}{h}\right)^4 \int_0^\infty \frac{x^3}{e^x - 1} dx = \frac{2\pi h}{c^2} \left(\frac{kT}{h}\right)^4 \frac{\pi^4}{15} = \frac{2\pi^5 k^4}{15 c^2 h^3} T^4$$

即

$$R = \sigma T^4$$

7.8 利用普朗克公式证明维恩常数为 $b = 2.90 \times 10^{-3}$ m·K。（提示：$e^{-x} + \frac{x}{5} = 1$ 的

解为 $x = 4.965$）

证明 将普朗克公式 $r_0(\lambda, T) = \dfrac{2\pi hc^2}{\lambda^5} \dfrac{1}{e^{hc/k\lambda T} - 1}$ 对波长求导，令 $\dfrac{dr_0}{d\lambda} = 0$，对应的波长即为黑体辐射曲线峰值位置的波长 λ_M，有

$$\frac{dr_0}{d\lambda} = -2\pi hc^2 \frac{[5\lambda^4(e^{hc/k\lambda T} - 1) - \lambda^5 e^{hc/k\lambda T}(\dfrac{hc}{kT}\dfrac{1}{\lambda^2})]}{[\lambda^5(e^{hc/k\lambda T} - 1)]^2}$$

即

$$[1 - \exp(-\frac{hc}{kT\lambda_M})] - \frac{1}{5}\frac{hc}{kT\lambda_M} = 0$$

令 $\dfrac{hc}{kT\lambda_M} = x$，上述方程改写为 $e^{-x} + \dfrac{x}{5} = 1$，因而得 $x = 4.965$，故维恩常数为

$$b = T\lambda_M = \frac{1}{4.965}\frac{hc}{k} \approx 2.90 \times 10^{-3}\ \text{m}\cdot\text{K}$$

7.9 平均波长为 550 nm、光强为 1 500 W/m² 的太阳光垂直入射到地球表面上。求每平方米的太阳表面每秒投射到地球表面的光子数目。

解 $\Delta N = \dfrac{I}{h\nu} = \dfrac{1500}{(6.626 \times 10^{-34}) \times (\dfrac{2.9979 \times 10^8}{550 \times 10^{-9}})} /(\text{m}^2 \cdot \text{s}) \approx 41.532 \times 10^{20}/(\text{m}^2 \cdot \text{s})$

7.10 用波长为 300 nm 的紫外光照射金属表面，测得光子的遏止电压是 2.5 V。求（1）金属的脱出功；（2）若用 200 nm 的紫外光照射，遏止电压是多少。

解 （1）由光电效应公式 $h\nu = eV_0 + A$ 可得

$$A = h\nu - eV_0 = \frac{hc}{\lambda} - eV_0$$

$$A = (6.626 \times 10^{-34} \times \frac{2.9979 \times 10^8}{300 \times 10^{-9}} - 1.602 \times 10^{-19} \times 2.5) \approx 2.616 \times 10^{-19}\ \text{J}$$

$$A = \frac{2.616 \times 10^{-19}}{1.602 \times 10^{-19}} \approx 1.633\ \text{eV}$$

（2）$V_0 = \dfrac{hc}{e\lambda} - \dfrac{A}{e} = (\dfrac{6.626 \times 10^{-34} \times 2.9979 \times 10^8}{1.602 \times 10^{-19} \times 2 \times 10^{-7}} - 1.633) \approx 4.567\ \text{V}$

7.11 波长为 400 nm 的光波照射脱出功为 2.5 eV 的金属，求光电子的最大初速度。

解 由光电效应公式 $h\nu = \dfrac{1}{2}mv_M^2 + A$，可得

满足速度
$$v_M = \sqrt{\frac{2(hc/\lambda - A)}{m}}$$

$$v_{\text{M}} = \sqrt{\frac{2 \times (6.626 \times 10^{-34} \times 2.9979 \times 10^{8}/(4 \times 10^{-7}) - 2.5 \times 1.602 \times 10^{-19})}{9.109 \times 10^{-31}}} \approx$$
$$4.594 \times 10^{5} \text{ m/s}$$

7.12 波长为200 nm的光波照射铝表面,释放电子所需的能量为4.2 eV。(1) 求光电子的最大初动能、遏止电压和截止波长;(2) 若入射光强为2.0 W/m²,求单位时间照射到铝金属单位表面积上的平均光子数目。

解 (1) 波长 λ 为 200 nm 的光子能量为
$$\varepsilon = h\nu = \frac{hc}{\lambda} = \frac{6.626 \times 10^{-34} \times 2.9979 \times 10^{10}}{2 \times 10^{-5} \times 1.602 \times 10^{-19}} \approx 6.2 \text{ eV}$$

(a) 最快的光电子的动能为
$$W_{\text{M}} = h\nu - A \approx 6.2 - 4.2 \approx 2.0 \text{ eV}$$

(b) 根据遏止电压 V_0 与光电子的最大初动能 W_{M} 之间的关系
$$W_{\text{M}} = eV_0$$

得遏止电压为
$$V_0 = \frac{W_{\text{M}}}{e} = 2.0 \text{ V}$$

(c) 铝的截止波长为
$$\lambda_0 = \frac{hc}{A} = \frac{2.9979 \times 10^{10} \times 6.626 \times 10^{-34}}{4.2 \times 1.602 \times 10^{-19}} \approx 2.952 \times 10^{-5} = 295.2 \text{ nm}$$

(2) 根据光强 I 与光子流的平均密度 N 的关系 $I = Nh\nu$,得单位时间照射到单位面积上的平均光子数为
$$N = \frac{I}{h\nu} = \frac{2.0}{6.626 \times 10^{-34} \times \dfrac{2.9979 \times 10^{10}}{2.0 \times 10^{-5}}} \approx 2.014 \times 10^{18}/(\text{m}^2 \cdot \text{s})$$

7.13 分别用550 nm的光波和0.02 nm的X射线照射金属,求在30°散射角的方向上的康普顿散射光的波长。

解 由康普顿散射公式 $\Delta\lambda = \lambda - \lambda_0 = 2\lambda_{\text{C}}\sin^2(\theta/2)$,$\lambda_{\text{C}} = 2.41 \times 10^{-3}$ nm,可得
$$\lambda_1 = \lambda_{01} + 2\lambda_{\text{C}}\sin^2(\theta/2), \quad \lambda_2 = \lambda_{02} + 2\lambda_{\text{C}}\sin^2(\theta/2)$$
$$\lambda_1 = (550 + 2 \times 2.41 \times 10^{-3} \times 0.067) \approx 550.0003 \text{ nm}$$
$$\lambda_2 = (0.02 + 2 \times 2.41 \times 10^{-3} \times 0.067) \approx 0.0203 \text{ nm}$$

可见光波的波长较长时康普顿散射可以忽略,波长很短的X射线的康普顿散射效应较明显,不能忽略。

7.14 从动量守恒出发推导康普顿散射实验中电子的反冲角 φ 与光子散射角 θ 的关系式。

解 如题 7.14 图所示，根据动量守恒关系，沿着光子入射方向和其正交方向上分别有

$$mv\cos\varphi + \frac{h}{\lambda}\cos\theta = \frac{h}{\lambda_0}, \quad mv\sin\varphi - \frac{h}{\lambda}\sin\theta = 0$$

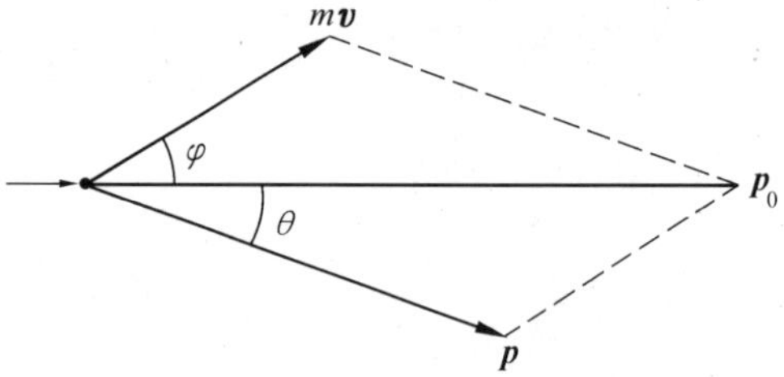

题 7.14 图　康普顿散射中的光子和电子的动量关系

上式中，m 为电子的静止质量，v 为碰撞后电子的反冲速度，λ_0 为入射光子的波长，λ 为碰撞后散射光子的波长。联立两式求解得

$$\tan\varphi = \frac{\sin\theta}{\dfrac{\lambda}{\lambda_0} - \cos\theta}$$

式中

$$\frac{\lambda}{\lambda_0} - \cos\theta = \frac{\lambda_0 + \Delta\lambda}{\lambda_0} - \cos\theta = 1 - \cos\theta + 2\frac{\lambda_C}{\lambda_0}\sin^2\left(\frac{\theta}{2}\right) = 2\sin^2\left(\frac{\theta}{2}\right)\left(1 + \frac{\lambda_C}{\lambda_0}\right)$$

则

$$\tan\varphi = \frac{\sin\theta}{2\sin^2\left(\dfrac{\theta}{2}\right)\left(1 + \dfrac{\lambda_C}{\lambda_0}\right)} = \left[\left(1 + \frac{\lambda_C}{\lambda_0}\right)\tan\frac{\theta}{2}\right]^{-1}$$

式中 $\lambda_C = \dfrac{h}{mc} = 2.41 \times 10^{-3}$ nm 为康普顿波长。

7.15 证明康普顿散射效应中反冲电子的动能 E_e 与入射光子能量 E_0 之间的关系为 $\dfrac{E_e}{E_0} = \dfrac{\Delta\lambda}{\lambda_0 + \Delta\lambda} = \dfrac{2\lambda_C\sin^2(\theta/2)}{\lambda_0 + 2\lambda_C\sin^2(\theta/2)}$，式中 λ_0 为入射光波的波长，λ_C 为康普顿波长，$\Delta\lambda = (\lambda - \lambda_0)$ 为散射光与入射光的波长差，θ 为光子的散射角。

证明 碰撞前后光子的动能分别为

$$E_0 = h\nu_0 = \frac{hc}{\lambda_0}, \quad E = h\nu = \frac{hc}{\lambda}$$

根据能量守恒定律，反冲电子的动能为 $E_e = E_0 - E$，因此可得

$$\frac{E_e}{E_0} = \frac{E_0 - E}{E_0} = \frac{\Delta\lambda}{\lambda_0 + \Delta\lambda} = \frac{2\lambda_C\sin^2(\theta/2)}{\lambda_0 + 2\lambda_C\sin^2(\theta/2)}$$

当散射角 $\theta = 90°$ 时

$$\frac{E_e}{E_0} = \frac{\lambda_C}{\lambda_0 + \lambda_C}$$

7.16 照射到碳块上的波长为 0.2 nm 的光子发生康普顿散射,若光子的频率移动为 $|\Delta\nu/\nu| = 0.01\%$。求(1) 光子的散射角;(2) 电子散射光子获得的动能。

解 (1) 两边微分 $\nu = c/\lambda$,得

$$\mathrm{d}\nu = -\frac{c}{\lambda_0^2}\mathrm{d}\lambda = -\frac{\nu}{\lambda_0}\mathrm{d}\lambda$$

因此光子因碰撞引起的波长变化量为

$$\Delta\lambda = 2\lambda_C \sin^2\left(\frac{\theta}{2}\right) = \lambda_0 \left|\frac{\Delta\nu}{\nu}\right| = \lambda_0 \times 0.01\%$$

故

$$\cos\theta = 1 - \frac{\lambda_0 \times 0.01\%}{\lambda_C} = 1 - \frac{0.2 \times 0.01\%}{0.00241} \approx 0.9917$$

因此光子的散射角为

$$\theta \approx 7.39°$$

(2) 电子获得的动能为

$$E_e = \frac{hc}{\lambda_0} - \frac{hc}{\lambda_0 + \Delta\lambda} = \frac{hc\Delta\lambda}{\lambda_0(\lambda_0 + \Delta\lambda)} = \frac{hc\left|\frac{\Delta\nu}{\nu}\right|}{\lambda_0\left(1 + \left|\frac{\Delta\nu}{\nu}\right|\right)}$$

$$E_e = \frac{6.626 \times 10^{-34} \times 2.9979 \times 10^8 \times 0.01\%}{0.2 \times 10^{-9} \times (1 + 0.01\%) \times 1.602 \times 10^{-19}} \approx 0.62 \text{ eV}$$

第8章 激 光

8.1 激 光

1. 基本概念

1) 定态:微观粒子具有的稳定能量状态,粒子处于某个定态时不发射也不吸收电磁辐射能(即光子)。

2) 能级:粒子处于定态时具有的能量值。粒子的能级分布不连续,只能取某些分立值。

3) 基态和激发态:粒子能级中的最低能量状态称为基态,其余的自下而上依次为第一激发态、第二激发态等。

4) 能级跃迁:粒子能级的变化、或者说从一个能级向另一个能级的转变。

5) 跃迁条件:粒子在较高能级 E_2 和较低能级 E_1 之间发生跃迁时,只能发射或吸收频率由公式 $h\nu = E_2 - E_1$ 确定的光子,称为玻尔频率条件。

6) 光的发射:粒子从高能级向低能级跃迁时发射光子的过程。

7) 光的吸收:粒子从低能级向高能级跃迁时吸收光子的过程。

8) 受激吸收:在光子的激励下,处于较低能级的粒子吸收光子、跃迁到较高能级的过程。

9) 自发辐射:处于较高能级的粒子,自发地发射光子、跃迁到较低能级的过程。

10) 受激辐射:处于较高能级的粒子在光子的激励下跃迁到较低能级、发射与激励光子频率相同的光子的过程

11) 自发辐射和受激辐射的特点:自发辐射带有偶然性,光子的初始相位、偏振状态和传播方向等特性均具有随机性,辐射的是非相干光波。受激辐射发射的光子的频率、初始相位、偏振态和传播方向等特性均与入射光子相同,辐射的是相干光波。

12) 粒子数反转:上能级的粒子数多于下能级的粒子数,即 $N_2 > N_1$。光束通过粒子数反转体系时,受激辐射的光子数多于受激吸收的光子数,宏观表现为光放大或光增益。

13) 抽运过程:将较低能量状态的粒子转变为较高能量状态粒子的过程。

14) 能级寿命:粒子在某个能级上的数目减少到初始时刻的 36.8% 时经历的时间称为该能级的平均寿命,简称寿命。

15) 亚稳态:寿命较长的激发态,比如寿命为 10^{-3} s 的激发态,有些激发态的寿命可以达到 1 s。

16) 激光器的基本结构:激活介质(激光工作物质或增益介质)、激励能源和光学谐振腔。

17) 激励能源:供给激活介质能量的能源,激活介质的基态或激发态粒子从激励能源获得能量后能够跃迁到较高能量状态的激发态上。

18) 激活介质:可以实现粒子数反转和产生光的受激辐射放大的粒子体系。

19) 实现粒子数反转的两个基本条件:
(1) 激励能源不断提供能量;(2) 激活介质内存在具有亚稳态的三能级或四能级结构。

20) 光学谐振腔:由一对平面或球面反射镜组成的装置,一个是全反射镜,另一个是部分反射镜,中间放置激活介质。只有沿垂直谐振腔反射面的中心轴方向传播的受激辐射光束才能在谐振腔的两个反射镜之间来回多次反射,形成连续光放大,一部分激光透过部分反射镜输出,形成稳定的激光输出光束。光学谐振腔对激光光束方向的选择作用能够确保激光器输出的稳定性和激光光束的极好方向性。

21) 谐振腔的阈值增益:能够维持激光稳定运行的增益。

22) 产生激光的两个基本条件:
(1) 激活介质实现粒子数反转;(2) 谐振腔满足阈值条件。

23) 线宽:非单色光谱的波长(或频率)范围,自然线宽:由自发辐射的发光时间决定的激光辐射线宽。

24) 碰撞展宽:粒子之间的碰撞加快了激发态粒子向低能级跃迁的过程、促使能级寿命缩短、辐射谱线加宽。碰撞形成的展宽约为 100 ~ 200 MHz,远大于谱线的自然线宽。

25) 多普勒展宽:由多普勒频移效应引起的谱线展宽,在室温下,多普勒效应形成的展宽约为 1300 MHz。

26) 激光的模式:输出激光的稳定分布状态称为激光模式。输出激光沿轴向传播的谐振频率称为纵模,在垂直激光传播方向的横截面上的稳定光强分布称为输出激光的横模。

27) 横模模式:TEM_{pq},其中 TEM 表示"横电磁",整数 p 和 q 分别表示竖直走向的暗条纹数目和水平走向的暗条纹数目。在旋转对称横模中,p 表示暗环数目,q 表示暗直径条纹数目。

28) 激光的主要特点:
(1) 极好的单色性;(2) 极好的方向性;(3) 极好的相干性;(4) 极高的光强。

29) 脉宽:光脉冲的时间宽度(即单个脉冲传播的持续时间)。

30) 超短脉冲激光:脉宽小于 100 皮秒(ps)的脉冲激光。

31）飞秒泵浦－探测技术：首先由较强的泵浦激光激发粒子体系的超快过程，然后让经过一定时间延迟的较弱探测激光依次通过激发后的粒子体系，探测被激发粒子的瞬态变化。

32）锁模技术：将各自独立的纵模之间的相位按固定相位关系锁定起来，形成输出脉宽极窄、峰值功率很高的超短脉冲激光。

33）主动锁模：在激光器的谐振腔里安插一个可以人为控制的调制器，通过调制激光的频率和幅度实现锁模，形成强而窄的激光输出脉冲。

34）被动锁模：在激光器的谐振腔里内置一个不受人为控制的可饱和吸收体，通过调节腔内的损耗实现锁模，形成强而窄的激光输出脉冲。

35）啁啾脉冲激光：啁啾是象声词，形容频率随时间变化的鸟鸣声音，简称为啁啾（变频）声。超短脉冲激光的单个脉冲里包含多种频率的光波成分，在空间传播时形成较宽的光谱空间分布（较宽的线宽），通过空间某处的光波频率随时间发展不断变化，仿佛鸟鸣的啁啾声，因此在激光领域称超短脉冲激光为啁啾脉冲激光。

36）啁啾脉冲激光放大技术：是产生高功率飞秒脉冲激光的关键技术。首先将飞秒脉冲激光在时域上展宽（即将脉宽展宽至几百皮秒），峰值功率随之降低几个数量级；然后放大脉冲激光的功率，同时保持脉宽不变；最后再将较高功率的宽脉冲压缩到脉宽很窄的飞秒脉冲，形成高功率飞秒脉冲激光，这项技术能够将飞秒脉冲激光的峰值功率提高几个数量级。

37）飞秒时间分辨光谱技术：这是时间分辨率为亚皮秒至飞秒量级的超快光谱实验技术，这项技术如同一部超高速摄像机，可以对超快反应（如光致电荷转移、能量传递、化学键断裂与形成等）动力学过程进行实时"拍摄"，能够观测到超快反应过程中的瞬时状态。该项技术的基础是泵浦－探测（Pump－Probe）技术。

38）稳态吸收光谱：让较弱连续谱带的入射光通过样品，由于某些入射光的波长对应样品从基态跃迁到激发态的特征吸收带，接收系统可以观测到该波长处的透过率降低，通常使用分光光度计测量具有稳定强度的稳态吸收光谱。稳态吸收光谱就是基态吸收光谱，即吸收跃迁的初始能级是样品的基态。

39）飞秒时间分辨瞬态吸收光谱：将飞秒脉冲激光分成两束，较强的光束用作泵浦光，较弱的光束用作探测光。在泵浦光路或探测光路中加入光学延迟线，通过改变泵浦光或探测光脉冲走过的光程（即延迟时间）调整泵浦光和探测光先后到达样品的时间间隔，可以观测泵浦光激发后样品在不同时刻的激发态吸收光谱，即飞秒时间分辨瞬态吸收光谱。利用瞬态吸收光谱可以获得泵浦光激发后样品在不同时刻状态变化的瞬态信息，即激发态动力学信息。

40）下转换发光：发光材料吸收一个高频光子后辐射两个或多个低频光子的发光。

41）上转换发光：发光材料相继或同时吸收两个或多个低频光子后辐射一个高频光

子的发光。

42）上转换发光机制：目前已经发现六种上转换发光机制，分别是激发态吸收上转换（ESA）、能量传递上转换（ETU）、光子雪崩上转换（PA）、协同上转换（CU）、能量迁移上转换（EMU）和双光子吸收上转换（TPA）发光机制。

43）上转换发光的发光效率：发射的光子数（N_{em}）与吸收的光子数（N_{abs}）的比值称为上转换发光效率（η），即 $\eta = N_{em}/N_{abs}$。

44）上转换发光强度的功率依赖关系：在非饱和上转换发光过程中，n 光子过程的上转换发光强度（I）与激发功率（P）之间呈幂指数关系，即 $I \propto P^n$。

2. 基本公式

1）粒子系统处于平衡状态时粒子数按能级变化的玻耳兹曼分布公式　$N_n \propto e^{-\frac{E_n}{kT}}$

2）粒子系统处于平衡态时上下两能级上粒子数的比值　$\dfrac{N_1}{N_2} = e^{\frac{E_2 - E_1}{kT}} = e^{\frac{h\nu}{kT}}$

3）受激吸收的爱因斯坦公式　$\left(\dfrac{dN_{12}}{dt}\right)_{吸收} = B_{12} u_T(\nu) N_1$

4）自发辐射的爱因斯坦公式　$\left(\dfrac{dN_{21}}{dt}\right)_{自发} = A_{21} N_2$

5）受激辐射的爱因斯坦公式　$\left(\dfrac{dN_{21}}{dt}\right)_{受激} = B_{21} u_T(\nu) N_2$

6）爱因斯坦系数关系式　$\begin{cases} B_{21} = B_{12} \\ \dfrac{A_{21}}{B_{21}} = \dfrac{8\pi h\nu^3}{c^3} \end{cases}$

爱因斯坦系数关系式给出的基本结论：对于任意的两个能级，向上跃迁和向下跃迁的几率相等，即若从下能级越难激发到上能级，则从上能级就越难跃迁到下能级。

7）能级的自然寿命公式　$\tau = \dfrac{1}{A_{21}}$

τ 称为能级 E_2 的寿命。

8）激活介质的增益公式　$I(x) = I_0 e^{Gx}$

9）激活介质的阈值增益系数　$G_m = -\dfrac{1}{2L} \ln(R_1 R_2)$

10）激光的自然辐射线宽　$\Delta\nu = \dfrac{1}{\tau}$

自然线宽 $\Delta\nu$ 约为千赫兹（kHz）数量级，甚至更小。

11）纵模频率公式　$\nu_m = \dfrac{mc}{2nL}$

12) 纵模间隔 $\delta\nu = \dfrac{c}{2nL}$ 或 $\delta\nu = \dfrac{c}{2L}(n=1)$

13) 输出激光频谱中包含的纵模个数 $N = \dfrac{\Delta\nu}{\delta\nu}$

14) 锁模后的超短脉冲激光的脉宽 $\tau = \dfrac{1}{\Delta\nu}$

8.2 习题解答

8.1 设两能级系统的能级差为 0.02 eV。求(1) $T = 10^2$ K,10^3 K,10^5 K 和 10^8 K 时上下两能级粒子数的比值;(2) 两个能级的粒子数相等时对应的状态温度。

解 根据系统处于平衡态时粒子数的玻耳兹曼分布规律,有

$$\dfrac{N_2}{N_1} = e^{\frac{E_1-E_2}{kT}} = e^{-\frac{0.02}{kT}}$$

(1) $T = 10^2$ K 时,$\dfrac{N_2}{N_1} = \exp\left(-\dfrac{0.02}{8.617\times 10^{-5}\times 10^2}\right) \approx 0.0982$

$T = 10^3$ K 时,$\dfrac{N_2}{N_1} = \exp\left(-\dfrac{0.02}{8.617\times 10^{-5}\times 10^3}\right) \approx 0.7929$

$T = 10^5$ K 时,$\dfrac{N_2}{N_1} = \exp\left(-\dfrac{0.02}{8.617\times 10^{-5}\times 10^5}\right) \approx 0.9977$

$T = 10^8$ K 时,$\dfrac{N_2}{N_1} = \exp\left(-\dfrac{0.02}{8.617\times 10^{-5}\times 10^8}\right) \approx 0.9999977$

可见,玻耳兹曼分布的特点是,随着温度的急剧增加,两能级系统的粒子数比值缓慢上升、逐渐逼近 1。

(2) 若让 $N_2 = N_1$,要求

$$\exp\left(-\dfrac{0.02}{kT}\right) = 1$$

即 $T \to \infty$ 时才可以满足要求。

8.2 如果分别在 15 μm 和 550 nm 波长处以及在 4000 MHz 频率处输出 1 W 的连续激光,分别求每秒钟从激光上能级向下能级跃迁的粒子数。

解 激光的输出能量 W 与从激光上能级向下能级跃迁的粒子数 N 之间的关系为

$$W = Pt = Nh\nu = N\dfrac{hc}{\lambda}, N = \dfrac{Pt\lambda}{hc}$$

上式中 $P = 1$ W 为激光的输出功率,$t = 1$ s,因此

$\lambda = 15$ μm 时,每秒钟从激光上能级向下能级跃迁的粒子数为

$$N = \frac{Pt\lambda}{hc} = \frac{1 \times 1 \times 15 \times 10^{-6}}{6.626 \times 10^{-34} \times 2.9979 \times 10^{8}} \approx 7.551 \times 10^{19}$$

$\lambda = 550$ nm 时,每秒钟从激光上能级向下能级跃迁的粒子数为

$$N = \frac{Pt\lambda}{hc} = \frac{1 \times 1 \times 550 \times 10^{-9}}{6.626 \times 10^{-34} \times 2.9979 \times 10^{8}} \approx 2.769 \times 10^{18}$$

$\nu = 4000$ MHz 时,每秒钟从激光上能级向下能级跃迁的粒子数为

$$N = \frac{Pt}{h\nu} = \frac{1 \times 1}{6.626 \times 10^{-34} \times 4 \times 10^{9}} \approx 3.773 \times 10^{23}$$

8.3 光束通过长度为 20 cm、增益系数为 0.2 cm^{-1} 的激活介质,求透射光强与入射光强的比值。

解 透射光强 $I(l)$ 和增益系数 G 的关系为

$$I = I_0 e^{Gl}$$

得

$$I/I_0 = e^{Gl} = e^{0.2 \times 20} \approx 54.6$$

8.4 光束通过长度为 1 m 的均匀激活介质后,透射光强变为入射光强的 5 倍,求激活介质的增益系数。

解 由透射光强 $I(l)$ 和增益系数 G 的关系

$$I = I_0 e^{Gl}$$

解得

$$G = \frac{1}{l} \ln \frac{I}{I_0} = \frac{1}{1} \ln 5 \approx 1.61 \text{ m}^{-1}$$

8.5 发光时间为 10^{-9} s 的自发辐射介质发射波长为 550 nm 的光波,求谱线的自然频率宽度对应的波长宽度 $\Delta \lambda$ 和相干长度。

解 发光时间与谱线的自然频率宽度和相干长度对应的关系为

$$\Delta \nu = \frac{1}{\tau_0} = \frac{c}{L_0}$$

波长和频率的微分关系为 $\dfrac{d\lambda}{d\nu} = \left| -\dfrac{\lambda^2}{c} \right|$,因此得

$$\Delta \lambda = \frac{\lambda^2}{c\tau_0} = \frac{550^2}{2.9979 \times 10^{17} \times 10^{-9}} \approx 1.01 \times 10^{-3} \text{ nm}$$

$$L_0 = c\tau_0 = 2.9979 \times 10^{8} \times 10^{-9} \approx 0.2998 \text{ m}$$

8.6 中心波长为 632.8 nm 的 He–Ne 激光输出对应的波长宽度为 10^{-8} nm。(1) 求相应的频率宽度和相干长度;(2) 若波长为 589.3 nm 的钠黄光的多普勒展宽为 0.0012 nm,求相应的频率宽度和相干长度。

解 发光时间与谱线的自然频率宽度和相干长度对应的关系为

$$\Delta \nu = \frac{1}{\tau_0} = \frac{c}{L_0}$$

波长和频率的微分关系为 $\dfrac{\mathrm{d}\lambda}{\mathrm{d}\nu} = \left| -\dfrac{\lambda^2}{c} \right|$，得 $L_0 = \dfrac{\lambda^2}{\Delta\lambda}$。

(1) $\lambda = 632.8$ nm, $\Delta\lambda = 10^{-8}$ nm 时

$$\Delta\nu = \frac{c\Delta\lambda}{\lambda^2} = \frac{2.9979 \times 10^{17} \times 10^{-8}}{632.8^2} \approx 7487 \text{ Hz}$$

$$L_0 = \frac{\lambda^2}{\Delta\lambda} = \frac{632.8^2 \times 10^{-18}}{10^{-8} \times 10^{-9}} \approx 40.04 \text{ km}$$

(2) $\lambda = 589.3$ nm, $\Delta\lambda = 0.0012$ nm 时

$$\Delta\nu = \frac{c\Delta\lambda}{\lambda^2} = \frac{1.2 \times 10^{-3} \times 2.9979 \times 10^{17}}{589.3^2} \approx 1.036 \times 10^9 \text{ Hz}$$

$$L_0 = \frac{\lambda^2}{\Delta\lambda} = \frac{589.3^2 \times 10^{-18}}{1.2 \times 10^{-12}} \approx 0.289 \text{ m}$$

8.7 若一对能级间的能量差为 2.0 eV，自发辐射的自然寿命为 10 μs，求爱因斯坦的自发辐射系数和受激辐射系数。

解 自发辐射系数即为自然寿命的倒数

$$A_{21} = \frac{1}{\tau_0} = 0.1/\mu\text{s}$$

爱因斯坦的自发辐射系数和受激辐射系数关系式为 $\dfrac{A_{21}}{B_{21}} = \dfrac{8\pi h \nu^3}{c^3}$，因此有

$$B_{21} = \frac{A_{21} c^3}{8\pi h \nu^3} = \frac{A_{21} h^2 c^3}{8\pi (\Delta E)^3}$$

$$B_{21} = \frac{(6.626 \times 10^{-34})^2 \times (2.9979 \times 10^8)^3}{10 \times 10^{-6} \times 8 \times 3.14159 \times (2 \times 1.602 \times 10^{-19})^3} \text{ m/kg} \approx 1.431 \times 10^{18} \text{ m/kg}$$

8.8 氢原子第一激发态的能量为 -3.4 eV，基态能量为 -13.6 eV，若处于 2700 K 平衡温度下的基态原子数为 10^{20}，求第一激发态的原子数目。

解 在热平衡状态下，两个能级上粒子数的玻耳兹曼分布的比值为

$$\frac{N_0}{N_1} = e^{\frac{E_1-E_0}{kT}} = e^{\frac{h\nu}{kT}}$$

$$N_1 = N_0 / e^{\frac{E_1-E_0}{kT}} = 10^{20} / \exp\left(\frac{10.2 \times 1.602 \times 10^{-19}}{1.381 \times 10^{-23} \times 2700}\right) \approx 9.3$$

8.9 在 300 K 的室温下，一对能级间的粒子数比值为 $N_1/N_2 = e$，求电子在这对能级间跃迁时辐射或吸收光子的波长。

解 在热平衡状态下,两个能级上粒子数的玻耳兹曼分布的比值为

$$\frac{N_1}{N_2} = e^{\frac{E_2-E_1}{kT}} = e^{\frac{h\nu}{kT}}$$

$N_1/N_2 = e$ 时,$\frac{h\nu}{kT} = 1$,因此得

$$\lambda = \frac{c}{\nu} = \frac{hc}{kT}$$

$$\lambda = \frac{6.626 \times 10^{-34} \times 2.9979 \times 10^8}{1.381 \times 10^{-23} \times 300} \approx 4.795 \times 10^{-5} = 47.95\ \mu m$$

属于远红外光波。

8.10 在 300 K 的室温下,普通光源发出波长为 600 nm 光波,另一个辐射源发出波长为30 cm 的微波,分别求热平衡状态下两种光源的受激辐射与自发辐射的光强比值。

解 由自发辐射的爱因斯坦公式和受激辐射的爱因斯坦公式可得自发辐射的光强(辐射通量密度)I_1 和受激辐射的光强 I_2 分别为

$$I_1 = N_2 A_{21} h\nu, \quad I_2 = N_2 B_{21} u_T(\nu) h\nu$$

上述两式的比值为

$$\frac{I_2}{I_1} = \frac{B_{21} u_T(\nu)}{A_{21}}$$

将爱因斯坦公式的系数关系式和普朗克公式代入上式

$$\frac{B_{21}}{A_{21}} = \frac{c^3}{8\pi h\nu^3}, \quad u_T(\nu) = \frac{8\pi h}{c^3} \frac{\nu^3}{e^{h\nu/kT} - 1}$$

可得

$$\frac{I_2}{I_1} = \frac{1}{\exp(h\nu/kT) - 1} = \frac{1}{\exp(hc/k\lambda T) - 1}$$

$T = 300\ K, \lambda = 600\ nm$ 时

$$\frac{I_2}{I_1} = \frac{1}{\exp\left(\dfrac{6.626 \times 10^{-34} \times 2.9979 \times 10^8}{600 \times 10^{-9} \times 300 \times 1.381 \times 10^{-23}}\right) - 1} \approx 1.974 \times 10^{-35}$$

$T = 300\ K, \lambda = 30\ cm$ 时

$$\frac{I_2}{I_1} = \frac{1}{\exp\left(\dfrac{6.626 \times 10^{-34} \times 2.9979 \times 10^8}{0.3 \times 300 \times 1.381 \times 10^{-23}}\right) - 1} \approx 6.257 \times 10^3$$

由上述结论可知:

在热平衡状态下,对于普通光源来说,受激辐射与自发辐射的光强比值很小,自发辐射很强,受激辐射非常弱、可以忽略,即普通光源的辐射是自发辐射发光。由于自发辐射

是随机辐射,所以普通光源发出的光波是非相干光波。

但是在非热平衡条件下,可见光的受激辐射可以很强,受激辐射光波是相干光波。

对于微波的辐射源来说,受激辐射与自发辐射的光强比值很大,辐射几乎完全来自受激辐射,因此这些辐射波总是相干的。

8.11 氩离子激光器输出基模 488 nm 的辐射线宽为 $\Delta\nu = 4000$ MHz。求腔长为 $L = 1$ m 时,光束中包含的纵模数目和两个相邻输出纵模间的波长差。

解 由题意可知,氩离子激光器中激活介质的折射率为 $n = 1$,则纵模间隔为

$$\delta\nu = \frac{c}{2L} = \frac{2.9979 \times 10^8}{2 \times 1} \approx 1.5 \times 10^8 \text{ Hz}$$

输出激光的频谱中包含的纵模个数为

$$N = \frac{\Delta\nu}{\delta\nu} = \frac{4 \times 10^9}{1.5 \times 10^8} \approx 26$$

两个相邻输出纵模间的波长差为

$$\delta\lambda = \frac{\lambda^2}{c}\delta\nu = \frac{488^2}{2.9979 \times 10^{17}} \times 1.5 \times 10^8 \approx 1.192 \times 10^{-4} \text{ nm}$$

8.12 He - Ne 激光器的谐振腔长为 2 m,谐振腔两个镜面的光强反射率均为98%,求纵模的频率间隔和波长为 632.8 nm 的纵模对应的单模波长宽度。

解 $n = 1$,纵模频率间隔为

$$\delta\nu = \frac{c}{2nL} = \frac{2.9979 \times 10^8}{2 \times 1 \times 2} \approx 7.495 \times 10^7 \text{ Hz}$$

由《光学》中的式(3.87)可知,单模波长宽度为

$$\Delta\lambda = \frac{\lambda^2}{2\pi nL}\frac{1-R}{\sqrt{R}} = \frac{632.8^2}{2\pi \times 2 \times 10^9} \times \frac{1-98\%}{\sqrt{98\%}} \approx 6.438 \times 10^{-7} \text{ nm}$$

8.13 激光器中激活介质的辐射线宽为 $\Delta\nu = 1000$ MHz,激活介质的折射率为 $n = 1$,求单纵模输出时激光器谐振腔的腔长。

解 纵模间隔为 $\delta\nu = \frac{c}{2L}$,纵模个数为 $N = \frac{\Delta\nu}{\delta\nu}$,若要求单纵模输出,即要求 $N < 2$,则有

$$\frac{\Delta\nu}{c/2L} < 2$$

则激光器谐振腔长需要满足

$$L < \frac{c}{\Delta\nu} = \frac{2.9979 \times 10^8}{1 \times 10^9} \approx 0.3 \text{ m}$$

8.14 中心波长为 800 nm 的飞秒激光的脉宽为 130 fs(1 fs $= 10^{-15}$ s),求相应的波长宽度。

解 由激光器主脉冲的脉宽 τ 和激活介质的辐射频率宽度 $\Delta\nu$ 的反比关系式 $\tau = \dfrac{1}{\Delta\nu}$,以及波长和频率的微分绝对值关系式 $\dfrac{d\lambda}{d\nu} = \dfrac{\lambda^2}{c}$,可得

$$\Delta\lambda = \frac{\lambda^2}{c\tau} = \frac{800^2}{2.9979 \times 10^{17} \times 130 \times 10^{-15}} \approx 16.42 \text{ nm}$$

8.15 腔长为 1 m、折射率为 $n = 1$ 的激活介质的辐射线宽为 $\Delta\nu = 4000$ MHz,各个纵模的光强都为 I_0。求锁模前激光器输出的合光强和锁模后主脉冲的峰值光强。

解 由题意可知,纵模间隔为

$$\delta\nu = \frac{c}{2L} = \frac{2.9979 \times 10^8}{2 \times 1} \approx 1.5 \times 10^8 \text{ Hz}$$

则激光频谱中的纵模个数为

$$N = \frac{\Delta\nu}{\delta\nu} = \frac{4 \times 10^9}{1.5 \times 10^8} \approx 27$$

故未锁模时,激光器输出的合光强为

$$I_1 = NI_0 \approx 27I_0$$

锁模后,主脉冲的峰值光强为

$$I_2 = N^2 I_0 \approx 27^2 I_0 = 729 I_0$$

8.16 锁模激光器的腔长为 1 m,激活介质的折射率为 $n = 1$,多普勒线宽为 6000 MHz,未锁模时的单纵模输出功率为 3 W。求锁模后激光输出脉冲的峰值功率、脉宽和相邻脉冲的时间间隔。

解 由于多普勒展宽是线宽 $\Delta\nu$ 增加的主要原因,故有

$$\Delta\nu \approx 6000 \text{ MHz}$$

由题意可知,$n = 1$,纵模间隔为

$$\delta\nu = \frac{c}{2L} = \frac{2.9979 \times 10^8}{2 \times 1} \approx 1.5 \times 10^8 \text{ Hz}$$

则激光频谱中的纵模个数为

$$N = \frac{\Delta\nu}{\delta\nu} \approx \frac{6 \times 10^9}{1.5 \times 10^8} = 40$$

因而,锁模输出脉冲的峰值功率为

$$P' = N^2 P \approx 40^2 \times 3 = 4800 \text{ W}$$

脉宽为

$$\tau = \frac{1}{\Delta\nu} \text{ s} \approx \frac{1}{6 \times 10^9} \text{ s} \approx 1.67 \times 10^{-10} \text{ s}$$

相邻脉冲的时间间隔为

$$t = \frac{2L}{c} = \frac{2 \times 1}{2.9979 \times 10^8} \text{ s} \approx 6.67 \times 10^{-9} \text{ s}$$

8.17 为什么飞秒脉冲激光能够实现啁啾脉冲激光放大。

答 飞秒脉冲激光具有较宽的光谱宽度(即较宽的线宽)和极窄的脉宽。脉冲线宽和脉宽的乘积满足测不准原理,所以飞秒脉冲激光的脉宽越窄、线宽越宽。例如,若中心波长 800 nm 的飞秒脉冲激光的脉宽为 35 飞秒(fs),则线宽就约为 60 nm。激光若在真空中传播,各种频率成分的速度相同,这时脉宽最窄,称为傅里叶变换极限脉冲。脉冲激光在色散介质中传播时,会因为不同频率光波的传播速度不同,导致脉宽被展宽或被压缩,因此可以利用飞秒脉冲激光的这种色散特性依次通过展宽、放大和压缩过程实现飞秒脉冲激光的功率放大。

8.18 为什么飞秒时间分辨泵浦 – 探测技术需要快门或斩波器。

答 因为尽管探测光的强度一般都低于泵浦光,但是探测光通过样品时也会引起样品变化,也就是说,即使没有泵浦光,探测光也会携带自身激发样品产生的信息。为了消除这部分信息的干扰,通常将没有泵浦光时观测到的探测光信号作为参考信号,再观测有泵浦光时变化了的探测光信号,两者相互比较,就可以获得纯粹由泵浦光激发引起的样品变化的瞬态信息了。

8.19 探测器的采样时间一般不短于纳秒量级,为什么却可以获得飞秒量级的时间分辨率信息。

答 因为采用了通过固定一个泵浦和探测的时间间隔,然后多次泵浦、重复探测相同瞬态信息的有效措施。实验过程中,由泵浦和探测延迟线之间的长度差控制泵浦光和探测光脉冲之间的延迟时间差,延迟线的长度差确定之后,两个光脉冲的相对延迟时间就确定了,探测光探测到的只是这个特定相对延迟时间对应的样品在那个确定时刻的瞬态信息;这相当于将化学反应等瞬态过程"定格"或"冻结"在某个时刻,再用探测器多次观测这个被"定格"的瞬时状态,然后逐步改变泵浦和探测之间的延迟时间间隔,依次进行下一个时刻瞬态信息的探测。探测光脉冲的脉宽越窄,探测到的瞬态信息的精确度越高;延迟线的步长越小,探测到的瞬态信息的变化过程越精细;瞬态光谱的时间分辨率与探测器的响应速度没有任何关系。因此可以将探测信号累加成百上千次,积分时间可以长达几秒甚至几分钟,既大大提高了采样的信噪比又完全不影响实验结果的时间分辨率。让探测光依次在不同时刻探测样品的瞬态信息,就可以获得在泵浦光激发下样品随时间发展的完整瞬态动力学信息。通过飞秒时间分辨光谱技术获得的样品瞬态动力学信息的时间分辨率仅仅取决于光脉冲的脉宽和延迟线步长的精度,这是理解飞秒时间分辨光谱技术的关键环节。

8.20 $CaF_2:Er^{3+}$ 晶体在二极管发射的 976 nm 激光激发下可以发射红光和绿光,当激光功率分别为 20,40,60,80,100 mW 时,若获得的发光强度分别为 1.0,3.7,8.0,13.7,

20.9 μW，求这个上转换发光过程属于几光子激发过程。

解 在 Origin 软件中画出双对数 $I-P$ 图，如题 8.20 图所示，线性拟合得到的斜率（slope）为 1.9，四舍五入为整数 $n=2$，可知这个上转换发光过程属于双光子激发的发光过程。

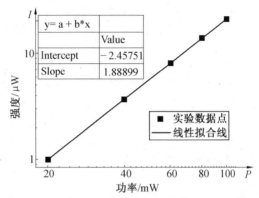

题 8.20 图　上转换发光强度随激发激光功率变化的曲线

8.21 在三光子激发过程中，如果吸收的 100 个光子在无辐射弛豫过程中损耗了 70%，其余的都用于上转换发光，求这个上转换发光过程的效率。

解 已知吸收的 100 个光子中有 30 个用于上转换，由于是三光子激发过程，30 个光子可以转换成 10 个高能上转换光子，因此效率为 $\eta = 10/100 = 10\%$。

第9章 光学信息处理和全息照相

9.1 光学信息处理和全息照相

1. 基本概念

1）傅里叶级数：周期性函数展开形成的无穷多个频率分别为基频不同整数倍的简谐函数之和。

2）傅里叶级数的频谱：周期性函数展开形成傅里叶级数后，级数中简谐函数的振幅随相应频率变化的函数分布。

3）傅里叶积分：非周期性函数的积分展开式和相应频谱函数的积分展开式。

4）傅里叶正变换：非周期函数的傅里叶积分。

5）傅里叶逆变换：非周期频谱函数的傅里叶积分。

6）阿贝成像理论：即两次相干成像的理论。相干照明光通过物面发生夫琅禾费衍射，在透镜的后焦面形成一系列频谱斑点，这是第一次相干成像过程；该频谱作为次波源，发出一系列相干球面波，在像面上相干叠加成像，这是第二次相干成像过程。

7）空间滤波：将空间滤波器放置在频谱面上，通过改变频谱面上的频谱结构实现改变像面性质的目的。

8）4f光学图像处理装置

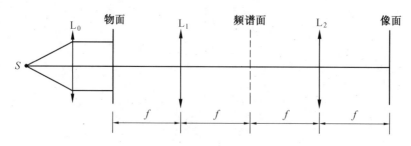

图1 4f光学图像处理装置的结构和光路

9）振幅型空间滤波器：通过改变傅里叶频谱面上的频谱分布，实现提高像面质量的目的。

10）相位型空间滤波器：通过改变频谱面上的相位分布，将物体相位变化的信息转化成物体透射光强随相位改变变化的信息，就能够清楚观察透明物体的结构了。

11）θ调制：用白光照明由不同走向的黑白透射光栅组成的透明图片，在频谱面上进行适当的频谱滤波，就可以在像面上得到黑白图片的彩色图像。

12）干涉记录：参考光波与物光波相干叠加，可以在记录介质上形成相干条纹，然后对记录介质进行显影和定影等线性冲洗，制成全息图片。直接观察全息图片，它只是一张灰蒙蒙的图片，没有物体的任何形象。但是，全息图片记录了反映物体亮暗程度的振幅信息和反映物体远近程度的相位信息，即记录了物体的全部信息。

13）衍射再现：用参考光束照明全息图片，可以看到非常逼真的原物形象呈现在全息图片附近。全息图片是复杂的衍射光栅，衍射再现产生了复杂的衍射场，其中包含物光波场。

14）普通照相与全息照相的不同点：

（1）普通照相的成像以几何光学规律为基础。全息照相的成像以波动光学规律为基础。

（2）普通照相记录的只是物光波的振幅信息，全息照相记录的是物光波的振幅和相位的全部信息。

（3）普通照相的物和像点点对应，全息照相的物体与底片之间点面对应，即全息图片的每个局部都包含了物体各处的信息。

（4）普通照相得到的是实物的二维平面像，全息图片再现了原物逼真的立体像。

（5）普通照相的光源是非相干光源，全息照相的光源是相干光源。

15）全息干涉计量：将物体在不同时间发出的光波先后记录在同一张全息图片上，然后通过全息再现同时释放出这些相干光波，通过分析和计算这些相干光波形成的干涉条纹的特征，实现对物体特性及其变化的干涉计量。

16）两次曝光方法：在同一张全息片上对物体形变前后两次曝光记录后进行线性冲洗，制作成全息干涉图片，衍射再现后通过观察形变前后两束相干物光波形成的干涉条纹推测物体的形变特性。

17）单次曝光方法：先将形变前的物光波曝光记录和线性冲洗，制成全息图片。然后将全息图片精确复位，再让物体形变时的物光波和参考光波照射该全息图片，同时释放出物体形变前和形变时的物光波，通过观察这两束相干物光波形成的干涉条纹随时间的变化推测物体的形变特性。

18）连续曝光方法：对不断形变物体的物光波进行连续多次曝光记录后进行线性冲洗，制成全息图片，再现时同时释放出这些相干物光波，形成多光束干涉条纹，通过分析干涉条纹的特征推测物体的形变特性。

19) 全息存储:通过制作全息图片,大容量存储图像文字等资料。
20) 全息透镜:利用全息记录方法制作的具有透镜功能的全息片。
21) 全息光栅:利用全息记录方法制作的具有光栅功能的全息片。

2. 基本公式

1) 傅里叶级数　　$f(x) = \dfrac{a_0}{2} + \sum\limits_{m=1}^{\infty}\{a_m\cos(mkx) + b_m\sin(mkx)\}$

其中 $k = \dfrac{2\pi}{\lambda}$。

2) 傅里叶级数的频谱　　$a_0 = \dfrac{2}{\lambda}\int_0^\lambda f(x)\,\mathrm{d}x, a_m = \dfrac{2}{\lambda}\int_0^\lambda f(x)\cos(mkx)\,\mathrm{d}x$

$$b_m = \dfrac{2}{\lambda}\int_0^\lambda f(x)\sin(mkx)\,\mathrm{d}x \quad (m = 1,2,3,\cdots)$$

3) 傅里叶积分　　$f(x) = \int_{-\infty}^{\infty} F(u)\exp(\mathrm{i}2\pi ux)\,\mathrm{d}u$

4) 傅里叶积分的频谱　　$F(u) = \int_{-\infty}^{\infty} f(x)\exp(-\mathrm{i}2\pi ux)\,\mathrm{d}x$

5) 傅里叶正变换　　$F(u) = \int_{-\infty}^{\infty} f(x)\exp(-\mathrm{i}2\pi ux)\,\mathrm{d}x,\quad \mathscr{F}[f(x)] = F(u)$

6) 傅里叶逆变换　　$f(x) = \int_{-\infty}^{\infty} F(u)\exp(\mathrm{i}2\pi ux)\,\mathrm{d}u,\quad \mathscr{F}^{-1}[F(u)] = f(x)$

7) 干涉记录后全息图片记录的相干光强分布
$$I = E_O^2 + E_R^2 + E_O E_R \mathrm{e}^{\mathrm{i}(\varphi_O - \varphi_R)} + E_O E_R \mathrm{e}^{\mathrm{i}(\varphi_R - \varphi_O)}$$

8) 复振幅透射率函数　　$\tilde{t}(x,y) = \dfrac{\widetilde{E}_2(x,y)}{\widetilde{E}_1(x,y)}$

9) 全息记录图片的透过率函数　　$\tilde{t} = t_0 + \beta I = t_0 + \beta(E_O^2 + E_R^2 + \widetilde{R}^*\widetilde{O} + \widetilde{O}^*\widetilde{R})$

其中 $\beta > 0$ 为全息正片；$\beta < 0$ 为全息负片。

10) 全息再现
$$\widetilde{E}_T = (t_0 + \beta E_O^2 + \beta E_R^2)\widetilde{R}' + \beta E_{R'}E_R[\widetilde{O}\mathrm{e}^{\mathrm{i}(\varphi_{R'} - \varphi_R)} + \widetilde{O}^*\mathrm{e}^{\mathrm{i}(\varphi_{R'} + \varphi_R)}]$$

9.2 习题解答

9.1 平面波的波长为 600 nm、方向角为 $\alpha = 45°$ 和 $\beta = 60°$。(1) 求复振幅的空间频率 u_x, u_y, u_z;(2) 这列平面波中沿什么方向的空间频率最高,最高的空间频率是多少,相应的最短空间周期是多少。

解 (1) 平面波函数复振幅的一般表达式为

$$\widetilde{E}(x,y,z) = E_0 \exp\left(i2\pi\left(\frac{\cos\alpha}{\lambda}x + \frac{\cos\beta}{\lambda}y + \frac{\cos\gamma}{\lambda}z\right) + i\varphi_0\right)$$

因此其空间频率分别为

$$u_x = \frac{\cos\alpha}{\lambda}, \quad u_y = \frac{\cos\beta}{\lambda}, \quad u_z = \frac{1}{\lambda}\sqrt{1 - \cos^2\alpha - \cos^2\beta}$$

将 $\lambda = 600$ nm,$\alpha = 45°$,$\beta = 60°$ 代入上面的公式里得

$$u_x \approx 1.18 \ \mu m^{-1}, \quad u_y \approx 0.83 \ \mu m^{-1}, \quad u_z \approx 0.83 \ \mu m^{-1}$$

(2) 平面波沿波矢 $\boldsymbol{k}$ 方向的波面排列最密,因而空间频率最高,数值为

$$u = \sqrt{u_x^2 + u_y^2 + u_z^2} = 1/\lambda \approx 1.67 \ \mu m^{-1}$$

$\Delta r = \lambda = 600$ nm 就是光波沿波矢方向的最短空间周期。

9.2 矩形函数的定义式为 $\text{rect}(x) = \begin{cases} 1 & (|x| \leq 1/2) \\ 0 & (|x| > 1/2) \end{cases}$,求其傅里叶变换。

解 $\mathscr{F}[\text{rect}(x)] = \int_{-\infty}^{\infty} \text{rect}(x)\exp(-i2\pi ux)dx = \int_{-1/2}^{1/2} \exp(-i2\pi ux)dx =$

$$\frac{1}{-i2\pi u}\exp(-i2\pi ux)\bigg|_{-1/2}^{1/2} = \frac{1}{\pi u}\frac{\exp(i\pi u) - \exp(-i\pi u)}{2i} =$$

$$\frac{\sin\pi u}{\pi u} = \text{sinc}(u)$$

9.3 若函数 $F(u)$ 是函数 $f(x)$ 的傅里叶变换,证明 $\int_{-\infty}^{\infty} F(x)\exp(-i2\pi ux)dx = f(-u)$。

证明 由于函数 $F(u)$ 是函数 $f(x)$ 的傅里叶变换,则 $F(u)$ 的傅里叶逆变换为

$$f(x) = \int_{-\infty}^{\infty} F(u)\exp(i2\pi ux)du$$

令 $u = x$ 和 $x = \nu$,有

$$\int_{-\infty}^{\infty} F(x)\exp(i2\pi\nu x)dx = f(\nu)$$

再令 $\nu = -u$，可得

$$\mathscr{F}[F(x)] = \int_{-\infty}^{\infty} F(x)\exp(-\mathrm{i}2\pi ux)\mathrm{d}x = f(-u)$$

9.4 若函数 $F(u)$ 是函数 $f(x)$ 的傅里叶变换，记为 $\mathscr{F}[f(x)] = F(u)$，证明 $\mathscr{F}\{\mathscr{F}[f(x)]\} = f(-x)$。

证明 $\mathscr{FF}[f(x)] = \mathscr{F}[\int_{-\infty}^{\infty} f(x)\exp(-\mathrm{i}2\pi ux)\mathrm{d}x] = \mathscr{F}[F(u)]$

由上题结论可知

$$\mathscr{F}[F(x)] = \int_{-\infty}^{\infty} F(x)\exp(-\mathrm{i}2\pi ux)\mathrm{d}x = f(-u)$$

令 $u = x$ 和 $x = u$，有

$$\mathscr{F}[F(u)] = \int_{-\infty}^{\infty} F(u)\exp(-\mathrm{i}2\pi ux)\mathrm{d}u = f(-x)$$

即

$$\mathscr{FF}[f(x)] = f(-x)$$

9.5 若函数 $F(u)$ 是函数 $f(x)$ 的傅里叶变换，证明 $\int_{-\infty}^{\infty} f^*(x)\exp(-\mathrm{i}2\pi ux)\mathrm{d}x = F^*(-u)$。

证明 由 $\int_{-\infty}^{\infty} f(x)\exp(-\mathrm{i}2\pi ux)\mathrm{d}x = F(u)$，得

$$\left(\int_{-\infty}^{\infty} f(x)\exp(-\mathrm{i}2\pi ux)\mathrm{d}x\right)^* = F^*(u)$$

即

$$\int_{-\infty}^{\infty} f^*(x)\exp(\mathrm{i}2\pi ux)\mathrm{d}x = F^*(u)$$

令 $u = -\nu$，有

$$\int_{-\infty}^{\infty} f^*(x)\exp(-\mathrm{i}2\pi\nu x)\mathrm{d}x = F^*(-\nu)$$

再令 $\nu = u$，则得

$$\int_{-\infty}^{\infty} f^*(x)\exp(-\mathrm{i}2\pi ux)\mathrm{d}x = F^*(-u)$$

9.6 若函数 $F(u)$ 是函数 $f(x)$ 的傅里叶变换，证明 $\int_{-\infty}^{\infty} \dfrac{\mathrm{d}f(x)}{\mathrm{d}x}\exp(-\mathrm{i}2\pi ux)\mathrm{d}x =$

i$2\pi u F(u)$。

证明 $\mathscr{F}\left[\dfrac{\mathrm{d}f(x)}{\mathrm{d}x}\right] = \int_{-\infty}^{\infty}\dfrac{\mathrm{d}f(x)}{\mathrm{d}x}\exp(-\mathrm{i}2\pi ux)\mathrm{d}x = \int_{-\infty}^{\infty}\exp(-\mathrm{i}2\pi ux)\mathrm{d}f(x) =$

$$f(x)\exp(-\mathrm{i}2\pi ux)\Big|_{-\infty}^{\infty} - \int_{-\infty}^{\infty}f(x)\mathrm{d}[\exp(-\mathrm{i}2\pi ux)]$$

若要此变换存在,当 $x \to \infty$ 时,$f(x)$ 应当有界;当 $x \to -\infty$ 时,$f(x) \to 0$。因此 $f(x)\exp(-\mathrm{i}2\pi ux)\Big|_{-\infty}^{\infty} = 0$,则有

$$\mathscr{F}\left[\dfrac{\mathrm{d}f(x)}{\mathrm{d}x}\right] = -\int_{-\infty}^{\infty}f(x)\mathrm{d}[\exp(-\mathrm{i}2\pi ux)] =$$

$$-(-\mathrm{i}2\pi u)\int_{-\infty}^{\infty}f(x)\exp(-\mathrm{i}2\pi ux)\mathrm{d}x = \mathrm{i}2\pi u F(u)$$

即

$$\int_{-\infty}^{\infty}\dfrac{\mathrm{d}f(x)}{\mathrm{d}x}\exp(-\mathrm{i}2\pi ux)\mathrm{d}x = \mathrm{i}2\pi u F(u)$$

9.7 若函数 $F(u)$ 是函数 $f(x)$ 的傅里叶变换,证明

$$\int_{-\infty}^{\infty}-\mathrm{i}2\pi x f(x)\exp(-\mathrm{i}2\pi ux)\mathrm{d}x = \dfrac{\mathrm{d}F(u)}{\mathrm{d}u}$$

证明 将 $F(u) = \int_{-\infty}^{\infty}f(x)\exp(-\mathrm{i}2\pi ux)\mathrm{d}x$ 的两边对 u 微商,则有

$$\dfrac{\mathrm{d}}{\mathrm{d}u}\int_{-\infty}^{\infty}f(x)\exp(-\mathrm{i}2\pi ux)\mathrm{d}x = \int_{-\infty}^{\infty}(-\mathrm{i}2\pi x)f(x)\exp(-\mathrm{i}2\pi ux)\mathrm{d}x = \dfrac{\mathrm{d}F(u)}{\mathrm{d}u}$$

即

$$\int_{-\infty}^{\infty}(-\mathrm{i}2\pi x)f(x)\exp(-\mathrm{i}2\pi ux)\mathrm{d}x = \dfrac{\mathrm{d}F(u)}{\mathrm{d}u}$$

9.8 若 $f(x) = \exp(-\pi x^2)$,证明 $\mathscr{F}[f(x)] = \exp(-\pi u^2)$。

证明 因为 $f(x) = \exp(-\pi x^2)$ 是一个高斯函数,所以有

$$\mathscr{F}[f(x)] = \int_{-\infty}^{\infty}\exp(-\pi x^2)\exp(-\mathrm{i}2\pi ux)\mathrm{d}x = \int_{-\infty}^{\infty}\exp(-\pi(x^2 + \mathrm{i}2ux))\mathrm{d}x =$$

$$\exp(-\pi u^2)\int_{-\infty}^{\infty}\exp(-\pi(x + \mathrm{i}u)^2)\mathrm{d}x =$$

$$\exp(-\pi u^2)\int_{-\infty}^{\infty}\exp(-\pi(x + \mathrm{i}u)^2)\mathrm{d}(x + \mathrm{i}u) =$$

$$\exp(-\pi u^2)\int_{-\infty}^{\infty}\exp(-\pi\xi^2)\mathrm{d}\xi = \exp(-\pi u^2)$$

其中

$$\int_{-\infty}^{\infty}\exp(-\pi\xi^2)\mathrm{d}\xi = 2\int_{0}^{\infty}\exp(-\pi\xi^2)\mathrm{d}\xi = 2\frac{\sqrt{\pi}}{2\sqrt{\pi}} = 1$$

9.9 在 $4f$ 装置的物平面上放置正弦光栅,其振幅透过率为 $\tilde{t}(x) = t_0 + t_1\cos(2\pi ux)$,用振幅为1的单色平面波垂直照明物平面。若透镜的焦距为 f,求在频谱面上各级衍射斑中心位置的坐标。

解 用振幅为1的单色平面波垂直照明物平面上的正弦光栅,透射场的光波函数为

$$\widetilde{E}(x) = t_0 + t_1\cos(2\pi ux)$$

注意到 $k = \dfrac{2\pi}{\lambda}$,展开后得

$$\widetilde{E}(x) = t_0 + t_1\cos(2\pi ux) = t_0 + \frac{1}{2}t_1\exp(\mathrm{i}ku\lambda x) + \frac{1}{2}t_1\exp(-\mathrm{i}ku\lambda x) = \widetilde{E}_0 + \widetilde{E}_{+1} + \widetilde{E}_{-1}$$

第一束光波为

$$\widetilde{E}_0 = t_0$$

这是一束与入射光波平行的平面光波,透过 $4f$ 系统中的会聚透镜后,在频谱面上会聚成零级衍射斑,中心位置的坐标为 $(0,0)$。

第二束光波为

$$\widetilde{E}_{+1} = t_1\exp(\mathrm{i}ku\lambda x) = t_1\exp(\mathrm{i}kx\sin\theta_{+1})$$

这是倾角为 θ_{+1} 的平面波,透过 $4f$ 系统中的会聚透镜后,在频谱面上会聚成 $+1$ 级衍射斑,衍射斑中心位置的 x 坐标为

$$x_{+1} = f\sin\theta_{+1} = fu\lambda$$

因此中心位置的坐标为 $(fu\lambda, 0)$。

第三束光波为

$$\widetilde{E}_{-1} = t_1\exp(-\mathrm{i}ku\lambda x) = t_1\exp(\mathrm{i}kx\sin\theta_{-1})$$

这是倾角为 θ_{-1} 的平面波,透过 $4f$ 系统中的会聚透镜后,在频谱面上会聚成 -1 级衍射斑,衍射斑中心位置的 x 坐标为

$$x_{-1} = f\sin\theta_{-1} = -fu\lambda$$

因此中心位置的坐标为 $(-fu\lambda, 0)$。

9.10 在 $4f$ 装置的物平面上放置正弦光栅,其振幅透过率为 $\tilde{t}(x) = t_0 + t_1\cos(2\pi ux)$,用振幅为1的单色平面波垂直照明物平面。(1)在频谱面的中央放置小圆屏挡住光栅的

零级谱,求像的光强分布和可见度;(2) 移动小圆屏,挡住光栅的 +1 级谱,求像的光强分布和可见度。

解 (1) 设用振幅为 1 的单色平面波垂直照明物平面,频谱面上的零级斑对应于物平面上与 t_0 项联系的直流信息,所以挡住零级斑相当于完全通过系统的物信息为

$$\tilde{t}(x) = t_1\cos(2\pi ux)$$

设输出像面的坐标已经反演($x' \to -x$),故输出的信息为

$$\tilde{t}'(x') = t_1\cos(-2\pi ux)$$

输出图像的光强为

$$I'(x') = \tilde{t}'(x')\tilde{t}'(x')^* = t_1^2\cos^2(-2\pi ux) = \frac{1}{2}t_1^2[1+\cos(-4\pi ux)]$$

除直流成分外,其交流成分的空间频率为 $2u$,$I_M = t_1^2$,$I_m = 0$,因而可见度

$$\gamma = \frac{I_M - I_m}{I_M + I_m} = \frac{t_1^2}{t_1^2} = 1$$

(2) 展开输入图像的物信息

$$\tilde{t}(x) = t_0 + \frac{1}{2}t_1\exp(i2\pi ux) + \frac{1}{2}t_1\exp(-i2\pi ux)$$

频谱平面上的 +1 级谱与物信息中的 $\frac{1}{2}t_1\exp(i2\pi ux)$ 相对应,故挡住 +1 级频谱相当于完全通过的物信息为

$$\tilde{t}(x) = t_0 + \frac{1}{2}t_1\exp(-i2\pi ux)$$

此时的输出信息为

$$\tilde{t}'(x') = t_0 + \frac{1}{2}t_1\exp(i2\pi ux)$$

输出图像的光强为

$$I'(x') = \tilde{t}'(x')\tilde{t}'(x')^* = t_0^2 + \frac{1}{4}t_1^2 + t_0 t_1\cos(2\pi ux)$$

除直流分量外,其交流成分的空间频率仍为 u,条纹可见度为

$$\gamma = \frac{t_0 t_1}{t_0^2 + t_1^2/4} = \frac{4t_0 t_1}{4t_0^2 + t_1^2}$$

9.11 一束平面波和一束球面波照射到全息干板 Σ 上,线性冲洗后制作出一张全息透镜。将其置于垂直光轴的 $z = 0$ 位置,透过率函数为 $\tilde{t}(x,y) = t_0 + t_1\cos(k\frac{x^2+y^2}{2z_0})$,求平面波 $\tilde{R}'(x,y) = E_0$ 正入射到这个全息透镜上后,透射场各束衍射光波的类型和衍射斑的位

置。

解 这个全息透镜的透射光波为

$$\widetilde{E}_H(x,y) = \tilde{t}(x,y)\widetilde{R}'(x,y) = t_0 E_0 + t_1 E_0 \cos(k\frac{x^2+y^2}{2z_0})$$

展开上式后得

$$\widetilde{E}_H(x,y) = t_0 E_0 + \frac{1}{2}t_1[E_0\exp(ik\frac{x^2+y^2}{2z_0}) + \exp(-ik\frac{x^2+y^2}{2z_0})] =$$

$$\widetilde{E}_0 + \widetilde{E}_{+1} + \widetilde{E}_{-1}$$

因此透射场有三束衍射光波:

第一束为平行光轴的透射平面波 $\widetilde{E}_0$,衍射斑处于无限远处 $(0,0,\infty)$;

第二束为中心点处于光轴上的发散球面波 $\widetilde{E}_{+1}$,衍射斑的位置坐标为 $(0,0,-z_0)$;

第三束为中心点处于光轴上的会聚球面波 $\widetilde{E}_{-1}$,衍射斑的位置坐标为 $(0,0,z_0)$。

9.12 发散球面波 $\widetilde{R}'(x,y) = E_0\exp(ik\frac{x^2+y^2}{2z_0})$ 正入射到透过率函数为 $\tilde{t}(x) = t_0 + t_1\cos(2\pi u x)$ 的余弦光栅上,求透射场的各束衍射光波的类型和衍射斑的位置。

解 余弦光栅的透射场为

$$\widetilde{E}_H(x,y) = \tilde{t}(x,y)\widetilde{R}'(x,y) = [t_0 + t_1\cos(2\pi u x)]E_0\exp(ik\frac{x^2+y^2}{2z_0})$$

展开上式后得

$$\widetilde{E}_H(x,y) = \tilde{t}(x,y)\widetilde{R}'(x,y) = t_0 E_0\exp(ik\frac{x^2+y^2}{2z_0}) +$$

$$\frac{1}{2}t_1 E_0\exp(ik\frac{x^2+y^2+2z_0 u\lambda x}{2z_0}) +$$

$$\frac{1}{2}t_1 E_0\exp(ik\frac{x^2+y^2-2z_0 u\lambda x}{2z_0}) =$$

$$\widetilde{E}_0 + \widetilde{E}_{+1} + \widetilde{E}_{-1}$$

透射场有三束衍射光波:第一束为发散球面波 $\widetilde{E}_0$,衍射斑的位置坐标为 $(0,0,-z_0)$;第二束也为发散球面波 $\widetilde{E}_{+1}$,衍射斑的位置坐标为 $(-z_0 u\lambda,0,-z_0)$;第三束仍为发散球面波 $\widetilde{E}_{-1}$,衍射斑的位置坐标为 $(z_0 u\lambda,0,-z_0)$。

9.13 光波函数为 $\widetilde{R}'(x,y) = E_0\exp(-ikx\sin\theta_0)$ 的平行光斜入射到透过率函数为

$\tilde{t}(x) = t_0 + t_1\cos(2\pi ux)$ 的余弦光栅上,求透射场的各束衍射平行光波的方位角。

解 由已知条件可知,斜入射平面波的方位角为$(-\theta_0)$,余弦光栅的透射场为

$$\tilde{E}_H(x,y) = \tilde{t}(x,y)\tilde{R}'(x,y) = [t_0 + t_1\cos(2\pi ux)]E_0\exp(-ikx\sin\theta_0)$$

展开上式后得

$$\tilde{E}_H(x,y) = t_0 E_0 \exp(ikx\sin(-\theta_0)) +$$
$$\frac{1}{2}t_1 E_0 \exp\{ikx[\sin(-\theta_0) + u\lambda]\} +$$
$$\frac{1}{2}t_1 E_0 \exp\{ikx[\sin(-\theta_0) - u\lambda]\} =$$
$$\tilde{E}_0 + \tilde{E}_{+1} + \tilde{E}_{-1}$$

因此透射场有三束衍射光波:

第一束为方位角与斜入射平面波的方位角相同的透射平面波$\tilde{E}_0$,方位角为$(-\theta_0)$;

第二束平面波$\tilde{E}_{+1}$的方位角为θ_{+1},$\sin\theta_{+1} = \sin(-\theta_0) + u\lambda$;

第三束平面波$\tilde{E}_{-1}$的方位角为θ_{-1},$\sin\theta_{-1} = \sin(-\theta_0) - u\lambda$。

9.14 余弦光栅的复振幅透过率函数为$\tilde{t}(x) = a_0 + a_1\cos(2\pi ux)$,复振幅为$\tilde{E}_1(x,y) = E_{01}$的平行光正入射到余弦光栅上,求透射场光强分布函数$I_2(x,y)$的空间频率。

解 透射场为

$$\tilde{E}_2(x,y) = \tilde{E}_1(x,y)\tilde{t}(x) = E_{01}[a_0 + a_1\cos(2\pi ux)] =$$
$$E_{01}\{a_0 + (a_1/2)[\exp(i2\pi ux) + \exp(-i2\pi ux)]\}$$

透射场强度为

$$I_2(x,y) = \tilde{E}_2\tilde{E}_2^* = E_{01}\{a_0 + (a_1/2)[\exp(i2\pi ux) + \exp(-i2\pi ux)]\} \times$$
$$E_{01}\{a_0 + (a_1/2)[\exp(-i2\pi ux) + \exp(i2\pi ux)]\} =$$
$$I_1\{(a_0^2 + \frac{1}{2}a_1^2) + a_0 a_1 \exp(i2\pi ux) + a_0 a_1 \exp(-i2\pi ux) +$$
$$\frac{1}{4}a_1^2 \exp(i4\pi ux) + \frac{1}{4}a_1^2 \exp(-i4\pi ux)\}$$

因此有5个空间频率:$u_0 = 0$,$u_{\pm 1} = \pm u$,$u_{\pm 2} = \pm 2u$。

9.15 如题9.15图所示,两束相干平行光分别作为物光波$\tilde{O}$和参考光波$\tilde{R}$照射到全

息干板 Σ 上,二者波矢的大小均为 k,传播方向平行 xz 平面、与纵轴 z 的夹角分别为 θ_O 和 θ_R,线性冲洗后获得一张全息图片,让照明的平行光束 $\widetilde{R}'$ 沿原记录的参考光 $\widetilde{R}$ 方向斜入射到这张全息图片上,求再现的光波函数 $\widetilde{E}_H(x,y)$,分析衍射光波的类型和特点。

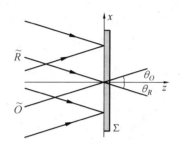

题 9.15 图　全息图片的记录光路

解　如题 9.15 图所示,物光波 $\widetilde{O}$ 和参考光波 $\widetilde{R}$ 在全息干板 Σ 面上的光波函数分别为

$$\widetilde{O}(x,y) = E_O e^{i(kx\sin\theta_O + \varphi_0)}, \quad \widetilde{R}(x,y) = E_R e^{i(-kx\sin\theta_R + \varphi_0')}$$

其中 φ_0 和 φ_0' 分别是光波 $\widetilde{O}$ 和 $\widetilde{R}$ 在原点处的初始相位,取 $\varphi_0 = \varphi_0' = 0$,不影响下面的分析和结论。故全息干板 Σ 面上的干涉光强分布为

$$I_H(x,y) = (\widetilde{O} + \widetilde{R})(\widetilde{O}^* + \widetilde{R}^*) = E_O^2 + E_R^2 + 2E_O E_R \cos[k(\sin\theta_O + \sin\theta_R)x]$$

经过曝光和线性冲洗后全息图片的透过率函数为

$$\tilde{t} = t_0 + \beta I_H = t_0 + \beta\{E_O^2 + E_R^2 + 2E_O E_R \cos[k(\sin\theta_O + \sin\theta_R)x]\} =$$
$$t_0' + t_1\cos[k(\sin\theta_O + \sin\theta_R)x]$$

其中

$$t_0' = t_0 + \beta(E_O^2 + E_R^2), \quad t_1 = 2\beta E_O E_R$$

照明光波 $\widetilde{R}'$ 入射到全息图片上的光波函数为

$$\widetilde{R}'(x,y) = E_R' \exp(i(-kx\sin\theta_R + \varphi_0''))$$

同理,取 $\varphi_0'' = 0$。于是,这张全息图片的透射光波为

$$\widetilde{E}_H(x,y) = \tilde{t}\widetilde{R}'(x,y) =$$
$$\{t_0' + t_1\cos[k(\sin\theta_O + \sin\theta_R)x]\}E_R'\exp(-ikx\sin\theta_R)$$

$$\widetilde{E}_H(x,y) = t_0' E_R' \exp(-ikx\sin\theta_R) + \frac{t_1 E_R'}{2}\exp(ikx\sin\theta_O) +$$
$$\frac{t_1 E_R'}{2}\exp(-ikx(\sin\theta_O + 2\sin\theta_R))$$

因此透射场有三束衍射光波

$$\widetilde{E}_0(x,y) = t_0' E_R' \exp(-ikx\sin\theta_R)$$

$$\widetilde{E}_{+1}(x,y) = \frac{t_1 E_R'}{2}\exp(ikx\sin\theta_O)$$

$$\widetilde{E}_{-1}(x,y) = \frac{t_1 E_R'}{2}\exp(-\mathrm{i}kx(\sin\theta_O + 2\sin\theta_R))$$

结果表明,0 级衍射波 $\widetilde{E}_0$ 是倾角为 $(-\theta_R)$ 的平面波,即照明光波 $\widetilde{R}'$ 的直接透射波,振幅是照明光波振幅的 t_0' 倍; +1 级衍射波 $\widetilde{E}_{+1}$ 是倾角为 θ_O 的平面物光波,振幅是照明光波振幅的 $t_1/2$ 倍; -1 级衍射波 $\widetilde{E}_{-1}$ 是倾角为 θ_{-1}, $\sin\theta_{-1} = -(\sin\theta_O + 2\sin\theta_R)$ 的平面波,振幅是照明光波振幅的 $t_1/2$ 倍。

第 10 章　非线性光学

10.1　非线性光学

1. 基本概念

1) 非线性光学:研究不遵循光波独立传播定律和叠加原理的非线性光学效应的学科。

2) 光的倍频效应:激光入射到晶体上时,透射光中除了入射光波外,还产生了入射光的倍频光波。

3) 三波混频效应:两束频率分别为 ω_1 和 ω_2 的光波入射到晶体上时,产生了频率为和频($\omega_1 + \omega_2$)或差频($\omega_1 - \omega_2$)的第三束光波。

4) 光学参量放大:将一束频率为 ω_s 的光强较弱的信号光和一束频率为 ω_p 的光强较强的泵浦光同时入射到非线性晶体上。在信号光被放大的同时,晶体还发射频率为 $\omega_i = \omega_p - \omega_s$ 的第三束闲频光。在这个混频过程中,每减少一个泵浦光子,就会增加一个信号光子和一个闲频光子,泵浦光的能量不断转化为信号光的能量和闲频光的能量。

5) 光学参量振荡:在光学参量放大的基础上,将晶体放置在谐振腔中,使信号光和闲频光在腔内来回反射、不断放大。当增益大于损耗时,可以在腔内形成信号光和闲频光的光振荡,并且输出相应频率的激光。

6) 简并四波混频效应:若入射到三阶非线性介质上的两束泵浦光波和信号光波的频率相同,而且两束泵浦光波的入射方向相反,则出射的第四束光波与信号光波的传播方向相反、频率相同,称为简并四波混频效应。

7) 相位共轭反射镜:由三阶非线性介质和入射到该介质上的两束频率相同、方向相反的泵浦光波组成的装置。

8) 相位共轭光波:若一束单色光波的复振幅与另一束单色光波的复振幅互为共轭,则称这两束单色光波为相位共轭光波。若将与两束泵浦光的频率相同的第三束光波入射到相位共轭反射镜上,就会产生与第三束光波的频率相同、传播方向相反的第四束光波,即相位共轭光波。

9) 非线性折射率:强激光通过介质时,随光强变化的介质折射率。

10) 自聚焦和自散焦效应：高斯光束通过非线性折射率大于零（$n_2 > 0$）的介质时，光束中心部分的折射率最高，越往边缘折射率越低，入射光束向中心会聚成一个光斑（自聚焦效应）。高斯光束通过非线性折射率小于零（$n_2 < 0$）的介质时，则产生自散焦效应。

11) 自陷效应：光束自聚焦时产生的光束收缩与衍射产生的光束扩展平衡时，激光束在介质中沿细丝状直径传播的现象。

12) 光学双稳态：光学双稳系统中，一个输入光强对应系统的一个较强和另一个较弱的两个稳定输出光强的状态。

13) 光学倍周期分岔：随着增加延迟时间，在光学双稳装置输出振荡波形的每个周期中先是出现一个峰和一个谷，然后出现两个峰和两个谷。随着延迟时间进一步增加，输出振荡波形的每个周期中出现四个峰和四个谷，称这种现象为倍周期分岔。

14) 光学混沌态：光学双稳装置的延迟时间较长时，输出振荡的周期性消失。这种不是由于随机性外因、而是由于光学系统的确定性内因导致的复杂随机性运动状态称为光学混沌态。混沌不是混乱，混沌运动也有确定的规律性。混沌态是一种没有确定周期性和明显对称性的有序性。

15) 光折变效应：光折变效应就是光致折射率改变效应，是电光材料在光的辐照下由光强的空间分布引起材料折射率相应变化的一种非线性光学现象。

光折变效应不是通过非线性电极化引起介质折射率随光强改变变化的现象，而是电光材料在光的辐照下激发产生光生载流子，光生载流子在相应的导带中漂移，从辐照亮区迁移到辐照暗区，致使空间电荷分离，形成与入射光强的空间分布相对应的空间电荷场，空间电荷场又通过电光效应在介质中形成与入射光强空间分布相对应的介质折射率的变化。

16) 二波耦合效应：两束相干光入射到光折变晶体上时在晶体中会形成干涉条纹，并且通过光强的空间分布引起材料折射率的相应变化，形成折射率光栅。折射率光栅的强弱分布不与干涉条纹的强弱分布重叠，即两者相位分布不相同，导致一束光从另一束光获得能量被增强，另一束光相应被减弱，这种现象称为二波耦合效应。

17) 扇形效应：激光束进入光折变晶体后，由于二波耦合效应，入射光能够将能量转移给散射光，使散射光获得放大，同时导致光束在晶体中向一侧散开，形成扇形传播光束，称为扇形效应。

18) 自泵浦相位共轭效应：将一束光波入射到光折变材料时不需要同时另外入射两束泵浦光波，就可以产生入射光波的相位共轭光波，称为自泵浦相位共轭效应。这与利用简并四波混频方法产生入射光波的相位共轭光波时必须同时入射另外两束相向传播的泵浦光波的产生方法完全不同。

2. 基本公式

1) 各向同性介质电极化强度的线性公式　　$P = \varepsilon_0 \chi^{(1)} E$

2) 具有非线性效应的电极化强度公式
$$P = \varepsilon_0(\chi^{(1)}E + \chi^{(2)}E^2 + \chi^{(3)}E^3 + \cdots) = P^{(1)} + P^{(2)} + P^{(3)} + \cdots$$

3) 介质的二阶和三阶非线性电极化系数的比例关系式
$$\frac{\chi^{(2)}}{\chi^{(1)}} \approx \frac{\chi^{(3)}}{\chi^{(2)}} \approx \cdots \approx \frac{E}{E_a}$$

其中 E_a 为原子或分子内部维持价电子平衡运动的平均电场强度，数量级为 10^{11} V/m。

4) 光学倍频效应公式　　$P^{(2)} = \frac{1}{2}\varepsilon_0 \chi^{(2)} E_0^2 + \frac{1}{2}\varepsilon_0 \chi^{(2)} E_0^2 \cos(2\boldsymbol{k}_n \cdot \boldsymbol{r} - 2\omega t)$

5) 光学倍频效应的相位匹配条件　　$2\boldsymbol{k}_n = \boldsymbol{k}'_{n'}$　　或　　$n(\omega) = n'(2\omega)$

6) 三波混频效应公式
$$P^{(2)} = \varepsilon_0 \chi^{(2)} [E_{01}\cos(\boldsymbol{k}_{n1} \cdot \boldsymbol{r} - \omega_1 t) + E_{02}\cos(\boldsymbol{k}_{n2} \cdot \boldsymbol{r} - \omega_2 t)]^2 =$$
$$\frac{1}{2}\varepsilon_0 \chi^{(2)} E_{01}^2 (1 + \cos(2\boldsymbol{k}_{n1} \cdot \boldsymbol{r} - 2\omega_1 t)) + \frac{1}{2}\varepsilon_0 \chi^{(2)} E_{02}^2 (1 + \cos(2\boldsymbol{k}_{n2} \cdot \boldsymbol{r} - 2\omega_2 t)) +$$
$$\varepsilon_0 \chi^{(2)} E_{01} E_{02} \cos[(\boldsymbol{k}_{n1} + \boldsymbol{k}_{n2}) \cdot \boldsymbol{r} - (\omega_1 + \omega_2)t] +$$
$$\varepsilon_0 \chi^{(2)} E_{01}^2 E_{02}^2 \cos[(\boldsymbol{k}_{n1} - \boldsymbol{k}_{n2}) \cdot \boldsymbol{r} - (\omega_1 - \omega_2)t]$$

7) 非线性折射率公式　　当 $\varepsilon_{00} \gg \chi^{(3)}E^2$ 时，$n = n_0 + n_2 E^2$

其中，ε_{00} 是介质的相对线性介电常数，n_0 是介质的线性折射率，n_2 是强光导致的介质的非线性折射率。

10.2　习题解答

10.1　将波长为 694.3 nm 的红宝石激光和波长为 3391.2 nm 的氦氖激光同时入射到碘酸锂晶体中，可以产生和频光，求和频光的波长。

解　由 $\nu = \nu_1 + \nu_2 = \frac{c}{\lambda_1} + \frac{c}{\lambda_2} = \frac{c}{\lambda}$，得频率上转换的和频输出光的波长为

$$\lambda = \frac{\lambda_1 \lambda_2}{\lambda_1 + \lambda_2} = \frac{694.3 \times 3391.2}{694.3 + 3391.2} \approx 576.3 \text{ nm}$$

10.2　为什么在各向同性介质中无法实现光学倍频效应，在石英晶体中的正常色散区实现倍频效应时入射光和倍频光应当分别是 o 光和 e 光中的哪种光波。

答　要产生倍频光就要满足动量守恒条件，即

$$n(\omega) = n'(2\omega)$$

可是在各向同性介质的正常色散区域里,由于色散效应,折射率随频率变化的关系为

$$n'(2\omega) > n(\omega)$$

因此不能满足产生倍频光所需的折射率相等的条件,无法实现相位匹配。石英晶体是不具有对称中心的各向异性介质,可以利用它获得倍频光。在石英晶体中有

$$n_e(\omega) > n_o(\omega)$$

于是可以有

$$n_e(\omega) = n_o(2\omega)$$

入射光和倍频光应该分别是 e 光和 o 光。利用倍频效应可以实现激光频率的上转换,它是研究物质结构和性能的有效方法。

10.3 说明普通反射镜与相位共轭反射镜反射光路的区别。

答 如题 10.3 图(a)所示,当平行光沿与普通反射镜法线夹角为 α 的方向斜入射时,反射光将按反射定律沿与入射光夹角为 2α 的方向反射。但是当第三束光沿与相位共轭反射镜法线夹角为 α 的方向斜入射时,第四束光波的传播方向与第三束入射光波的传播方向正好相反,也就是第四束光波沿第三束入射光波的原路返回。

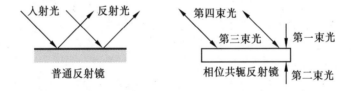

题 10.3 图(a) 平行光波的两种反射光路

当发散球面波按如题 10.3 图(b)所示方式沿与法线夹角为 α 的方向入射到普通反射镜上时,反射光将遵守反射定律、沿与入射光夹角为 2α 的方向反射,反射光束仍然是发散球面光束,反射光波的点光源是入射球面波的点光源相对普通反射镜对称成像的像点。但是当第三束发散球面光束沿如题 10.3 图(b)所示方式入射到相位共轭反射镜上时,第四束光波变为会聚球面波,并且与第三束入射光波的传播方向正好相反,其会聚点恰好位于入射发散球面波的源点处,也就是第四束光波沿第三束入射光波的原路返回。

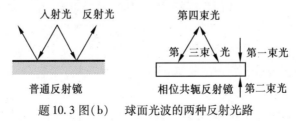

题 10.3 图(b) 球面光波的两种反射光路

10.4 说明若用简并四波混频方法构成的相位共轭反射镜代替固体激光谐振腔中的普通反射镜,可以大大提高该激光器输出激光的质量。

答 如题10.4图(a)所示,若入射平面波经过相位透明片后形成畸变波面。经过普通反射镜反射后,反射光的波面畸变情况与入射光的波面相比较形状相反了。再次通过相位透明片时,波面加倍畸变了。

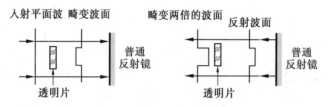

题10.4图(a) 普通反射镜的反射效应

而相位共轭反射镜可以矫正波面的畸变。如题10.4图(b)所示,若入射平面波经过相位透明片后形成畸变波面,则经过相位共轭反射镜反射后,反射光的波面与入射光的波面形状相同,再次通过相位透明片后,波面恢复成入射时的平面波的波面。

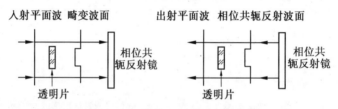

题10.4图(b) 相位共轭反射镜的反射效应

由此可知,若在激光器谐振腔中使用相位共轭反射镜,可以矫正因为介质材料折射率不均匀等原因造成的波面畸变,从而可以大大提高激光器输出光束的质量。

10.5 说明非线性折射率小于零时,为什么高斯光束通过非线性介质类似通过一个凹透镜,平行光束将变成发散光束。

答 非线性折射率 n_2 小于零时,介质各处折射率分布满足
$$n = n_0 - |n_2|I$$
上式中的 I 是入射光强。显然,在介质中传播的光束截面中,光强大的位置的介质折射率小。由于高斯型激光束可以近似为平行光束,其光强分布是中心强边缘弱,因此,当高斯光束通过介质时,光束中心部分的折射率最低,越往边缘折射率越高。由折射率与光速的关系 $v=c/n$ 可知,介质中心部分的光速快,边缘部分的光速慢,边缘部分的波面滞后中心部分的波面,就会形成类似通过凹透镜时的波面变化,平行入射光束将变成发散光束。

这种由于强光导致介质折射率的非线性化产生的光束发散效应称为自散焦效应。

10.6 什么是光学双稳态和双稳系统非稳输出振荡的倍周期分岔。

答 光学双稳态是指在一些由非线性介质构成的光学双稳系统中,在输入光强的变化区域里,一个输入光强对应系统的两个稳定的输出光强。其中一个是较强的稳定输出光强,另一个是较弱的稳定输出光强,分别称为光学上稳态和下稳态,或者简称为光学双稳态。

若将输出光转变为电信号后,再延迟一定时间,然后反馈到电光调制器上,则处于双稳曲线中上稳态中的一些稳定状态将变为非稳状态。随着延迟时间的增加,输出波形将由谐波型振荡发展到倍周期分岔型振荡。若在一个振荡周期里输出振荡波形出现两个峰和两个谷,就称为一次倍周期分岔输出振荡。延迟时间进一步增加,若在一个周期里输出振荡波形出现四个峰和四个谷,就称为二次倍周期分岔输出振荡。

10.7 什么是光学混沌态,混沌与混乱有什么区别。

答 在光学系统中,不是由于随机性外因、而是由于光学系统确定性内因导致系统的复杂随机性运动状态称为光学混沌态。混沌运动对初值的改变很敏感,这种对初值的敏感性必然导致运动的不确定性。即使描述运动的方程是确定的,但是由于混沌运动的随机性,仍然无法对系统的运动状态做出预测。

但是,混沌不是混乱,混沌运动也有其规律性。混沌状态是一种没有确定周期性和明显对称性的有序性。比如,随着延迟时间的增加,电光双稳系统的输出振荡可以经由倍周期分岔振荡发展成混沌振荡,称其为通向混沌状态道路的有序性。

10.8 什么是光折变效应,光折变效应与三阶非线性光学效应有什么区别。

答 光折变效应就是光致折射率改变效应,它是电光材料在光辐照下由光强的空间分布引起材料折射率相应变化的一种非线性光学现象。

尽管光作用于介质的最终结果都导致了介质折射率的改变,但是光折变效应和强光导致的三阶非线性光学效应在改变介质折射率的机制上完全不同。光折变效应不是通过非线性电极化引起介质折射率随光强变化,而是电光材料在光辐照下激发产生了光生载流子,光生载流子在相应的导带中漂移,从辐照亮区迁移到辐照暗区,致使空间电荷分离,形成了与入射光强的空间分布相对应的空间电荷场,空间电荷场又通过电光效应在介质中形成了与入射光强空间分布相对应的介质折射率的变化。光折变效应最明显的特征是它起因于入射光强的空间调制、不是起因于绝对的入射光强的变化。即使是毫瓦甚至微瓦量级的弱光,只要辐照时间足够长,也可以得到足够大的光致折射率的变化,因此光折变光学又称为弱光非线性光学。

10.9 光折变材料的自泵浦相位共轭效应与简并四波混频的相位共轭效应有什么区别。

答 利用简并四波混频的方法产生入射光波的相位共轭光波时,必须同时入射另外两束相向传播的泵浦光波。但是,将一束光波入射到光折变材料时不需要同时入射另外两束泵浦光波就可以产生入射光波的相位共轭光波。

研究生入学考试模拟试题与解答

模拟试题一与解答

一、望远镜的原理性成像结构如图 1.1(a) 所示,物镜 L_1 的焦距为 f_1、口径为 d_1,目镜 L_2 的焦距为 f_2、口径为 d_2,光阑 D 位于物镜 L_1 的像方焦点和目镜 L_2 的物方焦点重合的焦平面处、口径为 d_3。用作图方法和计算方法求该望远镜的孔径光阑、入射光瞳、出射光瞳和视场光阑的位置和口径。

解 如图 1.1(b) 所示,入射光瞳兼孔径光阑是物镜 L_1、位置如图 1.1(b) 所示、孔径为 d_1。出射光瞳和其口径是如图 1.1(b) 所示的物镜 L_1 通过目镜 L_2 所成的像 L_1'。

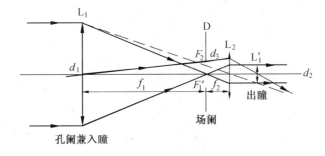

图 1.1(a) 望远镜的原理性成像结构

图 1.1(b) 利用作图方法求望远镜光阑的光路

由成像公式

$$\frac{1}{s'} + \frac{1}{f_1 + f_2} = \frac{1}{f_2}$$

得像距

$$s' = (f_1 + f_2)\frac{f_2}{f_1}$$

横向放大率

$$V = -\frac{s'}{s} = -\frac{f_2}{f_1}$$

像高

$$y' = Vy = -\frac{f_2}{f_1}d_1$$

出射光瞳 L_1' 位于目镜 L_2 右方与目镜 L_2 相距 $(f_1 + f_2)\frac{f_2}{f_1}$，口径为 $d_2 = \frac{f_2}{f_1}d_1$。

如图 1.1(b) 所示，从入射光瞳中心和光阑 D 的边缘作光线（主光线），可知光阑 D 对主光线的限制最多，因而视场光阑是光阑 D、口径为 d_3。

二、如图 1.2 所示，由折射率均为 1.5 的棱镜和凸薄透镜组成成像装置，高度为 1.0 mm 的物体置于距棱镜平面的垂直距离为 $\overline{QB} = 6$ cm 的光轴上，$\angle BAC = 45°$，$\overline{BC} = 3$ cm，$\overline{CD} = 4$ cm，棱镜球面的半径为 5 cm，棱镜球面的顶点 D 与凸薄透镜光心 O 的距离为 $\overline{DO} = 40$ cm，凸薄透镜两个球面的半径均为 30 cm，在傍轴条件下求该装置最后成像的位置和高度，以及像的倒正、放缩和虚实情况。

图 1.2　棱镜和凸薄透镜组成的成像装置的结构

解　（1）第一次平面折射成像，$s_1 = 6$ cm，$n_1 = 1$，$n_1' = 1.5$，$r = \infty$

$\frac{1.5}{s_1'} + \frac{1}{6} = 0$，$s_1' = -9$ cm，$V_1 = -\frac{n_1 s_1'}{n_1' s_1} = -\frac{-9}{1.5 \times 6} = +1$，成正立等大虚像。

（2）由图 1.2 可知，光束到达 C 点后由于 $i_c = \arcsin\frac{1}{1.5} = 41.8°$，$45°$ 的入射角大于全反射临界角 $i_c = 41.8°$，像点 Q_1 被全反射后在光轴（CDO）上对称形成像点 Q_2，位于光轴左方的像点 Q_2 到 C 点处的距离为 $Q_2 C = 12$ cm，通过倾角 45° 的平面反射镜成正立等大虚像。

（3）经过棱镜单球面第三次成像，$s_3 = (12 + 4)$ cm $= 16$ cm，$n_3 = 1.5$，$n_3' = 1$，$r_3 = -5$ cm

$\frac{1}{s_3'} + \frac{1.5}{16} = \frac{1 - 1.5}{-5}$，$s_3' = 160$ cm，$V_3 = -\frac{n_3 s_3'}{n_3' s_3} = -\frac{160 \times 1.5}{16} = -15$，成倒立放大实像。

（4）经过凸薄透镜第四次成像，$r_4 = 30$ cm，$r_5 = -30$ cm

$\frac{1}{f} = (n-1)\left(\frac{1}{r_4} - \frac{1}{r_5}\right) = 0.5 \times \left(\frac{2}{30}\right) = \frac{1}{30}$ cm^{-1}

$$f = 30 \text{ cm}, s_4 = (-160 + 40) = -120 \text{ cm}$$

$$\frac{1}{s_4'} + \frac{1}{-120} = \frac{1}{30}, s_4' = 24 \text{ cm}, V_4 = -\frac{s_4'}{s_4} = -\frac{24}{-120} = \frac{1}{5}$$

$$V = V_1 V_2 V_3 V_4 = 1 \times 1 \times (-15) \times (1/5) = -3$$

$$y' = yV = -3 \times 1.0 = -3 \text{ mm}$$

最后成像在薄透镜右方,像与薄透镜相距 24 cm 的位置,像高 3 mm,成倒立放大实像。

三、如图 1.3(a) 所示,凹球面玻璃板上面放置平面玻璃板,单色平行光垂直入射到该装置上,观察两块玻璃板中间薄空气层的干涉条纹,当入射光的波长为 500 nm 时,装置中心处为暗条纹,连续改变入射光的波长直至 600 nm 时,中心处才又出现暗条纹。求干涉条纹的形状、间距、零级条纹的位置和明暗性质,以及空气层的最大可能厚度。

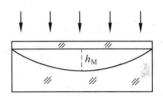

图 1.3(a)　薄空气层干涉装置的结构和光路

解　这是等厚干涉问题,有半波损,因此等厚暗条纹的光程差公式为

$$\Delta L = 2h + \frac{\lambda}{2} = (m + \frac{1}{2})\lambda$$

即 $2h = m\lambda$,中心处为 $2h_M = m_M \lambda$

由图 1.3(b) 可知,等厚干涉条纹的半径和厚度关系为
$r_m^2 = R^2 - [R - (h_M - h)]^2 \approx 2(h_M - h)R$
即暗条纹半径为
$r_m^2 = R(m_M - m)\lambda$(其中 m 为暗条纹的级次)
因此干涉条纹是以空气层中心最厚点处为圆心的同心圆形干涉条纹。中心条纹级次高,边缘条纹级次低。条纹间距为

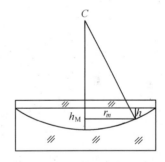

图 1.3(b)　等厚干涉条纹的半径与厚度的关系

$$\Delta r_m \approx \frac{R\lambda}{2r_m}$$

干涉条纹中心稀疏,边缘密集。零级条纹位于边缘 $h = 0$ 处,是零级暗条纹。

由题意可知

$$2h_M = m_M \lambda_1, \quad 2h_M = (m_M - 1)\lambda_2$$

可得 $m_M = \dfrac{\lambda_2}{\lambda_2 - \lambda_1}$,得

$$h_M = \frac{\lambda_1 \lambda_2}{2(\lambda_2 - \lambda_1)} = \frac{500 \times 600}{2(600 - 500)} = 1500 \text{ nm}$$

即 $h_M = 1.5~\mu m$。

四、 在如图 1.4 所示的夫琅禾费衍射装置中，光栅常数为 d 的 N 缝平面透射光栅左方的装置放在折射率为 n_1 的介质中，光栅右方的装置放在折射率为 n_2 的介质中，位于薄透镜 L_1 焦平面上的轴外点光源 Q 发出的球面波经过薄透镜 L_1 准直后的平行光在 n_1 介质中的波长为 λ_{n1}、倾斜角为 θ，求该装置零级主极强条纹的衍射角和半角宽。

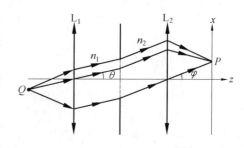

图 1.4 处于两种介质中的夫琅禾费衍射装置的结构和光路

解 若入射光在 n_1 介质中的波长为 λ_{n1}，在真空中的波长为 λ_1，则有 $n_1 = \dfrac{\lambda_1}{\lambda_{n1}}$。在如图 1.4 所示的夫琅禾费衍射装置中，相邻两缝中心点的两束平行光到达 P 点的光程差为

$$\Delta L = n_1 d\sin\theta - n_2 d\sin\varphi$$

满足零级主极强的条件为

$$n_1 d\sin\theta - n_2 d\sin\varphi_0 = 0$$

可得零级主极强条纹的衍射角为

$$\varphi_0 = \arcsin\left(\dfrac{n_1}{n_2}\sin\theta\right)$$

多缝衍射极小值满足的条件为

$$n_1 d\sin\theta - n_2 d\sin\varphi = \left(k + \dfrac{m}{N}\right)\lambda_1 = \left(k + \dfrac{m}{N}\right)n_1 \lambda_{n1}$$

与零级主极强条纹相邻的衍射极小满足 $k = 0$ 和 $m = 1$，则有

$$n_1 d\sin\theta - n_2 d\sin(\varphi_0 - \Delta\varphi_0) = \dfrac{1}{N}n_1 \lambda_{n1}$$

即

$$n_2 d\cos\varphi_0 \Delta\varphi_0 \approx \dfrac{1}{N}n_1 \lambda_1$$

得

$$\Delta\varphi_0 = \dfrac{n_1 \lambda_{n1}}{n_2 N d\cos\varphi_0} = \dfrac{n_1 \lambda_{n1}}{Nd\sqrt{n_2^2 - n_1^2\sin^2\theta}}$$

五、 如图 1.5 所示，在两个主截面正交的尼科耳棱镜中间插入厚度最小的 $3\lambda/8$ 方解石波晶片 W，波晶片的光轴与入射界面平行、与主截面 P_1 和 P_2 的夹角均为 $45°$，光强为 I_0 的自然光垂直入射到该装置上，求通过方解石波晶片和第二个尼科耳棱镜后光波的偏振

态和光强。

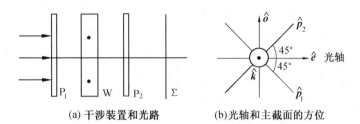

(a) 干涉装置和光路　　　　(b) 光轴和主截面的方位

图 1.5　平行偏振光干涉装置的结构和光路

解　尼科耳棱镜的作用与偏振片相同,主截面方向就是透振方向。入射光通过第一个尼科耳棱镜后成为沿 $\hat{p}_1$ 方向振动的线偏振光,光强为

$$I_1 = E_{01}^2 = \frac{1}{2}I_0$$

进入方解石波晶片后分解为 o 光和 e 光,产生分解相位差 $\delta_b = \pi$。$3\lambda/8$ 方解石波晶片附加相位差为 $\delta_a = 3\pi/4$,通过波晶片后有

$$E_{1e} = E_{01}\cos 45°, \quad E_{1o} = E_{01}\sin 45°$$

$$\delta = \delta_b + \delta_a = 7\pi/4 \quad (\text{等效于}\ \delta = -\frac{1}{4}\pi)$$

对照图 2.3 可知,从波晶片出射后光波的偏振态为如图 1.5(c) 所示的右旋椭圆偏振光。

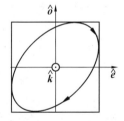　　　　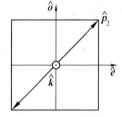

图 1.5(c)　右旋椭圆偏振光　　　　图 1.5(d)　线偏振光

通过第二个尼科耳棱镜后产生投影相位差 $\delta_c = 0$,总的相位差为

$$\delta = \delta_b + \delta_a + \delta_c = 7\pi/4$$

两束相干光的振幅为

$$E_{2e} = E_{01}\cos 45°\sin 45° = \frac{1}{2}E_{01}, \quad E_{2o} = E_{01}\sin 45°\cos 45° = \frac{1}{2}E_{01}$$

出射光是如图 1.5(d) 所示的沿第二个尼科耳棱镜的主截面方向振动的线偏振光,出射光强为

$$I = E_{2e}^2 + E_{2o}^2 + 2E_{2e}E_{2o}\cos(7\pi/4) = \frac{1}{8}I_0(2 + \sqrt{2}) \approx 0.43 I_0$$

模拟试题二与解答

一、如图 2.1(a) 所示,光阑 D 位于薄透镜 L 左方 3 cm 处、口径为 2.5 cm,薄透镜焦距为 6 cm、口径为 4 cm,物点 Q 位于光阑左方 12 cm 处。用计算方法求轴上物点 Q 的孔径光阑、入射光瞳、出射光瞳和视场光阑的位置和口径,绘制出射光瞳的成像光路图。

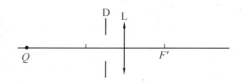

图 2.1(a)　凸薄透镜和光阑组成的成像装置的结构

解　相对轴上物点 Q,光阑 D 相对光轴的夹角为

$$u_1 = \arctan\left(\frac{1.25}{12}\right) \approx 5.95°$$

薄透镜相对光轴的夹角为

$$u_2 = \arctan\left(\frac{2}{15}\right) \approx 7.59°$$

$u_1 < u_2$,因此,光阑 D 是孔径光阑兼入射光瞳,口径为 2.5 cm。

视场光阑为薄透镜 L,口径为 4.0 cm。

将光阑相对薄透镜 L 成像,$\frac{1}{s'} + \frac{1}{3} = \frac{1}{6}$,

得 $s' = -6$ cm,有

$$V = -\frac{s'}{s} = 2, \quad y' = 2.5 \times 2 = 5 \text{ cm}$$

这个像就是出射光瞳 D',位于光阑左方 3 cm 处,口径为 $y' = 2.5 \times 2 = 5$ cm。

出射光瞳的成像光路如图 2.1(b) 所示。

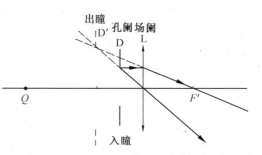

图 2.1(b)　确定出射光瞳位置的光路

二、如图 2.2 所示,杨氏双孔干涉装置的点光源 S 发出光强为 I_0、波长为 λ 的单色自然光,双孔间距为 d,双孔所在屏到观察屏 Σ 的间距为 $D,D \gg d$,将偏振片 P 置于 S_1 缝上,

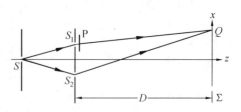

图 2.2　偏振光的干涉装置的结构和光路

忽略偏振片的吸收和反射等光损耗。求观察屏 Σ 上的光强分布和可见度。

解　将自然光分解成互相垂直的光强各为 $0.5I_0$ 两束线偏振光,并且让一束线偏振光与偏振片 P 的透振方向平行,另一束线偏振光与偏振片 P 的透振方向垂直。则从 S_1 缝经过偏振片 P 透射的只是与偏振片 P 的透振方向平行的线偏振光,它将与从 S_2 缝出射的

振动方向与其平行的线偏振光相干叠加,与从 S_2 缝出射的与其垂直的线偏振光非相干叠加

$$I = 0.5I_0 + 0.5I_0 + 2 \times 0.5I_0\cos\delta + 0.5I_0 = I_0(1.5 + \cos\delta)$$

$$\delta = \frac{2\pi}{\lambda}\frac{d}{D}x, \quad \gamma = \frac{I_M - I_m}{I_M + I_m} = \frac{2.5 - 0.5}{2.5 + 0.5} = \frac{2}{3} \approx 66.7\%$$

三、 平行白光垂直照射平面透射光栅的夫琅禾费衍射装置,在 30°衍射方向上观察到 600 nm 的第二级干涉主极大条纹,在该处刚能分辨波长差为 0.005 nm 的两条光谱线,但是在这个方向上观测不到 400 nm 的第三级主极大条纹。求(1) 光栅常数和总缝数;(2) 光栅的最小缝宽;(3) 若入射光为 400 nm 的单色平行光,在观察屏上能看到哪几级干涉条纹。

解 (1) 由光栅方程 $d\sin\theta = k\lambda$ 和光栅的分辨本领公式 $R = \frac{\lambda}{\Delta\lambda} = kN$,以及已知条件 $\theta = 30°, \lambda = 600\text{ nm}, k = 2, \Delta\lambda = 0.005\text{ nm}$,可得

$$d = 2.4\ \mu\text{m}, \quad N = \frac{\lambda}{k\Delta\lambda} = 60000$$

(2) 由 $d\sin\theta = k\lambda$ 和 $a\sin\theta = m\lambda$, $d = 2.4\ \mu\text{m}, k = 3, m = 1$,可得

$$\frac{d}{a} = \frac{3}{1}, \quad a = 0.8\ \mu\text{m}$$

(3) 由 $d\sin\theta = k\lambda$, $\theta = \pi/2$ 和 $\lambda = 400\text{ nm}, d = 2.4\ \mu\text{m}$,可得

$$k_M = 6$$

由 $|k| < k_M$ 和第 3 级缺级可知,能看到 $k = 0, \pm 1, \pm 2, \pm 4, \pm 5$ 级干涉条纹,共 9 条干涉条纹。

四、 在两个透振方向正交的偏振片中间插入第三个偏振片,光强为 I_0、波长为 λ 的单色自然平行光垂直入射到该装置上。求(1) 透过装置的光强最大时第三个偏振片透振方向的方位角和透射光强;(2) 将第三个偏振片取出,中间插入厚度最小的 $\lambda/4$ 波晶片,波晶片的光轴与第一个偏振片透振方向的夹角为 30°,求透过该装置的光强。

解 (1) 设插入的第三个偏振片的透振方向与第一个偏振片之间的透振方向的夹角为 θ,则与第二个偏振片透振方向的夹角为 $(90° - \theta)$。

自然光透过第一个偏振片后的光强为 $\frac{1}{2}I_0$,透过插入的第三个偏振片后的光强为 $\frac{1}{2}I_0\cos^2\theta$,则从第二个偏振片出射的光强为

$$I = \frac{1}{2}I_0\cos^2\theta\cos^2(90° - \theta) = \frac{1}{2}I_0\cos^2\theta\sin^2\theta$$

即

$$I = \frac{1}{8}I_0\sin^2(2\theta)$$

则 $\theta = 45°$ 时透过的光强最大，为 $I = \dfrac{1}{8}I_0$。

(2) 自然光通过第一个偏振片后变为光强为 $I_1 = E_{01}^2 = \dfrac{1}{2}I_0$ 的线偏振光。

从波晶片出射后

$$E_{1o} = E_{01}\sin30°,\quad E_{1e} = E_{01}\cos30°,\quad \delta_b = 0\ \text{或}\ \pi,\quad \delta_a = \pm\pi/2$$

从第二个偏振片出射后

$$E_{2o} = E_{01}\sin30°\cos30° = \dfrac{\sqrt{3}}{4}E_{01},\quad E_{2e} = E_{01}\cos30°\sin30° = \dfrac{\sqrt{3}}{4}E_{01}$$

$$\delta_c = \pi\ \text{或}\ 0,\quad \delta = \delta_b + \delta_a + \delta_c = \pi \pm \dfrac{\pi}{2}$$

$$I = E_{2o}^2 + E_{2e}^2 + 2E_{2o}E_{2e}\cos(\pi \pm \pi/2)$$

即

$$I = \dfrac{3}{8}E_{01}^2 = \dfrac{3}{16}I_0$$

五、如图2.3所示，双凸薄透镜L的半径分别为 20 cm 和 25 cm，在空气中的焦距为 20 cm，将薄透镜放置到水中距离水槽右方玻璃壁 250 cm 处，将高度为 1 cm 的小物体置于薄透镜左方 100 cm 处的光轴上，水的折射率为 1.33，忽略玻璃槽壁的厚度，眼睛从玻璃水槽壁的右方观看物体。求看到的物体像的位置和大小，以及像的倒正、放缩和虚实情况。

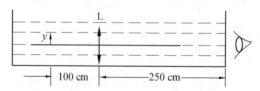

图 2.3 玻璃水槽中的薄透镜成像装置的结构

解 首先求出置于空气中的薄透镜的折射率，由

$$f = \dfrac{1}{(n-1)\left(\dfrac{1}{20} - \dfrac{1}{-25}\right)} = 20\ \text{cm}$$

可得薄透镜的折射率为 $n_0 \approx 1.56$，水的折射率为 $n = 1.33$，则薄透镜置于水中时的焦距为

$$f_1 = \dfrac{1.33}{(1.56 - 1.33)\left(\dfrac{1}{20} - \dfrac{1}{-25}\right)} \approx 64.25\ \text{cm}$$

由高斯公式 $\dfrac{1}{s_1'} + \dfrac{1}{100} = \dfrac{1}{64.25}$，可得 $s_1' \approx 179.73$ cm。放大率和像高分别为

$$V_1 = -\frac{s_1'}{s_1} \approx -1.80, \quad y_1' = V_1 y_1 \approx -1.80 \text{ cm}$$

成倒立放大的实像。

由薄透镜成在其右方的像作为物,再经过水与空气之间的薄玻璃平板成像

$$s_2 = (250 - 179.73)\text{cm} = 70.27 \text{ cm}, \quad r_1 = r_2 = \infty, \quad n = 1.33, \quad n' = 1.00$$

可得

$$\frac{n'}{s_2'} + \frac{n}{s_2} = \frac{n_0 - n}{r_1} + \frac{n' - n_0}{r_2} = 0$$

$$s_2' = -\frac{n's_2}{n} = -\frac{70.27}{1.33} = -52.83 \text{ cm}$$

$$V_2 = -\frac{ns_2'}{n's_2} = +1, \quad y_2' = V_2 y_1' = -1.80 \text{ cm}$$

可以看到一个倒立放大的虚像,位于右面的平面玻璃槽壁左方 52.83 cm 处,像高 1.80 cm。

模拟试题三与解答

一、如图 3.1 所示,折射率为 1.5 的厚透镜上下表面的半径均为 3 cm、中心厚度为 2 cm,将其置于水面上,水的折射率为 1.33,高度为 2 mm 的小物置于厚透镜下方水中的光轴上,小物与厚透镜下表面中心点的距离为 4 cm。求最后成像的位置和高度,以及像的倒正、虚实和放缩情况。

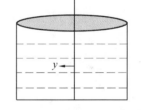

图 3.1 置于水面的厚透镜成像装置的结构

解 第一次成像

$$s_1 = 4 \text{ cm}, \quad n_1 = 1.33, \quad n_1' = 1.5, \quad r = 3 \text{ cm}$$

$$\frac{1.33}{4} + \frac{1.5}{s_1'} = \frac{1.5 - 1.33}{3}, \quad s_1' \approx -5.44 \text{ cm}$$

$$V_1 = -\frac{n_1 s_1'}{n_1' s_1} = -\frac{1.33 \times (-5.44)}{1.5 \times 4} \approx +1.21$$

第二次成像

$$s_2 = d - s_1' = 2 + 5.44 = 7.44 \text{ cm}, \quad n_2 = 1.5, \quad n_2' = 1.0, r = -3 \text{ cm}$$

$$\frac{1.5}{7.44} + \frac{1}{s_2'} = \frac{1 - 1.5}{-3}, \quad s_2' \approx -28.62 \text{ cm}$$

$$V_2 = -\frac{n_2 s_2'}{n_2' s_2} = -\frac{1.5 \times (-28.62)}{1 \times 7.44} \approx 5.77$$

$$V = V_1 V_2 = 1.21 \times 5.77 \approx 6.98$$
$$y' = yV = 2 \times 6.98 \text{ mm} = 13.96 \text{ mm}$$

成像在厚透镜上表面中心的下方28.62 cm处,像高13.96 mm,成正立放大的虚像。

二、如图3.2所示,点光源发出的平行光以 θ_0 角斜入射到宽度为 a 的单缝上。(1)求接收屏 Σ 上夫琅禾费衍射图样的光强分布;(2)零级衍射斑中心的角位置;(3)衍射暗纹的角位置;(4)零级斑的半角宽。

解 (1)既可以用矢量图解方法,也可以用复振幅积分方法求接收屏 Σ 上的夫琅禾费衍射花样的光强分布,下面用复振幅积分方法求解

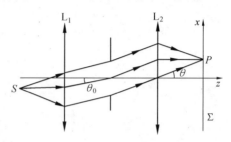

图 3.2 单缝夫琅禾费衍射装置的结构和光路

$$r = r_0 - x\sin\theta + x\sin\theta_0$$

$$\widetilde{E} = \widetilde{C} \int_{-a/2}^{a/2} e^{ikr} dx = \widetilde{C} e^{ikr_0} \int_{-a/2}^{a/2} e^{-ik(\sin\theta - \sin\theta_0)x} dx = $$

$$\widetilde{C} a \frac{\sin\alpha}{\alpha} e^{ikr_0}$$

其中 $\alpha = \frac{\pi}{\lambda} a(\sin\theta - \sin\theta_0)$,则

$$I = I_0 \left(\frac{\sin\alpha}{\alpha}\right)^2$$

(2)由 $\alpha = \sin\alpha = 0$,可知零级衍射斑中心点位于 $\theta = \theta_0$ 的方向。

(3)由 $\alpha \neq 0$ 和 $\sin\alpha = 0$ 可知,衍射暗纹的角位置为

$$\sin\theta = \frac{m\lambda}{a} + \sin\theta_0 \quad (m = \pm 1, \pm 2, \pm 3, \cdots)$$

(4)零级斑的半角宽为

$$\sin(\theta_0 + \Delta\theta) = \sin\theta_0 \cos\Delta\theta + \cos\theta_0 \sin\Delta\theta = \frac{\lambda}{a} + \sin\theta_0$$

由 $\sin\Delta\theta \approx \Delta\theta, \cos\Delta\theta \approx 1$,得

$$\Delta\theta = \frac{\lambda}{a\cos\theta_0}$$

三、如图3.3所示,在折射率为 $n_3 = 1.5$ 的玻璃平板上蒸镀折射率为 n_2 的均匀薄膜,平行光垂直入射到薄膜上,空气的折射率为 $n_1 = 1, n_1 < n_2 < n_3$。求波长为600 nm的入射光在薄膜上下表面的两束反射光的合光强为零时,薄膜可能的最小厚度和折射率 n_2 的值。

解 由于玻璃和薄膜的折射率均很小,表面的反射率很低,可以将多光束干涉问题简化为双光束干涉问题。设薄膜厚度为 h,由于 $n_1 < n_2 < n_3$,因此从薄膜上表面反射和玻璃上表面反射的两束光之间没有半波损,满足反射光相消干涉的光程差是

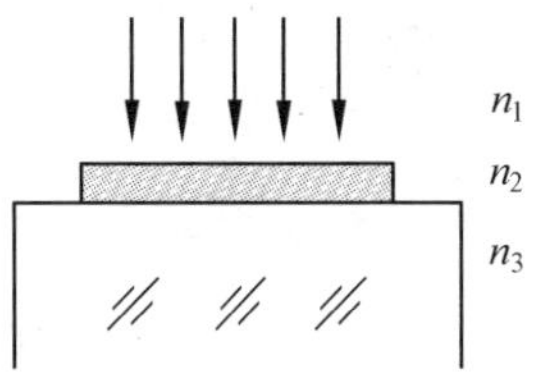

$$\Delta L = 2n_2 h = (m + \frac{1}{2})\lambda$$

图 3.3 薄膜干涉装置的结构和光路

对应的相位差为

$$\delta = \frac{2\pi}{\lambda}\Delta L = (2m + 1)\pi$$

令 $m = 0$ 即可以得到满足薄膜最小厚度的条件

$$h_m = \frac{\lambda}{4n_2}$$

设 $\lambda = 600$ nm 的入射光强为 $I_0 = E_0^2$,正入射时,薄膜上表面的振幅反射率和透射率分别为 $r_1 \, , t_1 \, , t_1'$,玻璃上表面的反射率为 r_2,则反射光强为零有

$$I = (E_0 r_1)^2 + (E_0 r_2 t_1 t_1')^2 + 2(E_0^2 r_1 r_2 t_1 t_1')\cos\pi = I_0 [r_1 - r_2(1 - r_1^2)]^2 = 0$$

$$1 - r_1^2 = 1 - (\frac{n_2 - n_1}{n_2 + n_1})^2 \approx 1$$

所以有

$$r_1 - r_2 = \frac{n_2 - n_1}{n_2 + n_1} - \frac{n_3 - n_2}{n_3 + n_2} = 0$$

解得

$$n_2 = \sqrt{n_1 n_3} = \sqrt{1.5} \approx 1.225$$

$$h_m = \frac{\lambda}{4n_2} = \frac{600}{4 \times 1.225} \approx 122.45 \text{ nm} \approx 0.1225 \text{ μm}$$

四、 如图 3.4 所示是平行偏振光干涉装置,波长为 λ、光强为 I_0 的单色右旋圆偏振平行光垂直透过最薄的 $\lambda/6$ 方解石波晶片 W 和偏振片 P,若偏振片的透振方向处于从波晶片光轴顺时针旋转 $30°$ 的位置,忽略吸收和反射等光损耗。求入射光依次通过波晶片 W 和偏振片 P 后的偏振态(画出偏振态图)和光强。

解 $(1) \delta_b = -\frac{\pi}{2}, \delta_a = \frac{\pi}{3}$,所以

$$\delta = \delta_b + \delta_a = -\frac{\pi}{6}$$

右旋圆偏振光从波晶片出射后成为如图 3.4(c) 所示的右旋椭圆偏振光,光强仍然为 $I_1 = I_0$。

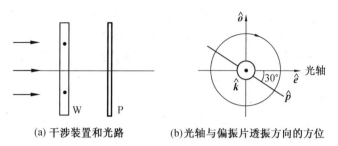

(a) 干涉装置和光路　　　　(b) 光轴与偏振片透振方向的方位

图 3.4　平行偏振光干涉装置的结构和光路

（2）右旋椭圆偏振光从偏振片出射后成为与偏振片透振方向相同的如图 3.4(d) 所示的线偏振光。又有

$$\delta_b = -\frac{\pi}{2}, \quad \delta_a = \frac{\pi}{3}, \quad \delta_c = \pi$$

所以

$$\delta = -\frac{\pi}{2} + \frac{\pi}{3} + \pi = \frac{5\pi}{6}$$

因此有

$$I_0 = 2E_0^2, \quad E_{0e} = E_0\cos30°, \quad E_{0o} = E_0\sin30°$$

$$I_2 = E_{0e}^2 + E_{0o}^2 + 2E_{0e}E_{0o}\cos\delta = E_0^2\left(\frac{3}{4} + \frac{1}{4} - \frac{3}{4}\right) = \frac{1}{8}I_0$$

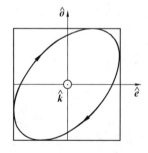
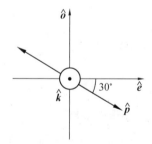

图 3.4(c)　右旋椭圆偏振光　　　　图 3.4(d)　线偏振光

五、 如图 3.5 所示，点光源 S 发出的波长为 λ、光强为 I_0 的单色线偏振光照明杨氏双孔干涉装置，在双孔后面分别放置两个透振方向夹角为 2θ 的偏振片 P_1 和 P_2，若单色线偏振光的偏振方向位于两个偏振片透振方向夹角的平分线上。求在傍轴条件下观察屏 Σ 上的光强分布和可见度。

解 设 $I_0 = E_0^2$，线偏振光通过两个偏振片 P_1 和 P_2 后分解为两束沿两个透振方向振动的线偏振光，振幅分别为

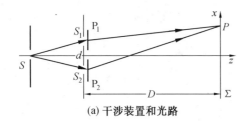

(a) 干涉装置和光路 (b) 线偏振光的偏振方向和偏振片透振方向的方位

图 3.5 杨氏双孔干涉装置的结构和光路

$$E_1 = E_0\cos\theta, \quad E_2 = E_0\cos\theta$$

再将 $\hat{p}_1$ 方向的线偏振光 E_1 沿平行和垂直 $\hat{p}_2$ 方向分解成两束线偏振光，振幅分别为

$$E_{12} = E_0\cos\theta\cos(2\theta), \quad E_{13} = E_0\cos\theta\sin(2\theta)$$

其中 E_2 光束和 E_{12} 光束相干，E_2 光束和 E_{12} 光束均与 E_{13} 光束非相干。

则有 $\delta = \dfrac{2\pi}{\lambda}\dfrac{d}{D}x$，屏幕上的光强分布为

$$I = E_{13}^2 + (E_2^2 + E_{12}^2 + 2E_2 E_{12}\cos\delta) = 2I_0\cos^2\theta[1 + \cos(2\theta)\cos\delta]$$

又有

$$I_M = 2I_0\cos^2\theta[1 + |\cos(2\theta)|], \quad I_m = 2I_0\cos^2\theta[1 - |\cos(2\theta)|]$$

可见度为

$$\gamma = \frac{I_M - I_m}{I_M + I_m} = \frac{[1 + |\cos(2\theta)|] - [1 - |\cos(2\theta)|]}{[1 + |\cos(2\theta)|] + [1 - |\cos(2\theta)|]} = |\cos(2\theta)|$$

若将 E_1 和 E_2 光束沿垂直和平行入射光的偏振方向分解，也可以得出同样的结论。

模拟试题四与解答

一、如图 4.1 所示，透镜的厚度为 20 cm、折射率为 1.5，前后表面的半径分别为 20 cm 和 40 cm、后表面镀铝反射膜，在点 O 左方 20 cm 的 Q 点处放置高度为 1 mm 的小物。求透镜最后成像的位置和高度，以及像的倒正、虚实和放缩情况。

解 第一次成像

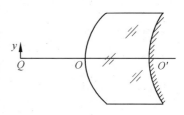

图 4.1 厚透镜的成像结构

$$s_1 = 20\ \text{cm}, \quad n_1 = 1, \quad n_1' = 1.5, \quad r_1 = 20\ \text{cm}$$

$$\frac{1.5}{s_1'} + \frac{1}{20} = \frac{1.5 - 1}{20}, \quad s_1' = -60\ \text{cm}, \quad V_1 = -\frac{-60}{1.5 \times 20} = +2$$

成正立放大的虚像。

第二次成像

$$s_2 = d - s_1' = 80 \text{ cm}, \quad r_2 = 40 \text{ cm}$$

$$\frac{1}{s_2'} + \frac{1}{80} = -\frac{2}{40}, \quad s_2' = -16 \text{ cm}, \quad V_2 = -\frac{-16}{80} = +0.2$$

成正立缩小的虚像。

第三次成像

$$s_3 = d - s_2' = 36 \text{ cm}, \quad n_3 = 1.5, \quad n_3' = 1, \quad r_3 = -20 \text{ cm}$$

$$\frac{1}{s_3'} + \frac{1.5}{36} = \frac{1-1.5}{-20}, \quad s_3' = -60 \text{ cm}, \quad V_3 = -\frac{1.5 \times (-60)}{36} = +2.5$$

成正立放大的虚像。最终成像的放大率为

$$V = V_1 V_2 V_3 = 2 \times 0.2 \times 2.5 = +1, \quad y' = yV = 1 \text{ mm}$$

最终成像位于点 O 右方 60 cm 处，像高仍为 1 mm，成正立、等大、虚像。

二、如图 4.2 所示，一束在 xz 平面沿与 z 轴成 θ 角方向传播的波长为 λ 的平面波和一束源点 Q 位于 z 轴上、与坐标原点 O 相距 a 的发散球面波相遇、发生干涉。在傍轴条件下求 $z = 0$ 平面上干涉条纹的形状方程式及其间距公式，用文字说明干涉条纹的特征。

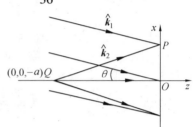

图 4.2 平面波与球面波干涉的光路

解 在 $z = 0$ 平面上两束光的初相位差为

$$\delta = (\boldsymbol{k}_2 \cdot \boldsymbol{r}_2 - \boldsymbol{k}_1 \cdot \boldsymbol{r}_1) + \Delta\varphi_0, \quad \Delta\varphi_0 = \varphi_{02} - \varphi_{01}$$

$$\boldsymbol{r}_2 = \overrightarrow{QP}, \quad \boldsymbol{r}_1 = \overrightarrow{OP} = x\hat{\boldsymbol{x}} + y\hat{\boldsymbol{y}},$$

$$\boldsymbol{k}_1 = k(\cos\alpha\hat{\boldsymbol{x}} + \cos\beta\hat{\boldsymbol{y}} + \cos\gamma\hat{\boldsymbol{z}}), \quad \beta = 90°$$

$$\boldsymbol{k}_2 \cdot \boldsymbol{r}_2 = kr_2 = k\left(a + \frac{\rho^2}{2a}\right), \quad \rho^2 = x^2 + y^2,$$

$$\boldsymbol{k}_1 \cdot \boldsymbol{r}_1 = k(x\cos\alpha + y\cos\beta) = -kx\sin\theta$$

所以有

$$\Delta\varphi = k\left(a + \frac{\rho^2}{2a} + x\sin\theta\right) + \Delta\varphi_0 = 2m\pi$$

为干涉极大值条件。

$$y^2 + (x + a\sin\theta)^2 = 2am\lambda + (-2a\Delta\varphi_0/k - 2a^2 + a^2\sin^2\theta)$$

设 $\rho'^2 = y^2 + (x + a\sin\theta)^2$，$\rho'^2 = 2am\lambda + A$，干涉条纹是以 $(-a\sin\theta, 0)$ 为圆心的同心圆。

$2\rho'\Delta\rho' \approx 2a\Delta m\lambda$，令 $\Delta m = 1$，条纹间距为

$$\Delta\rho' \approx \frac{a\lambda}{\rho'}$$

三、如图 4.3 所示,杨氏干涉装置中的点光源 S 发出波长为 600 nm 的单色光波,间距为 0.4 mm 的双缝 S_1 和 S_2 对称分布于光轴两侧,衍射屏与观察屏的距离为 100 cm,凸薄透镜 L 的前后半径相等、焦距为 10 cm、折射率为 1.5,将其置于衍射屏和观察屏之间,薄透镜与衍射屏的距离为 10 cm,在薄透镜和观察屏之间充满折射率为 1.33 的水,在傍轴条件下求观察屏 Σ 上干涉条纹的形状和间距。

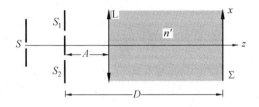

图 4.3 杨氏干涉装置的结构

解 将对称分布的两个次波源 S_1 和 S_2 对薄透镜成像,最终的干涉条纹是两个相应虚像点在观察屏 Σ 上形成的杨氏干涉条纹。由于薄透镜左右方介质的折射率不同,因此只能单球面两次成像。

先求出薄透镜的曲率半径

$$f = 10 \text{ cm} = \frac{r}{2(1.5-1)}, \quad r = r_1 = -r_2 = 10 \text{ cm}$$

第一次单球面成像

$$n = 1.0, \quad n_0 = 1.5, \quad s_1 = A = 10 \text{ cm}, \quad r_1 = 10 \text{ cm}$$

$$\frac{1.5}{s_1'} + \frac{1}{10} = \frac{1.5-1}{10}, \quad s_1' = -30 \text{ cm}, \quad V_1 = -\frac{(-30) \times 1}{1.5 \times 10} = 2$$

第二次单球面成像

$$n_0 = 1.5, \quad n' = 1.33, \quad s_2 = 30 \text{ cm}, \quad r_2 = -10 \text{ cm}$$

$$\frac{1.33}{s_2'} + \frac{1.5}{30} = \frac{1.33-1.5}{-10}, \quad s_2' \approx -40.3 \text{ cm}$$

$$V_2 = -\frac{-40.3 \times 1.5}{30 \times 1.33} \approx 1.52, \quad V = V_1 V_2 = 2 \times 1.52 \approx 3.04$$

$$d = 0.04 \times 3.04 \approx 0.12 \text{ cm}, \quad D = 100 - 10 + 40.3 = 130.3 \text{ cm}$$

满足相干加强的光程差公式为 $\Delta L = \frac{n'd}{D}x = m\lambda$,因此,干涉条纹为垂直 x 轴的直线条纹。

条纹间距为

$$\Delta x = \frac{D}{n'd}\lambda = \frac{130.3}{0.12 \times 1.33} \times 600 = 0.49 \text{ mm}$$

四、如图 4.4 所示,衍射屏上有四条平行透光狭缝,缝宽都是 a,缝间不透明部分的宽

度分别是 $a,2a,a$。求单色平行光正入射时夫琅禾费衍射光强分布。

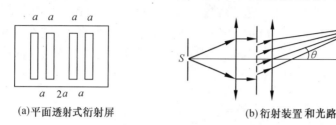

(a)平面透射式衍射屏   (b)衍射装置和光路

图 4.4 四缝夫琅禾费衍射装置的结构和光路

解   解法(1) 将四条缝分成两组,前两个单缝为一组,后两个单缝为另一组。对每一组双缝均有 $I = I_0(\frac{\sin\alpha}{\alpha})^2(\frac{\sin 2\beta}{\sin\beta})^2$,由此出发求解,其中

$$\alpha = \frac{\pi a}{\lambda}\sin\theta, \quad \beta = \frac{\pi}{\lambda}d\sin\theta, \quad d = 2a, \quad \beta = 2\alpha, \quad I_0 \propto a^2$$

因此每组双缝的夫琅禾费衍射光强分布为

$$I' = I_0(\frac{\sin\alpha}{\alpha})^2(\frac{\sin 4\alpha}{\sin 2\alpha})^2$$

两组双缝中心点的间距为 $d' = 5a, \beta' = 5\alpha$ 的夫琅禾费衍射光强分布为

$$I = I_0(\frac{\sin\alpha}{\alpha})^2(\frac{\sin 4\alpha}{\sin 2\alpha})^2(\frac{\sin 10\alpha}{\sin 5\alpha})^2$$

即

$$I = 16 I_0(\frac{\sin\alpha}{\alpha})^2 \cos^2(2\alpha)\cos^2(5\alpha)$$

解法(2) $I_1 = I_2$ 时,从

$$I = I_1 + I_2 + 2\sqrt{I_1 I_2}\cos\delta = 2I_1(1 + \cos\delta)$$

出发求解,每组双缝的夫琅禾费衍射光强分布为

$$I_1 = I_2 = 4I_0(\frac{\sin\alpha}{\alpha})^2 \cos^2(2\alpha)$$

两组双缝的夫琅禾费衍射光强分布为

$$I = 2 \times [4I_0(\frac{\sin\alpha}{\alpha})^2 \cos^2(2\alpha)](1 + \cos 10\alpha)$$

即

$$I = 16 I_0(\frac{\sin\alpha}{\alpha})^2 \cos^2(2\alpha)\cos^2(5\alpha)$$

五、如图 4.5 所示,在两个透振方向互相垂直的偏振片 P_1 和 P_2 之间插入厚度最小的 $\lambda/8$ 石英波晶片 W,波晶片的光轴方向与偏振片 P_1 和 P_2 透振方向的夹角分别为 30°和 60°,光强为 I_0 的单色平行自然光垂直入射到该装置上,忽略吸收和反射等光损耗,分别

求透射光在 1,2 和 3 区里的偏振态（画出偏振态图）和光强。

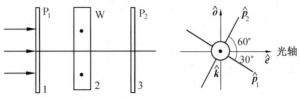

(a) 干涉装置和光路　　　(b) 光轴与偏振片透振方向的方位

图 4.5　平行偏振光干涉装置的结构和光路

解　（1）通过第一个偏振片 P_1 后光强为 $I_1 = \frac{1}{2}I_0$，即 $E_{01}^2 = \frac{1}{2}I_0$。偏振态为如图 4.5(c) 所示的沿第一个偏振片 P_1 的透振方向的线偏振光。

（2）通过 $\lambda/8$ 的石英波晶片后

$$E_{1e} = E_{01}\cos30° = \frac{\sqrt{3}}{2}E_{01}, \quad E_{1o} = E_{01}\sin30° = \frac{1}{2}E_{01}$$

$$\delta_b = \pi, \quad \delta_a = -\pi/4, \quad \delta = \delta_b + \delta_a = 3\pi/4$$

光强仍然为 $I_2 = \frac{1}{2}I_0$，偏振态为如图 4.5(d) 所示的左旋椭圆偏振光。

（3）通过第二个偏振片后，偏振态为如图 4.5(e) 所示的沿第二个偏振片 P_2 透振方向的线偏振光，其中

$$E_{e2} = E_{01}\cos30°\cos60° = \frac{\sqrt{3}}{4}E_{01}, \quad E_{o2} = E_{01}\sin30°\sin60° = \frac{\sqrt{3}}{4}E_{01}$$

$$\delta_c = 0, \quad \delta = \delta_b + \delta_a + \delta_c = 3\pi/4$$

$$I_3 = E_{e2}^2 + E_{o2}^2 + 2E_{e2}E_{o2}\cos\delta =$$

$$\frac{2 \times 3}{16}E_{01}^2(1 - \frac{\sqrt{2}}{2}) = \frac{3}{32}(2 - \sqrt{2})I_0 \approx 0.055I_0$$

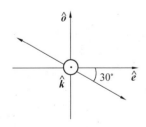
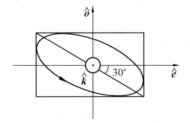
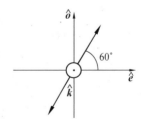

图 4.5(c)　线偏振光　　　图 4.5(d)　左旋椭圆偏振光　　　图 4.5(e)　线偏振光

模拟试题五与解答

一、如图 5.1(a) 所示，L 是薄透镜，MN 是主光轴，点 O 是光心，ABC 是已知的一条通过薄透镜的入射和折射光线。用作图方法确定任意入射光线 DE 通过该薄透镜后的折射光线。

解 如图 5.1(b) 所示。

(1) 过光心 O 作 AB 线的平行线 OC，交 BC 线于点 C。
(2) 过点 C 作光轴 MN 的垂直线 CF，交光轴于点 F，点 F 是焦点，CF 是焦平面。
(3) 过光心 O 作任意光线 DE 的平行线 OG，交焦平面于点 G。
(4) 过点 E 和点 G 作直线 EG，EG 线即为任意入射光线 DE 经过薄透镜的折射光线。

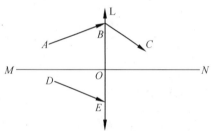
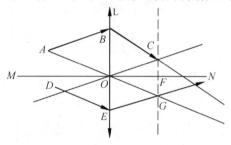

图 5.1(a) 薄透镜一般光线的入射光路　　图 5.1(b) 薄透镜一般光线的折射光路

二、如图 5.2 所示，凹薄透镜两侧球面的半径相等，物像方介质的折射率分别是 1.0 和 2.0。求该透镜介质的折射率多大时才能将轴上小物在傍轴条件下成正立等大的像。

解 设透镜介质的折射率为 n_0，则有

图 5.2 凹薄透镜的成像结构

$$s_2 = -s_1'$$

$$V = V_1 V_2 = \left(-\frac{ns_1'}{n_0 s_1}\right)\left(-\frac{n_0 s_2'}{n' s_2}\right) = -\frac{ns_2'}{n' s_1} = -\frac{s_2'}{2.0 s_1} = +1, \quad s_2' = -2.0 s_1$$

设 $|r_1| = |r_2| = R$，则有

$$\frac{n_0}{s_1'} + \frac{1}{s_1} = \frac{n_0 - 1}{-R}, \quad \frac{2.0}{s_2'} + \frac{n_0}{s_2} = \frac{2.0 - n_0}{R}$$

$$\frac{1}{s_1} + \frac{2.0}{s_2'} = \frac{1 - n_0}{R} + \frac{2.0 - n_0}{R}, \quad \frac{1 - n_0}{R} + \frac{2.0 - n_0}{R} = 0, \quad n_0 = 1.5$$

凹薄透镜介质的折射率为 $n_0 = 1.5$ 时，才能将轴上小物最后成正立等大的像。

三、如图 5.3 所示，焦距为 15 cm 的薄透镜从中心切去 2 mm 后对接放置在与右方观察屏 Σ 相距 25 cm 的光轴上，波长为 400 nm 的单色点光源 S 放置在与右方对接薄透镜相距 R 的光轴上。分别求（1）$R = 15$ cm；（2）$R = 10$ cm 时观察屏上干涉条纹的形状和间距。

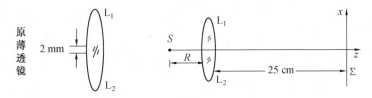

图 5.3 对切薄透镜干涉装置的结构

解　（1）$R = 15$ cm 时折射光是两束平行相干光束的干涉，干涉条纹是垂直 x 轴的直线条纹，则有

$$\sin\theta = \frac{1}{\sqrt{150^2 + 1}} \approx 0.0067, \quad \Delta x = \frac{\lambda}{2\sin\theta} = \frac{400}{2 \times 0.0067} \times 10^{-6} \approx 0.03 \text{ mm}$$

（2）$R = 10$ cm 时折射光是两束球面相干光束的干涉，干涉条纹是垂直 x 轴的直线条纹

$$\frac{1}{s'} + \frac{1}{10} = \frac{1}{15}, \quad s' = -30 \text{ cm}, \quad V = -\frac{-30}{10} = 3$$

$$d = 2 \times (3 \times 1 - 1) = 4 \text{ mm}, \quad D = 300 + 250 = 550 \text{ mm}$$

$$\Delta x = \frac{D}{d}\lambda = \frac{550 \times 400}{4} \times 10^{-6} = 0.055 \text{ mm}$$

四、如图 5.4 所示，衍射屏上三条平行透光狭缝的宽度分别为 $a, 2a, a$，相邻两缝中心的宽度均为 d，波长为 λ 的单色平行光正入射到该衍射屏上。（1）求接收屏幕上夫琅禾费衍射的光强分布；（2）在两边宽度为 a 的透光狭缝后面分别放置延迟量为 π 的附加相位片，求接收屏上夫琅禾费衍射的光强分布。

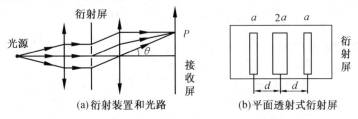

图 5.4 三缝夫琅禾费衍射装置的结构和光路

解　1)（a) 用复振幅方法求解
相邻单缝间的光程差和初相位差分别为

$$\Delta r = d\sin\theta, \quad \delta = 2\beta, \quad \beta = \frac{\pi d}{\lambda}\sin\theta$$

三个单缝夫琅禾费衍射的复振幅分布分别为

$$\widetilde{E}_1 = a\widetilde{C}\frac{\sin\alpha}{\alpha}e^{ikr_0}e^{-2i\beta}$$

$$\widetilde{E}_2 = 2a\widetilde{C}\frac{\sin(2\alpha)}{2\alpha}e^{ikr_0} = 2a\widetilde{C}\frac{\sin\alpha}{\alpha}\cos\alpha\, e^{ikr_0}$$

$$\widetilde{E}_3 = a\widetilde{C}\frac{\sin\alpha}{\alpha}e^{ikr_0}e^{2i\beta}$$

其中 $\alpha = \frac{\pi a}{\lambda}\sin\theta$；$r_0$ 是中间的单缝中心光束沿 θ 角衍射时到达观察屏的光程。

三个缝的总复振幅为

$$\widetilde{E} = a\widetilde{C}\frac{\sin\alpha}{\alpha}e^{ikr_0}(e^{-i2\beta} + 2\cos\alpha + e^{i2\beta}) =$$

$$2a\widetilde{C}\frac{\sin\alpha}{\alpha}e^{ikr_0}[\cos\alpha + \cos(2\beta)]$$

合光强为
$$I = \widetilde{E}\cdot\widetilde{E}^* = 4I_0\left(\frac{\sin\alpha}{\alpha}\right)^2[\cos\alpha + \cos(2\beta)]^2$$

(b) 用矢量图解方法求解

$$E_{01} = E_{03} = a|\widetilde{C}|\frac{\sin\alpha}{\alpha} = E_0$$

$$E_{02} = a|\widetilde{C}|\frac{\sin\alpha}{\alpha}(2\cos\alpha) = (2\cos\alpha)E_0$$

$$\delta = 2\beta, \quad \beta = \frac{\pi d}{\lambda}\sin\theta, \quad \alpha = \frac{\pi a}{\lambda}\sin\theta$$

合成矢量如图 5.4(c) 所示，其光强分布为

$$E = 2E_0[\cos\alpha + \cos(2\beta)]$$

$$I = E^2 = 4I_0\left(\frac{\sin\alpha}{\alpha}\right)^2[\cos\alpha + \cos(2\beta)]^2$$

2)(a) 用复振幅方法求解

$$\widetilde{E} = a\widetilde{C}\frac{\sin\alpha}{\alpha}e^{ikr_0}(-e^{-i2\beta} + 2\cos\alpha - e^{i2\beta}) =$$

$$2a\widetilde{C}\frac{\sin\alpha}{\alpha}e^{ikr_0}[\cos\alpha - \cos(2\beta)]$$

合光强为

$$I = \widetilde{E}\cdot\widetilde{E}^* = 4I_0\left(\frac{\sin\alpha}{\alpha}\right)^2[\cos\alpha - \cos(2\beta)]^2$$

(b) 用矢量图解方法求解

$$E = 2E_0[\cos\alpha - \cos(2\beta)]$$

$$I = E^2 = 4I_0(\frac{\sin\alpha}{\alpha})^2[\cos\alpha - \cos(2\beta)]^2$$

矢量合成如图 5.4(d) 所示。

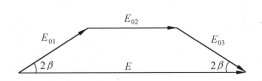

图 5.4(c)　三缝夫琅禾费衍射的振幅矢量合成　　图 5.4(d)　放置附加相位片的三缝夫琅禾费衍射的振幅矢量合成

五、如图 5.5 所示，点光源 S 发出波长为 λ、光强为 I_0 的单色自然光照明杨氏双孔干涉装置，双孔间距为 d，双孔所在屏到接收屏的距离为 D。(1) 写出傍轴条件下接收屏上的光强分布；(2) 在 S 孔后面放置偏振片 P，在 S_1 孔后面放置最薄的石英晶体 $\lambda/4$ 波晶片 W，在 S_2 孔后面放置与波晶片中 e 光的相位延迟量相同的附加相位片 B，设偏振片的透振方向与波晶片光轴的夹角为 $45°$，求在傍轴条件下接收屏上的光强分布和可见度。

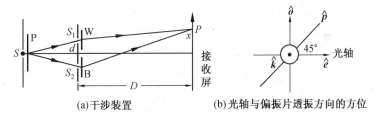

(a) 干涉装置　　　　　　(b) 光轴与偏振片透振方向的方位

图 5.5　杨氏双孔干涉装置的结构和光路

解　(1) 不加偏振片、波晶片和相位延迟片时观察屏上的光强分布为

$$I = 2I_0(1 + \cos\delta) = 4I_0\cos^2(\frac{\delta}{2}), \quad \delta = \frac{2\pi}{\lambda}\frac{d}{D}x$$

δ 是 S_2 缝的光束与 S_1 缝光束相比到达接收屏后的相位延迟量。

(2)① 入射自然光经过偏振片 P 后成为光强 $I_1 = I_0/2$ 的线偏振光，$E_{01}^2 = I_0/2$。

② 在 S_1 孔后面放置最薄的石英晶体 $\lambda/4$ 波晶片 W 后，从 S_1 孔出射的是右旋圆偏振光

$$E_{1e} = E_{01}\cos\frac{\pi}{4} = \frac{\sqrt{2}E_{01}}{2}, \quad E_{1o} = E_{01}\sin\frac{\pi}{4} = \frac{\sqrt{2}E_{01}}{2}$$

$\delta_a = -\pi/2$ 是 o 光相对 e 光的附加相位延迟量。

③ 在 S_2 孔后面放置与波晶片中 e 光相位延迟量相同的附加相位片 B 后，相位延迟片

B 只延长了线偏振光的相位，从 S_2 孔出射的仍是偏振方向与偏振片透振方向一致的线偏振光，可以分解为沿 e 和 o 方向振动的两束线偏振光，这两束线偏振光的相位延迟量均与波晶片中 e 光的相位延迟量相同，即

$$E_{2e} = E_{01}\cos\frac{\pi}{4} = \frac{\sqrt{2}E_{01}}{2}, \quad E_{2o} = E_{01}\sin\frac{\pi}{4} = \frac{\sqrt{2}E_{01}}{2}$$

④ 其中 E_{1e} 与 E_{2e} 是相干光，E_{1o} 和 E_{2o} 是相干光，有

$$I_e = E_{1e}^2 + E_{2e}^2 + 2E_{1e}E_{2e}\cos\delta = E_{01}^2(1+\cos\delta)$$

$$I_o = E_{1o}^2 + E_{2o}^2 + 2E_{1o}E_{2o}\cos(\delta+\pi/2) = E_{01}^2(1+\cos(\delta+\pi/2)) = E_{01}^2(1-\sin\delta)$$

其中 $+\frac{\pi}{2}$ 表示从 S_2 缝出射的沿 o 方向振动的线偏振光比从 S_1 缝出射的沿 o 方向振动的线偏振光的相位延迟了 $\frac{\pi}{2}$。

到达接收屏后总光强应当为

$$I = I_e + I_o$$

$$I = I_e + I_o = \frac{I_0}{2}(2+\cos\delta-\sin\delta) = \frac{I_0}{2}(2-\sqrt{2}\sin(\delta-\pi/4))$$

$$I_M = \frac{2+\sqrt{2}}{2}I_0, \quad I_m = \frac{2-\sqrt{2}}{2}I_0$$

可见度为

$$\gamma = \frac{I_M - I_m}{I_M + I_m} = \frac{\sqrt{2}}{2} \approx 0.71$$

模拟试题六与解答

一、通过偏振片观察部分偏振光，当偏振片由透射光强极大的位置转过 30° 角时，透射光强减为极大光强的 7/8，求部分偏振光的偏振度。

解 由题意可得

$$7I_M/8 = I_M\cos^2 30° + I_m\sin^2 30° = 3I_M/4 + I_m/4, \quad I_M = 2I_m$$

$$P = \frac{I_M - I_m}{I_M + I_m} = \frac{1}{3} \approx 33.3\%$$

二、5 mm 高的小物体放在球面镜左前方 10 cm 处，形成 1 mm 高的虚像，求球面镜的半径和凸凹情况。

解 $V = \frac{y'}{y} = -\frac{s'}{s}$，虚像对应 $s' < 0$，已知 $s > 0$，因此

$$\frac{1}{5} = -\frac{s'}{10} > 0, \quad s' = -2 \text{ cm}, \quad \frac{1}{10} + \frac{1}{-2} = -\frac{2}{r}, \quad r = +5 \text{ cm}$$

由于 $r > 0$，因此此面镜是凸面镜，半径为 5 cm。

三、如图 6.1 所示，折射率为 1.5 的凸厚透镜的前后表面的半径分别为 50 cm 和 25 cm，中心厚度为 25 cm，高度为 5 mm 的小物置于透镜前表面左方 50 cm 处。求傍轴条件下最后成像的位置和高度，以及像的倒正、放缩和虚实情况。

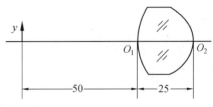

图 6.1　双凸厚透镜的成像结构

解　(1) 由题意知 $s_1 = 50$ cm, $r_1 = 50$ cm, $n_1 = 1, n_1' = 1.5, y_1 = 0.5$ cm，所以有

$$\frac{1.5}{s_1'} + \frac{1}{50} = \frac{0.5}{50}, \quad s_1' = -150 \text{ cm}, \quad V_1 = -\frac{-150 \times 1}{50 \times 1.5} = +2$$

$$y_1' = y_1 V_1 = 1.0 \text{ cm}$$

成正立放大的虚像。

(2) $s_2 = d - s_1' = 175$ cm, $r_2 = -25$ cm, $n_2 = 1.5$, $n_2' = 1$, $y_2 = 1.0$ cm

$$\frac{1}{s_2'} + \frac{1.5}{175} = \frac{-0.5}{-25}, \quad s_2' = 87.5 \text{ cm}, \quad V_2 = -\frac{87.5 \times 1.5}{175} = -0.75$$

$$y_2' = y_2 V_2 = -0.75 \text{ cm}$$

成倒立缩小的实像，因此成像结果为

$$V = V_1 V_2 = -2 \times 0.75 = -1.5, \quad s' = 87.5 \text{ cm}$$

$$y' = yV = -0.5 \times 1.5 = -0.75 \text{ cm} = -7.5 \text{ mm}$$

最终成像于凸厚透镜右方 87.5 cm 处，像高 7.5 mm，成倒立放大的实像。

四、如图 6.2 所示，轴上点光源发出的波长为 λ、光强为 I_0 的单色自然光入射到缝宽为 a 的单缝夫琅禾费衍射装置上。(1) 写出观察屏上的光强分布和半角宽；(2) 若在单缝前方放置各遮挡半个缝宽的两个偏振片 P_1 和 P_2，两个偏振片的透振方向互相垂直，求观察屏上的光强分布；(3) 与无遮挡时相比，遮挡后的最大光强和半角宽如何变化。

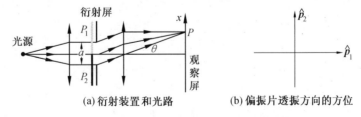

(a) 衍射装置和光路　　(b) 偏振片透振方向的方位

图 6.2　单缝夫琅禾费衍射装置的结构和光路

解 （1）未放偏振片时，单缝衍射的光强分布为

$$I = I_0\left(\frac{\sin\alpha}{\alpha}\right)^2, \quad \alpha = \frac{\pi a}{\lambda}\sin\theta, \quad I_0 \propto a^2$$

由 $a\sin\theta = m\lambda$，得半角宽 $\Delta\theta = \dfrac{\lambda}{a}$。

（2）放入两个偏振片后，透过偏振片的光强变为 $I_0/2$，一个缝宽为 a 的单缝变成两个缝宽为 $a/2$ 的单缝夫琅禾费衍射，此时每个 $a/2$ 缝宽的单缝在观察屏上的最大光强 $I_0' \propto (a/2)^2$，光强分布为

$$I_{1(2)} = I_0/8\left(\frac{\sin\alpha'}{\alpha'}\right)^2, \quad \alpha' = \frac{\pi a}{2\lambda}\sin\theta = \alpha/2$$

总光强分布为两个单缝光强分布的非相干叠加，即

$$I = I_1 + I_2 = \frac{I_0}{4}\left(\frac{\sin\alpha'}{\alpha'}\right)^2 = \frac{I_0}{4}\left[\frac{\sin(\alpha/2)}{\alpha/2}\right]^2$$

（3）与无偏振片时相比较，最大光强减少到原来的 $1/4$。

由 $(a/2)\sin\theta = m\lambda$，得半角宽为 $\Delta\theta_1 = \Delta\theta_2 = \dfrac{2\lambda}{a}$，与无偏振片时相比较，半角宽增大了一倍，即 $\Delta\theta_1 = \Delta\theta_2 = 2\Delta\theta$。

五、如图 6.3 所示，波长为 λ、在 xz 平面沿与 z 轴成 θ 角方向传播的平面波与源点 Q 的坐标为 $(a, 0, -R)$、波长也为 λ 的发散球面波相遇、发生干涉。若两列波在 $z = 0$ 平面上的振幅相等，在各自计算起点处的初始相位均为零。在傍轴条件下求 $z = 0$ 平面上的干涉光强分布，以及干涉条纹的形状和间距。

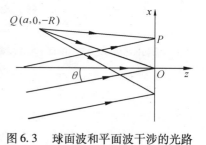

图 6.3　球面波和平面波干涉的光路

解　选取坐标原点 O 为平面波的计算起点，源点 Q 为球面波的计算起点，选取点 P 为 $z = 0$ 平面上任意观察场点，则有

$$\varphi_{01} = \varphi_{02} = 0, \quad E_{01} = E_{02} = E_0$$

对于平面波有

$$\boldsymbol{r}_1 = \overrightarrow{OP} = x\hat{\boldsymbol{x}} + y\hat{\boldsymbol{y}}, \quad z = 0, \quad k = \frac{2\pi}{\lambda}$$

$$\boldsymbol{k}_1 = k(\cos\alpha\hat{\boldsymbol{x}} + \cos\theta\hat{\boldsymbol{z}}), \quad \varphi_1 = \boldsymbol{k}_1 \cdot \boldsymbol{r}_1 = kx\cos\alpha = kx\sin\theta$$

对于发散球面波有

$$\boldsymbol{r}_2 = \overrightarrow{QP_2} = \left(R + \frac{x^2 + y^2}{2R} + \frac{a^2}{2R} - \frac{ax}{R}\right)\hat{\boldsymbol{r}}_2$$

$$\varphi_2 = \boldsymbol{k} \cdot \boldsymbol{r}_2 = kr_2 = k(R + \frac{a^2}{2R} + \frac{\rho^2}{2R} - \frac{ax}{R}), \rho^2 = x^2 + y^2$$

相位差
$$\delta = \varphi_2 - \varphi_1 = k(R + \frac{a^2}{2R} + \frac{\rho^2}{2R} - \frac{ax}{R} - x\sin\theta)$$

光强分布
$$I = E_0^2 + E_0^2 + 2E_0^2\cos\delta$$

相干极大值条件
$$\delta = \varphi_2 - \varphi_1 = k(R + \frac{a^2}{2R} + \frac{\rho^2}{2R} - \frac{ax}{R} - x\sin\theta) = 2m\pi$$
$$y^2 + (x^2 - 2(a + R\sin\theta)x) = 2Rm\lambda - a^2 - 2R^2$$
$$\rho'^2 = y^2 + (x - (a + R\sin\theta))^2 = 2Rm\lambda - a^2 - 2R^2 + (a + R\sin\theta)^2$$
$$\rho'^2 = y^2 + (x - (a + R\sin\theta))^2 = 2Rm\lambda + B$$

干涉条纹是位于 xy 平面以 $(a + R\sin\theta, 0)$ 为圆心的圆形条纹,条纹间距为
$$\Delta\rho' \approx \frac{R\lambda}{\rho'}$$

模拟试题七与解答

一、金属表面分别被波长为 λ 和 2λ 的单色光照射时,释放出光电子的最大动能分别为 30 eV 和 10 eV,求能使金属表面释放光电子的最大光波波长是波长 λ 的多少倍。

解 由 $h\nu = \frac{1}{2}mv^2 + A, v = 0$ 时, $A = h\nu_m = h\frac{c}{\lambda_M}$,得

$$hc(\frac{1}{\lambda} - \frac{1}{\lambda_M}) = 30 \text{ eV}, \quad hc(\frac{1}{2\lambda} - \frac{1}{\lambda_M}) = 10 \text{ eV}$$

$$(\frac{\lambda_M - \lambda}{\lambda\lambda_M})/(\frac{\lambda_M - 2\lambda}{2\lambda\lambda_M}) = 3, \quad \frac{2(\lambda_M - \lambda)}{(\lambda_M - 2\lambda)} = 3, \quad \frac{\lambda_M}{\lambda} = 4$$

二、如图 7.1(a) 所示,F_1 为凸薄透镜 L_1 的物方焦点,F_2' 为凹薄透镜 L_2 的像方焦点,用作图方法确定这个成像装置相对轴上物点 Q 的孔径光阑、入射光瞳和出射光瞳,以及视场光阑、入射窗和出射窗的位置和口径。

解 如图 7.1(b) 所示,L_1 是孔径光阑兼入射光瞳,L_1' 是出射光瞳,L_2 是视场光阑兼出射窗,L_2' 是入射窗。

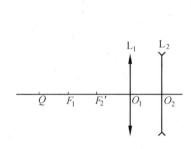 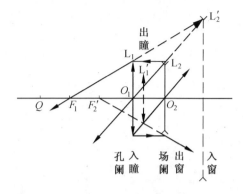

图 7.1(a)　凸凹薄透镜组成的成像装置的结构　　图 7.1(b)　确定光学成像装置光阑的光路

三、由自然光和圆偏振光组成的部分偏振光依次通过 $\lambda/4$ 波晶片和偏振片,旋转偏振片后得到的最大光强是最小光强的 7 倍。求自然光的光强与部分偏振光光强的比值。

解　自然光通过 $\lambda/4$ 波晶片后仍然是自然光,且光强不变,设为 I_1;圆偏振光通过 $\lambda/4$ 波晶片后变为线偏振光,光强不变,设为 I_2。则从偏振片出射的最大光强和最小光强的比值为

$$\frac{I_1/2 + I_2}{I_1/2} = 7, \quad I_2 = 3I_1$$

则自然光强和部分偏振光强的比值为

$$\frac{I_1}{I_1 + I_2} = \frac{1}{1+3} = 1/4 = 0.25$$

四、单色平行光垂直照射菲涅耳衍射屏,衍射屏对入射光形成如图 7.2(a) 所示暗影部分的遮挡,r_0 是衍射屏中心到轴上场点 P_0 的光程。求点 P_0 处的光强与自由传播时此处光强的比值。

解　如图 7.2(b) 所示,设第一个半波带在轴上场点 P_0 处产生的振幅为 E_{01},第二个半波带前半部分在轴上场点 P_0 处产生的振幅为 $E_{02}^{(1)}$,第二个半波带后半部分的一半在轴上场点 P_0 处产生的振幅为 $E_{02}^{(2)}$,从第三个半波带以后所有半波带在轴上场点 P_0 处产生的振幅之和等于自由传播时的振幅 E_0,则总振幅为

$$\boldsymbol{E}_{P_0} = \boldsymbol{E}_{01} + \boldsymbol{E}_{02}^{(1)} + \boldsymbol{E}_{02}^{(2)} + \boldsymbol{E}_0 = \boldsymbol{E}' + \boldsymbol{E}_0$$

即

$$E_{P_0}^2 = \left(\frac{1}{2}E_0\right)^2 + \left(\frac{3}{2}E_0\right)^2 = \frac{5}{2}E_0^2, \quad I/I_0 = 5/2$$

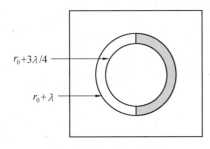

图 7.2(a) 菲涅耳衍射屏

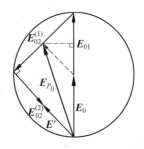

图 7.2(b) 菲涅耳衍射的矢量合成

五、波长为 500 nm 的平行光垂直入射到缝宽为 1×10^{-3} mm、每毫米 200 条狭缝、总宽度为 5 cm 的平面透射式光栅上。(1) 求第三级主极大的夫琅禾费衍射角;(2) 在第三级主极大的方向上能否分辨 500 nm 和 500.02 nm 两条谱线,为什么;(3) 在屏幕上能够看到哪几级衍射主极大缺级。

解 (1) $d\sin\theta = k\lambda$, $d = \dfrac{1 \times 10^6}{200} = 5000$ nm

$$\theta = \arcsin(\dfrac{3 \times 500}{5000}) = \arcsin 0.3 \approx 17.46°$$

(2) $N = 200 \times 50 = 10000$, $R = kN = 30000$

在第三级主极大的方向上能分辨的最小波长差为

$$\delta\lambda_m = \dfrac{\lambda}{R} = \dfrac{5}{300} \approx 0.0167 \text{ nm}, \quad \delta\lambda_m < \Delta\lambda = 500.02 - 500 = 0.02 \text{ nm}$$

因此能分辨波长差为 $\Delta\lambda = 0.02$ nm 的两条谱线。

(3) $a\sin\theta = m\lambda$, $k = \dfrac{d}{a}m (m = \pm 1, \pm 2, \cdots)$

$$k_M < \dfrac{d}{\lambda} = 10, \quad a = 1000 \text{ nm}, \quad k = \dfrac{d}{a}m = 5m$$

$k = \pm 5$ 级夫琅禾费衍射主极大缺级。

模拟试题八与解答

一、如图 8.1 所示,两块 4 cm 长的透明薄玻璃平板,一边互相接触,另一边压住圆形金属细丝,波长为 589.3 nm 的钠黄光垂直照明该装置,用显微镜从上方观察干涉条纹。(1) 测得干涉条纹的间距为 0.1 mm,求细丝的直径;(2) 细丝的温度变化时,从玻璃平板的中心点 A 处观察到干涉条纹向交棱方向移

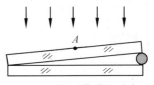

图 8.1 楔形薄膜的干涉

过了 5 个条纹,此时细丝是膨胀还是收缩了,温度变化后细丝直径的变化量是多少。

解 （1）细丝直径为 $d = \dfrac{L}{\Delta x} \times \dfrac{\lambda}{2} = \dfrac{40 \times 589.3 \times 10^{-6}}{2 \times 0.1} \approx 0.118$ mm

（2）点 A 处干涉条纹向交棱的方向移动,即两块平板的夹角变大,说明细丝因为膨胀直径变大了。细丝直径的变化量是

$$\Delta d = 2 \times 5 \times \dfrac{\lambda}{2} \approx 2946.5 \text{ nm}$$

二、如图 8.2 所示,一列波长为 λ、在 xz 平面沿与 z 轴夹角为 θ 的方向传播的平面波,与一列源点在轴上、距坐标原点为 a、波长也为 λ 的球面波相遇、发生干涉。在傍轴条件下求 $z = 0$ 平面上干涉条纹的形状和间距。

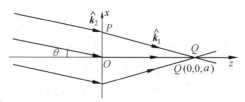

图 8.2 球面波与平面波干涉的光路

解 对于球面波有

$$\boldsymbol{r}_1 = \overrightarrow{QP} = r_1 \hat{\boldsymbol{r}}_1$$

$$\varphi_1 = \boldsymbol{k}_1 \cdot \boldsymbol{r}_1 + \varphi_{10} = -kr_1 + \varphi_{10} = -k\left(a + \dfrac{\rho^2}{2a}\right) + \varphi_{10}$$

对于平面波有

$$\boldsymbol{k}_2 = k(-\sin\theta \hat{\boldsymbol{x}} + \cos\theta \hat{\boldsymbol{z}}), \quad \boldsymbol{r}_2 = \overrightarrow{OP} = x\hat{\boldsymbol{x}} + y\hat{\boldsymbol{y}}$$

$$\varphi_2 = \boldsymbol{k}_2 \cdot \boldsymbol{r}_2 + \varphi_{20} = k(-x\sin\theta) + \varphi_{20}$$

亮条纹方程为

$$\Delta\varphi = \varphi_2 - \varphi_1 = k\left(a + \dfrac{x^2 + y^2}{2a} - x\sin\theta\right) + \Delta\varphi_0 = 2m\pi$$

$$y^2 + (x - a\sin\theta)^2 = 2am\lambda + a^2\sin^2\theta - 2a^2 - (2a\Delta\varphi_0/k)$$

$$\rho'^2 = y^2 + (x - a\sin\theta)^2 = 2am\lambda + A$$

干涉条纹的形状为圆形干涉条纹,圆心在 $(a\sin\theta, 0)$ 处。间距为

$$\Delta\rho' \approx \dfrac{a\lambda}{\rho'}$$

三、如图 8.3 所示,在两个偏振片 P_1 和 P_2 之间插入厚度为 $\lambda/3$ 的石英波晶片 W,其光轴方向与偏振片 P_1 和 P_2 透振方向的夹角分别为 45° 和 30°。光强为 I_0 的单色平行自然光垂直入射到该装置上,忽略吸收和反射等光损耗,分别求在 1,2,3 区里光波的偏振态（画出偏振态图）和光强。

解 （1）从第一个偏振片出射的是线偏振光,偏振方向为图 8.3(c) 所示的沿 P_1 的透振方向,光强为

$$I_1 = I_0/2 = E_{01}^2$$

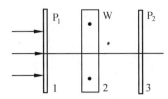 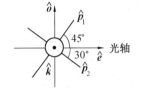

(a) 干涉装置和光路　　　　(b) 光轴与偏振片透振方向的方位

图 8.3　平行偏振光干涉装置的结构和光路

(2) 线偏振光入射到波晶片上后，$\delta_b = 0, \delta_a = -2\pi/3, \delta = \delta_b + \delta_a = -2\pi/3$，从波晶片出射的透射光的偏振态是图 8.3(d) 所示的处于二四象限的右旋椭圆偏振光

$$E_{1e} = E_{01}\cos45°, \quad E_{1o} = E_{01}\sin45°$$

光强为

$$I_2 = E_{1e}^2 + E_{1o}^2 = I_0/2$$

(3) 从第二个偏振片出射的仍是线偏振光，偏振方向为如图 8.3(e) 所示的沿 P_2 的透振方向，其值为

$$\delta = \delta_b + \delta_a + \delta_c = 0 - 2\pi/3 + \pi = \pi/3$$
$$E_{2e} = E_{01}\cos45°\cos30°, \quad E_{2o} = E_{01}\sin45°\sin30°$$
$$I = E_{2e}^2 + E_{2o}^2 + 2E_{2e}E_{2o}\cos\delta$$
$$I = \frac{I_0}{2}\left(\frac{6}{16} + \frac{2}{16} + \frac{2\sqrt{3}}{16}\right) = \frac{4+\sqrt{3}}{16}I_0 \approx 0.36 I_0$$

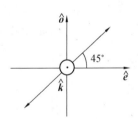 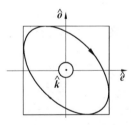 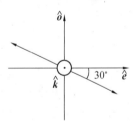

图 8.3(c)　线偏振光　　图 8.3(d)　右旋椭圆偏振光　　图 8.3(e)　线偏振光

四、如图 8.4 所示，凹厚透镜的折射率为 1.5、前后表面的半径分别为 20 mm 和 25 mm、中心厚度为 20 mm，其后表面镀铝反射膜，在前表面左方 40 mm 处放置高度为 5 mm 的小物体。求在傍轴条件下最后成像的位置和高度，以及像的倒正、放缩和虚实情况。

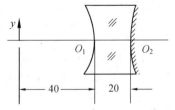

图 8.4　双凹厚透镜的成像结构

解　第一次成像

$$s_1 = 40 \text{ mm}, \quad r_1 = -20 \text{ mm}, \quad n_1 = 1, \quad n_1' = 1.5$$

$$\frac{1.5}{s_1'} + \frac{1}{40} = \frac{1.5-1}{-20}, \quad s_1' = -30 \text{ mm}$$

$$V_1 = -\frac{-30}{1.5 \times 40} = 0.5, \quad y_1' = 2.5 \text{ mm}$$

成正立缩小的虚像。

第二次成像

$$s_2 = d - s_1' = 50 \text{ mm}, \quad r_2 = 25 \text{ mm}$$

$$\frac{1}{s_2'} + \frac{1}{50} = -\frac{2}{25}, \quad s_2' = -10 \text{ mm}$$

$$V_2 = -\frac{-10}{50} = 0.2, \quad y_2' = 0.5 \text{ mm}$$

成正立缩小的虚像。

第三次成像

$$s_3 = d - s_2' = 30 \text{ mm}, \quad r_3 = 20 \text{ mm}, \quad n_3 = 1.5, \quad n_3' = 1$$

$$\frac{1}{s_3'} + \frac{1.5}{30} = \frac{1-1.5}{20}, \quad s_3' = -\frac{40}{3} \approx -13.33 \text{ mm}$$

$$V_3 = -\frac{-1.5 \times 40/3}{30 \times 1} \approx 0.67, \quad V = V_1 V_2 V_3 \approx 0.067$$

$$y' = yV \approx 0.335 \text{ mm}$$

最后的成像位于凹厚透镜前表面 O_1 右方 13.33 mm 处,像高 0.335 mm。成正立缩小的虚像。

五、如图 8.5 所示,点光源 S 发出光强为 I_0 的单色自然光照明杨氏双孔干涉装置,若在双孔后面分别放置透振方向夹角为 θ 的偏振片 P_1 和 P_2。求观察屏 Σ 上的光强分布和可见度。

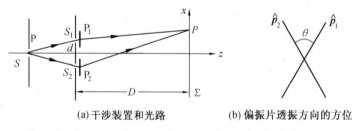

(a) 干涉装置和光路　　　　(b) 偏振片透振方向的方位

图 8.5　杨氏双孔干涉装置的结构和光路

解　将点光源发出的光强为 I_0 的自然光沿垂直和平行偏振片 P_1 透振方向分解为光强各为 $0.5I_0$。没有固定初相位差的两束线偏振光。

垂直 P_1 透振方向的线偏振光通过透振方向夹角为 θ 的两偏振片 P_1 和 P_2 后,形成光强分别为 $I_1 = 0, I_2 = 0.5I_0 \sin^2\theta$ 的线偏振光。

平行 P_1 透振方向的线偏振光通过 P_1 和 P_2 后,形成光强分别为 $I_3 = 0.5I_0$,

$I_4 = 0.5I_0\cos^2\theta$ 的线偏振光,其偏振方向如图 8.5(c)所示。其中 I_2 和 I_3 以及 I_2 和 I_4 之间均不满足相干条件,属于非相干叠加。

将 I_4 再沿平行和垂直偏振片 P_1 透振方向的两个方向投影,投影分量分别是

$$I_{41} = 0.5I_0\cos^4\theta, \quad I_{42} = 0.5I_0\cos^2\theta\sin^2\theta$$

四束线偏振光的振动方向如图 8.5(d) 所示。

图 8.5(c)　通过两个偏振片后的三束线偏振光的偏振方向　图 8.5(d)　四束线偏振光的偏振方向

观察屏上接收到的 I_2, I_3, I_{41}, I_{42} 四束线偏振光中只有 I_3 和 I_{41} 两束线偏振光相干。因此,观察屏上的光强分布为

$$I = I_2 + I_{42} + (I_3 + I_{41} + 2\sqrt{I_3 I_{41}}\cos\delta) = I_0(1 + \cos^2\theta\cos\delta)$$

上式中 δ 是会聚在观察屏上点 P 处的相干光 I_3 和 I_{41} 之间的初相位差

$$\delta = \frac{2\pi}{\lambda}\frac{d}{D}x$$

从而,观察屏上光强分布的最大和最小值分别为

$$I_M = I_0(1 + \cos^2\theta), \quad I_m = I_0(1 - \cos^2\theta)$$

干涉条纹的可见度为

$$\gamma = \frac{I_M - I_m}{I_M + I_m} = \frac{(1+\cos^2\theta) - (1-\cos^2\theta)}{(1+\cos^2\theta) + (1-\cos^2\theta)} = \cos^2\theta$$

若首先将点光源发出的光强为 I_0 的自然光沿垂直和平行两偏振片 P_1 和 P_2 夹角平分线的两个方向分解为光强各为 $0.5I_0$、没有固定初相位差的两束线偏振光,然后逐步解答,也可以得到同样的结果。

模拟试题九与解答

一、若物体是绝对黑体,则物体:(A) 特别黑;(B) 既不反射也不辐射电磁波;(C) 不辐射电磁波;(D) 不反射电磁波。

解　吸收本领等于 1（即反射率为零）的物体称为绝对黑体,绝对黑体不但能够辐射电磁波,而且辐射本领最大。答案:D

二、晴朗天空呈现蔚蓝色的原因是:(A) 阳光被大气色散;(B) 阳光被大气散射;(C) 阳光被大气衍射;(D) 阳光被大气部分吸收。

解 瑞利散射光强与波长的四次方成反比,因此短波长的阳光被大量散射,红光等较长波长的阳光被散射得较少,导致晴朗天空呈现蔚蓝色。答案:B

三、如图9.1(a) 所示的成像装置中,凸薄透镜 L_1 和凹薄透镜 L_2 的口径相同,F'_1 和 F'_2 两个焦点重合,在两个焦点重合处放置光阑 D,则相对左方无穷远处的轴上物点,该装置的孔径光阑和视场光阑分别是:(A) L_1,D;(B) D,L_2;(C) L_2,D;(D) L_1,L_2。

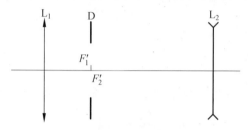

图9.1(a)　凸凹薄透镜和光阑成像装置的结构

解 如图9.1(b) 所示,L'_2 是 L_2 向物方空间的成像。相对无穷远处的轴上物点,入射光是平行光轴的平行光。显然凹薄透镜 L_2 对入射光束限制最多。因此,L'_2 是入射光瞳,L_2 是孔径光阑和出射光瞳。由图9.1(b) 还可知,光阑 D 对通过入瞳、孔阑和出瞳中心的主光线限制最多,因此,光阑 D 是视场光阑。答案:C

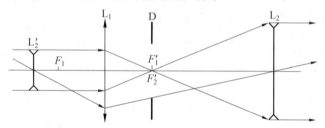

图9.1(b)　确定成像装置光阑的光路

四、实物从无穷远处向凸薄透镜的物方焦点匀速移动时,经过凸薄透镜所成相应实像的移动速率:(A) 逐渐增加到等于、然后越来越大于实物的移动速率;(B) 逐渐减小到等于、然后越来越小于实物的移动速率;(C) 逐渐增加到等于实物的移动速率;(D) 从等于增加到越来越大于实物的移动速率。

解 由凸薄透镜成像公式和放大率公式

$$\frac{1}{s'}+\frac{1}{s}=\frac{1}{f},\quad V=-\frac{s'}{s}$$

可得
$$\frac{ds'/dt}{(s')^2} + \frac{ds/dt}{s^2} = 0$$

$$v' = \frac{ds'}{dt} = -\frac{(s')^2}{s^2}\frac{ds}{dt} = -V^2\frac{ds}{dt} = -V^2 v$$

上式中的负号表明,实物逐渐向凸薄透镜靠近时,实像逐渐远离凸薄透镜。凸薄透镜的成像规律是,$s > 2f$ 时实物成倒立缩小实像,$|V| < 1$;$s = 2f$ 时实物成倒立等大实像,$|V| = 1$;$2f > s > f$ 时实物成倒立放大实像,$|V| > 1$。所以,实物从无穷远处向凸薄透镜移动到物方焦点的过程中,横向放大率的绝对值先由零逐渐增大到等于 1,然后继续增大至无穷大。因此,实物经过凸薄透镜所成相应实像的移动速率从零逐渐增加到等于、然后越来越大于实物的移动速率。从凸透镜成像的直观图解中可以更容易地获得如上解答。答案:A

五、杨氏干涉装置中垂直双孔连线所在平面且置于双孔左侧中心轴线上的单色线光源的宽度为 b,双孔间距为 d,则可见度下降的条件是:(A)b 或 d 变大;(B)b 或 d 变小;(C)b 变小或 d 变大;(D)b 变大或 d 变小。

解 这是光场空间相干性问题,空间相干性可见度公式为

$$\gamma = \left|\frac{\sin(\pi b/b_M)}{\pi b/b_M}\right| = \left|\frac{\sin(\pi d/d_M)}{\pi d/d_M}\right|$$

其中,$b_M = R\lambda/d$,$d_M = R\lambda/b$。显然,随着 b 或 d 变大,可见度均下降。

答案:A

六、单色平行光垂直照射楔形空气薄膜,若增大薄膜的楔角,则等厚条纹的变化是:
(A) 条纹向楔形薄膜棱边方向移动,条纹间距变宽;
(B) 条纹向楔形薄膜棱边方向移动,条纹间距变窄;
(C) 条纹向背离楔形薄膜棱边方向移动,条纹间距变宽;
(D) 条纹向背离楔形薄膜棱边方向移动,条纹间距变窄。

解 由图 9.2 以及薄膜等厚暗条纹干涉级次和间距公式

$$m = \frac{2h}{\lambda},\ \Delta x = \frac{\lambda}{2\theta}$$

可知,楔角增大时,对应确定厚度的干涉条纹向楔形薄膜棱边方向移动,条纹间距变窄。答案:B

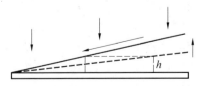

图 9.2　楔形薄膜干涉条纹随楔角增大的变化

七、 波长 500 nm 的平行光沿闪耀光栅槽面法线方向入射时闪耀 1 级光谱,若闪耀角 $\theta_b = 30°$,则光栅常数 d 是:(A) 288.7 nm;(B) 500 nm;(C) 1 000 nm;(D) 577.4 nm。

解 由 $d\sin 2\theta_b = \lambda_{1b}$ 可得 $d = \dfrac{\lambda_{1b}}{\sin 2\theta_b} = \dfrac{500}{\sin 60°} = 577.4$ nm

答案:D

八、 露出 1.5 个半波带的菲涅耳圆孔衍射轴上场点的光强与遮住 1.5 个半波带的菲涅耳圆屏衍射轴上场点光强的比值 (I_a/I_b) 为:(A)1∶2;(B)1∶1;(C)2∶1;(D)4∶1。

解 由图 9.3 所示的矢量图解可知,$E_a/E_b = \sqrt{2}/1$,因此,$I_a/I_b = 2∶1$,

答案:C

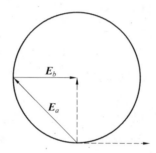

图 9.3　菲涅耳衍射的矢量图解

九、 平行光以布儒斯特角从空气入射到玻璃平板上,则下面的错误叙述是:(A) 反射光是线偏振光;(B) 反射光线和折射光线的夹角是 $\pi/2$;(C) 入射角的正切值等于玻璃的折射率;(D) 反射光的偏振方向平行入射面。

解 平行光以布儒斯特角从空气入射到玻璃平板上时,若 $n_1(n_1 = 1)$ 和 n_2 分别是入射光和折射光所在介质的折射率,则有

$$r_p = 0, r_s \neq 0, i_{1B} = \arctan\left(\dfrac{n_2}{n_1}\right), i_{2B} = \arctan\left(\dfrac{n_1}{n_2}\right), i_{1B} + i_{2B} = \dfrac{\pi}{2}$$

答案:D

十、 右旋圆偏振平行光经过四分之一波晶片和偏振片后出射光强为零,若偏振片的透振方向处于图 9.4 所示的 45° 位置,则波晶片的快轴方向是:(A) 垂直光轴方向;(B) 光轴方向;(C) 偏振片的透振方向;(D) 垂直偏振片的透振方向。

解 如图 9.4 所示,右旋圆偏振平行光通过四分之一波晶片后的分解相位差和附加相位差分别为 $\delta_b = -\pi/2, \delta_a = \pm\pi/2$。若从偏振片出射的光强为零,则必有 $\delta = \delta_b + \delta_a = \pm\pi$,则有 $\delta_a = 2\pi(n_o - n_e)d/\lambda = -\pi/2$,即波晶片中 o 光的速度快于 e 光的速度,因此波晶片可以用石英晶体制作,其快轴方向为 $\hat{o}$ 轴方向。答案:A

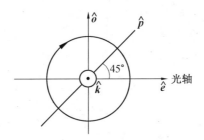

图 9.4　入射光的偏振态和偏振片的透振方位

模拟试题十与解答

一、若物体的反射率等于 1,则其吸收本领 a 和辐射本领 r 分别满足:
(A) $a>0, r>0$; (B) $a=0, r>0$; (C) $a>0, r=0$; (D) $a=0, r=0$。

解　若物体的反射率等于 1,则吸收本领为零($a=0$),由基尔霍夫热辐射定律可知,一定有 $r(\nu,T)=a(\nu,T)e_T(\nu)=0$。答案:D

二、二、三、四能级系统中最容易实现粒子数反转的是:(A) 二能级系统;(B) 三能级系统;(C) 四能级系统;(D) 三者难易程度相同。

解　二能级和三能级系统是在基态和激发态之间实现粒子数反转,四能级系统是在两个激发态之间实现粒子数反转,由能级粒子数布居的玻耳兹曼分布可知,基态与激发态之间的粒子数差大大多于两个激发态之间的粒子数差,因此,在两个激发态之间最容易实现粒子数反转。答案:C

三、凸薄透镜实物成实像时物与像之间的距离:(A) 大于五倍焦距;(B) 大于等于四倍焦距;(C) 大于四倍焦距;(D) 大于三倍焦距。

解　已知 $s'>0, s>0, f>0$,
由 $(s-s')^2 \geq 0$,可得 $s^2+s'^2 \geq 2ss'$,$(s+s')^2 \geq 4ss'$,即

$$\frac{(s+s')^2}{ss'} \geq 4 \tag{1}$$

由 $\frac{1}{s'}+\frac{1}{s}=\frac{1}{f}$,可得

$$\frac{s+s'}{ss'}=\frac{1}{f}, \quad 即 \frac{1}{ss'}=\frac{1}{f(s+s')} \tag{2}$$

将式(2)代入式(1),可得 $\frac{(s+s')^2}{f(s+s')} \geq 4$,即 $(s+s') \geq 4f$。

从凸薄透镜成像的直观图解中可以更容易地获得如上解答。答案:B

四、若人眼瞳孔的口径为 6 mm,两盏汽车前灯的横向间距为 1.22 m,设车灯正以 600 nm 光波发光,则人眼能够分辨两盏车灯的纵向距离 L 是:
(A)$L = 0.42$ km;(B)$L \leqslant 1$ km;(C)$L \leqslant 4.2$ km;(D)$L \leqslant 10$ km。

解:要求满足 $\delta\theta = \dfrac{d}{L} \geqslant \delta\theta_m = 1.22 \dfrac{\lambda}{D}$,则 $\dfrac{1.22}{L}$m $\geqslant 1.22 \times \dfrac{0.6 \times 10^{-3}}{6}$,可得 $L \leqslant 10$ km

还需要满足人眼可分辨的最小视角 $\delta\theta = \dfrac{d}{L} \geqslant 2.9 \times 10^{-4}$ rad,则得 $L \leqslant 4.2$ km,上述两个条件都满足人眼才能分辨,则纵向距离为 $L \leqslant 4.2$ km。

答案:C

五、观察迈克耳孙干涉仪的干涉条纹时,若厚度均匀的薄膜变薄,等倾干涉条纹的变化是:(A) 中心吐条纹,条纹间距变窄;(B) 中心吐条纹,条纹间距变宽;(C) 中心吞条纹,条纹间距变窄;(D) 中心吞条纹,条纹间距变宽 。

解　等倾干涉暗条纹的特点是

$$r_{m+1} > r_m, 2nh\cos i = m\lambda, \Delta r_m \propto \dfrac{\lambda}{2h\sin i_m}$$

由此可知,均匀薄膜厚度 h 减小时,原来处于干涉场中心($\cos i = 0$ 处)的高级次暗条纹消失,干涉场中条纹间距 Δr_m 变宽。答案:D

六、在杨氏双缝实验装置中,若置于双缝连线中心且垂直双缝连线的中心轴线上的非单色点光源的光谱线宽由 10 nm 变为 5 nm,则由于可见度的变化,屏幕上可以看到的干涉条纹的数目:(A) 不变;(B) 减少一倍;(C) 增加一倍;(D) 无法判断。

解　这是时间相干性问题,由光学习题 3.21 的题解可知,随着光源单色性变好,可见度变好,观察屏上可以看到的干涉条纹的数目增多,能够看到的干涉条纹的最高级次由下式确定

$$k_M = \dfrac{\lambda}{\Delta\lambda}$$

显然,当 $\Delta\lambda$ 减小一倍时,k_M 增加一倍。答案:C

七、波长 580 nm 的平行光垂直入射到单缝夫琅禾费衍射屏上,衍射屏后面的凸薄透镜焦距为 50 cm,若把单缝衍射屏换成细丝,测得细丝零级衍射斑的线宽度是 1 cm,则细丝的直径是:(A) 71 μm; (B) 58 μm;(C) 35 μm;(D) 29 μm。

解　由巴俾涅原理可知,单缝和其互补屏的夫琅禾费衍射在轴外任意点处的光强相等,即单缝和其互补屏细丝的夫琅禾费衍射的半线宽公式均为 $\Delta x = f\lambda/a$,已知细丝的线宽为 $L = 1$ cm $= 2\Delta x$,可得细丝的直径为

$$a = \dfrac{\lambda}{\Delta x}f = \dfrac{2\lambda}{L}f = (2 \times 50 \times 580/1) = 58 \ \mu\text{m}$$

答案:B

八、提高望远镜像分辨本领的措施是:(A) 增大物镜的口径和增大物镜的焦距;(B) 缩小物镜的口径和缩小目镜的焦距;(C) 缩小物镜的口径和增大物镜的焦距;(D) 增大物镜的口径和增大目镜的焦距。

解 提高望远镜像分辨本领必须同时满足如下两个条件
$$\delta\theta \geqslant \delta\theta_m, \delta\theta' \geqslant \delta\theta_e$$
其中,远处两个待分辨非相干物点光源的角距离 $\delta\theta$ 是无法改变的,由最小可分辨角公式 $\delta\theta \geqslant \delta\theta_m = 1.22\lambda/D$ 可知,可以通过扩大望远镜的口径 D 缩小最小分辨角,确保 $\delta\theta \geqslant \delta\theta_m$。眼睛的最小分辨角 $\delta\theta_e = 2.9 \times 10^{-4}$ rad 是无法改变的,由视角公式 $\delta\theta' = M\delta\theta = -\delta\theta(f_O/f_E) \geqslant \delta\theta_e$ 可知,可以增大物镜的焦距 f_O 或缩小目镜的焦距 f_E 增大视角 $\delta\theta'$,确保 $\delta\theta' \geqslant \delta\theta_e$。答案:A

九、右旋圆偏振光垂直通过二分之一波晶片后,其出射光的偏振态是:(A) 线偏振光;(B) 左旋圆偏振光;(C) 左旋椭圆偏振光;(D) 右旋圆偏振光。

解 右旋圆偏振平行光通过二分之一波晶片后的分解相位差和附加相位差分别为 $\delta_b = -\pi/2, \delta_a = \pm\pi$。则有,$\delta = \delta_b + \delta_a = \pi/2$ 或 $-3\pi/2$,其中 $\delta = -3\pi/2$ 的延迟效果等价于 $\delta = \pi/2$ 的效果,由圆偏振光的旋向与初相位差的关系可知,出射光为左旋圆偏振光。答案:B

十、若自然光先后透过偏振片和旋光介质后,透射光经过反射镜反射,再反向依次透过旋光介质和偏振片后透射光强为零,则旋光介质是:(A) 磁致旋光介质;(B) 水晶旋光介质;(C) 糖溶液旋光介质;(D) 方解石旋光介质。

解 方解石晶体没有旋光性。水晶和糖溶液均为自然旋光介质,自然旋光介质的特点是线偏振光偏振面的左右旋向与光的传播方向无关。因此,透过自然旋光介质的线偏振光经过反射镜反射再次透过自然旋光介质后偏振方向与入射处偏振片的透振方向平行、不会消光。磁致旋光介质的特点是线偏振光偏振面的左右旋向与光的传播方向有关。因此,透过磁致旋光介质的线偏振光经过反射镜反射再次透过磁致旋光介质后偏振方向沿相同方向旋转了两次。即若入射时线偏振光通过磁致旋光介质后偏振面右旋了 $\pi/4$,则反射后再次通过磁致旋光介质偏振面又右旋了 $\pi/4$,偏振面总共旋转了 $\pi/2$,导致线偏振光与入射处偏振片的透振方向垂直、被消光了。答案:A